守望者
The Catcher

阅读　你的生活

The Military Enlightenment

WAR AND CULTURE

IN THE FRENCH EMPIRE FROM LOUIS XIV TO NAPOLEON

战争与文明

从路易十四到拿破仑

［美］克里斯蒂·皮奇切罗（Christy Pichichero） 著

李海峰 译

中国人民大学出版社

·北京·

谨以此书献给我的家人

目　录

序 言

何谓军事启蒙？

> 哲学家！道德学家！把书通通烧掉吧……战争是不可避免的祸害。
>
> ——伏尔泰在其《哲学辞典》（1764）有关"战争"的词条中如是说

18 世纪，没有人需要读伏尔泰的书来了解战争的毁灭性、可怕性和悲剧性。对战争暴行的认识和哀悼早已成为一种期望，甚至连军人也是如此。如果背离了这一观点，就会招致反对。1745 年的丰特努瓦战役是法军在 18 世纪取得的大捷之一，此役中交战双方伤亡人数近 2 万。法国王储，即法王路易十五年仅 16 岁的儿子

和王位继承人路易·斐迪南（1729—1765）被指对这场战役的血腥
屠戮麻木不仁。主管法国外交事务的国务大臣达尔让松侯爵（mar-
quis d'Argenson，1694—1757），即波尔米的勒内-路易·德沃耶
（René-Louis de Voyer de Paulmy）对此进行了抨击，说王太子"表
情非常平和地看着赤裸的尸体、痛苦呻吟的敌人和被弹药击中的伤
口"。这位侯爵给伏尔泰［弗朗瓦-马利·阿鲁埃（1694—1778）的
笔名］去了一封信，直言不讳、痛心疾首地写道，当他注意到法军
中年轻的英雄们还没有学会藐视战争的血腥时，他有多么惊愕，他
将这种屠杀称为毫无人性的掠夺。他承认，当他望着战场上恐怖的
景象时，他的心都碎了。他抑制不住自己的情绪和恐惧，背过脸去
呕吐起来。"胜利是世界上最美好的事情，"他写道，"士兵们举起
刺刀，挥舞帽子，高喊'国王万岁'；国王赞美勇士们的英武；皇
室人员参观战后完好无损的堑壕、村庄和防御工事；还有快乐、荣
耀与柔情。但所有这些都以血肉横飞为代价。"[1]

　　达尔让松对战争的态度反映了"军事启蒙"，这一概念初看起
来似乎有点自相矛盾。[2]难道战争及其代理人——伏尔泰将之称为
国家机器资助的大规模谋杀和有组织的暗杀团伙实施的掠夺行
为——不正是与开明的和平主义、世界大同主义、人道主义和人类
文明进步的计划背道而驰吗？毫无疑问，答案当然是"不"。从 17
世纪末到整个 18 世纪，这些看似对立的现象密不可分地联系在一
起。战争、军事和启蒙一起构成了那个世纪最大的挑战之一，同时
也是那个世纪最激烈的论辩和论战之一。

　　根据从历史的视角对启蒙运动的定义，我们比较容易理解"军

事启蒙"这一概念。[3]尽管 18 世纪的人们似乎把启蒙运动看成是起源于法国的一种现象，但在那时，其定义就颇受争议；如今，该词广泛见于欧洲各个主要语言（英语：Enlightenment；法语：Lumières；德语：Aufklärung；意大利语：Illuminismo；西班牙语：Ilustración）中，但其定义仍然像当时一样饱受争议。[4]由于史学家们已对那一时期各个方面的发展进行了详细准确的研究，所以，可以根据历史线索来定位启蒙运动。最重要的是，丹·埃德尔斯坦认为，启蒙运动一开始以一种叙事方式在发展，17、18 世纪之交的人们因此认为，他们比古代及以前的各个历史时期的人相比要"开明"。根据这一由法国各大学术机构进行的"古今之争"而派生出的叙事模式，"当今人们开明是因为科学革命的'哲学精神'已渗透到知识分子、学术机构甚至政府部门之中去了"[5]。军事启蒙的参与者把自己视为历史进步的推动者，他们有一个共同的信念：军事力量的运作和战争的条件普遍需要改善。以在这些领域取得进步的名义，军事启蒙的推动者们运用批判的哲学精神，试图深刻理解战争和军事，进而提出并实施一系列改革。

　　更重要的是，军事启蒙的代理人催生并参与了克利福德·西斯金（Clifford Siskin）和威廉·华纳（William Warner）所认为的启蒙运动的另一个标志，主要是"新的或新近重要的"沟通、条约和调解形式。18 世纪，报纸、杂志、参考书、秘密社团、学术机构、咖啡馆、往来书信等媒介大量出现。[6]这些媒介连同上述主要的叙事模式，促成了波科克（J. G. A. Pocock）和多林达·奥特拉姆（Dorinda Outram）等人基于广泛的、理性的而非直觉的推理所认为的启蒙运动所具有的特点："一系列相互联系的、有时会引发口诛笔伐的问题和辩论"，或者是"智力领域在世界范围内改变社会结构和政治体制的爆发点"[7]。

这些爆发点中，最重要的一个与战争和军事有关；这在 18 世纪就认识到的重要性对现代社会来说是一笔遗产。正如马德琳·多比（Madeleine Dobie）所言，这一时期"出现了关于战争目的和影响的第一个真正的元话语"[8]。这一元话语是哲学的，思考战争的性质及其正当行为、理想的军事特征、兵役和公民身份之间的关系，以及战争在经济、政治、道德、身体和情感方面所造成的代价。这一元话语也是实用的和技术性的，实际上也是军事性的，其目的是为制服、武器、战术、演习和医学等领域有关的思想与实践带来明显的变化。这些对话和辩论不受凡尔赛皇室的限制，也不受陆军、海军和管理部门的欺骗。对话和辩论吸引了更多的公众参与：启蒙思想家（当时的公共知识分子）、有文化的精英、剧作家、诗人、小说家、艺术家、政治理论家、历史学家、医生、数学家和工程师。对话和辩论对于佩剑贵族的成员也至关重要，因为佩剑贵族的文化身份和社会经济特权都与战争有关。[9]对话和辩论对法国的普通百姓来说也是至关重要的，因为百姓目送儿子奔赴战场，为士兵提供住宿；而且，老百姓还得纳税，为 17 世纪和 18 世纪的许多战争筹措军费。从最普遍和最深刻的意义上讲，战争和军事是国家关注的领域。

这构成了对军事启蒙的新理解，也构成了从更广泛的角度对法国启蒙运动的新理解。对法国启蒙运动进行研究的学者大多没有意识到或没有充分重视战争和军事在启蒙思想与改革中的中心地位。甚至在 2014 年出版的跨学科书籍《剑桥法国启蒙运动指南》（*Cambridge Companion to the French Enlightenment*）中也是如此，书中的每一篇文章都"简要介绍了法国启蒙运动的一个重要方面，讨论了其本质特征、内在动力与历史转变"[10]。尽管其思想极为严谨，但是该《指南》却没有任何直接的或者持续的有关战争的论述。这一遗漏令人震惊，因为当时哲学、科学、文学、经济、艺术和政治等各界的名家都把相当多的精力投入到这一最热门的话题上。同样，军事历史学家也低估了军事启蒙涉及的范围和文化。有人把它想象成当时军事专家的讨论，也有人只是简单地把它作为一个特定的话题而提及，却没有做进一步的探讨。近代早期法国战争和武装力量的文化史阐明了美洲印第安人与法国之间的关系、公民军队、纪律与军人荣誉、个人与战争的关系等重要主题。[11]然而，这些研究并没有探讨这些主题所涉及的一场更大的运动。

因此，军事启蒙是更广泛的启蒙现象的一部分，遵循其一般的时间顺序，采用相同的叙事和媒介，为了使战争和军事行动反映一个开明时代而欣然接受哲学精神。[12]在哲学和政治上，来自各种职业的参与者视角广泛：一些人是无神论者，另一些人是自然神论者；一些人宣扬基督教道德，而另一些人则信奉世俗道德哲学；一些人倡导机械论的系统论或几何精神并寻求普遍原则，而另一些人则采用了一种精益求精的精神，即承认在面对无限的偶然事件时，人难免会犯错误；一些人是古典共和主义的倡导者，而另一些人则是毫不掩饰的赤裸裸的保皇派。尽管存在这种多样性，军事启蒙的一个总体性规划还是出现了，这个规划包含了双重目标：一是只有在必要时才发动战争，快速有效地打击敌方，以便在节省成本和宝贵资源特别是人力资源的同时达成军事目标；二是以人道的方式发动战争，以体现人类的同情、道德、理性和尊严的方式发动战争。

这个中心项目及其发展的特定历史背景使我们将本书中探讨的运动称为"军事启蒙"成为可能。然而，一个始于漫长的 18 世纪并持续到随后几个世纪的跨历史过程——前面论及的广泛的启蒙现象——也在蓬勃发展之中。虽然军事启蒙的推动者们的目标是在他们自己的时代为行为和政策带来即时变化，但他们的理论、实践和术语为军事领域的思想和行动树立了典范，并一直持续到今天。因此，军事启蒙是大卫·A. 贝尔所说的"战争文化"和军事史上的一个重要里程碑。[13]

与战争文化和对战争的心态相关的好几个方面，一度使军事领域成为法国启蒙运动的一个主要触发点。这些因素可以解释如下。首先，人们普遍认为战争是人类本性和社会不可避免的一部分。18世纪之所以有名，一是因为在那个世纪之初的 1713 年查理-伊雷尼·卡斯特（Charles-Irénée Castel，1658—1743），即圣-皮埃尔神父（abbé de Saint-Pierre）提出了永久和平计划，二是因为在同一世纪末的 1795 年，伊曼努尔·康德（Immanuel Kant，1724—1804）也提出了同样的计划。在和平条约签字以后的几十年里，从奥地利王位继承战争（1740—1748）和七年战争（1756—1764）到法国大革命和拿破仑战争（1792—1815），战争造成的民众伤亡人数以及对整个社会造成的影响浇灭了他们的希望。然而，除了圣-皮埃尔和康德以外，对于漫长的 18 世纪的大多数人而言，没有人相信会实现永久和平。人们相信，正如伏尔泰所认为的那样，战争不仅仅是一种祸害，还是一种"不可避免的祸害"。正如今天许多灵长类动物学家所坚持的那样，伏尔泰认为人类天生就是好斗的，这是我们与动物共有的特点：

> 所有的动物都永远处于战争状态；每一个物种生来就是为了吞食另一个物种。没有哪种动物——即使是绵羊和鸽子——不会吞掉数量惊人的小得难以察觉的动物。同一物种的雄性为了争夺雌性而发动战争，如希腊神话中的墨涅拉俄斯和帕里斯争夺海伦一样。空气、土地和水都是毁灭的领域。似乎上帝给了人类理性，理性应该教会人类不要模仿动物来贬低自己，尤其是当大自然既没有给他们武器去杀死同类，也没有给他们吸食同类血液的本能的时候。然而，凶残的战争是人类可怕的命运，除了两三个国家之外，没有哪个国家的古代史不表明人类是相互征伐的。[14]

那个时代的历史文献和民族志坚定了人们的信念：在人类文明史上，无论何时何地，战争都是固有的、不可避免的。[15]托马斯·霍布斯（Thomas Hobbes，1558—1679）认为，"人人彼此为敌"，让-雅克·卢梭（Jean-Jacques Rousseau，1712—1778）强烈反对这一观点，但是，就连卢梭也默认了存在于社会中的人就是战争中的人。

　　在被称为"第二次百年战争"（约 1689—1815）的漫长的 18 世

纪，战争除了被看成人类文明不可阻挡的一部分外，还被视为主权国家的必要因素。仅从 1672 年到 1783 年，法国在这 110 年中就有 50 年处于战争状态，并卷入了 6 次大规模冲突。

在这一时期，维护殖民权力和封建王朝的荣耀已超越宗教争端成为国际战争爆发的主要缘由。正如法国外交和军事大臣舒瓦瑟尔公爵艾蒂安-弗朗索瓦（Étienne-François duc de Choiseul，1719—1785）所言，"殖民地、商业和由此产生的海上力量将决定欧洲大陆的力量平衡"[16]。詹姆斯·惠特曼（James Whitman）认为在这种力量平衡下，战争是"一种君主独有的通过胜利来主张权利的正式法律程序"[17]。在战争胜利法则框架内工作的律师试图回答如下的关键问题："我们怎样才能知道是谁赢了？"以及"胜利者凭借胜利能要求什么权利？"[18]战争胜利法则的风险高，而且对全面面向财政军事的国家而言，要求则到了苛刻的地步。到西班牙王位继承战争时期（1701—1714），法国每年军费开支与荷兰战争时期（1672—1678）相比，翻了一番。随着欧洲各国越来越多地招募和维持军队，以及持续扩充海军力量、修建兵营、构筑更多的防御工事，还要采购价格大幅上涨的其他军事装备，这些都需要资金，欧洲各国的军费开支激增。[19]在大规模战争赤字造成的巨大财政压力下，出现了以下模式：各国试图休养生息恢复国内财政，为未来的战争做好准备的和平时期之后，紧接着就是断断续续的更加剧烈的冲突时期（1688—1714，1739—1763，1787—1815）。[20]

许多人认为，除了在重商主义和殖民主义时代有必要发动战争以外，战争还有利于君主及主权国家提高自己的声誉。历史学家乔尔·费利克斯（Joël Félix）和弗兰克·塔利特（Frank Tallett）断言："政府、统治精英和大部分（如果不可知的话）公众舆论，都认为法国威望的树立必须具有先发制人的、快速反应的军事行动。不仅路易十四（1638—1715）和拿破仑·波拿巴（1769—1821）时期是如此，而且在路易十五（1710—1774）和路易十六（1754—1793）统治时期亦然……战争最终为国家实力和统治者的领导品质给予了最有力的评判。"[21]正如约翰·林恩所说，封建王朝和贵族崇尚"荣耀"的战争文化似一团烈焰，吞噬了路易十四的国家财政；在后来的整个 18 世纪，烈焰一直在熊熊燃烧。[22]地缘政治学和崇尚"荣耀"的一面共同助长了一种信念：战争的继续存在也许是合理的。

随着战场遍布全球，参战人员数量空前，关于战争的元话语越显紧迫。在这一时期，大多数欧洲国家维持的兵力是两个世纪前的 4 至 5 倍。[23]在瓦卢瓦王朝历代国王和路易十三（1601—1643）统治期间，法国军力从 5 万增至 8 万，荷兰战争时期增至 25.3 万，路易十四统治下的九年战争（1688—1697）期间则增至 36 万人。[24]太阳王路易十四的财政大臣让-巴蒂斯特·科尔伯特（Jean-Baptiste Colbert，1619—1683）耗资打造了一支颇具威慑力的法国战列舰队，1695 年时，就有 93 艘载荷超过 1 000 吨的战列舰，如果说在数量上无法与英、荷两国相比，但其质量足以与之抗衡。[25]在漫长的 18 世纪，人类的好战使更多的人在更多的地方参与作战，其代价大大超过以往。考虑到这些利害关系，战争舞台吸引着启蒙思想家和改革家的热心关注就不足为奇了。

进行"文明战争"

战争必然是不可避免的，破坏性极大，从这层意义上来讲，它着实令人沮丧，但这并没有使人们对战争听之任之或者冷漠无视。武装部队、知识界和积极参与的公众采取了积极的甚至是乐观的态度，这也是基于他们对战争的理解。这一时期字典和百科全书对战争的定义在这方面很有启发性。1694 年第 1 版《法兰西学院词典》（*Dictionnaire de l'Académie française*）中关于"战争"的条目将其定义为君主之间或主权国家之间的争吵，其结果由武器决定。在词条开头，这个词所引证的用法中有一个是"*faire bonne guerre*"，意为"进行文明战争"，即在战争中保持"战争法所允许的所有人性和礼仪"。正如《法兰西学院词典》所言，战争可以是一种反映人类尊严和道德的活动，或者也可以反过来把人类比作凶猛的猎食动物。1751 年至 1772 年间在法国出版，由哲学家丹尼斯·狄德罗（Denis Diderot，1713—1784）和让-巴蒂斯特·勒朗·达朗贝尔（Jean-Baptiste le Rond d'Alembert，1717—1783）编辑的《百科全书，科学、艺术和工艺详解词典》（以下简称《百科全书》）中的战争条目复制了这一定义。[26]

这些描述强调了军事启蒙运动的基本信条。首先，它们传达了关于战争的本体论：战争是一种现象，其原则、术语和指挥都受到人类行动和探究的影响。正如十字军东征和法国宗教战争逐渐淡出人们的视野，神授而坚定的"正义战争"的概念也随之消失。[27]战争成为一种活动，其理由、过程和结果都是人类设计的。这种人文主义的方法是从文艺复兴时期传承下来的。历史学家赫韦·德雷维伦（Hervé Drévillon）认为文艺复兴时期的"军事人道主义""不仅假定了战争的人性特征，而且还假定了人确定战争原则和探索战争合理性的能力"[28]。

　　呼吁理性战争是军事启蒙运动的又一基本特征。数个世纪之前，人们就呼吁理性，后来进一步得到了军事启蒙运动推动者的发展。在文艺复兴和 17 世纪早期思想的背景下，军事理论家们认为，一种理性的方法会产生理想的军事和道德结果。人类可以利用理性的能力来辨别战争的普遍原则，从而使战争成为一门以战略"完美"和战术"完美"为终极目的的科学，一门军事胜利的科学。武装力量可以塑造战争的轮廓，从而培养人的尊严，提升人对神圣精神的追求。这种背景下的理性主义意味着一种新斯多葛派的学说，即战争中的约束行为。这种约束行为显示了人类的价值，无论是宗教战争期间（1562—1629）让法国饱受折磨的内战所带来的恐惧，还是三十年战争期间（1618—1648）士兵的混乱无序和暴虐横行，人类的这一价值都可以成为其逻辑解决方案。[29]

　　然而，在 18 世纪进行"文明战争"，需要超越文艺复兴式的军事人文主义的理性主义和科学，这需要一种新的"启蒙"方法。正如 1694 年版《法兰西学院词典》对"战争"一词的定义所传递的意义一样，以公正和"文明"的方式发动战争意味着"人性"和"文明"。这些术语，连同情感、社交和社会等相关词汇，具有极其重要的意义：它们不可逆转地改变了人们对战争和军事构成要素的

观点，而且的的确确使这些观点近代化了。这些术语通过感性论者
的道德哲学重新相互联系起来了，道德哲学不仅创造了新词，而且
改变了现有词汇的意义。"人性"本指人的本性，后来引申为更具体
的道德立场和能力。根据 1694 年版《法兰西学院词典》，"人性"意
味着"温柔、礼貌、善良和对他人不幸的同情心"。"文明"一词虽延
续了行为和交谈中的礼貌，然而，作为人类真正的联系纽带，其含义
呈现了一种新的效果，即引起其他事物随之产生变化的能力。

　　法语中"同情心"（*sensibilité*，意为情感、敏感或感情）一词
所隐含的对情感的崇拜也是这一时期军事和精英文化的重要组成部
分。[30]基于约翰·洛克（John Locke，1632—1704）、大卫·休谟
（David Hume，1711—1776）和艾蒂安·博诺·德·孔迪亚克
（Étienne Bonnot de Condillac，1714—1780）提出的感性哲学，"同
情心"这一概念逐渐被视为人类的典型特征。对于医生来说，它是
人类知识和身份的基础；对于像卢梭、狄德罗和亚当·斯密
（1723—1790）这样的道德哲学家来说，它是人们之间建立同感的
原因。[31]成为一个关心他人的具有感情的人、富有同情心的人，就
成了具有优越的身体素质和道德素质的标志，代表了一种新型的社
会资本。正如丹·埃德尔斯坦所说，贵族和资产阶级精英们努力成
为"心灵高尚"（*noblesse du coeur*）的贵族中的一部分。[32]

　　道德情感及其词汇，如同情心、人性、仁爱、社会交往和社会
性（后两个是可追溯至 18 世纪的新词）等，代表着对传统军事人
文主义主题的背离，是这一时期真正的发展。在被若昂·德让
（Joan DeJean）称为"情感革命"的运动中，正在经历一个从理性

到感性的认识论上的转变。[33]这场革命反映在军事启蒙运动的价值观中。中世纪骑士们所理解的骑士准则远比非中世纪的骑士们所理解的要凶残得多，取而代之的是在发动战争时要温柔、尊重、友善、仁慈和富有同情心。[34]这些思想在启蒙时代第一次得到了充分而审慎的阐述。

　　本书所讨论的道德情感不只是理想。它不仅对军事医学的生理和心理方面有影响，而且对平民、战场上的士兵、水兵、战俘和退伍军人的治疗都有着深远的影响。早在 17 世纪，就已经打下了某些实践的基础，后来在 18 世纪通过对情感的崇拜而得以蓬勃发展、转型和常态化。[35]荷兰新斯多葛派法学家雨果·格劳秀斯（Hugo Grotius，1583—1645）所著的《战争与和平法》（*On the Law of War and Peace*，1625）成为"近代第一个全面和平解决方案"《威斯特发里亚和约》（Treaty of Westphalia）的基石。[36]格劳秀斯坚持认为，必须有约束的道德准则，因为那时的国际法允许不分青红皂白地破坏、劫掠和强夺财产，奴役俘虏，不分年龄、性别、地位等残杀非战斗人员（第 3 册，3—9 页）。他谈到了战争中的行为节制（第 3 册，10—16 页），认为如果有关战争的法律是放任的，那么就应该有让战斗人员选择约束的自然法则（人性法则）和道德法则（基督教法则）。瑞士法学家埃梅尔·德·瓦特尔（Emer de Vattel，1714—1767）在其 1758 年的著作《国际法或适用于国家和主权行为和事务的自然法原则》（简称《国际法》）中，用世俗的语言重新表述了战争中的行为节制，倡导把人性作为约束的动力。

　　格劳秀斯和瓦特尔认识到，国际战争法永远是不充分的。然而，通过人类的选择和行动，国际法的不完善之处是可以完善的。
这意味着关于战争元话语的"法律-政治"层面让位给了科学话语，
最重要的是，让位给了一个基于情感道德哲学的"人道主义-慈善"
框架。[37]这种重构将变革的关系从国家转向个人。品德高尚的军官
可以通过如下两种方式来展示他们的道德情感：一是特别"绅士卡
特尔"（gentlemanly cartels）组织；二是含有关于处理和交换战俘
以及对待伤员和医务人员规定的公约。18 世纪，这些卡特尔组织
并不是什么新鲜事；但是，军官为了宣传他们的善行而公开卡特
尔，这一组织形式变得越来越广为人知，公众对他们的了解也更加
深入。卡特尔组织及其规则制定者直接提到了人类的情感。"人道
主义-慈善"领域的个人层面的行动影响了"法律-政治"。到 18 世
纪末，卡特尔从特别的个人安排成了国家政策的一部分，预示着日
内瓦公约和国际红十字会这样的机制即将诞生。

为同一军队服役的士兵，他们之间的关系也极大地受到了道德
情感文化的影响。战争是某些特定人群参与的事情，在此情况下，
只有男性和为数不多的女性试图发现并界定他们与自我和他人之间
的关系。军事哲学家和道德哲学家相信人类天生就有社交和建立关
系的能力。传统认为，荣誉导致贵族间的社会竞争，也会造成对普
通士兵的蔑视，而社会性则使人团结。人性、同情和善良与社会性
和自然法相结合，培养了整个军队中的熟悉、友爱、共享、尊重和
对功绩的认可。[38]人们认为，在军队内部形成人道的社会纽带，有
利于增强战斗力、招募士兵和让士兵留在军中继续服役。在军队内
部，随着不和的消失，团队精神和主要的群体凝聚力就会增强，同

时军人可以将他们的重点转向共同的职业精神，这种职业精神可以通过改善培训和教育机会来巩固。这种纽带也促进了身心健康，这是它第一次在军事领域得到承认和形成理论。内在性是指自我、身份以及与肉体相关联的有意识的情感，它在 17 世纪的情感哲学、医学和文学中得到蓬勃发展，并促使近代第一部心理学小说《克莱芙王妃》（*La Princesse de Clèves*，1678）诞生，其作者是玛丽-玛德莱娜·皮约西·德·拉维涅（Marie-Madeleine Pioche de La Vergne，1634—1693），即拉法耶特伯爵夫人。这些发展被认为具有明显的近代特色。正如"古今之争"中"今"的坚定支持者、作家夏尔·佩罗（Charles Perrault，1628—1703）所说的那样，"如同解剖学在心脏中发现了古人不知道的导管、瓣膜、纤维、运动和症状一样，道德哲学也发现了古人从未知晓的吸引力、厌恶、欲望和反感"[39]。这些观点使人们越来越意识到战争对人的身体、思想和心灵造成的创伤。

因此，道德情感带来的活力和实际应用不仅仅体现在上述细微之处。它们对武装力量具有全局性的战略意义，对社会也具有广泛的影响。它们可以助一个国家打赢战争，提高国际地位，塑造民族认同感，培养出具有仁爱精神并愿为祖国献身的新英雄。在遥远的殖民地和商业前哨，它们帮助军官与在文化、语言和种族上的"异族"结成军事联盟，同时促进了帝国的发展，并在某种程度上削弱了其霸权主义和欧洲中心主义。更重要的是，在这种开明的模式下进行"文明战争"，在某种程度上也可以减轻战争对当代和后代的毁灭与破坏。对军队成员、政府行政人员和非军事知识分子来说，这是一个有价值的目标。

军事启蒙运动激发了人类的这些价值观，但同时又具有实用性、技术性和影响力。"启蒙"战争意味着采用时代的哲学精神：研究、质疑、挑战和尝试新事物。这些尝试性的努力都是军事思想家和推动者根据自己意愿而非皇室的诏令做出的，在此过程中，他们进入了康德所说的"私下"运用理性的领域，即"个人在履行受托的职务中运用理性"。康德对这种启蒙过程持谨慎态度，并直接提到了军事领域，声称"如果一个正在服役的军官在接到长官指令时怀疑其正当性和有效性，其结果将是灾难性的。他必须服从。但是，作为一个有知识教养的学者，他对军队事务上的错误进行评论或把它们交给公众来做判断时，对其加以任何限制就不公正了"。服从与顺从一直是而且将永远是军队良好运转的基本要素，因而康德的犹疑也就不是没有道理的了。然而，18 世纪的资料显示，军队中的所有成员，从最高统帅到列兵，普遍对凡尔赛宫要求他们进行"文明战争"的命令或规定提出了质疑。这些军事参与者开启了一种实验性的、"可以说是对其历史时代永久性批判的哲学精神"，体现了米歇尔·福柯（Michel Foucault）对启蒙运动的理解，即"一个由人类集体参与的过程，也是一个由个人完成的英雄行为。人既是该过程的构成要素，又充当着这个过程的行动者。他们参与了这一过程，所以是该过程的行动者，而过程的发生又须以人们决定成为其自愿的行动者为前提"[40]。这些改革者实际上在军队中"操作"了启蒙思想，把理论变成现实，就像大陆和海外的战场一样，成为检验新潮理论的实验室或工作室。

虽然史学家赫韦·德雷维伦认为军事人文主义从文艺复兴时期一直持续到拿破仑倒台，但是，军事浪漫主义始于拿破仑。显然，在军事人文主义和军事浪漫主义之间还出现了另一种奇特的现象：军事启蒙。它是法国启蒙运动的一个触发点，也是其本质特征，从饱受战争蹂躏的边境城镇和海外港口城市，到巴黎沙龙的知识中心，再到凡尔赛镀金走廊上的政府席位，无处不提及军事启蒙。

我们可以把到目前为止所讨论的过程和价值体系看作泛欧现象，甚至是全球性的现象。[41]考虑到那个时代人和物质文化的跨国流动，这并不奇怪。在一个国家中，军人流动最为频繁，他们奔波于欧洲各地，远赴大洋彼岸去开疆拓土，捍卫祖国的政治抱负、商业据点和领土主张。虽然士兵们可能并不总是与外国同行打交道，但国与国之间的军官们经常接触。在法国和其他欧洲国家，军官们都是共享跨国贵族文化的绅士。当自己的国家没有战争的时候，许多军官在外国军队中寻求委任，并融入其中。因此，敌我双方的军官在大战前夕一同聚餐、以礼相待、搞联谊会、同住共济会所和互借钱粮等，表现出普遍的社会和文化的团结。敌我双方的医护人员也会如此，是因为医护专业知识将他们紧紧联系在一起，他们对科学有着共同承诺。因此，战斗和战斗中的生活并不是必然导致敌意和相互关系中的障碍；相反，它们促进了跨国界的联系和交流，通过人性和文明实现了世界大同主义和社会联系的理念。

这种超国家的背景是毋庸置疑的；然而，由于各国条件、限制和文化因素等的不同，各国的军事启蒙有其自身的特殊性。直到法国军事启蒙启发了一代人之后，日耳曼民族的军事启蒙才发展起来，很大程度上是受到法国大革命和拿破仑时代战争的推动，这些战争引发了广泛的关于战争、英雄主义和军事文化的辩论。[42]奥地利的军事启蒙运动起步更晚，直到 18、19 世纪之交查尔斯大公（Archduke Charles，1771—1847）的著作问世才算开启。[43]基于国土的自然边界，各国有自己的军事需求，因此英国这个岛国将绝大部分军事开支投资于海军建设，而拥有数公里长的陆上疆界和海岸线的法国，除了海军外，更需要陆军。此外，由于财政制度的实施，法国也面临着具体的问题。[44]更重要的是，正如普遍主义和世界大同主义正在兴起一样，民族情绪和民族主义也在兴起。法国和其他国家都试图区分自己的民族身份，并阐明一个最适合本国国民或自然禀赋的军事机构。因此，军事启蒙不仅是一种跨历史、跨国界的现象，而且也是一种民族现象。建构一系列深刻的民族历史，就必须建构一部经验性的、全面的跨国军事启蒙史。

促成因素

在法国，军事启蒙运动的兴起与财政-军事国家的结构、普遍化的军事危机意识以及感知到的军事领导才能的退化有关。它还与政治和军事领域的文化趋势有关，一是启蒙思想家对战争和士兵的尖刻批评，二是波旁王朝的君主们和军事活动之间日益严重的分裂，三是同时兴起的大卫·贝尔称之为以爱国主义和公民意识为中心的"民族崇拜"。[45]这些因素为理解法国的军事启蒙提供了重要背景。

从中世纪晚期到 18 世纪，法兰西财政-军事国家发展缓慢。自第一次英法百年战争（1337—1453）以来，法国一直有一支常备军和一套永久税收制度，瓦卢瓦王朝的最后几位国王征收了一项军税，并委任了一些地方行政官，要求他们帮助监督针对哈布斯堡王朝的军事活动。[46] 17 世纪，法国国库的普通收入由海关税与国有土地资产收入等直接税收和间接税收组成，法国政府也成功地通过这些收入支付了大部分军事开支。法王路易十三的大臣黎塞留及弗龙萨克枢机主教兼公爵阿尔芒·让·迪·普莱西（Armand Jean du Plessis，1585—1642）在早期方案的基础上进行了扩充，将国库的普通收入从 17 世纪 20 年代的 2 500 万里弗尔增加到 40 年代的 6 000 万里弗尔，这一收入又被后来的路易十四及大臣们超越。[47] 17 世纪 70 年代荷兰战争（亦称"法荷战争"）期间，科尔伯特改革又轻易地将普通收入从每年 5 800 万里弗尔增加到每年 6 800 万里弗尔，占国库所有年收入的 70%。17 世纪后半叶，尽管因连年战争和农作物歉收带来了巨大的财政压力，但太阳王路易十四依然能够在九年战争期间，每年都能筹集到超过 1 亿里弗尔，最高年收入达 1.13 亿里弗尔。[48] 因此，路易十三和路易十四统治期间的法国，为战争筹措资金越来越暗藏危险，问题越来越多，包括用特别收入补充普通收入。特别收入包括人头税（1695）和什一税（1710）的直接税收，还有货币贬值，最典型的是通过出售职位和特权，强行贷款和收受礼物，以及广泛使用来自金融家、银行家、企业团体和公众的信贷。

尽管战争的代价高昂，但法国在 17、18 世纪的大部分时间里都是欧洲大陆的主要经济强国。在欧洲大陆，法国人口也是最多的，几乎是其劲敌英国的 3 倍。1715 年至 1789 年间，可称得上是法国"人口革命"时期，人口从 2 100 万增至 2 800 万。法国的经济也很繁荣，农业基础充满活力，商业和制造业迅速发展。[49]它的收入比任何竞争对手（包括英国）都要多，其税收收入高达 2.85 亿里弗尔，而英国只有 2.29 亿，联合省和西班牙 1.4 亿，哈布斯堡王朝 9 200 万，普鲁士 4 860 万。[50]然而，正如历史学家哈米什·斯科特（Hamish Scott）所解释的，"国际实力取决于开采资源的能力，而不是资源本身的水平"[51]。路易十三和路易十四在 17 世纪前 3/4 的时间里相对成功地开采了资源，这证明了财政不断增长的军事财政国家的组织结构。而到了 18 世纪，当法王与被盖伊·罗兰兹称为"危险和不诚实的人"达成金融协议，并开始采用弊大于利的高额利息贷款和分期偿还贷款等财政工具时，情况变得越来越糟糕。[52]这意味着债务不断增加。据估计，18 世纪 60 年代，法国的债务至少高达 20 亿里弗尔，是王室年收入的 6 倍。那一时期，王室每年收入的 60％用于偿还贷款。1788 年，用于偿还法国债务的资金几乎占王室税入的 62％，占其支出的一半。[53]

　　波旁王朝时期的法国是一个财政军事国家，军事启蒙能在该国兴起，与两个重要方面有着直接的关系。首先，王室的财政收入靠卖官鬻爵，因此在军官团内也造成了一些问题。正如历史学家大卫·D. 比恩（David D. Bien）所说，17 世纪尤其是 18 世纪的法国，如果王室要为战争筹集军费，是不能依靠英国那样的君主立宪制度或东欧的封建制度来征收高额税收或积累低息贷款的。后来，随着时间推移，法国王室再也无力向债权人借款，因为这些利率实在高得惊人。取而代之的是，王室找到了一种独特的（如果说有缺陷的话）搜刮民脂民膏来解决财政收入的方案，即拍卖有油水的官职，把贷款强加到买官者的身上，在军官团或所在部门的支持下，买官者再摊派贷款。这种靠拍卖官职和对军官团的财政依赖，导致了王室创设了许多特权，并努力捍卫它。[54]

在军事领域里，特权制度导致了军官团将多兵寡的局面，里面充斥着刚刚任命的贵族和富有的皇室贵族。这些贵族有钱购买军官职位，并把它当作社会资本，但往往缺乏正规的军事经验、身体素质、军事文化和哪怕一点点专业技能。第二代布罗伊公爵维克多·弗朗索瓦元帅（Maréchal Victor François，1718—1804）哀叹道："从少尉到中将，他们完全不知道自己的岗位职责和所有与之相关的细节。"[55]军官数量庞大，腐败无能，尤其在军队中是灾难性的。到 1750 年，领取退休金的军官人数与现役军官人数一样多；七年战争中，6 万名军官的薪水总额高达 4 700 万里弗尔，超过了军队其他所有人员的开支总和 4 400 万里弗尔。法军的指挥才能低下，这一弥漫于军队中的危机是皇室卖官鬻爵和财政军事国家机制直接导致的，改革者认为这些危机是 18 世纪法军耻辱的军事纪录的根本原因。

军事冲突耗资巨大，法国王室债台高筑，危若累卵，这样的局面使"有限战争"成为那时的基本秩序。[56]保护法国宝贵的军事资源，特别是人力资源，成为当务之急。与战斗和疾病有关的伤亡意味着投资的毁灭性损失。更严重的是军队里逃兵盛行。对所有交战国家来说，逃兵是一个积重难返的现象，欧洲诸国采取了种种措施来对付它，但基本无用。历史学家安德烈·科维西耶（André Corvisier）估计，西班牙王位继承战争期间，法军中有近 1/4 的士兵当逃兵。[57] 18 世纪，有位名叫加里格斯·德·罗芬特（Garrigues de Froment）的先生坚称，在奥地利王位继承战争期间，每年有超过一万名逃兵，总计六万至七万人。桑利斯警察局中尉巴尔梅统计出，七年战争中的 1761 年就有八千至九千名逃兵。[58]

在法国改革者看来，这些问题可归咎于军事体制的落后和激励机制的缺失，尤其是指挥失当。最终结果自然是军事失利。在路易十四统治的后期和法国大革命的战争之间，在大大小小的战争中，法国军事实力急剧衰落，不仅震惊了所有法军武装部队，而且震惊了整个法国。在西班牙王位继承战争期间，法国虽然实现了重要的政治目标，然而，随着第一代马尔伯勒公爵约翰·丘吉尔（John Churchill，1650—1722）和萨沃伊亲王尤金（Prince Eugene of Savoy，1663—1736）率军向巴黎挺进，在奥登纳德、里尔、马尔普拉凯和蒙斯频频击败法军，法国在整个西欧和中欧战场上屡遭失败。[59] 除鲜有的几次胜利外，行动迟缓和效率低下也严重阻碍了法国在奥地利继承战争中的军事表现。在七年战争中，法国的海军力量几乎被全歼，陆军在欧洲、印度、非洲和美洲也全面溃败，屈服于欧洲大陆上的小国普鲁士，同时几乎失去了所有海外据点。对于一个曾在遥远的过去和不久前取得了巨大的军事荣誉，此时又是西欧最大、最富庶和人口最多的国家来说，这些损失不亚于"一场国家灾难"[60]。

　　输掉这场战争不仅是一种恶化的力量，而且是对军事启蒙运动
的批判和改革的一种重要的动力。七年战争的惨败，加之普遍的军
事危机和指挥失当，批评者的言辞越发尖锐。穷兵黩武、军费不足
和拙劣的外交导致了法国贸然参战和军事指挥失误，也导致了不平
等的《巴黎条约》（Treaty of Paris）的签订，其中有些条款于法国
非常不利。伏尔泰写道："这个国家失去了风华正茂的年轻人，失
去了该王国一半以上的流通资金，也失去了它的海军、商业和信贷
体系。"他把七年战争和奥地利王位继承战争联系起来，嘲笑道：
"一些野心勃勃的人，他们想让自己受到重视和变得不可或缺，促
使法国卷入这场致命的战争。1741 年的情况完全相同。两三个人
的'荣誉感'便足以摧毁整个欧洲。"[61]

　　启蒙思想家和新闻工作者发表演讲或者诉诸笔端，无情地声讨
战争及其参与者，再加之公众舆论，使 1763 年以前就出现的挞伐
之声越来越猛烈。路易十五竭力控制公众舆论，贵族保守势力吵嚷
着要坚持他们在军事追求中持续的至高无上的地位，坚持他们要
"慷慨地"发动战争，让平民缴纳"血税"，送子奔赴战场，这样就
能证明他们应该享有特权。[62]同时，爱国主义的论述和历史学家杰
伊·M. 史密斯（Jay M. Smith）称为"荣誉国有化"的过程进一
步改变了学界认识和政治的格局。[63]荣誉国有化意味着社会中的每
个人都有机会获得荣誉，意味着真正的战争英雄也许并不是有可能
在经济上、社会上和政治上受益的有钱的、有名望的军官，也许是
相当普通的士兵和低级别军官。他们是如此热爱祖国、忠于国王，
以至于从不希望得到公众认可，不希望因功晋爵，不希望得到金钱

回报而甘愿献身。随着对战争的不断谴责，加之对国王和具有贵族身份的领袖也逐渐失去信心，关于英雄主义、公民身份和军事作用的新观念也随之融合，从而为法国大革命前十年的军事启蒙运动定下了特定的基调。

　　除了这些文化因素所起的作用外，科学和数学也促使人们努力提高在陆上和海上的作战能力。在漫长的 18 世纪，法国王室开始了军队的职业化建设，创建了许多皇家和地方军事院校，主要传授科学和数学知识。1748 年，法国王室建立了皇家军事工程学院。1679 年，路易十四开设了第一所炮兵学校，到 1789 年，共开设了七所炮兵学校，分别位于拉弗尔、杜埃、瓦伦斯、奥克松、梅兹、贝桑松和斯特拉斯堡。位于布雷斯特的海军学院创建于 1752 年，并于 1769 年也获得了皇家学院的地位。皇家军事学院成立于 1750 年（尽管几年后才开始招收学员），同时还建立了许多地区性学校和直属学校。虽然欧洲大陆和与法国隔英吉利海峡相望的英国在 18 世纪都建立了军事学院，但法国先于其他大多数国家见证了专门军事院校在本国的蓬勃发展。例如，位于朴次茅斯船坞的英国皇家海军学院成立于 1733 年，但直到 1801 年英国才成立皇家军事学院，1811 年才成立皇家海军建筑学校，1915 年才成立皇家炮兵学校（前身是皇家骑兵和野战炮兵训练学校）。

　　法国的军事专科学院不断发展，不仅为海战和陆战提供了专业知识，而且也旨在全面彻底地提升军官团的专业水平。为此，它们提出了新的军事职业标准，新的标准必须以正规的职业和科学技能为基础。大卫·比恩的研究证明了科学和数学当时在军事教育中的中心地位，也特别提到了1750年创建的那所皇家军事学院开设的课程。[64]进入这所高级海军学院是出了名的难，因为进入该军校就等于打开了一扇大门，有机会被委任为大军官团的一名红衣军官，而与之相对的是预备役的蓝衣军官。要想进入军校，须参加考试，考生须表现出超强的数学能力才有机会胜出。法国当局认识到，除了理论知识外，实践经验也是军事成功的关键。因此，皇室在训练营中把科学理论付诸实践，在陆军中制定了几套新的演习方案，而且还组建了一个海军训练中队，海军军官可以在和平时期积累宝贵的实际经验。

这一时期，科学和数学在法军中的影响超过了军事教育。罗伯特·昆比（Robert Quimby）研究了那时的几何战术体系，也论及了那时与此战术体系相关的辩论，即队列编排应采取火力最大化原则还是优化冲击力原则。[65]根据约翰·林恩的描述，在《百科全书》里的军事条目中，与科学和工程相关的内容非常多。[66]阿扎尔·盖特（Azar Gat）认为，科学和数学是建立"战争普遍原则"的基础，并由此研究了它们所产生的影响以及人们对它们的信任。[67]其他学者，如尚克（J. B. Schank），肯·阿尔德尔（Ken Alder）和阿莱恩·伯尔布歇（Alain Berbouche）等研究了牛顿的科学思想和其他科学观点对海军实践、军事工程、火炮的影响方式，包括极具影响力的法国"炮兵之父"格里包佛尔创立的体系。[68]本书研究的医学也在那一时期蓬勃发展起来，而且在军事医学（包括身体与情感）的卫生学、预防医学和治疗医学方面都取得了重大进展。以上研究证明，18世纪的法国数学和科学的发展与军事启蒙运动和技术军备竞赛（尤其是海军领域内的军备竞赛）密切相关，而且在多个领域都取得了显著的进步。

除技术人员提出的科学方法促进了法国启蒙运动外，广大的思想家们也为此做出了文化上的贡献。哲学化思潮风行法国，促使许多人从战略、战术、后勤、文化、道德等各个方面参与"完善"战争和军事的运作过程。《百科全书》编纂者致力于将最新的战争知识载入其中；巴黎沙龙的妇女提倡废除针对逃兵的死刑；战争部长制定新政策；军人撰写国内外关于战争和文明的论文、回忆录、游记、小说和散文。作为普遍存在的军事问题的发源地，作为与哲学精神相关的智力激发中心，法国具有自己的军事启蒙进程的所有要素，这一过程在欧洲大陆和世界各地陆续展开。

军事启蒙与海外帝国

在漫长的 18 世纪，法国在很大程度上优先考虑在欧洲大陆的军事胜利，而帝国和"殖民机器"等仅流于概念。[69]然而，在军事启蒙运动的背景下，全球视角代表了一个重要的利益领域。这并不奇怪，因为探索和跨文化接触也构成了启蒙运动的一个触发点。环游世界各地探险越来越多地致力于收集有关自然和人类的信息。个别国家的科学机构参与国际合作，以确定和解决医学与地球物理学方面的挑战。[70]在地理大发现的世纪里，游记、民族志和比较历史等文学体裁颇受欢迎。[71]法国及其他国家的读者酷爱阅读游记，如军官出身的航海家路易斯·安托万·德·布干维尔（Louis Antoine de Bougainville）的《环球航行》（*Voyage around the World*，1771），以及狄德罗为此做出的文学回应《布干维尔航行补遗》（*Supplement to Bougainville's Voyage*，1772）。历史、民族志和百科全书广受欢迎，如神父纪尧姆-托马斯·雷纳尔（Guillaume-Thomas Raynal，1713—1796）的《欧洲人在东西印度群岛殖民和贸易的哲学及政治史》（*L'histoire philosophique et politique des établissements et du commerce des européens dans les deux Indes*，1770）；1770 年至 1787 年间，该书在法国共出现了 30 多个不同版本，在国外出版了 50 多个版本，此外还有一些节选版本。[72]拿破仑·波拿巴在远征埃及之时就随身携带了这本书。

　　到 18 世纪末，法国已在七大洲中的六个洲（南极洲除外）航行、派遣传教士和科学团队、建立贸易站或殖民地，并在世界五大洋中的三大洋航行，北冰洋和南冰洋①（Antartic Ocean）的冰妨碍了开展一步的勘探。法国商人活跃于西非的奴隶贸易站、加勒比海地区的蔗糖种植园和罪犯流放地、北美殖民地的渔场和毛皮贸易站、印度次大陆和中国的商行、马达加斯加和马斯克林群岛的海军前哨，以及整个地中海的经济中心。[73]此时正值重商主义时期，法国王室投资并批准了私人公司如印度公司的垄断行为，并努力确保

---

　　①　原文如此。南冰洋，也称南大洋（Southern Ocean）。学术界和南半球一些国家（如澳大利亚）对南冰洋确切的地理界线一直存有争议。2002 年，国际水道测量组织（International Hydrographic Organization，IHO）确定南纬 60°以南围绕南极洲的海域为南冰洋，面积为 2 032.7 万平方千米。2021 年 6 月 8 日，美国国家地理学会（National Geographic Society，NGS）宣布承认南冰洋。目前，依旧有学者依据大洋应有其对应的中洋脊而不承认这一称谓。——译者注（以下脚注均为译者注，不一一注明）

法国在全球贸易中的第一梯队地位。法属殖民地圣多明各，即今天的海地，是当时世界上最主要的蔗糖产地。因此，法王路易十五、路易十六及其大臣们专注于殖民和控制该岛的法属部分，将大量奴隶移到岛上的种植园里劳作，保护往来该岛船只上运送的宝贵的人力和物资。法国海军独立连①（compagnies franches de la marine）的陆海部队，以及宗主国的正规军部队，遍布于法国殖民地和商业散居地。尤其在战争期间，当贸易路线、贸易前哨成为战争通道和战场时，它们的任务是巡逻和保护法国的利益，作为殖民者定居（这一做法被称为"军事殖民"），并援助商业公司雇用的私人军队。

全球战场对于欧洲诸强维护和扩大其利益至关重要，法、英两国之间的竞争尤为激烈。英国在首相老威廉·皮特（William Pitt，1708—1778）的领导下，采取了强占或削弱整个法兰西帝国的侵略性大战略。七年战争的结束标志着英国人取得了决定性的成功。法国人还把路易斯安那地区（密西西比河以西）和新法兰西（除了

----

① 1682年，约瑟夫-安托万·勒·费弗尔·德·拉·巴雷（Joseph-Antoine Le Fe-bvre de La Barre）成为新法兰西总督（*la Nouvelle-France*），发现法国在北美的殖民地与易洛魁人（Iroquois）处于战争的边缘，但兵力不足。为了响应拉·巴雷紧急出兵的请求，负责管理法属北美殖民地的海军部接到任务，增派一支部队到加拿大服役。由156名将士组成的3个连的"海军部队"被迅速派往魁北克。到1684年，仓促组建的部队已转变为殖民地正规军的常备军，有自己的独立机构，独立于正规军。在随后的几年里，部队的兵力继续增加。1689年至1750年间，加拿大的驻军由28个殖民地正规军连组成，他们被称为海军独立连。1750年时已有30个连，1757年又增加到约40个连。一个连队的人员构成如下：上尉1名，中尉1名，少尉2名，中士3名，下士4名，军官学员2名，鼓手2名，士兵54名。（资料来源：Jack L. Summers and Rene Chartrand. *History and Uniform of the Compagnies franches de la marine*，1683—1760. Ottawa：Canadian War Museum，1981.）

圣-皮埃尔岛和密克隆岛之外）割让给了西班牙。在印度，法国虽然收回了被占领的贸易站，但军事要塞悉数被毁，因此无法在此派驻军队，这为英国统治印度次大陆大开方便之门。英国皇家海军占领了在西非的所有法国机构和公司，根据 1763 年两国签署的《巴黎条约》，英国只将戈雷岛归还了法国。法国保留了曾被英国分别于 1759 年和 1762 年占领的瓜德罗普、马提尼克和圣卢西亚等岛屿，但又将多米尼加、格林纳达、圣文森特和格林纳丁斯、多巴哥岛等让与英国。由于美国独立战争（1775—1783）给予英国沉重一击，塞内加尔和多巴哥又重新被法国控制，后来拿破仑取得的一系列军事胜利至少在一段时间内使法国不断扩张。然而，1815 年 6 月 15 日，波拿巴在滑铁卢遭遇最后的惨败，标志着 20 多年的欧洲联军抗法战争的结束，也标志着所谓的"法兰西第一殖民帝国"的落幕。

　　法兰西帝国和散居世界各地的侨民以多种方式塑造了军人的职业生涯。有些人比如德斯坦伯爵查尔斯-赫克托（Charles-Hector，1729—1794），在陆军和海军中都担任过职务，指挥法军参加过世界各地的战斗，从奥地利王位继承战争时期的欧洲大陆，到七年战争时期的印度，再到美国独立战争期间的加勒比地区和北美都有他的足迹。在这些经历中，军官除了担任军事角色外，还担任了许多重要职务，如总督、外交官、探险家、地图绘制员、伪民族志学者，他们向本国传递有关他国的土地、统治者、文化和军事等宝贵信息。他们撰写了关于不同土著群体的文化、政治和商业的游记、航海日志、民族志和回忆录（关于学术主题的论文，而不是传记叙述）。除了出版的作品外，无数的报告、日志和提案装满了法国国防历史处（SHD）、国家档案馆、国家海外档案馆，以及加拿大、英国与世界上其他国家的地方和国家档案馆。这些文件和文献破烂不堪，沾满了咸咸的海水、汗水和霉菌，讲述了一个军事启蒙运动的故事，这一运动跨越了中心-海外、宗主国-殖民地的分界线。

法国军人和帝国之间的关系不明不白，极不明确。一方面，从理论上讲，他们是帝国的支持者，因为他们被派往海外去冒险探索，攫取领土、保护商业和寻求联盟。另一方面，社会上掀起了一场运动，人们对帝国在海外殖民并不感兴趣，并时不时发出批评之声，许多军人也以这样的方式抵制欧洲文化和殖民霸权。[74]他们的著述证明了以上两个观点。尽管在世界各地服役的法国军人仍然有以欧洲为中心的、贬低"异族"文化及种族的、根深蒂固的观念，但许多军事启蒙思想者坚持认为，从战略、伦理和人文的角度来看，文化意识和妥协是至关重要的。这些人不但测试并适应了欧洲大陆本土范围内的军事启蒙运动框架，而且在与土著及其统治者的交往中有了一些新的认识，也发展了一些新的主题。世界各地的法国军人并不是在那里"启蒙"别人，而是相对性地理解、接受当地的人文地理和文明规范来启蒙自己。

从为本书提供翔实资料的手稿来看，后一种观点占据主导地位。这些手稿揭示了法国人在与不同的土著进行谈判、表示效忠与交战时，双方在语言、文化和军事等方面的相互交融。这些从档案中发现的证据确证了近代早期欧洲殖民主义的修正主义叙事。在这一点上，学者们越来越认识到，被西班牙人和近年来贾雷德·戴蒙德（Jared Diamond）宣扬的用枪炮、病菌和钢铁进行压倒性征服的、耀武扬威的"西班牙模式"在殖民主义的历史虚构中占据主导地位，但是，在很大程度上，这一模式对除了西班牙征服者以外的所有人而言，基本上都是不准确的。[75] 它"并不总是，或者在大多数情况下都不是一个直接'征服'的故事，而是一个令人信服的、哄骗和胁迫土著代理人利用自己的资源和投放武力的故事，要么是按照帝国的命令办事，要么至少是为了帝国的利益"，韦恩·李（Wayne Lee）如是写道。[76] 法国军事档案馆的文件证实了这一点：

> 当地人是帝国成败的决定性因素。这些人远不是什么受害者，他们从帝国在当地的各种活动中找到了获益的途径：他们作为帝国的盟友可以做点差事，有钱可挣，或者他们可以直接把帝国的利益和精力对准传统敌人。事实上，帝国的"扩张"常常是虚幻的，而欧洲人投放武力的能力实际上完全依赖于当地合作。反过来，这一合作进程塑造和重塑了战争与外交惯例，这些惯例旨在明确在当地和欧洲的主权与控制权。新的权力文化和战争文化诞生于全球各地与其他民族遭遇的严酷考验之中。[77]

总的来说，我们不能把 18 世纪的这些遭遇理解为一种欧洲中心主义的、帝国主义的文化适应，即"我们"欧洲人与本土的"他者"或者"异族"相比是优越的，因而也就证明了传播文明的使命或者"白人的重任"的合理性。修正主义学者没有坚持这种结构主义的二元论，转而强调在一个不断变化的、相互需要的世界中稳固的相互联系和文化融合。这一阐释性的观点强调了这些遭遇，在这些遭遇中，没有哪一方有足够的力量迫使另一方去做不愿做的事情，无论是法国人、美洲印第安人还是印度人，都是如此。在北美和印度服役的法国军人所写的一手资料支持了这种解释，并转述了理查德·怀特（Richard White）在其经典作品中所说的"中间地带"："印第安化"和"法国化"同时发生的中间地带，人们对此有相当多的误解与误释，这表明联盟内部既有千丝万缕的联系，又有裂隙和分歧。[78]

在解释这些环境时，有必要了解不同的政治利害关系，因为这些构成了与军事启蒙有关的基本问题。例如，在北美（加拿大和路易斯安那）、印度和非洲，从来就没有土著民族成为法国国民的问题。印度和非洲从来都不是殖民地，在北美的定居点，联盟（或奴隶制）和土著的军事功绩从来没有引起关于兵役和公民身份的辩论。圣多明各岛则完全不同，军队和警察卷入了种族、经济地位和公民身份等问题。[79]岛上的居民和在岛上服役的欧洲大陆军官的关系，使得军事启蒙的主题（如同情心等）的定义相互矛盾，其目的就是影响王室政策和公众舆论。

方法、资料来源与动机

本书的目的是大致勾勒出军事启蒙的观点与研究方法，为进一步探索法国和其他国家的军事启蒙创造沃土。

军事启蒙涉及范围相当广泛，对各领域兼收并蓄。因而，这就对等地要求一种多学科的、不局限于"战争与社会"这种狭隘框架的方法论，以便能够将多个学科的分析范式和实证范式结合起来：文学（哲学故事、诗歌、小说）和表演艺术（戏剧和法国喜歌剧），视觉艺术（绘画），哲学（感觉主义、道德哲学），历史（军事、知识、文化、性别、种族、医学、殖民地）。[80]有必要同时阅读大量的原始资料，如军事论文、回忆录和通信（包括存档的和已出版的），王室法规和诏令，道德哲学和政治理论著作，报纸，绘画，流行戏剧，还有歌曲。必须通过文学作品的细读法，才能发现材料中，尤其是珍藏在法国国防历史处的回忆录手稿和往来书信中语言与主题的相互联系。[81]

本书不仅考察了凡尔赛上层的军事思想和发出的军事命令，也研究了底层因个体的倡议、实验和无视政策而在各地发生的真实事件。许多个体和团体都参与其中，他们中有女兵，也有在圣多明各援美猎骑兵团中服役的自由的有色人种，还有成千上万的士兵，他们在旧制度等级森严的社会里"寂寂无声"，在某些情况下甚至"湮没无影"。准确讲述他们的经历既是挑战，也是本书的重点。本人已经尽一切努力，通过中间渠道来了解他们，这些渠道转述了他们的声音，使他们能为国王、公众和后世所见。对于其名其事已为公众所知的人物，其信息已包含在叙事之中。

本书涉及的时空跨度大，因而无法对凡有法国人居住的所有地方的军事启蒙做全方位的详尽的考察，也无法对跨时空的军事启蒙的跨历史进程做彻底的论述。该书既不对法国在西非的偏远地区、马斯克林群岛和其他地区做详细的研究，也不对骑兵和炮兵的改革文化做深入分析。其他历史学家已阐明了海军改革的基本主旨和最终结果。聚焦于法军中的宗教的著述，在历史档案中十分少见，对这一丰富主题的研究没有开展起来。尽管资料稀缺，且质量良莠不齐，有的读起来就像是枯燥乏味的编年史，而有的则生动地传达了对话与观点，本书仍根据仅有的材料对印度和北美的法国人的作品和经历进行了研究。在海外服役的，尤其是在印度和圣多明各服役的法军军官的作品也很稀有，质量也参差不齐。要研究和论证在这些地方服兵役的经历和观点，这些文献中只有少量的素材能成为其支撑材料。为了不局限于对逸闻趣事的研究，需要将这些素材连同其他原始材料和二手材料进行分析，才能对其重要性有更清晰的认识。

　　某些档案系列、原始资料和史学著作对于将本书提出的法国军事启蒙思想紧密结合在一起至关重要。从位于文森城堡的法国国防历史处，主要查阅了 1M、A1、Xi、Xk、Xb 和 1YD 等档案系列。对于圣多明各的研究，位于皮埃尔和巴黎的法国国家档案馆（Archives nationales）的两个档案系列尤为重要：一是德斯坦海军上将基金会（Fonds amiral d'Estaing）编号 562AP/1－562AP/55；二是莫罗·德·圣梅里（Moreau de Saint-Méry）收藏馆子系列 F^3 ［1492/1818］－MCOL/F/3/1－297。法国国家档案馆、罗斯塔因基金会（Fonds Rostaing）编号 100AP/1－100AP/5 和埃普雷梅斯尼尔基金会（Fonds d'Éprémesnil）编号 158AP/1－158AP/82 的档案成为研究驻印法军的主要资料来源。

　　18 世纪大名鼎鼎的军事思想家，如萨克逊尼伯爵莫里斯（德语：Hermann Moritz Graf von Sachsen；法语：Maurice de Saxe，1696—

1750）和吉伯特伯爵雅克-安托万-伊波利特（Jacques-Antoine-Hippolyte，comte de Guibert，1743—1790）的原始军事著作和那些在美国独立战争中服役的法军官兵的日记和大量军事医学文献都已出版，便于查阅。除了上述更专业的作品外，我们也掌握和查阅了由启蒙思想家、作家和艺术家编纂与创作的词典、百科全书、政论、诗词、歌曲、剧作、油画和版画，这些素材成为本书的主要资料来源。若要对法国军事启蒙做更广泛的了解，还需要对各种原始材料和二手材料进行研究，有时会引入不同的观点。学界对整个18世纪法军史的著述颇丰，本书运用了这些成果，尤其是布拉法布、夏尼沃（J. Chagniot）、科维西耶、吉尼尔（A. Guinier）、休斯（M. Hughes）、林恩、马丁（B. Martin）、奥斯曼（J. Osman）、托齐（C. Tozzi）和盖特等人有关军事思想的作品，博丁（J. -L. Quoi-Bodin）关于军事共济会的研究，齐姆伯斯基（E. Dziembowski）、贝尔和史密斯（J. M. Smith）等人关于爱国主义的作品。加里格斯关于海地的著作，怀特和克劳奇（C. Crouch）有关加拿大的著作，以及斯泰因贝格对女性和性别的研究也是本书的参考文献。除了以上资料，还有其他一些资料都在尾注中加以引用，也可登录我的网站 www.christypichichero.com 查阅完整的参考文献。除非另有说明，从法语到英语的所有翻译皆由我本人完成，也可以登录我的网站，查阅许多歌曲和文学作品的法英双语对照文本。

　　总的来说，本书旨在使战争和军事思想在我们对启蒙运动的理解中占据恰当的位置。西方古典文明叙事认为，启蒙运动不过是一种和平主义、世界大同主义和普遍主义的文化，在很大程度上与战争和军事领域相对立，甚或与之相分离。但本书提出的证据足以颠覆上述叙事模式，或者至少可以使它看起来并非那么简单。军事启蒙运动表明，战争、军事思想和政策并非相互排斥，而是启蒙运动蓬勃开展的中心剧场。这种叙事模式立刻使我们对 18 世纪重要的方方面面和更长的谱系豁然开朗。在战争、社会、个人、战争文化的漫长历史中，它做出了贡献，谈及了无论是在战争法中，还是战斗人员个体所信奉的人权、战争创伤、战友情谊和人道主义情感的重要性。本书后记讨论了军事启蒙复杂的遗产，其中最大的收获之一，也是撰写此书的基本动力：如果战争在人类社会中持续下去，那么，理解战争造成的种种后果，以及尽可能多地向战争注入人性的动力，应该依然是我们意识和行动中有价值的元素。

第一章

法国军事启蒙

显赫人物、公众力量与形式

　　安托万·路易·弗朗索瓦·塞尔让（Antoine Louis François Sergent，1751—1847）为自己的作品《伟人、杰出的女性与难忘的主题》（*Portraits des grands hommes*，*femmes illustres*，*et sujets mémorables*，1786—1792）制作的彩色版画虽然一开始似乎没能点燃激情，但这些肖像画却有些煽动性甚至颠覆性的内容。塞尔让创作的这卷画册描绘了法国历史上的须眉与巾帼，希望以此点燃法国同胞的爱国情怀。他似乎遵循了由来已久的传统，被他选入肖像画廊的男女都在意料之中，有国王、王后、神职人员和大臣，还有许多军人。

　　尽管在意料之中，塞尔让还是精心地为许多陆海军官绘制了肖像，传递了一个重要信息：战争、士兵和英雄主义等的面貌正在发

生变化。塞尔让明确表示，这些画像的重点不是在庆祝军人在战斗
中所表现出来的勇气和坚韧。相反，他赞扬了画中的主人公在战场
内外更人性、更人道的行为。他颂扬傅纳德骑士（Folard，1669—
1752），不仅因为他曾在路易十四的军队中服过役，还因为他是军
事思想家与教育家。画面中，傅拉德坐在一张桌子旁，向奥地利王
位继承战争期间法国最高统帅萨克斯元帅讲授战争的原则。塞尔让
还称赞了贝亚尔骑士（Bayard，1473—1524）很克制，没有性侵女
俘；相反，他同情她，没有使她遭到玷污甚或死亡。同样，他也刻
画了被誉为"军事学院珍珠学员"的德哈考特伯爵（d'Harcourt，
1601—1666），画面内容是，在 1640 年都灵围困战获胜之后，德哈
考特伯爵没有提出苛刻的投降条件，反而给困在城中的贫病交加的
意大利受害者带去了葡萄酒、食物和饮料。德哈考特是位英雄，因
为他违抗了虐杀俘虏的军令（图 1）。

　　塞尔让为亚伯拉罕·法伯特·德·埃斯泰尔奈元帅创作的画像
似乎就是最具人道主义精神的典范，塞尔让歌颂这位元帅饶恕了无
数敌军伤兵的性命。这幅画比其他所有画都更能深刻地反映战争与
和平这一主题。画面右边，敌军正在从硝烟弥漫的战场上撤退。画
面前景中，两名法国士兵正准备杀死两名蜷缩在地上因受伤而痛苦
挣扎的敌兵。画面左边是骑着白色战马的法伯特元帅，就在其中一
名法国士兵举剑刺向敌兵的一刹那，法伯特突然拔剑向前一挥，挡
住了可能结果敌兵性命的刀刃。画面最左侧的骑兵和最右侧的士兵
困惑地看着眼前这一幕，时间和战斗的暴力突然停止。蓝衣士兵的
剑被法伯特的剑挡住了，士兵停下的姿势激发了人们的思想和情
感：他非但没有杀死敌人，反而握住了他的手（图 2）。

图 1　塞尔让画册《伟人、杰出的女性与难忘的主题》之中的《德哈考特伯爵的人性之举》（1786—1792）。法国国家图书馆提供。

塞尔让是一位自由主义斗士，与后来很快成为革命者的雅克·布里索特·德·瓦维尔（Jacques Brissot de Warville，1754—1793）和杰罗姆·佩蒂翁·德·维伦纽夫（Jérôme Pétion de Villeneuve，1756—1794）在沙特尔一同成长，对塞尔让而言这些军人都是英雄，因为他们的行为符合军事启蒙的价值观。他们是文学家和哲学

图 2 　法国元帅亚伯拉罕·法伯特·德·埃斯泰尔奈侯爵（Abraham Fabert d'Esternay，1599—1662）的画像。

家，具有敬业和献身精神，对战士和平民都有仁爱之情。他们积极主动地教育他人，给人以尊严，即使这种行为意味着与官方政策背道而驰。塞尔让的画册并没有掩盖"军事历史的最终事实是战斗，是面临所有危险和付出沉重代价的真枪实弹的战斗"[1]。大大小小的战斗和围城战，无论是决定性的还是非决定性的，都是极为残忍的，军人都是为了赢得胜利而战斗。然而，塞尔让的画也表明，在

18世纪，由于人们对战争伦理和战争意识形态的一系列的关注，胜利这一根本目标也就引发了一些问题。在残暴毁灭性的战争面前和充满火药味的军队里，人性和人类尊严能否占据上风？

军事启蒙的推动者并不认为这个问题自相矛盾。他们完全相信答案是肯定的。本章考察了法国军事启蒙运动的风云人物、空间和方式。它显示了在人类文明史上和18世纪里，人们广泛参与思考战争的过程、表现形式和意义。军事启蒙的推动者对这个问题各抒己见。国王、皇室中有权势的女人、军政大臣探索了改善军事效能效率和军事教育的途径，颁布了新的政策，建立了新的机构。军官大多有贵族血统，但在社会经济、政治和地域等方面，其身份认同差异很大，他们扮演了启蒙思想家的角色，将批判性思维运用到他们的军事经验中。一些人提出了关于行军和军事操练的方法，一些人则设想了在陆军军官团中复兴道德和社会的方法，还有一些人充当地图制图员和探险家，绘制遥远的大陆和航线的地图。这些人知道，无论是在军事问题上，还是在与外国和外国人民交往方面，他们都是重要的信息渠道。他们提议改变政策，推行凡尔赛宫王室制定的政策；有时，他们也反对王室的政策，拒不执行他们认为有违公正的惩罚措施。他们通过交谈、书信、手稿回忆录（此处指某一专业学科领域内的论文），还有文学、历史、伪民族志、哲学、军事科学等著作，与他人分享经验和观点。这些军事启蒙思想家成为开明话语领域里的显赫人物。与此同时，非军事领域内的思想家、作家、科学家、医生、艺术家和公众中的读书人也非常了解时事，思考、讨论、描绘战争与士兵。他们公开谴责军事制度的不公，但同时也帮助发展和传播军事知识，包括造船、弹道、热带医学等知识，还有最符合法国民族特点的战术。像塞尔让一样，他们通过文艺作品评论和传播新的军事价值观，通过百科全书、小说和戏剧质疑战争的普遍影响。所有这些军事启蒙的推动者都信奉一种精神哲学，或者说批判的哲学精神，因为他们把战争和军事问题变成了18世纪法国和法兰西帝国的一条重大公共辩论和变革的纽带。

有权势的女人、大臣和改革专制主义者

路易十五和他的孙子路易十六通常被排除在开明的专制主义者（或开明的专制君主）的名单之外。位列此名单的君主有普鲁士腓特烈大帝（Frederick the Great，1712—1786），哈布斯堡神圣罗马皇帝约瑟夫二世（Joseph Ⅱ，1741—1790）和利奥波德二世（Leopold Ⅱ，1747—1792），沙皇俄国凯瑟琳大帝（Catherine the Great，1729—1796），瑞典国王古斯塔夫三世（Gustav Ⅲ，1746—1792），西班牙国王查尔斯三世（Charles Ⅲ，1716—1788），以及几位德国侯国君主。18世纪英格兰和法兰西的君主们通常都不会被认为是开明君主：英国的宪政制度和强大的议会使君主不够"专制"，因而不符合这一范畴；相反，法国君主制则"过于专制"和传统，因而也不算。历史学家马丁·菲茨帕特里克（Martin Fitzpatrick）写道："法国的典型情况是，路易十五和路易十六都抱有君权神授的想法……总的来说，法国君主制趋于僵化。虽然法国有一个开明的环境，对政治、社会、法律和宗教问题进行了批判和

深入的辩论，但对国家事务的影响有限。只有零星的改革尝试，而且在大多数情况下都失败了。"[2]

就法军而言，菲茨帕特里克的结论站不住脚。从西班牙王位继承战争结束到法国大革命时期，法国一直试图进行军事改革。虽然路易十五喜爱美色很少过问战争，路易十六喜欢狩猎和造锁而很少过问国事，但两位君主都实行了各种雄心勃勃的改革计划，包括废除农奴制、支持宗教宽容、全面改革海军舰队和体制。这一时期，在皇室的支持下，军事体制、组织、教育、医学和技术方面通过改革取得了明显的进步。[3] 路易十五和路易十六不一定是这些改革的急先锋，但他们是这些改革的支持者。鉴于此，两位国王即使不是开明的专制主义者，也可以被称为改革的专制主义者。

军事改革通常起源于皇室高级别行政人员，特别是军政大臣和皇室中有权势的女人。继路易十四将"黎塞留的军队"改造成"伟大世纪的巨人"之后，克劳德·勒·布兰科（Claude Le Blanc，1669—1728）在西班牙王位继承战争结束后开始对军事教育和国家警察部队进行改革。[4] 然而，新一代"开明"行政人员中的第一位直到 18 世纪中叶才就职。1743 年 1 月至 1757 年 2 月任战争大臣的达尔让松伯爵，即波尔米的马克-皮耶尔·德沃耶（1696—1764）最为典型。他是一个完美的政治家，出生于一个人脉很广的家庭，他的友善和见风使舵的才能使他能够与许多集团结盟，包括路易十五之妻玛丽亚·莱斯钦斯卡皇后（Maria Leszczyńska，1703—1768）和她虔诚的追随者所形成的利益集团，以及路易十五的情妇蓬帕杜侯爵夫人（marquise de Pompadour，1721—1764）形成的圈子。在长达 14 年的财政大臣任期内，达尔让松伯爵实行了一项大规模的军事改革计划，这项计划既受到了军事需要的影响，也受到了"开明"思潮的影响。

达尔让松伯爵是法国伟大的启蒙思想家们的朋友和保护者。在任战争大臣之前，他曾任皇家图书馆馆长，并成为一名历史学家、档案学家和启蒙思想家，对知识的保存和传播感兴趣。丹尼斯·狄德罗和让-勒朗·达朗贝尔把他们编纂的《百科全书》献给了他。曾任皇家史官的伏尔泰承认，他应该感谢达尔让松伯爵为他提供了关于路易十四和路易十五的丰富史料。达尔让松运用百科全书般的精神和他作为档案工作者的实践经验，改革了由太阳王路易十四的军政大臣卢福瓦侯爵弗朗索瓦-米歇尔·泰利耶（François-Michelle Tellier，1641—1691）于 1688 年创建的军械库，以收集、保存军事备忘录和地图的历史档案。1726 年，达尔让松伯爵被选为法国科学院荣誉院士，1748 年被任命为法国铭文与美文学术院（亦译"法兰西金石学和文学院"）荣誉院士。[5]

上任后，达尔让松就把自己开明的情怀和学术专长引入了战争领域。他为子孙后代保存知识，并从科学和人文的角度改良兵役和提升战斗力。他是莫里斯·德·萨克斯元帅的挚友，两人经常书信来往。在萨克斯元帅授意下，达尔让松基于最新的科学发现实施了一系列改革，其中最引人注目的是对炮兵的改革。这些革新对 1745 年法军在奥地利王位继承战争中取得一系列胜利发挥了重要作用。战争结束后，达尔让松没有停下脚步，进一步改进了防御工事、火炮和军事操练（受普鲁士方法的影响），建立了皇家近卫步兵军营体系，由许多军事营地和包括皇家军事工程学院（1748 年成立）和皇家军事学院（1750 年成立）在内的一些军事院校组成。

达尔让松也对有人情味的一些问题非常感兴趣，并制定了一些改良措施，以改善那些为国家生产枪支弹药的人的生活。他开创了改革军队医院的先河，创造了一个对军人开放的部长级环境。他还通过建立军事贵族组织（1750 年）和皇家民兵组织，努力为陆军军官团带来正义、社会凝聚力和专业精神。关于军事贵族的法令支持了精英统治，规定所有平民一旦达到陆军元帅或者更高的军衔时，都应封为贵族。贵族身份可由合法继承人继承，并赐予他们享受第二等级（世俗贵族）的所有特权，包括免征人头税和其他税收。服役 30 年（其中 20 年为上尉或以上）的低级别非贵族军官和被授予圣路易皇家和军事骑士勋章的非贵族军官也可免交人头税。这一法令重申了法国对贵族的古老定义，即贵族是一种通过勇敢和自我牺牲为君主提供武装服务而获得的社会等级。[6]

让-巴蒂斯特·佩雷斯·德梅齐厄（Jean-Baptiste Pâris de Meyzieu，1718—1778）是皇家军事学院第二任总务主任，也是《百科全书》中"军事院校"词条的作者。据他的记载，路易十五应他最宠爱的情人蓬帕杜夫人的请求创办了皇家军事学院。据说，路易十五的目的不只是设置一套国家课程体系培养军事教官，而且还为经济条件不太好的地方贵族给予军事生涯中的财政援助。为了获得入学资格，学员须满足如下条件：没有足够的财力支付教育或买官的费用，其父须长期在军中服役，并须证明家族四代皆为贵族。启蒙思想家恺撒·谢诺·杜马塞（César Chesneau Dumarsais，

1676—1756）在 1755 年出版的《百科全书》中的"教育"词条指出："我们在军校有一种教育模式，所有负责培养年轻人的教育者都应该努力仿效这种模式；无论是在健康、食物、清洁、礼仪方面，还是关于智力培养方面都应如此。"[7]历史学家玛丽·雅各布（Marie Jacob）证实了杜马塞对学校的赞美之辞，并将教育机构置于启蒙教育的最前沿。[8]

达尔让松是创建皇家军事学院的关键人物；然而，按军校第二任总务主任佩雷斯·德梅齐厄和校史官方网站的说法，路易十五的情妇蓬帕杜侯爵夫人才是"创建皇家军事学院项目名副其实的灵魂人物"[9]。后来成为侯爵夫人的蓬帕杜，其母路易丝-马德琳·德·拉莫特（Louise-Madeleine de la Motte，1699—1745）是一位贵族，其父弗朗索瓦·泊松（François Poisson，1684—1754）是一位平民。她在普瓦西的乌尔苏拉会女修道院接受了一流的教育，成年后加入了一些最著名的启蒙运动辩论中心、夹层俱乐部（the Club de l'Entresol）和滕辛夫人（Madame de Tencin，1682—1749）沙龙。在那里，当时仍然保持泊松这一姓氏的她与当时许多伟大的思想家进行了交流，如孟德斯鸠（Montesquieu，1689—1755）、爱尔维修（Claude-Adrien Helvétius，1715—1771）和著名的共济会会员拉姆齐（Andrew Michael Ramsay，1686—1743）等。1745 年，她成为路易十五最宠爱的情妇，路易十五封她为蓬帕杜侯爵。蓬帕杜聪慧优雅，很快适应了凡尔赛宫的宫廷生活，对国王产生了相当大的影响，这让其他认为自己社会地位较高因而更值得国王关注的朝臣懊丧不已（图 3）。

图 3　《蓬帕杜夫人画像》，莫里斯·昆汀·德拉图尔（Maurice Quentin de la Tour）作，卢浮宫博物馆藏。图片授权：纽约斯卡拉/艺术资源。

　　学者们试图弄清蓬帕杜夫人在国内和国际事务中究竟扮演了什么角色。这是一个挑战，因为蓬帕杜的自我宣传非常有效，往往把别人的想法归功到自己和路易十五的头上。当然，皇家军事学院的建立就是其中一例。蓬帕杜写信给她的朋友吕泽尔堡伯爵夫人，吹嘘创建军事学院的计划，声称"国王陛下已经在这方面辛苦工作了一年，大臣们没有发挥任何作用，直到他把一切事情安排到称心如意之时，大臣们都还不知道此事"[10]。这种说法如果没错的话，那至少也应该是虚夸。创建皇家军事学院的提议是由学院创始人，即第一任总务主任、金融家约瑟夫·帕里斯·杜威奈（1684—1770）起草的。帕里斯·杜威奈也不是这个想法的首创者，因为由他起草的建立这所军事学院的提案，也是根据 25 年前他长兄的一项计划而重新制定出来的。不可否认的是，蓬帕杜本人在创建皇家军事学院的过程中发挥了关键作用。她在路易十五、达尔让松和杜威奈三人之间进行调解，以极大的热情宣传该项目，就像她宣传军事贵族法令和其他与社会正义有关的计划时具有的那般热情。

　　创建皇家军事学院背后的"智囊团"和权力安排，实际上是几位"开明"人物共同努力的结果，包括一位知识分子兼金融家（杜威奈）、一位大臣（军政大臣达尔让松伯爵）和一位有权势的女人（路易十五最宠爱的情妇），最后得到君主路易十五本人的批准。尽管路易十五在这些计划中扮演了"改革专制主义者"的角色，但他的做法也同样有可能于军事战斗力和军费预算不利。他兴高采烈地把军事职位分配给他后来的情妇杜巴里夫人（1743—1793）的所有宠信之人，既不管他们有何功绩，也不顾这样做将会付出怎样的代价。在战争部里，达尔让松的历代继任者们继承了这种游戏，这是一场在改革和传统之间的拉锯战：一方面试图推进达尔让松遗留下来的技术和社会改革，另一方面通过偏袒高等贵族的财富、社会地位和特权来维持现状。他们在这两者之间迟疑不决。

贝尔岛公爵夏尔·路易·奥古斯特·富凯（Charles Louis Auguste Fouquet，1684—1761）和舒瓦瑟尔（Choiseul）公爵两位大臣都倾向于改革。他们鼓励军人向战争部提出意见和建议，并采取措施减少困扰中尉及以下的低等级军官的财务困难。贝尔岛公爵增加了他们的军饷，舒瓦瑟尔公爵制定了一项有争议的政策，由国家控制财政和管理军官职位的升迁。这有助于打破"玻璃天花板效应"，即不再阻碍有能力但较贫穷的贵族军官的职位晋升。不过，这项改革同时使早已负债累累的国库承受了更重的负担，激怒了更富有、思想更传统的贵族，他们认为自己的权力和文化正在被国家掠夺。穆伊伯爵路易·尼古拉·维克托·德费利克斯·德奥利雷斯（Louis Nicolas Victor de Félix d'Ollières，1711—1775）建立了一套资历制度，以支持按军功晋升军衔；圣日耳曼伯爵克劳德-路易斯（Claude-Louis，1707—1778）大幅削减了贪赃枉法的官职和花费颇高的军事仪仗队（皇家卫队士兵、火枪手、近卫步兵团的士兵），同时通过他提出的"学员-侍从"制度（即为期一年、不领军饷的侍卫贵族的见习制度）培养职业精神。

蒙泰纳尔侯爵路易·弗朗索瓦（Louis François，1713—1791）和艾吉永公爵埃曼纽尔-阿尔芒·德·维内罗·杜·普莱西·德·黎塞留（Emmanuel-Armand de Vignerot du Plessis de Richelieu，

1720—1788）两位大臣都倾向于传统，强烈反对舒瓦瑟尔的改革。他们要么废除改革，要么不顾公共资金短缺或按军功授衔，坚持给予有权势的贵族和宫廷宠臣高级军官的薪金待遇。蒙巴雷伯爵圣-莫里斯的亚历山大·玛丽·埃利奥诺（Alexandre Marie Eleonor of Saint-Mauris，1732—1796）当时还是蒙巴雷亲王，他并没有设法实现变革，但他的继任者塞古尔侯爵菲利普·亨利（Philippe Henri，1724—1801）在1781年的条例中采取了一种似乎是坚决反对平等主义的立场，规定如果要获得军官职位，须证明父系四代皆为贵族。改革在尝试和反对之间循环往复，一直持续到法国大革命前夕。

　　海军和殖民地国务秘书的档案也显示了在技术、医疗和人文创新等领域进行了显著的改革。[11]尽管可能性很小，但情况就是这样，因为海军部经常缺钱，而且在承担重大责任的情况下影响力不如战争部。海军部不仅指挥法国海军陆战部队，而且还负责监督法国本土的港口和军火库，掌管殖民地政府和军队，管理领事馆，管理和调查海外市场及渔业，绘制森林路线图，探寻运河，等等。与战争部相比，海军部是一个包罗万象的机构，长期事务繁重，资金不足，这些都是地位低下的迹象。王室及其大臣们优先考虑的是大陆主导权，因此陆军在战争期间的手段和结果更加显而易见。最清楚地说明这一普遍观点的是18世纪法国任职时间最长的海军大臣莫尔帕伯爵让·弗里德里克·费利波（Jean Frédéric Phélypeaux，1701—1781）。这位任职长达26年的大臣说："什么是海战？我们彼此炮击，彼此分离，但海水依然像以前一样咸。"[12]

　　除了在美国独立战争前几年和整个战争期间，法国海军部都没有能力克服主要障碍，包括维持舰队和招募水兵。在 18 世纪的大部分时间里，法国有效作战的水兵长期维持在 6 万名左右，而英国则多达 10 万名。和平时期，法国大军官团（红衣军官）有大约一千名复员的常任军官和数量不等的预备役军官（蓝衣军官）。庞大的军官队伍限制了海军能够维持舰船的数量和规模，因为一艘装备 74 门加农炮的舰船需要 750 名水兵，一艘配备 100 门加农炮的三层甲板大舰船至少需要 1 000 名水兵。[13]战斗中全员被歼、船只遇难，以及最常见的疾病都会造成毁灭性的打击。

　　尽管受到这些限制，18 世纪仍是法国进行海军尝试的伟大时代，无论是战争还是商业。历任部长都收到了难以计数的有关海军战术和航海科技的回忆录，内容涉及导航工具和技术、海军火炮，以及针对速度、机动性、货物载重和火力进行优化的新舰艇设计。在法国摄政时期（1715—1723），海军部于 1722 年在罗什福尔创办了第一所海军医学院。次年，莫尔帕就任海军大臣，他在整个任期内致力于通过试验船计划、更清晰的军衔体系与 1740 年成立的海洋建筑工程师协会来提高海军的作战能力和专业化建设。1749 年至 1754 年间任海军大臣的儒伊伯爵安托万·路易·鲁伊莱（Antoine Louis Rouillé，1689—1761）仿效前任，在布雷斯特创建了法国海军学院，该学院于 1769 年成为皇家海军学院。

　　广大民众以不同的方式参与海军发展。私人造船商和商业企业提出建造模型舰船，而在 18 世纪 60 年代早期接管海军部和战争部的舒瓦瑟尔于 1761 年曾要求（富有的）法国民众筹集资金建造 18

艘舰船。因此，法国得以参与正在展开的海军技术军备竞赛。在 18
世纪的海军军备竞赛中，世界大同主义的倾向被竞争和工业间谍活
动取代。在七年战争和美国资产阶级革命期间，历任海军大臣重建
法国海军以对抗英国，并对自 1669 年以来实施的《科尔伯特法典》
进行了重大修改。1780 年至 1787 年，法兰西元帅卡斯特里侯爵查
理·尤涅·加布里埃尔·德·拉·克罗瓦（Charles Eugène Gabriel
de La Croix，1727—1801）任海军与殖民地事务大臣，在法国大革
命前的十年时间里发起了最后的一系列改革。除了上述针对科学和
专业化的改革外，卡斯特里侯爵还颁布了一些人道主义改革举措。
这些措施（将在第三章讨论）旨在改善海军的征兵和服役条件，为
水兵家庭提供援助，因为这些家庭的养家糊口之人被强征入伍后，
他们往往会陷入贫困。

18 世纪 80 年代是法国海军部胜利的十年，而战争部则相反。
战争部在改革与反改革之间摇摆不定，颁布的政策似乎时而把法军
整合成一支强悍队伍，时而又让它支离破碎，因此部内的人对此表
示沮丧、厌恶，甚至辞职。虽然政策前后不一严重阻碍了进步的持
续性，但为改革而付出的持续性努力是值得注意的，并与历任战争
大臣的生活经历是紧密相连的。总的来说，路易十五和路易十六并
没有阻挠军政大臣们提出建议（尽管海军部长的日子比较艰难），
而是把他们当作军事专家，给了他们一定的回旋余地，使他们能够
对军事系统、演习等进行改革。尽管蓬帕杜夸大了国王在创办皇家
军事学院中的作用，但路易十五和路易十六对推行军事改革的开放
态度是显而易见的；因此，从陆军和海军的角度来看，与那些"开

明的暴君"相比，把这两位君主的统治看成是落后的刻板印象是站不住脚的。这些君主，以及宫廷中有权势的女人、大臣、军官（将在下节详述），都是辩论的批评者和改革的推行者，这些辩论与改革正是军事启蒙的重要组成部分。

军事启蒙思想家

1768 年，发表了一部对宗教进行诽谤性批评的论著《军事启蒙思想家或向马勒伯朗士神父提出的宗教难题》。匿名作者声称自己是一名资深军官，尽管宣称自己缺乏教育，与哲学家也没任何接触，但他透露："我读经书时会深思熟虑：我对历史有点熟悉，有几分物理学家的天才，也懂些数学知识，因此我能理解概念上所有牢固的东西，无论它们有多么抽象。"[14] 他不仅是一名退伍军人，而且是一名知识分子；不仅是一名军人，而且是一名启蒙思想家。

事实上，这部煽动性的论著根本不是军人写的。相反，它是雅克-安德烈·奈荣（Jacques-André Naigeon，1738—1810）和霍尔巴赫伯爵保罗-亨利·蒂里（Paul-Henri Thiry，1723—1789）的作品。前者是艺术家兼无神论哲学家；后者是无神论哲学家，并在其《自然的体系》（1770）中阐述了唯物主义世界观。奈荣和霍尔巴赫选择一位老兵作为虚构的作者和叙事的声音，这使他们的思想具有一定的优势。我们可以想象（如果不出意料的话），到了《军事启蒙思想家》出版的那年，一位老兵能够掌握历史、物理、数学和宗教等多个领域的知识。这种很有可能在军事院校和个人学习中获得的多样化教育，传授了充满诚实、理性、体贴、智慧和现实主义的观点。这部论著不仅完美地谴责了宗教教条，而且通过虚构的作者身份和作品标题，揭示了军事启蒙运动的一个主要角色——军事启蒙思想家——存在的合理性和常态性。

在那之前的几个世纪里，特别是路易十四的统治之前，佩剑贵族恶名昭彰，既不礼貌也没有受过教育。直到最近，历史学家们都一直延续着这种刻板印象，在很大程度上忽视了 18 世纪欧美军事领域的精神生活。克里斯托弗·达菲（Christopher Duffy）、阿姆斯特朗·斯塔基（Armstrong Starkey）等人声称，普鲁士军队是军事反智主义（military anti-intellectualism）的一个例外，因为它有"一个以国王个人名义成立的动态的知识中心，国王鼓励军官阅读专业书籍，通过提出战术问题让他们来解决以挑战他们"[15]。然而，在这一时期的英、法、美和其他国家的军队中，"在一大堆艺术文化修养低下的人中，只有一小部分好奇者在茁壮成长"[16]。

虽然仍然难以界定和量化，但学者们越来越能清晰地阐释 18 世纪陆海军对军事知识的偏重。艾拉·格鲁伯（Ira Gruber）对 18 世纪英国军官维护的图书馆进行了研究，深入分析了他们对智力活动的参与和阅读习惯，军官们涉猎广泛，包括军事和非军事主题。军官们通过阅读维吉提乌斯（Vegetius）、裘力斯·恺撒（Julius Caesar）、波里比乌斯（Polybius）等古代军事家的文献，以及近代萨克斯元帅的《梦想》（又译作《我的沉思》）和克里塞和桑泽的伯爵兰斯罗特·图尔平（Lancelot Turpin，1716—1793）的《战争艺术论》（1754）来学习兵法。除了这些书之外，还有荷马、拉辛

（Racine）、米尔顿、斯特恩（Sterne）和卢梭的文学作品，以及一些色情的、花花公子喜爱的小说等形式的"轻松"阅读。[17]查理·罗伊斯特（Charles Royster）和莎拉·诺特（Sarah Knott）阐明了"同情心狂热"在美军中的影响。克里斯托弗·达菲指出，一些普鲁士军官采取了一种抑郁、消沉的情感来塑造像卢梭的《新爱洛伊斯》（1761）中圣普乐那样的人物，此小说是那个世纪最畅销的书籍之一。[18]

曾先后在布雷恩那军事学院和皇家军事学院就读的拿破仑·波拿巴早年热衷于阅读和评论军事与非军事文献。他早期的文集显示了他热情洋溢地广泛阅读，积极通过写作进行缜密的思考。他的笔记不仅包括对其炮兵专业、古代政治和战争方式、科西嘉岛历史等的思考，也包括对他那个时代关于荣耀、高贵或共和政体和君主政体的相对优点的哲学辩论。[19]拿破仑也有文学鉴赏力，曾尝试文学创作，写过一篇"爱情对话"。

然而，关于18世纪时期的，尤其是在法军中的军事智识主义（military intellectualism），还有更多的内容需要交代。路易十四曾在军官团，特别是高级军官中引入了更高水平的培养模式。无论是在凡尔赛宫，在巴黎各大沙龙里，抑或是在战役准备过程中，这些绅士们都在品尝美食，欣赏或者参与音乐和戏剧表演，以及参与关于战争和其他话题的生动对话。人们期望军官能像其他朝臣一样流利地使用礼貌的语言和手势，能像太阳王一样身着能展示他们地位和礼仪的服饰，太阳王本人就是一位出色的舞蹈家。受笛卡尔理性主义和牛顿科学的影响，路易十四和沃邦侯爵塞巴斯蒂安·勒·普雷斯特（Sébastien le Prestre，1633—1707）以及卢福瓦侯爵弗朗索瓦·米歇尔·勒·泰利埃（François Michel le Tellier）领导下的军事文化也更加强调围城战和野战是可计算、可预测的，并可像路易十四贵族战争法典那样加以完善。[20]认为战争是人类可知和可控的（而不是武断的或受上帝支配的），这一信念不仅导致了内阁战争制度，也使人们越来越相信军人必须接受专业训练。路易十四的一位将军，安托万·德·帕斯·德·费奎尔（1648—1711），出版了他的《战争回忆录》（*Mémoires sur la guerre où l'on a rassemblé les maximes les plus nécessaires dans les opérations de l'art militaire*，其中收集了军事艺术行动中最需要的格言），这是第一部法国军事著作，其中详细描述了新的合理化的常备军中每个军衔和职位的角色与责任。军官们要了解他们的职责，并在经济、身体和智力方面做好准备。

文明和世俗的准则以及博学的专业精神一直延续到 18 世纪，并在财政、军事和文化压力的影响下发生了变化。随着法国的军事危机日益显现，陆军和海军大臣征求了批评意见或改革建议。[21]然而，杜马塞在其《百科全书》的"启蒙思想家"词条中所抱怨的哲学化风潮在军事领域内蓬勃发展。不同军衔的军官在执行新政策、比较当前和之前的政策，以及提出有关欧洲大陆战争和海外战争的改革时，都记录了详细的观察结果。和平时期，他们特别活跃。正如一篇名为《军人计划》的回忆录的匿名作者所写的那样："在没有机会为（国王陛下）效力而抛洒热血的情况下，我提出了这些改革计划。"[22]

军官们阅读了一系列的著作，翻译了外来文献，对他们加以评论，提出自己的关于战争艺术和化解困扰法军的军事及文化危机的理论。军事思想家积极参与"理性-批评辩论"，尤尔根·哈贝马斯（Jürgen Habermas，1929— ）将此与"公共领域的结构转型"联系了起来。[23]和其他精英一样，他们是沙龙、共济会所、俱乐部和咖啡馆的常客，有时也光顾凡尔赛宫的大厅。他们与其他法国军官和军事盟国、王室大臣以及非军事知识分子有通信往来。

军事启蒙思想家们尤其致力于写作。阿扎尔·盖特追踪 18 世纪整个欧洲，尤其是法国的"军事出版物的革命性增长"。在谈到让·佩勒（Jean Pöhler）的《军事历史图书馆》时，盖特对战争艺术作品类别（普通的和理论的）的增长进行了量化，发现在 17 世纪稳步出版了 70 种图书；1700 年至 1748 年间出版速度相似，在近50 年的时间里大约出版了 30 部作品。1748 年至 1756 年间，也就是在"第二亚琛和约"［亦称"爱克斯·拉夏贝尔和约"（Treaty of Aix-la-Chapelle）］至七年战争爆发期间，出版的图书突然间增长了4 倍，仅在这 8 年间就出版了 25 种图书。这一速度一直保持到法国大革命，此时，总共出版了 100 多种关于战争艺术的书籍。[24]从写了多部博学巨著的伟大的军事理论家，到只写了一本军事演习回忆录的低级别军官，都是军事启蒙运动的主要骨干。这些人具有杜马塞认为的名副其实的启蒙思想家的品质，他们从事于时代的精神哲学和价值认可。

通过对出版物和未出版的手稿等语料库及其作者的考察，可以把作者分为两类军事启蒙思想家：第一类主要关注军事问题，只对某一具体领域产生影响；第二类关注军事领域外的问题，他们不仅创作文学、民族志、戏剧和写关于文化辩论的论文，还赞助艺术和文人。

第一类军事启蒙思想家以军事启蒙为中心。虽然他们的研究方法和对战争的本体论观点大相径庭，但他们的共同目标是改善军事运作。思想家如傅纳德骑士兼普伊塞古尔侯爵雅克-弗朗索瓦·德·查斯特内特（Jacques-François de Chastenet，1656—1743）、保罗-盖登·乔利·德·梅泽尔瓦伊（Paul-Gédéon Joly de Maïzeroy，1719—1780）和梅斯尼尔·杜兰男爵弗朗索瓦·让·德·格兰多格·德奥格维尔（François Jean de Graindorge d'Orgeville，1729—1799）受到笛卡尔清晰而独特的思想观念的影响，认为战争存在着理性和普遍的原则。由于他们体系化的方法和信念，这些军事启蒙思想家被他们的同行称为"体系创立者"。傅纳德在阿维尼翁长大，当他还在耶稣会学院读书时就离家参军。他经常被视为这种启蒙思想家的典范。他的著作包括四本大部头著作和一个节略本，所有这些都显示了他的博学。他是一位军事艺术古典历史学家，一位以理性和普遍原则为理论的战争科学家，也是一位寻求指导人类在战略战术中起作用的心理因素的现代主义者。[25]傅纳德关于军事史和军事科学的论文，以及他对倾向于突击战术而不是火器的战斗队形的偏爱，在国际军事学界引起了激烈而广泛的争论。[26]腓特烈大帝甚至于1761年出版了一本关于傅纳德的大部头著作。[27]

与傅纳德一样，普伊塞古尔侯爵转向古代以寻找能够让他建立战争普遍理论的原则。他将古人（希罗多德、荷马、苏格拉底、色诺芬、修昔底德、波里比乌斯、阿里安、普鲁塔克、维吉提乌斯）的研究与他那个时代的人（杜伦尼、蒙特库科利）的研究结合起来，使野战系统化，并能够通过数学方式来推算，就像沃邦围城战法中所运用的原理那样。军事思想家兰斯罗特·图尔平频繁参加上流社会的社交活动，时常对非军事问题发表意见。他也认为"所有国家之间和所有时代的战争原则都是一样的"[28]。他和普伊塞古尔一样，支持沃邦的围城战法，即将围城战中的包围线运用到野战之中（军队向前推进，构筑堡垒，建造仓库，使之类似于一条平行线；进攻部队再次推进，再次构筑另一条类似的平行线，依此类推）。他的《战争艺术论》（1754、1757）被翻译成德语（1756、1785）、俄语（1758）和英语（1761）。

梅泽尔瓦伊 15 岁时就应征入伍，与身为军官兼军事启蒙思想家的卡尔·西奥菲卢斯·吉查德（Karl Theophilus Guichard，1724—1775）即昆图斯·埃斯利乌斯（Quintus Icilius）一起参加了萨克斯元帅在波希米亚和佛兰德斯指挥的战役。他同样是一位成就卓著的古典历史学家和军事数学家。梅泽尔瓦伊是他那个时代最专业的古希腊学尤其是军事方面的研究者之一，现代意义上的"战略"这个词的发明就应归功于他。1776 年，他成为法兰西铭文与美文学术院院士，这要归功于他于 1770 年翻译了拜占庭皇帝"智者"利奥六世（Leo Ⅵ the Wise，866—912）的《战术》（Tactica），这部军事著作本身就是以摩里士皇帝（Emperor Maurice，539—602）的《战略》（Strategicon）为基础的。他将毕达哥拉斯哲学应用于战争中，认为数字是宇宙中一切现象的基础。他从根本上区分了战术与战略，认为成功的军事战术必须建立在正确选择普遍数字的基础之上，而战略则涉及他所说的"军事辩证法"，"取决于若干因素——物质的、政治的和道德的——这些环境从来都不相同，而且完全是天才的领域"[29]。梅泽尔瓦伊的普遍主义的理论汇集了历史、数学等多学科的元素。他的主要著作《战术教程：理论、实践与历史》（*Cours de tactique théorique，pratique et historique*）的第三部分考察了土耳其人和亚洲人的战争。该书与其他 9 部主要著作一样都极具影响力，初版于 1766 年，1767 年和 1773 年增补了两卷，1776 年和 1785 年重印，并被翻译成德语（1767、1773）和英语（1781）。[30]

如果说这些"体系创立者"倡导的方法相似，那他们的计算和结论就不一样了。这导致了多个学说间的争议，其中最著名的是厚阵纵队（*ordre profond*）和薄阵横队（*ordre mince*）双方支持者之间激烈的交锋。厚阵纵队是指为冲击武器（如刀剑等利器）而优化的纵队战斗队形，薄阵横队是指为了集中火力（如各种枪械）而优化的长长的、浅排的士兵队形。然而，这些论战并不是孤立地在理论泡沫中发生的。普遍主义理论家是想让他们的体系具有实际用途，这就使这些体系在训练营和战斗中得到了检验。梅斯尼尔·杜兰的基于突袭的战术系统，在其 1774 年的《战术碎片》和 1755 年发表的早期战术作品中得到进一步阐释，并于 1778 年在瓦西乌斯军营由德布罗伊元帅进行了广泛的测试。

然而，对于许多其他军事启蒙思想家来说，体系创立者提出的普遍主义理论被证明为极不合理和极不现实的，因为它们更多地基于先验计算而不是经验。普遍主义原则在战争中根本不可能实现，因为即使是梅泽尔瓦伊这样的普遍主义理论家在其战略构想中也认识到了不少偶然因素。军事经验主义者，如皮埃尔·约瑟夫·德·布尔塞（Pierre Joseph de Bource，1700—1780）和萨克斯元帅在战术和战略方法上更强调特殊性与以人为中心。9 岁那年，布尔塞就跟随平民出身的父亲开始了军旅生涯。西班牙王位继承战争期间，他的父亲在位于法国多菲内省境内的阿尔卑斯山任上尉。他先后在陆军多个兵种（步兵、炮兵、工程兵）服过役，成了山地战专家。他主张有组织的分散或"分队计划"（一支庞大的军队分成几支独立的纵队沿着平行的道路向前推进，每支纵队又分成三个小分队）。这一计划不仅让敌人摸不清攻击一方的目标，迫使敌人分兵把守多个地点，而且进攻方可以迅速部署战场，把所有分队集结成一支强大的部队。布尔塞是一位高产的作家，流传下来了许多手稿，出版了大量著作，赢得了军事界和王室的认可。[31] 1756 年，达尔让松、蓬帕杜和路易十五颁布军事贵族令，布尔塞擢升为元帅，封为贵族，后来被国王任命去监督法国和皮埃蒙特边境的防御工事。他在格勒诺布尔创办了第一所军官培训学校，这所学校受舒瓦瑟尔领导，专注于山地战。后来，这所军官培训学校又激励了拿破仑建立军事教育机构。

萨克斯元帅在其军事思想中也强调了特殊性。他的论著《梦想》是一部影响深远的作品，分别于 1757 年、1761 年、1763 年被重印了三次，德文版（1757、1767）和英文版（1757、1759、

1776）也广为传播。萨克斯将他的研究分为战争的"宏大"和"细节"两个方面。"宏大"方面以适应地形的特殊要求，如在旷野、山地和崎岖的地形、围城战、野外堡垒战所运用的大兵团作战方式；"细节"方面指军队组织、战斗编队、武器装备、军队制服等。作为一个有全局战略的思想家，萨克斯元帅生前在其杂文集中写了一篇题为《鞑靼人和中国人的军事记忆》（"Mémoire militaire sur les Tartares et les Chinois"）的文章；1762 年，萨克斯元帅死后多年这篇文章才以《论战术法的精神》（"Esprit de lois de la tactique"）为标题发表出来，这个标题的灵感源于孟德斯鸠的《论法的精神》（De l'esprit des lois）。最重要的是，萨克斯强调了"人的因素"：人具有不可预测性，而体系创立者依赖的数字是可预测的；必须理解人在战斗和其他军事行动中的生理、心理、情感等因素。

第二类军事启蒙思想家对世俗文化非常熟悉，成为他们所处时代的名人：不仅是军事思想家，而且是启蒙思想家和文学家的赞助人（图 4）。[32] 没有人比吉伯特伯爵雅克·安托万·希波利特（Jacques Antoine Hippolyte，comte de Guibert，1743—1790）更能与这一群体联系在一起。吉伯特博览群书，热衷于文学创作，在 26 岁时用诗歌创作了一部悲剧《波旁总管》（Le connétable de Bourbon，1769）。同年，他在七年战争和科西嘉战役结束后晋升为上校。他才情横溢、魅力十足，雄辩的口才和爱国热情让历史学家们和巴黎的知识精英几乎像他的爱人朱莉·德·莱斯皮纳斯（Julie de Lespinasse，1732—1776）一样迷恋吉伯特。他凭借其《战术通论》（Essai général de tactique）"一夜成名"，该书在 6 年之内（1770、

图 4　弗朗索瓦-贝尔纳·雷皮西埃（François-Bernard Lépicié，1698—1755）根
据画家安托万·华多（Antoine Watteau，1684—1721）的油画《安托万·德·
拉·罗克的肖像》而作的版画，原件已佚。法国国家图书馆提供。安托万·
德·拉·罗克（1672—1744）是一位军事启蒙思想家，曾任皇家卫队的协警。
西班牙王位继承战争期间，他在 1709 年的马尔普拉凯（Malplaquet）战役中失
去了一条腿，康复后退役，获得了国王路易十四授予的圣-路易勋章。他把余生
献给了人文、新闻和艺术收藏。他创作了一部歌剧《忒修斯》（*Thésée*，1715），
1721 年接管文学刊物《法兰西信使》（*Mercure de France*），收藏了三百多件艺术
品，包括鲁本斯（Rubens）、韦罗内塞（Veronese）、普桑（Poussin）、沃沃曼
（Wouwerman）和华多的画作。华多的这幅肖像画显示了德·拉·罗克是一位军
事启蒙思想家：他斜倚在画面的前景中，胸甲与手杖表明了他的军旅生涯和在
战争中受过伤，而乐器、乐谱和背景中的缪斯则显示了他作为艺术家的地位。

1772、1773、1775）出版了 4 个版本，还被译成了德语（1774）和英语（1781）。盖特评价道："吉伯特写这部著作的意图非常清楚，那就是要创作一部不朽的杰作，其作品的每一行都可以清晰地印证这一点。显然，他所处的知识环境不仅决定了他愿望的性质和力量，而且也决定了实现愿望所需的态度和主题。这位雄心勃勃、热情奔放的年轻人似乎在他的军事论著中尽可能多地引入启蒙思想，并触及了启蒙运动的大部分主要问题。"[33]

在启蒙思想的哺育下，吉伯特受到了近代早期和他那个时代伟大思想家的影响，如牛顿、莱布尼茨、达朗贝尔、孟德斯鸠、伏尔泰、腓特烈大帝、萨克斯和卢梭。他在作品中提炼出通俗的话语：同情心、古典共和主义、反奢侈、热爱普鲁士、爱国主义和自由。这一影响最明显地体现在《战术通论》的初步论述中，他捍卫启蒙思想，大胆地批判"近代政治评论"，该评论评估了专制主义的欧洲在军事、社会和政治体系方面的堕落。在《战术通论》著名的一段中，吉伯特嘲笑他那个时代的政治的特点是"暴虐的无知"和"软弱的管理"，是一个腐败的、丧失了功能的体系，只有通过仿效古代共和制才能加以改变，在这样的共和国里，有令他钦佩的爱国主义、活力与美德。对《战术通论》的讨论像野火一样席卷了巴黎的沙龙和知识界，使吉伯特成为欧洲知识界的宠儿。无论是他诗意般的政治评论还是军事建议，他的思想都给他们留下了深深的印记。在某种程度上，他的评论与建议明确了其他军事启蒙思想家思考的内容：更大的灵活性、机动性、速度，以及大胆的分兵策略。这一分兵策略是将部队分成相互独立的纵队，而且靠部队以战养战。这些思想后来塑造了法国大革命时代和拿破仑时代的战争方式。[34]

　　吉伯特向我们展示了军事启蒙思想家不仅精通军事和历史，而且精通政治分析和思想。有些人把他们的军事经历写成文学作品，成为那个时代的著名作家，时至今日，这些作品仍然称得上是欧洲文学精品。贵族出身的军官皮埃尔·安布罗伊斯·弗朗索瓦·乔德罗斯·德·拉克洛斯（Pierre Ambroise François Choderlos de Laclos，1741—1803）曾在拉费尔皇家炮兵学院接受过训练，22 岁时在七年战争结束前晋升为少尉后，充满了远大的职业抱负。然而，和平时期和一系列的非战斗部署扼杀了他对军事荣誉的希望，把这位年轻的少尉变成了一名作家。他尝试过抒情诗，也写过舞台剧，但都失败了，后来他转向了当时正在不断发展的、更具实验性的小说体裁。[35]他的目标是创造卓越的东西，"创作一部不走寻常路的作品，它会发出声音，当我走完这条路以后，它仍然会在这个地球上回响"。因此，1778 年，拉克洛斯开始创作他最著名的作品《危险关系》，该书于 1782 年出版，广受好评。在这部书信体小说中，拉克洛斯把战争当作一种具有明确战术的、超越了隐喻的策略，书中的主人公拉梅尔图埃侯爵和瓦尔蒙特子爵实际上利用当时的军事战略成功地相互诱惑，并最终相互宣战。[36]拉克洛斯并没有局限于文学创作。他还写了一篇以妇女教育为主题的论文（1783），法国大革命头几年还写了一些有关政治的著作，以及一篇专题论文《战争与和平》（1795）。

　　与吉伯特由军旅生活转向文学创作类似的是，萨德侯爵唐纳蒂安·阿尔方斯·弗朗索瓦（Donatien Alphonse François，1740—1814）起初也参了军，后来也从军旅生活中获得了灵感。他详细叙述了七年战争中他随部队参加德国境内的战役时敌我交战的情况，以及他本人的行动和好战倾向。这使他产生了与战争有关的各种哲学思考：关于英勇与残暴的对比；关于战争中的女兵；关于人类天生的毁灭倾向。"让我们不要怀疑，有些时代，人们需要互相毁灭；受到在这一领域合作力量的推动，他们带头示范，帮助我们走向混乱无序的状态，混乱无序本身不过是一种再生，我们不顾自己而屈从于它，因为把我们束缚于它的本性必然会因冷漠的停滞而引起愤怒。"[37] 战争既是本性中不可避免的一部分，也是人类行为的一个空间，在这个空间里，可以报复甚至推翻在等级社会里遭受的不公。由于"社会是由弱者和强者组成的"，萨德解释说，"以前就存在的战争状态，一定是越来越可取的，因为每个人发现自己被剥夺了，这种不公平的契约从一个人身上夺走太多而给予另一个人的东西又太少，而战争能使他自由地行使这种力量和勤劳"[38]。战争既是他的唯物主义的基本要素，也是他的道德哲学的基本要素，不管它有多么不得人心。

　　另一位军官知名作家皮埃尔-让-保罗·伯尼·德·诺根（Pierre-Jean-Paul Berny de Nogent，1722—1779）于 1773 年完成了一部融合军事和文化的著作《攻防兼备的全面战争：关于对军事研究和军事演习的精确思考》。兰斯罗特·图尔平不仅涉足道德和哲学，还涉足军事文化。他在 18 世纪中期的几次激烈辩论中脱颖而出，大胆地向那个世纪最伟大的思想家写信陈述观点。1754 年，他出版了《两个朋友的哲学和文学娱乐》一书，此书由他与身为作家兼记者的朋友让·卡斯蒂尔洪（Jean Castilhon，1720—1799）合著而成。卡斯蒂尔洪后来于 1776 年创办了《法国观众报》（亦称《道德报》）。《两个朋友的哲学和文学娱乐》不仅有哲学和文化方面的论文，还有诗歌和文学批评，其中一些对军事领域有重要意义，例如关于荣誉与美德、竞争、伟人与英雄等主题的论文。本书中的第一篇就是写给让-雅克·卢梭的一封"友好"的信。这封信用十个音节的诗句写成，批评卢梭的厌世和自我孤立，并就如何更好地与人相处提供了饱受批评的哲学建议：

> 无怨无悔，看那同根长出
>
> 绽放的玫瑰，尖利的荆棘。
>
> 一大清早，见优雅的蝴蝶
>
> 吮吸花朵，勇敢面对尖刺。
>
> 照蝴蝶做：选择你的方式
>
> 千万不要，仇恨整个人类。[39]

卢梭给克里斯塞回了一份简短的信，表达了与来信中同样傲慢的"友好"态度："你的文集不足以孬到让我拒绝你的作品，也不足以好到让我不希望你写出更好的东西来。"[40]

　　克里斯塞和卡斯蒂尔洪合著的《两个朋友的哲学和文学娱乐》以及吉伯特和伯尼的作品，表明了军事启蒙思想家是如何将军事与更广泛的哲学和文化联系起来，然后向公众传授他们的思想的。

世界各地的战争与哲学精神

　　在世界其他地方的战争中的生活和战斗是 18 世纪法国军事启

蒙家灵感的源泉，同时也为他们提出了挑战。在北美，这些人被印第安部落收养，学会了"森林外交"，并接受了当地的战争方式。他们与土著妇女一道，依靠当地的医疗实践，用随身携带的口粮换取鹿皮靴。他们剥敌人的头皮，而己方败者也会被敌人剥头皮。在远隔重洋的印度次大陆上，他们训练印度兵（或称印度雇佣兵），率领他们作战，与海德尔·阿里汗（Hyder Ali Khan，1720—1782）等苏丹王和其他地方政府结成脆弱的联盟。在非洲，他们与塞内加尔的一些亲王勾结，以确保奴隶供应以及奴隶交易站和运奴船只的安全。这些经历不可能不会改变军事启蒙思想家们的观点，证实或揭穿了关于"异族"野蛮落后而所谓的欧洲文化和社会优越的陈腐观念。就像那些从未离开欧洲的同行一样，环游海上的、身居海外殖民地的，以及在商行的军事启蒙思想家们记录了他们的所见所闻，为海军部和战争部撰写报告和建议，就他们到过的地方和与他们打交道的民族等撰写论著。尽管有过无数的文化误解和疑虑，但作为新世界的探索者和居民（尽管有时是暂时的），这些军事启蒙思想家的出版物和手稿表达了他们的浓厚兴趣、文化适应性和认识论的合法性。

到了18世纪中叶，出国的军官可以接触到越来越多的旅行叙事、地理和原始民族志中的精品，为他们的部署做了些准备。例如，到北美旅行的人可以考察17世纪耶稣会的关系，他们的主要参考文献有陆军军官拉汉坦男爵路易·洛姆·达斯（Louis Lom d'Arce，1666—1716）的《北美的新航行》（1703）和克劳德-查理·勒·罗伊·巴克维尔·德·拉·波特里（Claude-Charles Le

Roy Bacqueville de La Potherie，1663—1736）的《北美历史》
（1702 年成书，1722 年出版），尤其是皮埃尔-弗朗索瓦-泽维尔
（Pierre-François-Xavier de Charlevoix，1682—1761）的《新法兰西
的历史与概述》（1744）。[41]曾于七年战争时期率领被派往北美的法
国本土军（即非雇佣军）作战的路易-约瑟夫·德·蒙特卡姆
（Louis-Joseph de Montcalm，1712—1759）选择了一条从地理上和
文化上都不合时宜的路径，他和手下的军官以及海军独立连海军陆
战部队的军官们一起阅读了荷马史诗《伊利亚特》《奥德赛》，还有
维吉尔的《埃涅阿斯纪》。他们把书中史诗般的叙述看成有用的镜
头，通过这些镜头来了解北美的战争经历。[42]雷纳尔写于1770 年的
《东西印度史》（L'histoire des deux Indes）是一部广受欢迎但也颇
受争议的作品，陆军和海军军官都酷爱阅读此书。

　　尽管陆军、海军和海军陆战队的军官们确实进行了一些研究，
为他们将来在海外一些地方遇到的民族和部落做了些准备，但他们
也把自己视为享有特权的知识生产者。他们毫不犹豫地批评了欧洲
大陆知识分子所传播的被广泛接受的一些理论假设。许多知识分
子，如卢梭和后来的夏多布里昂子爵弗朗索瓦·勒内（1768—
1848），从未去过他们在作品中描写的地方。军事启蒙思想家主张，
他们的知识和经验应该比主流启蒙思想家布冯伯爵乔治-路易斯·
勒克莱尔（George-Louis Leclerc, comte de Buffon, 1707—1788），
以及荷兰民族志学家科尼利厄斯·德·波沃（Cornelius de Pauw,
1739—1799）等自然哲学家所传播的思想更重要。德·波沃对印第
安人的印象非常陈腐刻板，而军方对他这种描写的反应就很能说明

这个问题。德·波沃被认为是研究美洲印第安人的权威。他的作品
《对美洲大陆的哲学探讨，或为人类历史服务的有趣回忆录：一篇
关于美洲和美洲人的论文》于 18 世纪 60 年代末 70 年代初出版了
多个版本。该书传播了一种对美洲印第安人的僵化的种族主义观
点，实在不敢让人恭维：

> 严格地说，美洲人既不善良也不邪恶。他们能有什么动
> 机？心灵的胆怯，智力的衰弱，维持生计的必要性，迷信的力
> 量，气候的影响，都使他们几乎没有任何可能取得一点点进
> 步；但他们没有察觉到。他们的幸福是：不去思考，无所作
> 为，睡大觉；当不感到饿的时候，就会无欲无求……按照他们
> 的理解，人生没有阶段，一生都像个婴儿，直到生命最后一
> 刻。他们的本性就是懒散，因软弱而报复，且报复是极为残
> 暴的。[43]

德·波沃认为，在美洲生活的欧洲人会慢慢堕落。

德·波沃的描述激怒了欧洲和大西洋彼岸的人们。托马斯·杰
斐逊（1743—1826）和詹姆斯·麦迪逊（1751—1836）驳斥了他的
说法，许多法国军官也驳斥了他的说法，比如扎卡里·德·帕齐·
德·博纳维尔（Zacharie de Pazzi de Bonneville，约 1710—约
1771）。博纳维尔发表了对莫里斯·德·萨克斯关于战争的著作的
评论，还写了一篇题为《论美洲与美洲人》的论文（完整而略带讽
刺的法文标题是《论美洲与美洲人：一位文雅哲学家的好奇观察，
他在上次战争中穿越了这个半球，从事了不吃人就杀人的崇高职
业》，1771）。博纳维尔从序言开始质疑德·波沃作品的合理性，他

在序言中谴责了波沃在其作品《对美洲大陆的哲学探讨》中的一概
而论和缺乏足够的实地经验。博纳维尔宣称，他不是一个又一个驳
斥波沃的观点来否定其思想，而只是说实话，向人们传递他亲眼看
见的东西。[44]他撰写的最重要的和文化上最现代的内容涉及美洲印
第安人的多样性、许多不同的民族、亚文化、民族特征、作为拥有
独立人格的自主个体的每个印第安人的社会地位等。[45]他试图帮助
欧洲读者理解，被德·波沃在论著中"婴儿化"的"物体"是具有
思想、呼吸与品德的个体。他们是人，而不是物。

　　在哲学精神的激励下，那些像布干维尔一样曾于七年战争期间
前往新法兰西（法属北美领地）的法国海军独立连和法国正规军的
军官，渴望根据自己的观察和经历来审视对美洲及其居民的刻板观
念与"书本知识"。一些军官在作战时遇到了美洲印第安人，而另
一些人则首先在蒙特利尔这个大熔炉中与不同部落的人和法裔加拿
大人互动，"莫霍克族妇女去参观法国小教堂，尼皮辛族男子把鹿
肉带到市场，奥奈达人家庭拜访法国朋友，身为奴隶的阿帕奇女孩
把水拎到花园里"[46]。尽管一些官员，如骑士勒杜查特，发现他们
自己的观察证实了负面的刻板印象，但让-巴蒂斯特·德阿莱拉克
（Jean Baptiste d'Aleyrac，1737—1796）和马拉蒂奇伯爵安妮·约
瑟夫·希波利特·德·毛尔斯（Anne Joseph Hippolyte de Maurès，
1730—1800）对欧洲大陆刻板的判断提出了质疑。他们注意到不同
部落的人所具有的许多积极的品质：面对痛苦和逆境时的坚韧、运
动天赋、舞蹈、狩猎和捕鱼技能。他们还驳斥了那些可能造成不良
后果的陈词滥调，如认为美洲印第安人长得不像人，说他们长得毛

茸茸的，像野兽一样。"生活在加拿大的野蛮人与法国人对他们的普遍看法大相径庭，"德阿莱拉克颇为挖苦地写道，"他们非但不像人们所认为的那样多毛，反而比我们的毛发要少很多。"[47]

这些经历使许多军官成为印度、非洲、马斯克林群岛、安的列斯群岛和其他地区的业余民族志学家。他们把信件、个人回忆录、游记和"科学"回忆录寄回欧洲大陆，分享他们对所遇到的环境、民族和文化的印象。一些军官不可避免地出现种族主义和欧洲中心主义的论调。让-雅克·德科蒂农骑士（生于 1761 年）在其所著的关于他服役于马斯克林群岛和印度期间的回忆录中，散布了对具有非洲血统的人的种族偏见，以表达他对印度雇佣兵的不敬，称他们为"国家的黑人"，并不断地贬损他们软弱、怯懦、毫无军纪、作战无能，说什么"5 万法国兵可以轻松击溃 60 万印度兵"[48]。

相反，许多在国外服役的军人对他们逐渐熟悉的外国地理、文化和领导人非常狂热。有些人甚至成了文化大使，特别是成了后来新成立的美利坚合众国的文化大使。拉法耶特侯爵吉尔伯特·德·莫蒂勒（Gilbert du Motier，1757—1834）就是这样一位军官。他在凡尔赛时，虽然富有且颇有人缘，但他如离水之鱼不得其所，成了美国独立革命的英雄和坚定的拥护者。[49]他是乔治·华盛顿将军的宠儿，也许是第一位伟大的热爱美国的法国人士。他与妻子玛丽·阿德里安·弗朗索瓦兹·德·诺埃（Marie Adrienne Françoise de Noailles，1759—1807）在巴黎文化区"左岸"购买了一套住宅，称为图尔戈特酒店，使其成为该市的美国文化中心。拉法耶特用美国纪念品装饰住所，在他豪华的饰有镜子的沙龙里飨宴了许多美国政要。在拉法耶特的"美式晚宴"上，法国精英们与杰斐逊一行、亚当斯一行和杰伊一行交往畅谈，英语成了他们交谈的首选语言。拉法耶特的子女阿纳斯塔西、乔治·华盛顿·拉法耶特在举办晚间娱乐活动时，也首选英语。甚至这些晚会的请柬都是用英文印刷的。美式晚宴旨在重视文化真实性，并明显获得了成功，因为一些美国人，甚至清教徒阿比盖尔·亚当斯（美国第二任总统约翰·亚当斯的夫人）据称在拉法耶特家都感到非常自在。

并不是所有的军人都有兴趣（或有经济实力）用这种完完全全、确确实实的方式将美国文化引入法国，所以他们只是记录下他们的所见所闻，然后将它们寄回给祖国的家人。随同罗尚博伯爵让-巴蒂斯特·杜纳坦·德·维缪尔元帅（Jean-Baptiste Donatien de Vimeur，1725—1807）前往援助美国独立革命事业的492名军官中，现存40多人的战争日志和个人记录，最著名的有克莱蒙特-克雷维科伯爵让-弗朗索瓦-路易（Jean-François-Louis，1752—1824）、玛丽-弗朗索瓦-约瑟夫-马克西姆·克罗莫特·杜堡（Marie-François-Joseph-Maxime Cromot du Bourg，1756—1836）、加斯帕德·德·加拉廷男爵（baron Gaspard de Gallatin，1758—1838）、让-巴蒂斯特-安托万·德·韦杰（Jean-Baptiste-Antoine de Verger，1762—1851）和路德维希·冯·克洛森男爵（baron Ludwig von Closen，1755—1830）。现在有关罗尚博本人、劳尊公爵阿尔芒·路易·德·贡塔乌特（Armand Louis de Gontaut，后称比隆公爵，1747—1793）和其他人的回忆录及书信也被收集起来。这些文件不仅揭示了罗尚博伯爵指挥的战役和与美国人合作的军事细节，而且还展示了这些法国军人兼作家是如何进行文化分析的，并将他们的思想传回祖国。[50]

军官们就印第安盟友的外貌、风俗习惯和战斗能力进行了辩论，并对奴隶制持不同立场：一些人基于人道主义谴责奴隶制，而另一些人则购买奴隶作为家仆。冯·克洛森批判道："狗通常都比可怜的黑奴和黑白混血儿活得更幸福，营养也更好。"[51]然而，矛盾的是，冯·克洛森认为奴隶要么是"像喜鹊一样的小偷，要么像金子一样忠诚"，并花钱买了一个名叫彼得的奴隶，他认为这个奴隶像金子一样忠贞。然而，军官们对有欧洲血统的美国人最感兴趣，尽管这些军官往往对他们的美国同行嗤之以鼻，因为美国军官的社会地位有所不同。法国军官是贵族，而许多美国军官出身于卑微的手艺人阶层，包括铁匠、面包师、修鞋匠和旅店老板。因此，法国军官往往喜欢与英国军官和德国军官为伍，经常与他们共餐，尽管他们也会对这些外国绅士的行为做出判断。韦杰对英国人在弗吉尼亚詹姆斯敦对美国人犯下的暴行感到震怒。他惊恐地讲述道，他目睹了一位年轻的美国孕妇，身体被肢解，内脏被摘除，然后挂在门上，死掉的胎儿挂在中空的子宫上，上面写着："该死的叛徒！你不能再生育了。"[52]

在敌方将领之间，在美国社会的上层资产阶级（法国军官在费城、威廉斯堡、波士顿和纽波特等城市会遇到这类人）中，也有着更亲切的款待和风俗习惯。然而，美国有一些风俗习惯是法国官员根本无法理解的。一些军官对"捆绑"的习俗感到非常惊讶，这一习俗规定，一对年轻男女（订了婚而准备结婚或未订婚的）在卧室里单独待上几个小时甚至整个晚上。在卧室里，他们都严严实实地穿着衣服，但可以亲吻和"只有结了婚的人才有权被允许温柔地爱抚"（克莱蒙特-克雷维科语）。"捆绑"表现出极度的信任、自制力和尊重。克莱蒙特-克雷维科总结道，它"实际上只适用于美国人"[53]。

怀揣着有些见多识广的民族志倾向的想象力，许多军官如克莱蒙特-克雷维科、卢夫雷侯爵劳伦特-弗朗索瓦·列诺瓦（Laurent-François Lenoir，1743—1798，曾在驻圣多明各的陆军中服役）和拉塞尔中校（曾在驻印度的炮兵中服役）担任非官方的文化和政治的外交官，加深和传播有关世界各国人民与文化的知识。以上讨论的殖民地和欧洲大陆的军事启蒙思想家，以及其他几十位撰写手稿回忆录和发表论文的作者，都是军事领域的知识分子，他们在有生之年及之后都影响着知识、舆论和政策。他们普及军事问题，使之成为主流的非军事启蒙思想家和公众以及文学、表演、美术参与的领域。

具有军事头脑的学界与公众

伏尔泰在《老实人》（*Candide*，1759）第 23 章一开始就对战争进行了多方面的批判。与小说同名的主人公憨迪德（Candide）和一位名叫马丁的荷兰摩尼教哲学家结伴来到英国。一开篇就是一句著名的台词，马丁说英法两国都一样蠢，仅仅为了争夺"加拿大的几英亩雪地就大动干戈"便是明证。"他们花在这场美丽战争上的钱远远超过了整个加拿大的价值。"伏尔泰搭建好了舞台，开始正面攻击一个更尖锐的主题，即严厉武断的海军刑法：

海岸两旁人山人海，他们正聚精会神地看着一个大块头被绷带蒙着眼睛，跪在停泊在港口里的一艘军舰的上层甲板上。四名士兵面对着他，每名士兵径直对着那个大块头的脑袋近距离地开了三枪，整个世界一片宁静。岸上看客对此心满意足。

"怎么回事呀？"憨迪德说，"是哪个恶魔这样到处发威呢？"

然后他问旁人，在这么庄重的仪式中被枪毙的那个大汉是谁。

"海军上将。"他们答道。

"为啥要枪毙那个上将呢？"

"因为他杀的人不够多。他与一位法国海军上将作战，人们却发现他离那位法国上将不够近。"

"但是，"憨迪德说，"前者离后者的距离，与后者离前者的距离不一样远吗？"

"你说的无可争辩，"他们答道，"但在这个国家，时不时地杀死一位海军上将是件好事，因为它可以鼓励其他上将去杀死更多的人。"

憨迪德被所见所闻吓得不知所措，非常惊骇，他不想上岸，并马上与荷兰船主讲好价钱，叫他把船开到威尼斯去；哪怕这位船主可能像他在苏里南遇到的那位船长一样要蒙骗他，他也顾不得了。[54]

这一插曲是根据一则令人震惊的真实故事改编的。就在《老实人》出版的两年前，英国海军军官约翰·宾（John Byng, 1704—

1757）在"君主"号皇家海军舰船的甲板上被行刑队公开处决。军事法庭做出这种极其残酷的判决，目的是惩罚宾在 1756 年梅诺卡岛（Minorca）海战中败给了法国将军拉·加利索尼埃伯爵罗兰·米歇尔·巴林（Roland Michel Barin，1693—1756）。法庭认为，在宾率领的第一批战列舰遭受法军重创，而第二批战列舰又无法行驶到全副武装的法国舰队加农炮射程之外的情况下，他过于谨慎，没有根据情况的变化调整传统战术。这次海战，英国舰队损失惨重而法国舰队则无一损失，宾败退至直布罗陀，未能完成削弱法国舰队和换防驻守在该岛马洪港附近最后一支英国驻军的作战任务。法国海军大胜，占领了梅诺卡岛，法国王室和新闻界大肆宣扬。作为七年战争的一场开局之战，这是一场具有象征意义的胜利，也具有战略价值，特别是在制定《巴黎条约》和用梅诺卡岛换回法属安的列斯群岛和布列塔尼海岸附近的贝勒岛之时。正如这次事件和伏尔泰的叙述所表明的那样，战争的残酷和代价远远超出了战争本身。罪行不仅是敌人犯下的，而且也是军人愿意为之献出生命的国家犯下的。

　　像伏尔泰这样的启蒙思想家对战争和士兵进行了辛辣的抨击。这些作家继承了兴盛于 17 世纪的反战和反军事批判的传统。正如皮埃尔·科奈尔（Pierre Corneille，1606—1684）戏剧化地重述贺拉斯三兄弟①的故事一样，詹森主义者布莱士·帕斯卡（1623—

---

　　①　公元前 7 世纪，古罗马与邻邦阿尔巴开战，双方同意各出三人比武，输的一方必须臣服于胜利的一方。阿尔巴派库里阿斯三兄弟，而罗马派贺拉斯三兄弟。贺拉斯三兄弟在出战前向老父亲宣誓，誓死保卫罗马。结果只有一个贺拉斯幸存，罗马胜利。这一故事是想告诉我们，国家利益应置于个人幸福之上，强调自我牺牲、坚忍、忠诚等公民品质。

1662）谴责了如下观点：杀害邻国公民是完全可以接受的甚至是道德的，而杀害邻居和同胞则被视为犯罪。帕斯卡《思想录》（*Pensées*）是在他死后的 1670 年发表的，书中"人的狂妄与虚荣"一章的第 47 段展示了如下讽刺：

> 你为什么要杀我？——那又怎样？你不是住在水的另一边吗？我的朋友，如果你住在这一边，我将会是个杀人犯，杀了你便是非正义的。但既然你住在了水的另一边，我杀你就是勇敢的行为，这便是正义。[55]

在"论痛苦与快乐"一章中，帕斯卡评论道，战争发生的方式非常可憎、非常奇怪：一个君主向另一个君主宣战，但两人都舒适地坐在自己的王座上发动内阁战争，而成千上万的、相互间没有争吵的男人们必须在野外捉对厮杀。他一语中的，重申了他对战争的反讽：对人类犯下的可憎行为，如果是在战争时期对敌人犯下的，就往往被认为是道德的。帕斯卡说："盗窃、乱伦、谋害儿童、弑父，所有一切都在'道德行为'中占有一席之地。"这句嘲讽的话，后世的伏尔泰在其作品中多次提到。[56]

道德学家让·德·拉·布拉吕耶尔（Jean de la Bruyère，1645—1696）在评价《品格论》（*Les caractères*，1666）时言辞更为严厉，预示着伏尔泰式的尖酸刻薄即将来临。[57]天主教和平主义者弗朗索瓦·德·萨利尼亚克·德·拉·莫特-费纳隆（François de Salignac de la Mothe-Fénelon，1651—1715）是路易十四孙子（法国王储）的家庭教师，他向这位王储传授基督教徒信奉的谦逊、公平、和平、克制——战争贩子路易十四并不总是能表现出这些优点。[58]费纳隆通过一系列的道德寓言和童话以及著名的小说《忒勒玛科斯历险记》（*Les aventures de Télémaque*，1699）来传递这些美德。这部小说中的主人公尤利西斯的儿子忒勒玛科斯一次又一次地从他的良师益友那里学到了"全人类不过是分散在地球上的一个家庭。所有人都是兄弟，必须真正地爱自己。那些不虔诚的人，为了追求残忍的荣耀，却要让自己的兄弟抛洒热血，实际上也就是他们自己的血液，真是不幸。战争有时是必要的，这是事实；但即便有时是不可避免的，战争也是人类的耻辱"[59]。

　　在 17 世纪的这些作品中所表现的和平主义、基督教的世俗人文主义，以及世界大同主义，点燃了 18 世纪对战争的文学批判和哲学批判。然而，18 世纪的法国作家和知识分子所做的不仅仅是一般性的批评；与前辈相比，他们对法国的军事体系、曾经有过的和他们所处时代的士兵、战争和战术等都更有意识。从新闻和百科全书等出版物、公众场合、私人关系等渠道获得的更专业的知识，使得知识分子分析具体问题，就像伏尔泰在《老实人》中谴责英国的海军刑法那样。这种知识渗透到淫秽文学作品和世俗小说中，不仅把战争描绘成诱惑和性的隐喻以及整个社会精英关系的隐喻，而且也把军事战术思想刻意运用于"芳心猎手"们试图混入女性的闺房和卧榻，或者贵族试图在社会的精英圈子中击败对手。[60]画家让-安托万·华多出生并成长于法国东北边境饱受战争蹂躏的瓦朗谢讷镇。在西班牙王位继承战争期间，他同样创作了一系列展现军事场景的油画，向人们传达了一位目睹战争的人所遇到的许多现实问题，如暴力胁迫征兵、军官无能、军队中的社会不公所引起的麻烦问题等。[61]

　　值得一提的是，上述作家和启蒙思想家中，有些人热忱地讴歌战争和士兵，同样也激烈地批评他们。伏尔泰本人在他的许多历史著述和史诗《亨利亚德》(*La Henriade*，1723)、《丰特努瓦赞歌》(*Poème de Fontenoy*，1745) 等诗歌中，多次颂扬军事伟绩。同样地，卢梭一方面批评战争罪犯的残忍和不公，以及和平主义者抱有的对和平的幻想，另一方面赞美斯巴达人式的艰苦朴素的军事文化。卢梭在他典型的反霍布斯主义的视角中找到了一种中间立场 (*juste milieu*)，认为"人类并不是为了毁灭自己才被独特地创造出来的"。相反，战争是"尽一切可能的手段去毁灭敌国或者至少是削弱敌国力量的意向，这种意向是相互的、持续的、显而易见的"，它诞生于社会中，因此作为人类集体艺术的纯粹产物，战争对国家来说是很"自然"的事情。[62]

　　其他启蒙思想家对待战争就如军人对待战争一样：既然战争不会消失，那它就必须被理解。在某种程度上，卢梭做到了这一点，孟德斯鸠、加布里埃尔·邦诺特·德·马布利 (Gabriel Bonnot de Mably，1709—1785)、查理·罗林 (Charles Rollin，1661—1741) 和《百科全书》编纂者等也做到了这一点。古代的勇士和战争是这些启蒙思想家仔细探讨与历史研究的对象，就如同这些话题之于傅纳德、梅泽尔瓦伊和兰斯罗特·图尔平等军事启蒙思想家。孟德斯鸠曾著有《罗马盛衰原因论》(*Considérations sur les causes de la grandeur des romains et de leur décadence*，1734)，该著作对 18 世纪的法国社会进行了含蓄的批判。它颂扬了古罗马士兵的勇气和体力，盛赞了古罗马时期普遍存在的、使严格的军事法律制度根本就没有必要存在的服从精神。[63]孟德斯鸠在《论法的精神》（1748）中也提出了关于荣誉的理论，荣誉被认为是一种激励君主，尤其是军人这一主体的重要情感。[64]在马布利的几部作品中，包括《对罗马人的观察》（*Observations on the Romans*，1751）和《对话福基翁：论道德与政治的关系》（*Entretiens de Phocion sur le rapport de la morale avec la politique*，1763）①，他论述了一支由爱国公民组成的军队所具有的道德优势，就像约瑟夫·瑟万·德·格贝（Joseph Servan de Gerbey，1741—1808）、吉伯特、萨克斯等那样。罗林在他的七卷本《古埃及人、迦太基人、亚述人、巴比伦人、米提亚人和波斯人、马其顿人和希腊人的历史》（1730—1738）中写道："如果热爱自己的国家、荣誉和同胞，军纪和战斗力不费吹灰之力就能实现。"[65]

　　军事主题是狄德罗和达朗贝尔的《百科全书》的主要组成部分，《百科全书》卖了约 2 万册，包括 1751 年至 1765 年出版的正文 17 卷，1762 年至 1772 年出版的插图 11 卷，1776 年和 1777 年

---

　　①　福基翁（Phocion，约公元前 402—前 317），雅典政治家和军事将领，公元前 322 年至公元前 318 年雅典的实际统治者。福基翁是柏拉图的学生，晚年成为哲学家色诺克拉特斯的密友。他曾在波斯帝国当雇佣兵，后随雅典一道努力使其独立于马其顿帝国。尽管他竭力保卫雅典，但他姑息迁就马其顿帝国的扩张，与马其顿建立外交关系，以避免被彻底征服。公元前 323 年亚历山大大帝去世后，尽管他率军防御马其顿突袭希腊，但他反对拉米亚战争。次年，他被派去与马其顿议和，竭力减少了雅典的赔款，但被迫接受了马其顿占领雷埃夫斯港口的条件。然而，公元前 319 年，他被废黜，被判叛国罪，被希望恢复民主的雅典人处决。不久之后，雅典人又为他举行了葬礼，并塑像纪念他。

（狄德罗卸任主编后）出版的增补卷 4 卷和插图 1 卷。[66]在写于七年战争期间、经常被引用的《战争》一文里，路易·德·若古（Louis de Jaucourt，1704—1799）虽然谴责了战争，但他把战争看成是人类文明不可避免的一部分。"战争扼杀了自然、正义、宗教和人类的声音。"但他又承认，"我们从最早的祖先那里继承了战争；从世界的幼年时代起，他们就在进行战争"[67]。若古和其他《百科全书》编纂者讨论了那个时代有关荣誉、光荣和英雄主义的论战，也讨论了许多军事艺术文献里详细的技术和历史知识。

约翰·林恩估计，在这部《百科全书》共收录的 74 044 个条目中，大约 1 250 条被编辑归入"军事艺术"一类，这个数字既不包括关于海战的条目，也不包括其他有关道德和政治的条目，如狄德罗的"敌意"、若古的"征服""投敌士兵""爱国主义"、让-弗朗索瓦·德·圣-兰伯特（Jean-François de Saint-Lambert，1716—1803）的"荣耀"和卢梭的"经济学"，以及其他一些由伏尔泰、霍尔巴赫、尼古拉斯-安托万·布朗格（Nicolas-Antoine Boulanger，1722—1759）和安托万-加斯帕德·布彻·达尔吉斯（Antoine-Gaspard Boucher d'Argis，1708—1780）草拟的具有军事元素和影响力的条目。[68]林恩煞费苦心，整理了这些条目的清单，建立了一个有用的关于陆战军事艺术的条目索引，还全面评述了对这一类条目贡献最大的编纂者。数学家和军事科学家纪尧姆·勒·布隆（Guillaume le Blond，1704—1781）在军事艺术领域内编写的词条最多，占 65%，其次是若古，占 9%，狄德罗占 2.2%，以下依次是达朗贝尔、让-巴蒂斯特·卢顿·杜里瓦尔（Jean-Baptiste Luton

Durival，1725—1810)、埃德美-弗朗索瓦·马勒 (Edmé-François
Mallet，1713—1755)、查理-路易·多特维尔·德斯·阿穆雷特
(Charles-Louis d'Authville des Amourettes，1716—1762) 和雅克-
弗朗索瓦·布隆德尔 (Jacques-François Blondel，1705—1774)。[69]

　　《百科全书》编纂者致力于记录所有相关的军事知识：军事史、
战争法、武器的制造和使用、防御堡垒、军事操练、野战战术和围
城战法、军纪、征兵、军用护体装具和军装等。在使战争更加科学
化这一运动的启发下，《百科全书》编纂者在"人类知识的详细系
统"中将军事战术和军事建筑置于"自然科学""初等几何"这样
的大标题之下。[70]除了批判性和科学性的方法之外，某些编纂者还
公开赞扬军人。特雷桑伯爵路易-伊丽莎白·德·拉·弗涅 (Louis-
Elisabeth de la Vergne，1705—1783) 在他编的词条"军人"中赞
扬军人的道德品质，融合了中世纪的骑士精神和现代资产阶级的价
值观。让-弗朗索瓦·马蒙特尔 (Jean-François Marmontel，
1723—1799) 在他编的词条"荣誉"中宣称："没有哪种荣耀可以
与勇士的荣耀相比，这是因为，成为立法者虽然可能需要更多的天
资，但远不及勇士的牺牲精神……假设战争瘟疫对人类来说不可避
免，那么从军的职业应该是最光荣的，因为它是最危险的。"马蒙
特尔哀叹说，法国作家不像古代历史学家那样尊敬这些战士。"法
国军人具有一千种美丽的特质，这些特质就连普鲁塔克和塔西佗
(Tacitus) 都会非常小心地去收集。可我们把这些特质降格归入个
人回忆录一类，就好像对历史的威严没有充分尊重一样。人们是多
么希望有一位历史启蒙思想家能把他自己从这种偏见中解放

出来。"[71]

　　寻求传播军事知识的有学识的公众当中还有一部分医学专业人员。本书第三章将讨论的医生-哲学家，与致力于改进军事医学的外科医生和医护人员组成了一个具有国际视野的团体。他们就卫生和预防医学、传染性疾病、外科手术工具和技术、医院维护等问题进行了动态的交流。18 世纪的学界对陆海军中流行疾病的论述就是一项跨国界合作努力的成果，这已为历史学家大卫・韦斯（David Vess）、劳伦斯・布罗克利斯（Laurence Brockliss）、科林・琼斯（Colin Jones）和艾丽卡・查特斯（Erica Charters）所证实。[72] 在军事医学的文学团体（*république des lettres*）里，整个欧洲和各殖民地的内外科医生前往他国，相互学习；相互阅读对方的原著或者已译成另一种文字的作品；分享他们在前线的发现与经验；受邀成为巴黎皇家科学院或者伦敦皇家学院等科学协会的外籍院士。[73] 约翰・普林格尔（John Pringle，1707—1782）的《在野营地和驻防地对军队疾病的观察》（*Observations on the Diseases of the Army*，1752）、理查德・布罗克比（Richard Brockleby，1722—1797）的《经济和医学观察》（*Economical and Medical Observation*，1764）、杰拉德・范・斯维滕（Gerard van Swieten，1700—1772）的《军队易发的疾病》（*Diseases Incident to Armies*，1776）是 18 世纪关于军队疾病最重要的和读者最多的著作之一。殖民战争催生了历史学家迈克尔・奥斯本（Michael Osborne）所说的"热带医学的出现"，它源于安托万・波桑尼耶-德斯佩雷埃（Antoine Poissonnier-Desperrières，1722—1793）的著作《圣多明各岛

的热病特征》(*Traité des fièvres de l'isle de S. Domingue*，1763)
和《海员疾病特征》(*Traité sur les maladies des gens de mer*，
1767)，以及苏格兰医生詹姆斯·林德（James Lind，1716—1794）
的《保护海员健康最有效的治疗手段论》(*Essay on the Most
Effectual Means of Preserving the Health of Seamen*，1762) 和
《炎热气候条件下欧洲人易患疾病论》(*An Essay on Diseases Inci-
dental to Europeans in Hot Climates*，1768)。[74]

　　在这种国际视野的医学对话中，产生了一个活跃的医学期刊出
版社。17 世纪时，英法两国共有 6 种医学期刊，而在 18 世纪下半
叶，英国增加到 26 种，而法国则增加到 50 余种。[75]在波旁王朝旧
政权最后的十年里，有 7 种期刊，包括将在下一节讨论的《军事医
学杂志》(*Journal de médecine militaire*，1782 年首刊) 和《军队医
院医学观察报告》(*Receuil d'observations de médecine des hôpitaux
militaires*，1766 年和 1772 年两卷) 都针对军事医学读者群体，发
表了一流的研究成果。[76]

　　除了这些获得军事、医学或朴素的启蒙思想家等名号的思想家
外，还有更广泛的公众参与并影响军事当局。读者们除了讨论伏尔
泰在《老实人》中描写阿伐尔人和保加利亚人之间的战争究竟有何
意图外，还讨论了伏尔泰的霍布斯式的评估：社会的一切，尤其是
"文明"巴黎的一切都处于永久的战争状态中。亲普鲁士人士列举
了腓特烈大帝和他领导下的常胜军的优秀品质；亲英人士崇拜英国
的爱国主义，认为正是这种爱国主义才帮助英国最终赢得了胜利；
新美利坚合众国的仰慕者们（亲美人士）赞扬了美国自由人民的美

德和军事忠诚。沙龙和社交圈的男男女女尊敬或怒斥吉伯特的《战术通论》。他们还讨论了军事刑法，联合抵制针对逃兵的死刑和针对某些轻微犯罪者的体罚。

　　以前所未有的广度与深度，战争和军事问题成了非军事公共领域讨论和支持的一个积极的基本组成部分，这在一定程度上归因于军事启蒙展开的手段与空间。

军事启蒙的手段与空间

　　就手段而言，我们已经看到，写作和阅读在传播有关军事的创新思想、辩论与改革方面发挥了核心作用。许多印刷媒体——论文、百科全书、期刊——都是给军人和非军人阅读的。尽管未出版的手稿论文、回忆录、书信往来针对的是个人和小群体，而不是更大范围的公众群体，但它们也构成了发展和传播改革思想的基本手段。同样，在文学评论家贝内德塔·克雷韦里（Benedetta Craveri）称为"对话时代"的时期，讨论是分享和传播思想的一种常见的因而是必不可少的手段。公众和个人在许多场所进行阅读及交谈：沙龙、私人晚餐、俱乐部、咖啡馆、共济会、军事学校和研究院，当然还有凡尔赛宫廷。当军官们不在驻防地、不在交战中、不在他们的私人居所时，他们就会光顾上述地方。战时服役也鼓励军人写作、阅读、交谈与尝试新的态度和做法。营地、兵营、战场是军队官兵参与和培养军事启蒙的重要实验场。

　　识字率的提高和印刷出版物市场的扩大，使书籍、百科全书和期刊成为传播新理论的主要渠道。相关记录表明，各类出版物广受欢迎，而且对军事产生了潜在的影响，这些出版物包括萨克斯元帅的《梦想》、吉伯特的《战术通论》等作品的重印本和译本。同样，狄德罗和达朗贝尔的《百科全书》的军事内容和出版记录也使其成为学问的基础。其他的参考著作，如《分类学百科全书》（*Encyclopédie méthodique*，1782—1832）和不同的辞典，如伏尔泰激情论辩的《哲学辞典》（*Dictionnaire philosophique*，1764）不仅提炼了关于战争的观点和判断，也提炼了有关战争的历史和技术信息。然而，这些百科全书和辞典，尤其是像多卷本的《百科全书》都是奢侈品，不仅书价颇高，而且不便携带。至少可以这样说，拖着 33 卷的文字和插图到处走是不切实际的。因此，廉价的印刷品，主要是期刊，作为军事启蒙的一种手段，也具有特别重要的意义。

《法兰西报》（*Gazette de France*）是王室的官方喉舌，于 1631 年由泰奥弗拉斯·勒诺多（Théophraste Renaudot，1586—1653）创办，在巴黎刊印。《莱德报》（*Gazette de Leyde*）在荷兰印刷。两份报纸都是时事宣传和新闻传播的主要工具，刊登的主要内容包括与战争有关的主题，如重大战役和外交协定。[77] 历史学家杰里米·波普金（Jeremy Popkin）对革命时期的法国报刊的研究表明，法国报刊拥有广泛的读者群。根据订阅量，他计算出在美国独立战争期间，这些报纸一周总共卖出近 3 万份（每周两期，每期 14 560 份）。[78] 许多订阅者是法国武装部队的军官，他们经常了解大西洋彼岸的战役和事件，还学习了相当神话化版本的美国军事文化和公民文化。[79]连同其他报纸，这些报纸在奥地利王位继承战争和七年战争中发挥了类似的作用。从美国的俄亥俄河谷到南亚的孟加拉湾遥远的、广阔的地方发生的战争，这些报纸都有记述或转载，尽管其准确度不同，而且带有政治上的偏见。[80]

在法国，除了报纸的数量和发行量不断增加外，这一时期还出现了军事期刊，其受众为军队里博学的军官和广大读者。法国是创办军事期刊的先驱，是大西洋沿岸第一个出版军事期刊的国家。直到18世纪末或19世纪初，英国、普鲁士、奥地利、美国和其他国家才仿效法国。[81]皇家军队的公报、年鉴、历法和登记表是军事期刊出版社的前身。像1700年的《皇家年鉴》（*Almanach royal*）和后来的《法兰西局势》（*État de la France*）以及卢梭的《法兰西军事局势》（*État militaire de la France*，1748），这样的出版物都包含了关于军事条令以及具体部队、部署和军官等信息。它们经常突出显示军官方面的信息，在风格上类似于流行的贵族家谱的式样。[82]

第一份军事期刊《军事百科》（*Encyclopédie militaire*）的专业技术性强于新闻性，侧重于军事科学，也刊载一些战斗叙事和贵族的家谱。《军事百科》是一本月刊，1770年1月1日在巴黎首刊，撰稿人是"一个由资深军官和作家组成的协会"。主要撰稿人阿德里安-玛丽-弗朗索瓦·德·韦尔迪·杜·韦尔努瓦（Adrien-Marie-François de Verdy Du Vernois，1738—1814），曾任骑兵队长，由于为军人撰族谱和颂歌而闻名。第一期是献给舒瓦瑟尔的。舒瓦瑟尔支持该项目，目的是促进军事专业化，因而它具有半官方性质。《军事百科》称自己为"年轻战士的学校"，并呼吁军人成为尽职的科学家和启蒙思想家，宣称"我们不再处于无知的时代；军人必须通过职业来学习"[83]。历史学家马克·马丁（Marc Martin）解释说："从第一期开始，该杂志实际上提议用同样的批判精神来重新审视军事艺术，这种批判精神激发了哲学运动；后来，它承诺向读者提供狄德罗和达朗贝尔编纂的伟大的《百科全书》中关于战争艺术的词条中所包含的同样的思考，许多军人不会有这种思考，军人不能让这种艰巨的任务拖在他们的身后，与驻防军和营地相比，图书馆更适合这一繁重的工作。"[84]因此，《军事百科》转达了《百科全书》中的信息，还主要介绍了所有伟大的战术辩论（厚阵纵队对薄阵横队、游击战争、围城阵对野战、炮兵的作用等）。

《军事百科》的订户包括波旁王朝的宫廷成员、军人、非军人和书店，重要的是，还有军队团一级单位。舒瓦瑟尔打算每个团要至少订阅一份杂志，虽然他的希望没有实现，但几乎一半的团都有订阅，165 个团中有 75 个团订阅了该期刊。8 个炮兵团中有 5 个团订阅了《军事百科》，因为它们的工作显然是技术性的；虽然骑兵和轻骑兵部队中，40 个团中有 16 个团订阅了该期刊，但它们是订阅人数最少、技术性要求最低的部队。[85]这些数字表明，许多军官接受了这一职责要求：变得有学问，并定期增长军事知识。

其他一些军事期刊也满足了这一趋势。《军事与政治杂志》（*Journal militaire et politique*）最早于 1778 年 4 月在巴黎出版，一直到 1779 年 6 月都是双月刊。1774 年至 1787 年担任外交大臣的韦尔热那伯爵夏尔·格拉维耶（Charles Gravier，1719—1787）创办了这本期刊，目的是传播专业知识，支持法国参与美国独立战争。[86]《海军杂志》（*Journal de la marine*）于 1778 年 8 月发行了第一期。为了支持暗中帮助美国人的法国海员，早在两年前创办《海军杂志》的建议就提交了，但这些请求被路易十六手下的海军大臣安托万·德·萨丁（Antoine de Sartine, 1729—1801）拒绝，因为他害怕杂志的创刊会让英国人知道法国人正卷入美国的革命战争。这本杂志主要集中在海军方面的技术交流，其次是管理方面的话题，如海军部的军事条令。因此，《海军杂志》受到了萨丁的严格审查：只允许没有刊载关于舰艇或海军中队信息的，以及没有美国海军新闻的期数才能发行；只有在类似的内容事先被刊登在《法兰西报》和《信使报》等报纸上之后，这些内容才能得以批准在《海军杂志》上刊登出来。随着法国海军在美国的战事接近尾声，这本杂志也停刊了，1781 年出版了最后一期。[87]

《军事医学杂志》（*Journal de la médecine militaire*）也是一个著名的例子。[88]该杂志由军医撰稿，服务于军医，根据国王诏令出版，完全由战争部资助。1782 年至 1789 年，每三个月由皇家印刷所（imprimerie royale）属下的印刷厂印刷一期，印数较大。由于王室的持续支持，它成为最稳定的军事期刊。下面几项皇家举措催生了《军事医学杂志》：1758 年至 1781 年期间，医疗队和医院重组并集中化；1759 年，国家任命了军医和外科医生；1763 年，军队医务人员要求提供医疗报告。这些报告是由潘库克（Pancoucke）在 1766 年和 1772 年收集并发表的，标题是《军队医院医疗观察报告集》（*Recueil d'observations de médecine des hôpitaux militaires*）。1781 年，当战争大臣塞格尔侯爵下令重组军医学院和创办

《军事医学杂志》时，他进一步推动了这些举措。该杂志把医务人员和行政管理人员写给战争部的许多有趣的信件、回忆录公之于众。它结合了在传染病、卫生学、热带医学、地方流行病学等方面，以及疾病的生理、心理或道德原因方面的深入探索和实验。这本杂志连续每期印刷 800 册至 1 000 册，并免费分发给约 600 名医学专业人员。《军事医学杂志》优先考虑的是医学知识和医疗进步，把它们置于政治和职业教条之上；它是法国改革专制主义在医疗和军事舞台上影响的光辉象征。

　　法国国防历史处（Service historique de la défense，SHD）的档案表明，军事管理人员、军官和医务人员阅读了这些出版物后做出了回应，写了一些回忆录，与同行书信往来频繁。这些资料包括子系列 A 中的军事信函、子系列 1K 中的军官私人信件和子系列 Yd、1Yb、1Yf 中的军官档案。一个军事"文学团体"兴盛起来，作家们分享了他们对那个时代和历史上发生的战役和战斗、学术著作和新规则的理解与认识，也讨论了他们自己的挑战、方法和实验。除了传阅书信，还印刷了其他形式的出版物供广大读者阅读。

　　书信往来不仅是一种实用的职业活动，也是 18 世纪精英社交的因而也就是贵族身份的一种基本形式。[89]书信往来有许多不同的类型，从官方信件到熟悉的个人信件，但在任何情况下，这类信件都不会被默认为私人信件。吉伯特酷爱写信，他的信件本身就是"事件"。当他的圈子里的某个成员收到一封信时，他们就会立即通知小组其他成员，这些人聚在一起大声宣读，相互借阅，让更多的公众或个人传阅。[90]在兵营和营地里也发生过类似情况，同行军官或行政人员收到信后都会大声宣读，既分享了专业信息，也进行了社交，因为写信人经常希望收信人在阅读来信时也要问候可能在场的其他人。朋友、家人、知识界有权势的女性也在宣传与军事有关的思想和改革者的声誉方面发挥了重要作用。朱莉·德·莱斯皮纳斯希望说服举足轻重的德芳侯爵（marquise du Deffand，1697—1780）写信给波兰国王，向他讲述她年轻的丈夫吉伯特上校的才华。[91]

　　讨论也是推动军事启蒙的一个主要手段。[92]军官服役时，他们在军营、营地和共济会所，都会相互交谈。书信、论文和回忆录中提到这些对话时，都只是顺便提及、交代一个大概而已，如萨克斯元帅在其《梦想》（将在第三章讨论）一书中记录的他与克劳德-路易斯-赫克托·德·维拉尔元帅（1653—1734）之间的对话。这些军事空间不仅是交换信息和思想的理想场所，而且也是通过实践来检验它们的理想场所。

　　还有一些交谈发生在非军事场所，这些场所通常是专门用来鼓励讨论的：沙龙、俱乐部、咖啡馆和共济会所。许多军人在不同的地方举办沙龙。战争大臣与其他高级管理人员负责在凡尔赛宫举办高关注度的沙龙和宴会。例如，舒瓦瑟尔为精心挑选出来的朝臣和外国人准备露天宴会。午餐时间是下午2点，餐具常常定量准备35套，必要时可添加更多。舒瓦瑟尔失宠受辱之后，仍然在流放地香特卢（Chanteloup）的宫廷般的政治沙龙里延续这种做法。正如德芳夫人（Madame du Deffand）所描述的那样，"去香特卢就是去（凡尔赛宫）宫廷，就是去寻找显赫人物的世界"。凡尔赛宫或流亡海外的部长级的沙龙里充斥着政治阴谋，同时也是与当权者讨论思想的理想场所。

　　与舒瓦瑟尔这样位高权重的大臣类似的是，军官和他们的妻子也常去具有政治和文化意义的沙龙，成为一些著名沙龙和社交圈的常客。军人举办的沙龙，并非都因其主持人、来宾或讨论的话题而闻名。苏比热亲王查理·德·罗汉（Charles de Rohan，1715—1787）元帅，因缺乏军事天赋和建树而为人所知，但后来靠主持苏比热市一些很好的美食节目而成了热衷于上流社会社交活动的专家，从而挽回了自己的声誉。[93]

　　如前所述，军事启蒙运动的主题也在其他城市的社会空间进行了讨论，如咖啡馆和共济会所。咖啡馆（Maisons de café）在 17 世纪后半叶随着含咖啡因的饮料流行起来，并在随后的一个世纪里像野火一样在法国扩展开来。[94] 1762 年，一家军事咖啡馆在圣奥诺雷街（rue Saint-Honoré）成立，并被指定为武装部队的军官所使用。新古典主义建筑师克劳德-尼古拉斯·勒杜（Claude-Nicolas Le-doux，1736—1806）接受了这一任务，致力于创造类似于"一个秩序井然的军事营地，军官们在战斗获胜之后可以在其中休息"的空间。12 根柱子雕刻成用月桂树叶捆在一起的长矛形状，柱子顶端装饰着有羽毛的战斗头盔，这些柱子将装饰镜的面板或华丽的盾牌雕塑分隔开来，盾牌面板上刻有美杜莎的头像、军旗和月桂叶皇冠。这个 6×10 米的空间（现在位于卡纳瓦莱博物馆，即巴黎历史博物馆）的装饰使这个军事咖啡馆成为鼓励交谈和催生古代男性军事文化的环境。"在首都有一家咖啡馆，它有着高贵的、产生轰动

效应的新的装饰细节，"埃利·弗雷隆（Elie Fréron，1718—1776）
在他 1762 年的《文学年》（*Année littéraire*）一书中写道，"这是
圣奥诺雷街上的军事咖啡馆。每个人都去那里欣赏。那里的一切都
富丽堂皇、简约，散发着古色古香的气息。一家咖啡馆展现出真实
品味的印记，并为我们提供了一个典范，真是非同寻常。"[95] 军事
咖啡馆成为所有驻军城镇特有的东西，为讨论军事生活、事件、理
论和实践提供了一个特别的场所。

我们将在下一章了解到，共济会所也是军事启蒙的温床。军人
是最早加入在法国境内的外来共济会所的人群之一，因此军人体现
了这个时代的世界大同主义的理想。军人也是最早建立法国共济会
所的人群之一，后来随着他们在驻防城镇建立军事共济会所和在团
部建立附属共济会所以后，他们将共济会文化传播到整个法国和其
他国家。共济会所不仅提供了一个训练男性在社交场合彬彬有礼的
机会，也提供了一个在共同的职业和意识形态兴趣的基础上建立友
谊的机会。[96] 据说，正是拉法耶特成了共济会会员之后，他才热情
地支持美国的独立事业，并由此激发了他的骑士精神和对共济会的
想象力，因为他把美国人想象成"为自由而战的人民"[97]。

共济会所也是将军事文化传播到由精英男女组成的更广泛的非
军事社会的空间。邦贝尔侯爵马克-玛丽（Marc-Marie，1744—
1822）是一位军官出身的外交官和社会活动家。他写了许多轶事，
揭示了军事文化是如何在沙龙、社团和共济会所成为特色的。他报
道了一个由坎德尔会所主办的晚会，该会所从 1775 年开始运营，
一直持续到 1785 年，成员中有精英人士、伏尔泰等启蒙思想家，

包括兰斯罗特·图尔平在内的多名军官也是其成员。[98] 1784 年 3 月
9 日晚，坎德尔会所邀请"忠诚会所"和其他来访的共济会会员参
加了盛大的晚会，包括讲座、宴会、戏剧表演和舞会。在讲座结束
后和宴会开始之前，举行了一个感人的军事仪式，以纪念一位 19
岁的受伤退伍军人。美国独立战争期间，这位士兵在圣基茨（Saint
Kitts）圣克里斯托弗岛（Île Saint Christophe）海战中丧失了一只
胳膊，当时他只有 17 岁。邦贝尔激动地讲述，这位军人与四位战
友伴随着音乐和鼓声步入晚会的大厅；接着，一篇演讲词高度颂扬
了这位退伍军人的勇敢行为。战斗中，他和一位战友接到命令，要
把绑在一根杆子上的炸药放到指定的地点。当他俩正努力把炸药往
前移动时，一发炮弹击中了他的右臂，把它炸得稀烂，血肉模糊地
悬垂在身上。但他表现出惊人的毅力和勇气，继续执行他的任务，
把炸药移到左臂上，当他意识到受伤的右臂阻碍了他的行动时，他
拿起刀砍掉了它。此时，他的战友已逃离了战场，但他继续英勇地
完成了他的任务。纪念这位军人的演讲词，使这位军人自己也不敢
相信这一切，他转过身面对着四位战友说："我没有意识到我所做
的是如此美丽。"他被授予一枚奖章，这枚奖章"在未来的几个世
纪里将保存对他无畏的英雄行为的记忆"。此外，他还获得了 100
埃居（écus）的现金奖励，并被提拔为军士长。

　　这一插曲表明军事启蒙在共济会所中开展的多种形式。晚会将
军事和非军事参与者齐聚在一起，使他们能够相互交往，专注于军
事话题。坎德尔会所那场仪式向人们传递了发生在加勒比海岛上的
一场战斗中一次战术行动的详细信息，让人们清楚地了解到近代历

史上发生在遥远的异国他乡的一个军事事件。它还为一位无名的、"低级别军官"的英雄带来了应得的奖赏，他值得公众的认可。在小范围内来讲，认可他的英雄行为就等于制定相关的奖励军人的政策，因为这位退伍军人不仅得到了象征性的和金钱上的奖励，而且还晋升了军衔。在 1784 年 3 月 9 日晚由坎德尔主持的晚会上，军事知识变成了公众知识，吸引了更广泛的人群，包括军人和非军人、男人和女人；这继而又导致了如下结果：共济会给予一位低级别军官英雄"义务警员式"的公正评价，而且也通过晋升军衔给予了他一个"官方"的公正评价。

公众领域与上流社会的习俗和实践在军事启蒙运动中发挥了核心作用。更多的人开始意识到并参与到军事问题中。君主、有权势的女人、官僚和军官将"开明"思想与军事领域联系起来，以培养创新政策和实验。然而，如第二章所提示的那样，军事思想家和推动者并不乐意接受《世界报》（le monde）的所有影响。世俗性、社会性的积极和消极影响在军事领域引起了争论，并成为早期改革努力的焦点，这些改革努力将人而不是战术或普遍的战争理论作为恢复法国本土势力和巩固法国作为世界大国地位的关键。

第二章

兄弟会产生之前

军人的阳刚、社交与群体

　　"我的一生，乃一部传奇！"1816 年，在圣赫勒拿岛上，拿破仑与撰写他的个人回忆录的作者拉斯·卡萨斯伯爵埃曼纽尔-奥古斯丁-迪尤多内-约瑟夫（Emmanuel-Augustin-Dieudonné-Joseph，1766—1842）的一次交谈中激情地谈到他戏剧性的一生。然而，若对这位来自科西嘉岛的、军人出身的皇帝的岁月和事迹进行富有诗意的歌功颂德时，没有哪位作家能像拿破仑麾下的士兵和军官那样热情奔放。这些退伍军人写下了大量关于拿破仑的回忆录，拥护他们的统帅，认为他不仅是一位令人敬畏的征服者，而且是一位善良和公平的指挥官。在他们看来，在某些方面，拿破仑甚至还是一位朋友。拿破仑本人把军队比作共济会，因为"所有军人和共济会成员之间都有某种默契，使他们在任何地方都能互相认识，而且错不了；这使他们互相寻识，关系融洽，而我就是他们的领导"[1]。埃尔泽尔·布雷兹（Elzéar Blaze，1786—1848）是拿破仑大军团（Grande Armée）的一位上尉，讲述了拿破仑与他的部下的亲密关系。无论部下的社会出身如何，拿破仑都尊重他们的功绩：

> 有人经常看到拿破仑把自己的荣誉军团十字勋章取下来，把它别在一位勇敢的士兵胸前。要是路易十四的话，他通常会先问那位勇敢的士兵是不是贵族；而拿破仑会问某位贵族是否勇敢。一位中士在战斗中展现了惊人的勇气，他被带到路易十四面前：
>
> "我奖励你 1 200 里弗尔的退役津贴。"国王说。
>
> "陛下，我宁愿要圣路易十字勋章。"
>
> "我相信你，但你不会得到它。"
>
> 要是拿破仑的话，他会紧紧拥抱这位中士；而路易十四则转身背对着他。

布雷兹对这一轶事总结性地评论道："这个例子说明，两个时代的差异非常明显。"[2]

历史学家们普遍赞同布雷兹上尉的评价。布莱恩·马丁写道，拿破仑"对集体团结的坚持，代表了那时的法国走了一条与之前根本不同的道路。18 世纪时，法国严格的等级划分严重阻碍了士兵之间的相互尊重与合作"。马丁认为，"博爱"（fraternité）这一具有革命性质的概念是"19 世纪的法国人越来越坚信的一种信念或者说一种新兴的军事理论"的源泉，这种信念或理论就是"士兵之间的友谊可以成为团队团结的有效战略"，以及"战斗的成功取决于大军团士兵之间更大的信任和更亲密的关系，或者更广泛地说就是拿破仑式友谊"[3]。马丁和迈克尔·休斯探讨了这种团结的机制，从拿破仑的个人行为到他的民族主义和军国主义的宣传体系，这种团结的机制支持了基于性别和军事造诣的男性的社会联系和共同的男性身份。[4]

尽管在波旁王朝的旧制度中，森严的社会等级依然存在，但18世纪的军官和行政管理人员并没有忽视集体认同和群体团结是军事成功的重要力量这一理念。在博爱和拿破仑式友谊之前，有开明的军事社交、男性身份和军事社团。

法国武装部队指挥混乱，功能失调，一系列耻辱性的失败就是明证，其中最有名的是1743年的德廷根（Dettingen）战役和1757年的罗斯巴赫（Rossbach）会战，这使得人们更加关注路易十四贵族战争文化的缺陷以及军事和战术体系中存在的问题。[5]改革者认为以权谋私、徇私舞弊和内阁战争大大削弱了军官队伍中的英雄主义，造成了目无军纪、贪污腐败和伪娘风气，损害了个人和集体的军事认同感。军官之间琐碎的、破坏性的关系以及军官虐待士兵的行为中，社会交往（société）的缺失是显而易见的。匮乏的物质条件和低微的社会身份被认为是军中疾病和逃兵的主要原因，也是军人思念家乡的原因，而这一点往往被认为是致命的。[6]

军事启蒙的推动者试图通过社交能力来补救这些道德和社会问题。人类的这种能力可以增进社会联系，促进军事社会交往，恢复对军人身份的认同。数学模型化与希腊-罗马古风被看成是坚定的军事身份认同和严格的军事纪律的原型，但与之完全对立的是，18

世纪 20 年代至 60 年代的某些军事作家支持"开明"的道德哲学，支持沙龙和共济会等社会机构，把它们视作理想的文化模型。改革者注重与自然社交性和社交礼仪（如人性、友谊、仁爱和集体精神等）相关的价值观，通过军衔制度可促进尊重，改革者也关注与法国这个商业和殖民帝国相邻的盟国紧密相连的价值观。萨克斯元帅尝试在战争前线设立喜歌剧院，他相信这将培养群体意识和男人的军事认同感，并最终赢得欧洲大陆战争的胜利。在世界各地的法国剧团里，社交活动也面临同样的高风险。对许多军人来说，反博爱是欧洲文化优越性和种族纯洁性的标志。然而，从北美、安的列斯群岛到印度次大陆，军事启蒙思想家主张摆脱欧洲中心主义的陈规、文化僵化、异域风情和种族主义的束缚。他们提倡学习土著文化和语言，与当地人民交友，寻求文化或民族特征的共同点，并承认其优点。这些措施是形成国际化的、多元文化的军事社团的关键所在。

军事思想家深信，社会实践将给军队带来多方面的好处。采用开明的社交道德哲学理念，重塑军人身份认同，激发多种形式的团结意识；在国外表现出文化敏锐和尊重，可以缓和造成军事危机的社会文化根源。同样重要的是，这种新的精神面貌和非官方的军事守则可以恢复战士作为道德代理人的声誉，这些士兵在启蒙思想家和公众的眼中是值得赞扬的而不应该受到指责。他们所不知道的是，他们正在形成哲学的、社会的和情感的动力，为革命兄弟会、拿破仑式友谊和近代军事"兄弟会"奠定了基础。[7]

从绅士战争到军事社会

布雷兹上尉有一点是对的：路易十四关心贵族。1691 年 3 月
21 日，太阳王身披闪闪发亮的、镶着金边的白色戎装，步出御辇，
来到佛兰德斯蒙斯（Mons）围城战的前线。在以前的围城战中，
还没有哪座被围攻的城市能见证路易十四在蒙斯集结的那样庞大的
军队：92 000 名法军被派去攻打驻守在城里的 6 000 名敌军。太阳
王的军政大臣卢福瓦为这次围攻准备了将近一年的时间，不漏过每
一个细节，于 1691 年 3 月 24 日夜晚从环绕城墙的一排排堑壕发起
攻击。两组 12 门迫击炮，向蒙斯倾泻炮弹，使整座城市陷入一片
火海。到 4 月 8 日蒙斯守军投降时，炮火和堑壕战已经使 1/4 的敌
军丧生。炮击中，一发炮弹恰好落在路易十四刚刚站的位置上，他
侥幸逃过一劫，死神降临于站在他身旁的四名士兵身上。

尽管这场战争不可避免地充满血腥，但蒙斯围城战也体现了绅
士风度，这种风度代表了太阳王及贵族军官团的光荣和骑士精神。
法军不仅十分慷慨地为蒙斯守军配给了口粮，包括特地订购的 22 万
份陈年荷兰红皮奶酪；另外，法军强调以一种堂皇的宫廷姿态来围攻
蒙斯。3 月 26 日上午，路易十四呼吁全面停火——不是结束围困，
而是为蒙斯的妇女们献上由国王团管弦乐队演奏的小夜曲。大炮停止
倾泻炸弹时，乐声飘向空中，城中妇女和两军的男人们一起，享受着
一场盛大的春季音乐会，这足以与凡尔赛宫廷音乐会媲美。[8]

正如骑士守则表面上指导着中世纪骑士时代的军事行为和价值

观一样，一种贵族风气也弥漫在法国资产阶级革命前旧制度的最后几个世纪的军事行为和价值体系的理想之中。[9]法国与整个欧洲一样，贵族的生活形态左右着近代早期战争的性质和结构。荣誉、美德和光荣等高贵的品质被广泛表述为卡尔·冯·克劳塞维茨（Carl von Clausewitz，1780—1831）所描述的贵族和君主之间决斗似的战争。[10]17 世纪和 18 世纪的军事文件揭示了一种倾向，甚或是一种压力：法国陆海军中的贵族军官团里弥漫着要表现出优雅和文明的风气。[11]军官们把餐具带入战场，举办奢华的宴会，把精美可口的食物装在银盘银碟里或者瓷器里款待其他军官和当地贵族。军官们非常注重自我形象，即使在战斗中，也要穿上最优雅、最时髦的饰有金纽扣和扣环的衣服，穿上丝袜，戴着施了粉的假发，全套打扮。昆西伯爵约瑟夫·塞文（Joseph Sevin，1677—1749）在他写于 1738—1742 年的《回忆录》中写道，西班牙王位继承战争期间的都灵围城战（1706）中，法军统帅罗安纳公爵路易·道布松·德·拉·费拉德（Louis d'Aubusson de la Feuillade，1673—1725）"打扮得像要去参加舞会一样：他穿了一件猩红色的连衣裙，所有的缝线上都有金色的刺绣，头发上精细地施了粉，骑着一匹灰色的骏马"[12]（图 5）。

为了在行军打仗时也能维持这种奢华生活，军官们带来了一队贴身男仆、马匹、厨师和用人（或从他们连队中抽调一些士兵），他们负责运送、监督大量的辎重和行李，如武器、衣服、书籍、餐具、化妆用品和其他一些日用物资。然而，在海上，尽管海军军官也享有与其身份和地位相称的足够多的服饰与其他物资，但由于军

图 5　题为《1705 年 4 月 2 日，弗拉切市被费拉德公爵围困，向国王投降》的年鉴画。法国国家图书馆提供。费拉德公爵路易·道布松（1673—1725）出现在画面上半部中央，衣着华丽，端庄地坐在椅子上签署投降协议，周围簇拥着高级贵族官员。

舰空间不足，显得拥挤，海军军官就不能像陆军军官那样将大批装备带到舰上。[13]

这种贵族风气及做法是独特的，在区分贵族与平民方面具有特殊的社会意义。在路易十四的军队中，就如同在贵族社会中一样，正是"通过生活方式、说话方式、行为方式、娱乐方式、享受彼此陪伴的方式，才使得贵族精英们坚信自己的优越性是不可动摇的"[14]。无论是在陆战战场上还是在战列舰上，姿态优雅、技术娴熟、绅士风度"还意味着一种在军中特殊的勇气和优越感，它把一个人凌驾于普通士兵之上"[15]。这种贵族风气和准则在精英中培养了一种属于 17 世纪的社交意识。社交行为明显地体现出一个人的身份是否高贵，以及他在整个欧洲军官等级里属于哪一级。礼尚往来，共聚宴会，以一种可控的、合理化的方式战斗，这些都体现了欧洲军官共有的贵族理想。

在贵族军官独享的高台餐桌上，没有士兵和水手们的席位。普通士兵队伍里充斥着第三等级的平民，贵族军官通常认为他们"鄙陋卑微到极点"，通常都不会认为"这些社会地位低下者与他们具有同样的价值"，无论是身体的优雅和社会称谓，还是对个人的或家庭的名誉、荣耀和功绩的道德追求都是如此。[16]士兵及其他个人的身份、价值、仁慈都是无形的。尽管存在社会偏见，但人们还是会普遍认为贵族军官会关心士兵的福利，如果这么做不是出于基督教的或贵族式家长作风，那至少也是出于纯粹的私利；这一点很明显，因为军官要投资招募、武装和维持士兵，如果士兵当了逃兵或者死亡，他们的投资就会打水漂。没人会真正认为士兵可以成为英雄，也没人会真正认为他们在战争中的艰苦生活与他们贫穷的、被剥夺权利的非军事生活有什么两样。与他们交往是不可能的，更不用说尊重他们了。普通士兵的社交不被视为具有战术价值的东西，因而，形成一个统一的军事社会是不可想象的。

所有这些都在西班牙王位继承战争之后发生了变化。1715 年 9 月 1 日，路易十四驾崩，留下了一支深陷危机的军队。军官团已经全方位退化了，徇私枉法与金钱至上主导了招聘、留任和晋升。与凡尔赛宫关系密切的宫廷贵族很容易在军官中获得职位、奖励和晋升。财力不足的地方贵族就没有这样的机会，这阻碍了他们的职业生涯，怨恨越积越多。在军官队伍中有职务的人贪赃枉法，他们规定，只要付得起昂贵的价格，任何人都可以在军中买到一个职位。这使得富有平民和新封贵族涌入军官团。[17]宫廷贵族、富有平民和新封贵族被视为缺乏军事经验的，与贵族的战争文化完全脱节。人们认为，路易十四统治下军事制度的这些缺陷正是造成第二等级的贵族在军事上无能和在意识形态上分裂的原因，而第二等级的贵族自以为是，认为他们是一个建立在成员平等基础上的共同体。

更重要的是，路易十四的军政内阁被认为极大地削弱了军官的军事技能、作用和文化自豪感。沃邦的围城战术系统，以及儒勒·路易·博莱·德·尚雷（Jules Louis Bolé de Chamlay，1650—1719）等其他主张通过先验合理化进行战争的人，使路易十四深信"所有与战争有关的事情都可以在凡尔赛宫做出决定"。因此他们认为"让听命服从的将军们及时执行收到的军令才是必要的"[18]。似乎这还不够丢脸，路易十四统治下的财政-军事国家简直就是一场灾难，有时甚至最伟大的将军在与敌国交战时物资供应也十分匮乏，令人震惊。法国于 1705 年在卡萨诺（Cassano）战役中取得了来之不易的胜利之后，一位军官记述了旺多姆公爵路易-约瑟夫元帅（Maréchal Louis-Joseph）的窘迫生活，他发现元帅"与身为大修道院院长的弟弟在餐桌上吃饭时，宴席上只有定量的面包和一小块奶酪"[19]。

西班牙王位继承战争后的和平时期加剧了军事危机，不可逆转地改变了贵族的战争文化。法国军官对路易十四的战争不抱任何幻想了，在签署《拉什塔特和约》（Treaty of Rastatt，1714）后享受了几年的和平时光，越来越多地投入到自己作为廷臣以及巴黎和凡尔赛上流社会精英的生活。这也难怪，小克雷比隆，即克劳德·普洛斯珀·乔利特·德·克雷比隆（Claude Prosper Jolyot de Crébillon，1707—1777）创作的在 18 世纪二三十年代广受欢迎的世俗小说和其他一些文学体裁都是以贵族男性为主人公的。书中主人公的军事才华不是为了战场上的战争，而是被作者隐喻性地用来指与对手竞争、勾引女人而设计的战略战术。[20]凡尔赛宫廷和巴黎上流社会精英腐化了佩剑贵族，尤其腐化了年轻一代。圣-希莱尔先生（M. de Saint-Hilaire）是一名陆军军官，1715 年 9 月至 1718 年 10 月是战争委员会（Conseil de Guerre）列席成员。他在 1712 年的回忆录中抱怨："我们都已做好安排，要教他们拉丁语和人文学科，但他们还在十四五岁那么小小的年纪时，就把他们推入腐败的世界，却没有给他们足够的时间以恰当的保护方法来武装自己。他们的父辈已经腐化堕落了，被虚荣心的光环驱使，从他们的儿子进入上流社会那一刻起，就已经通过信贷、阴谋和金钱为他们谋得了重要的职位。"[21]

上流社会的危险性在整个 18 世纪成为人们研究的主题。瑞士内科医生塞缪尔 - 奥古斯特·蒂索（Samuel-Auguste Tissot，1728—1797）后来认为，那些生活在上流社会中的人实际上在身体、道德和社会等三个方面来讲都是病人。蒂索的关于现代疾病的病因学是建立在文化和群体城乡两极分化基础之上，这与重农学派采用的二元论没有什么不同。[22]乡村居民过着简单、更"自然"的生活方式，展现了富有活力的一面；而城市居民，尤其是上流社会中的精英，由于病态环境的影响而变得极度脆弱，毫无生气。安妮·维拉（Anne Vila）解释说："根据蒂索的刻度划分，城市/世俗的生活方式是距离人类自然状态最远的位置，因此与身心健康完全背道而驰。蒂索坚持认为，世俗的生活方式使那些生来就渴望世俗权力与物质的人逐渐丧失了活力，因为它迅速传播了虚假的快乐、扭曲的道德价值观、虚弱的体质这样一种流行病，并蔓延到整个社会。"[23]

许多军事思想家认同蒂索的分析。人们认为，巴黎和凡尔赛宫上流社会精英阶级的生活方式给贵族军人应遵守的涉及道德、身体和社会等方面的守则带来了灾难性的退化。这种堕落是以高度性别化的词语来表达的，将"世俗"的军官视为缺乏阳刚之气之人。军事和非军事知识分子声称，世俗社交活动的准则是强调伴随着轻浮欢乐的、肤浅的社交和礼貌形式，受女性的品味、态度和行为支配。在有关性别和法国风俗习惯的具有时代特征的著作中，女性被认为对这一领域有着强烈的影响，因为轻浮、欢乐和对奢侈的嗜好被认为是女性天生的性格。[24]弗朗索瓦·伊格纳斯·德埃斯皮德·德·拉·博德（François Ignace d'Espiard de la Borde，1707—1777）1752年所著的《民族的精神》（L'esprit des nations）传达了许多男性知识分子对于女性强大影响力的矛盾心理，女性被认为更为广泛地控制了上流社会中的男人和社会习俗。一方面，他宣称"法国男人有区别于其他民族的友好的品质与女人交流"，而他后来又痛苦地承认，"外国人说，法国男人不够男人"[25]。

　　不仅仅是外国人认为法国男人不够"男人"。18世纪的知识分子和军事思想家也认为，法国男人，特别是军队里的男人，已经沦为女性文化影响的牺牲品，严重损害了他们的军事科学和男人的好战精神。他们习惯变得过于娘娘腔和彬彬有礼以至于到了被耻笑的地步，在声色犬马和追求物质享乐的品味中颓废堕落了。18世纪后期，路易-塞巴斯蒂安·梅尔西埃（Louis-Sébastien Mercier，1740—1814）在他的《巴黎图景》（Tableau de Paris，1781—1788）中再次明确提出了一项长达数十年的指控："首都的奢华不仅扼杀了勇气，也扼杀了我们军官的好战精神。女性化的、耽于肉欲生活的乐趣与艰苦的工作和劳心劳力的战争格格不入：士兵不需要那些只适合富有的、不劳而获的商人或者艺术业余爱好者的乐趣。我相信我认识到了我们的军事美德中的真正弱点。"[26]18世纪早期的论文、回忆录和信件——从昆西伯爵的《回忆录》到提交给军政部的手稿——早就解决了这一文化难题及其在战争空间中的危险后果。军事思想家在书中提到了他们认为与贵族军官的"平民"

生活直接相关的语言和社会问题。在伦理和语言上，贵族军旅生活的价值体系和语言被上流社会的价值体系和语言玷污，严重腐蚀了与传统而高尚的军人气质相关的一些关键概念的语义，如光荣、荣誉、美德和功绩等。[27] 按语言学家索绪尔的术语来讲，上述"能指"（signifiers）渐渐容纳了具有邪恶意义的"所指"（signifieds），如狂妄傲慢、虚荣矫饰、毫无职业素养和道德破产。

　　一般认为，上述被误导的优先选择表现为日益缺乏贵族式的社交能力，从而使军事能力下滑。据称，官员们完全为盛行于上流社会的传播流言蜚语的浅薄文化和琐碎的竞争所吸引。海军军官团是所有武装部队中最有争议的。大军官团的红衣军官、预备军官团的蓝衣军官、商业海船队的军官，以及布干维尔和德斯坦伯爵等军队中的擅越职权者之间相互蔑视，这种现象十分猖獗。尽管布干维尔和德斯坦缺乏海军背景，但王室还是授予他们在海军中的高级别官职。海上军事人员与管理港口和军火库的陆上文职人员时常发生冲突。隶属于不同海军港口的军官和水手们互相颐指气使，甚至以仇恨的眼光看待彼此。劳尊公爵震惊地发现，在从布雷斯特和普罗旺斯（北部和南部）分离出来的海军部队中，"他们和军官之间互相憎恨：布雷斯特的军官称在地中海服役的军官为'淡水水手'。这种无礼是否有真正的科学依据？绝对不可能"[28]。

　　在军队中，战争大臣达尔让松伯爵谴责了那些在同一部队的士兵之间煽动恶意竞争的人。他谴责那些"当本部队的军官受到官方训斥时幸灾乐祸的人，那些不注意掩盖不光彩的事情反而向团队和公众散布这种消息而幸灾乐祸的人。一支由据说很诚实的人组成的

军队想要互相毁灭，难道不可耻吗？……我们每天都能看到整个团
表现得跟敌人似的。这样的想法从何而来？如此缺乏社会交往又是
从何而来"[29]？在达尔让松看来，军官和整个团更关心的是摧毁彼
此的名誉，而不是摧毁敌军。达尔让松的这种说法普遍存在于 18
世纪的法军中。1776 年 4 月奥弗涅团和缅因团之间的一场激烈争吵
就是一个突出的例子。当两个团都驻扎在里尔防区时，防区边的哨
所上用粉笔横七竖八地写着："奥弗涅团万岁，缅因团狗屎。"这项
声明似乎与其说很邪恶，不如说很幼稚。它很快升级为一个危险事
件，缅因团的一位下士烧毁了奥弗涅团的制服，以表达整个缅因团
的愤怒。竞争演变成暴力，两个团无声地互相宣战，双方互相辱
骂、袭击、交火。[30]

　　达尔让松转而考虑"整个团"的举动意义重大。他没有把注意
力完全放在高级军官身上，而是涵盖了更多的方面，考虑到了下级
军官和普通士兵的文化及行为。改革者批评军官在军队的待遇差，
把社会上那套虐待方式与军事失败联系在一起。在《普遍道德》
（La morale universelle）中，霍尔巴赫谴责了"指挥官们过着奢
侈、慷慨的生活，吃着丰盛的饭菜，而让士兵挨饿"，"允许一群无
所事事的仆人奢侈地享用物资，而精疲力竭的士兵连最基本的必需
品都没有"这种"令人作呕的场面"[31]。另一位作家评论说，"军
队除了勇气，什么也没有了。部队军官对工作没有奉献精神，没有
你追我赶的竞争精神。他们忽视了对部队的照顾，也不专心于日常
的军事服务工作。他们已经忘记了服从的意义，也懒得去确保他们
被服从。更重要的是，他们往往不值得服从，因为他们缺乏对部队

的关心"[32]。士兵经常在恐惧中逃离战场，当逃兵，或在疾病、孤立、无聊、抑郁之中死去，所有这些只会进一步恶化军官对士兵有辱人格的待遇。军官们对士兵评价很糟，拒绝照顾他们。一位匿名作家讲述了这种社会偏见对心理造成的有害影响，他写道，对士兵来说，"他们对未来的不确定性，时常被人蔑视，使他们陷入绝望，这种绝望使他们在疾病中崩溃，或迫使他们开小差……如此差的待遇摧毁了他们本来可以有的小小的善意。我们对这些士兵能有什么期望？"[33]

士兵和下级军官不再是隐身的。达尔让松和志同道合的思想家们研究了军官之间、军官和士兵之间以及士兵之间疏淡的关系。邦贝尔伯爵亨利·弗朗索瓦（Henri-François，1681—1760）也同样注意到，地区差异对军队中的群体凝聚力构成了挑战。邦贝尔写道："生活在一起非常困难。一个加斯科涅人没有理由让自己对一个诺曼人产生好感，也没有理由助他一臂之力，哪怕只是建议。"[34]在军官和士兵队伍中，退伍军人、新兵和宫廷新任军官之间的关系非常紧张，退伍军人骄傲，久经沙场，而新兵和新官极为幼稚，往差里说，他们还表现出娘娘腔的世俗性格和行为。

达尔让松和邦贝尔提出了这样一个观点：每个团，甚至整个法军，都应该作为一个互惠、关心和友好的"社会"来运作。在这个世界大同主义的意识日益增强的时期，"社会"一词虽然早已存在，但已呈现出新的维度，无论大小。它超越了此时此刻，让人想起了整个人类文明的历史。它至少在理论上包括同时生活在世界各地的所有不同的民族。"社会"也指特定的群体，如民族群体、邻里和

一群朋友。弗朗索瓦·弗雷特（François Furet）对这一时期的
"社会滥用本体论"进行了评论，预示了"把社会从先验的正当性
中解放出来与最终让社会取代作为思想原则的先验性之间的某种联
系"[35]。这种社会观导致了一大堆新词的诞生，诸如"社交"、"社
会性"和"文明"等。这些术语成为新道德哲学的核心原则，该哲
学把形成纽带和群体的能力自然化了。这一哲学认为，社会不是宗
教、政治身份或监督的结果，更多的是人性、理性能力以及不可避
免地将人们团结在一起的同情心和人道主义这样的人文关怀。

法国人自称是最善于交际的民族。雅克-昂利·贝纳丹·德·
圣比埃（Jaques-Henri Bernardin de Saint-Pierre，1737—1814）写
道："我们的大多数作家都爱吹嘘我们国家的社会精神。的确，大
多数外国人认为我们是最善于社交的人。"[36]狄德罗夸张地宣称，
极限的社交能力是法国民族性格的一部分：

> 没有哪个国家能与法国那样更像是一个单一的家庭。一个
> 法国人在其居住的镇上四处相约，广交朋友，这种能力超过 10
> 个英国人、50 个荷兰人或 100 个穆斯林在他们的镇上结交朋友
> 的能力。同一天，一个法国人可能会去多个不同的地方：法
> 院、市中心、乡村、学院、沙龙、银行、公证处、辩护律师
> 处、法务官处、大领主家、商人家、工人家、教堂、剧院和应
> 召女郎那里。无论在哪里，他都同样自由和熟悉。有人会说他
> 从未离开过家，只是换了个房间。[37]

社会和社交道德哲学使参与军事启蒙的思想家们对此产生了浓
厚的兴趣。它似乎是创新的沃土，创新可以让军队免受社会和文化

失调的祸害。如果培养得当，法国人天生的社交能力可以使军事生活即使不那么令人愉悦，至少也可以更有朝气，并且可以为军事认同和群体建设奠定基础。如果思想家们确信军事社交只能提高军事效能，那么，社交和军事团体的问题也显然令人深感忧虑：不同等级和地区的贵族能否被视为朋友或"兄弟"？更具挑衅性的是，平民士兵和贵族军官能把他们想象成"兄弟"吗？这对军官和士兵的上下级关系又意味着什么？社会纽带的形成在哪里结束？它能超越战场团结敌人从而结束战争吗？

与这种思想有关的理念和制度在 18 世纪的法军中蓬勃发展。军官转向共济会和男性友谊的理想，以形成道德和社会团体。具有讽刺意味的是，其他人把社交活动、沙龙礼仪和剧院作为巩固社会关系的手段。倡导互惠交流、社会交往的道德哲学在个人和集体层面上形成了新的"开明"军事身份认同的牢固基石。

共济会与军事友谊

法国共济会源于外国和军队。第一个共济会所名为"完全平等"（La Parfaite Égalité），据称是在九年战争期间，由为流亡的英国国王詹姆斯二世（1633—1701）效力的爱尔兰皇家军团于 1688 年在圣日耳曼昂莱（Saint-Germain-en-Laye）成立。1732 年，第一个从伦敦共济会总会获得官方许可的法国共济会所被称为圣托马斯（Saint-Thomas），绰号为"银白色的路易"（Louis d'Argent）。法国武装部队的军官们很快就吵嚷着要参加从英吉利海峡对岸引入的这种文化活动。法国第一位加入共济会所的高级军官是 1737 年入会的维克托-玛丽·德斯特雷元帅（Maréchal Victor-Marie d'Estrées，1660—1737），接着是萨克斯元帅加入了"银白色的路易"。虽然法国共济会第一任总会长是一位英国人菲力浦（Philip），此人于 1728 年受封为沃顿第一代公爵（First Duke of Wharton），但后来还是由职位显赫的法国军官接管了这一职务。丹廷和德佩隆公爵路易-安托万·帕达伊兰·德·冈德林（Louis-Antoine Pardaillan de Gondrin，1707—1743）是"法兰西王国共济会总会长和永久会长"，他于 1743 年去世后，克莱蒙伯爵路易·德·波旁-孔代（Louis de Bourbon-Condé，1709—1771）接任总会长。腓特烈大帝于 1739 年在以德语为母语的国家建立了第一个军事会所，第一个在法国建立的军事会所可追溯到 1744 年奥地利王位继承战争期间。

陆军和海军在法国 18 世纪的共济会中扮演了核心角色。军队是共济会中最大的一个社会群体，对共济会的发展和传播至关重要。军官们建立了附属于团部的流动式军事会所，并建立了军民两用工作室。通常情况下，会所是由驻扎在法国某个城市的某支部队建立的，当部队离开时，军官将领导权移交给当地的一名平民，由他负责会所的活动。

1789 年，共有 69 个拥有官方授权的军事会所，但考虑到并非所有会所都由巴黎大东方总会（Grand Orient）赞助，实际上可能有 100 个以上的军事会所。[38] 除了数量最多的野外流动会所外，还有一些并非附属于特定部队的会所，它把来自不同部队和不同兵种（炮兵、骑兵等）的军官组织在一起，以及没有正式军事名称但其

大多数成员都是军人的会所。[39] 历史学家让-吕克·库伊-博丁
（Jean-Luc Quoi-Bodin）确定了附属于以下各个武装部队的共济会
所，包括法国本土和海外的[40]：

1. 国王会所
   - 保镖
   - 皇家卫队
   - 瑞士卫队
   - 火枪手
2. 亲王会所
3. 战列步兵
4. 轻步兵
5. 骑兵
6. 轻骑兵
7. 龙骑兵
8. 猎骑兵
9. 炮兵
10. 工程兵
11. 警察部队
12. 海军
13. 殖民地团
    - 瓜德罗普（Guadeloupe）团
    - 本地治理区（Pondichéry，今印度的一个邦）团
    - 圣多明各团（法国在该殖民地不止一个团）

在战列步兵中，23％的军官是共济会员（3 000 人中有 690 人入会），其中，在彭蒂耶夫步兵中会员比例最高，有 53.2％的军官参加了共济会。[41]在海军中，某些舰艇在舰上成立了会所，如"西贝勒"（La Cybèle）号、"贞女"（La Vestale）号和"联盟"（L'Union）号三艘护卫舰。[42]1775 年改革之后，"国王会所"以下几乎所有的会所都有会员。[43]在美国独立革命战争期间，罗尚博元帅率领的援美远征军共有五支部队，其中有三支建立了共济会所，每个会所至少有 100 名军官在不同时期成为会员，包括许多著名的人物，如拉法耶特、塞古尔伯爵路易-菲利普（Louis-Philippe，1753—1830，战争大臣塞古尔侯爵之子）和诺阿耶子爵路易·马克·安托万·德·诺阿耶（Louis Marc Antoine de Noailles，1756—1804），他们都在横渡大西洋赴美之前就参加了共济会。[44]在军事行政管理方面，1773 年至 1789 年期间，军政部的不同部门中，至少有 20 名高级官员参加了巴黎各大会所。[45]同样，在海军行政管理部门，从海军部长到首席监察官等多个高级职务人员都加入了共济会。军人也是共济会管理的中心。

考虑到 18 世纪军队和共济会之间的深厚联系，很明显，许多贵族军官将军人之间的社交置于其身份和活动的中心。此外，皮埃尔-伊夫·博雷维（Pierre-Yves Beaurepaire）解释说："考虑到佩剑贵族在巴黎大东方总会的强大存在，军人经常充当巴黎和各省共济会所之间的中间人，保证他们接受赞助或参观的共济会所的道德和社会品质。"[46]这些道德和社会品质是多种多样的。首先，平等的理想成为人们的一块心病，正如不同的共济会所的名字清楚表明的那样，如爱尔兰的"完全平等"会所和巴黎的"完全平等与真正的友谊"会所。共济会的官方教条规定，在大自然的眼中，人人生而平等。然而，历史学家们提醒了会所实行的这种平等的局限性，也提醒了为了对不平等和排斥这两大现象进行辩护而对平等进行解释的方式，这种提醒显然是正确的。凡尔赛精英贵族军事会所"三兄弟联合会"（Trois Frères Unis）的一位共济会会员如是写道：

> 共济会的平等制度，尽管受到尊崇，但其影响力没有大到足以把性格、灵魂、思想、命运或身份都不相称的人聚集在一起……诚然，根据共济会的信条，这些差异对共济会而言是陌生的，但它们在实践中很重要。因此，身份不配是一种罪恶，也许是其他罪恶的根源。这就是我们正在会所里经历的。军人建立了会所，如果他们为自己制定了一项只接受军人的法律，那么他们很可能会保持会所里的这种和平。[47]

三兄弟联合会对共济会平等原则的实际解释是，为社会反动和排斥进行辩护。此外，似乎很少或根本就没有记录表明士兵在军事会所里亲如兄弟，也不清楚普通水兵是否受邀加入在海军部队里组建的军事会所。

不过，相反的证据表明，尽管有上述倾向，某些会所严格地实行共济会平等原则。会员名册证明了这一点，显示不同社会地位的人和整个指挥系统的官员混杂在军事、非军事会所里。会费似乎一直是阻碍下级军官的主要因素，他们仍然以"兄弟-仆人"的身份加入会所。然而，各会所的领导班子由不同身份的人员组成，这表明它支持成员之间的某种平等。1788 年，属战列步兵的各大会所的领导班子由如下成员组成：上校 1 名、中校 3 名、少校 1 名、上尉 15 名、中尉 9 名、少尉 3 名、参谋上尉 1 名、外科医生少校 2 名、教士 1 名、幕僚军帽副官 1 名。[48]

平等观念是有弹性的，这一时期的平等和等级制度（或从属关系）并不一定水火不容。《百科全书》中的词条"社会"（道德分类）就揭示了这一点。该词条的匿名作者声称："人是为了活在社会中而生的"，社会是人类所必需的。[49]因此，人类必须遵守四条原则或规则才能促进社会发展。第一条规则规定，共同利益必须始终优先于个人利益。第二，"社交精神必须是普遍的；人类社会包括所有我们可以与之交往的人"[50]。第三，也是本次讨论很重要的一点，"人与人之间的自然的平等是一条我们决不能视而不见的原则。在社会中，它是由哲学和宗教确立的一条原则；在平等方面，无论我们之间存在怎样的条件差异，平等的提出也只是为了使人们根据自己当前的身份在共同的目标上更好地取得成功"[51]。承认自然的平等和功能性的社会等级制度产生了社会群体、公共服务和公益事业，以及允许不同阶层和地位的人社交和建立友谊的集体幸福。第四，也是最后一条规则，是确立了社会被破坏时重建社会的准则。如果一个人通过犯罪或不公正行为违反了社会的契约，被侵害的一方可以伸张正义、进行自卫，但不得怀恨在心或报复。一旦正义得到伸张，就应恢复友谊和善意，不必再害怕冒犯者了。社交能力和社会原则仍然完好无损。

除了平等之外，友谊、社会责任、道德责任、幸福等几个方面的理想也是 18 世纪法国共济会的根本。军事共济会所里的情况尤其如此。在军事会所里，"共济会团体不仅被视为提升了军事能力。即使在拿破仑战争期间，兄弟会基层组织仍然是一个稳定的地方，是对战争狂暴的补偿，是一个集体情感的发泄口"[52]。路易-纳西塞·鲍德里·德斯·洛齐埃（Louis-Narcisse Baudry des Lozières，1761—1841）是圣多明各皇家龙骑兵上校监察长，他在圣多明各岛上建立了一个共济会所。他描述了他在久别后回到会所时的狂喜："在外面的天地中独自生活了十多年之后，我从没有体验到我的灵魂在这座雄伟的殿宇中翱翔，也从未体验到我应该更爱你们中的哪一位这种令人着迷的担忧时带来的美妙的愉悦。"[53]肯尼思·洛伊塞尔（Kenneth Loiselle）也有类似的说辞，他分析了爱、情感、灵魂以及布西-奥蒙会所成员信件中的友谊。像其他许多受到费纳隆与卢梭道德和情感影响的共济会成员一样，军队和非军事成员也表示，与兄弟的友谊和爱的情感及关系对他们的生活和幸福至关重要。[54]在1803年第64战列步兵团共济会所的一份文件中，一位作家惊呼："友谊！多么神圣，把我们和兄弟们的品味、倾向和需要联系起来，从而真正地使我们感到自己的存在，我们替兄弟们思考、行动、经受苦难，而兄弟们也为我们做着同样的事。"在军队中的某些共济会会员中，现代的"兄弟会"概念已经成为现实。

　　就像他们的非军事会所一样，军事会所保持着为公共利益服务的道德理想，就像《百科全书》中关于"社会"一词的词条中所说的那样。他们为需要帮助的人开展慈善活动，包括军队内外。骑士波莱·德·考马丁（1737—1809）是一名共济会会员，曾在皇后骑

兵团服役，1763 年退役后投身慈善事业。据称，一位退伍的龙骑
兵死后留下了一名孤儿，在他收养了这名孤儿后，开始着手为死去
的士兵和下级军官留下的孤儿建立一所学校。在国王的支持下，波
莱建立了这所学校，学校最初位于塞夫勒街，1789 年迁至皇家卫
队的旧军营。他在学校实施的互助教育（*éducation mutuelle*）理论
受到共济会文化和《百科全书》中关于"社会"一词所表达的相同
原则的启发：同意、互惠、自然平等和功能性等级制度。

1777 年，斯特拉斯堡一家以军事主导的共济会所的 54 名成员
组织了一个慈善协会，提议赞助另一个以教育穷人、照顾病人和老
人为主的项目。4 年后，一个类似的提议在波旁岛（即留尼汪岛）
被提了出来，曾在一个叫"完美和谐"（La Parfaite Harmonie）的
共济会所担任会首的少校助理要求其成员为当地的孩子创办一所公
立学校，他把这些孩子称作"克里奥尔人"。军事会所的成员也是
废奴主义团体"黑人之友协会"（La Société des Amis des Noirs）
和著名的"慈善之家"（Maison philanthropique）的热情支持者。
"慈善之家"共有 358 名会员，名册显示 111 名是军人（31%），其
中 30% 是共济会成员。[55] 这意味着在共济会群体内外，军官都对从
事慈善活动感兴趣，重视仁爱（*bienfaisance*）的道德立场。

许多共济会对慈善组织的提议都有一个重要的特点：谦虚。以
兄弟团体的名义、以帮助那些不幸的人为名义、以为社会做贡献为
名义、以体现共济会的道德理想为名义打击私利，是重新建立社会
关系和道德正义的一种方式。社会交往是军事共济会文化的基石，
很快就成为一个关于整个军队的主题。

想象军事社会

陆军军官、道德家弗朗索瓦·德·拉·罗什福科（François de La Rochefoucauld，1613—1680）在他 1665 年的《各种思考》（*Réflexions diverses*）一书中，将他的第二次冥想奉献给了社会。他宣称："说社会对人类有多么必要是没有用的"，将社会定义为"诚实的人（*honnêtes gens*）必须共同拥有的特殊的交易和交往"[56]。他详细说明了构成社会的个人属性：开放的思想、善良、礼貌、人性、自信，以及真诚讲话的能力。[57]他还规定，在这样一个社会中，每个人都应该是自由的，尽管这些人之间存在天生的不平等或者个性方面的不平等，但不平等不应是明显的，当然也不应以任何凌辱的方式表现出来。拉·罗什福科的社会观念，后来成了 18 世纪军事思想家仿效的社会观念，它暗示了一种主要是在法国 17 世纪沙龙环境的空间和话语中发展起来的道德、社会准则。卡罗琳·洛吉·查佩尔（Carolyn Lougee Chappell）写道："沙龙的意识形态是以行为代替生育。一直以来，人们认为优秀的人（*belles gens*）的标志品质是精神：机智、文雅、交谈的能力，以及参与社会所有乐趣的能力。"[58]沙龙是一个文化和社会融合的地方，在沙龙里，人们认为女性是男性学习成为"诚实男人"（*honnêtes hommes*）的催化剂。正如 17 世纪研究礼仪的"女权主义"学者普兰·德·拉·巴雷（Poulain de la Barre）研究了他所处时代的男性，说"如果男人希望成为上流社会的中心，并在其中扮演好自己的角色，他们有必要去女子学校学习礼貌、亲切、所有优雅的外表，而这些正是当今诚实男人的本质"[59]。

丹尼尔·戈登（Daniel Gordon）认为，沙龙社交有五种主要形式，其中有三种对于理解军队采用的术语和道德行为原则特别有用。一是，社会交往采取社会化和教育化的形式，向人们介绍一个特定空间的文化规范，军事改革也以教化的形式集中于这类过程中。二是，社会交往被视为以快乐而不仅仅是以功利为原则的交换之爱。在军事社交方面，有人建议交流既要愉快又要有效。[60]三是，社会交往被视为在一个包括男女、贵族和资产阶级等混杂型的社会空间里的陌生人之间的纽带的组成部分。[61]鉴于军队兵种的多样性及其之间的紧张局势，在陌生人之间建立纽带就成为一个优先考虑的重点。社交语言包括社会、人性、互惠、互助、礼貌、诚实、精神等词汇和概念，既实用又有哲理，吸引了军事思想家。

18世纪的军事改革者整合并扩展了这一领域的术语和概念。当论著里提到沙龙和妇女的影响，虽然在很大程度上有点含蓄，不过对于那些18世纪军事论著所针对的官僚、贵族或皇室读者而言还是比较明显的。改革者谈到了礼貌行为和"高尚"道德应处于首要地位，强调了一个人正直的内在品质比优雅和美貌更重要。正如德·拉梅（M. de Lamée）先生这位高贵的陆军中尉所断言的："军官的内在本质在于他的精神、心灵和情感。令人愉快的容貌、魅力和优雅只是锦上添花。内在本质使他不犯错误；美丽与优雅使他每天都犯新的错误。""胸襟开阔、道德正直、善于交际与军人的职业精神相联系，构成了理想军官的基本素质：灵活、善于交际，甚至有点巴结上司；彬彬有礼、乐于助人、热情；热爱美德；毫无拘束地享受工作；渴望教导。这些都是军官的品质。拥有这些品质就是我们所说的拥有职业精神。"[62]拥有职业精神意味着成为一个诚实的男人，正如一位名叫拉加里古的官员所说，成为一个追求真理的启蒙思想家。他认为："如果不成为一个诚实的男人，我们就不可能成为一位优秀的军官。中校级别的军官必须用对真理的热爱、没有丝毫的奸诈诡计、对荣誉和美德的渴望来激励他们麾下的军官。"[63]拉加里古的话实际上预示了随后的《百科全书》对"启蒙思想家"一词的定义："通过理性而行动的、把思考的精神与社交的品质和道德观念结合起来的上流社会中有教养的男人（honnête homme）。"[64]拉梅认为，理想的法国军队不是由"朝臣战士"组成的，而是由军事启蒙思想家组成的。

达尔让松伯爵同样提出，接受这种哲学的社交方式，对提高整个部队的活力将是卓有成效的。他说："要彬彬有礼、慷慨大方、富有同情心。服兵役的幸福、社会的愉悦、心灵的宁静，所有这一切都将在这种愉快的思维方式中找到。"[65]达尔让松认为，慷慨和富有同情心的礼貌对于消除军队内部的流言蜚语和竞争至关重要，因为它有助于反映人类社会的团结更深层次的重要性。"为了改善服兵役，"他说，"在一个军事建制单位内建立一个完美的联盟至关重要。这个联盟的基础是人性。"人性在这种背景下不仅表明了人类的共同本性，而且也为所有人提供了慈悲的仁爱之情。

达尔让松在军事改革领域的词汇把礼貌和道德哲学联系了起来，这种联系进一步重申了他对"社会"一词的使用。[66]"根据美好社会的基本原则，人们必须理性，建立社会纽带，像朋友和同志一样和谐共存。"德国法学家兼史学家塞缪尔·冯·普芬道夫（Samuel von Pufendorf，1632—1694）在其《论自然法与万民法》（*De Jure Naturae et Gentium*，1672）一书中阐述了自然法理论，该书由法学家让·巴贝拉克（Jean Barbeyrac，1674—1744）译成法语，1706 年至 1734 年间共出版了 5 个版本。达尔让松承袭了普芬道夫的观点，认为理性选择会产生社会纽带。[67]达尔让松明确指出，这些友谊和友情的社会纽带是按照"美好社会"的原则来运作的，"美好社会"指的是"沙龙成员和那些经常去沙龙的人"[68]。达尔让松建议法国军人运用理性，从而实现他们共同的人性和自然的相互仁慈，这进而又使得他们形成按照沙龙礼仪的规则运作的社会纽带。

拉梅重复了一个类似的基于道德哲学和沙龙式社交原则的军事社会关系的框架。"军人这一职业把人们从王国最偏远的省份召唤出来，"拉梅这样解释道，"那些面孔、风俗、情感，甚至是那些对我们来说永远都陌生的人的名字。单就这一想法，一开始就令人惊讶，太难理解了。我们的精神使这个观念更接近我们，使我们熟悉它，并教导我们：人性使所有的人都服从同样的法律，人与人之间不能保持陌生的关系。"[69]对拉梅来说，社会性是一种阻遏不了的人的意愿，"人被创造出来是为了思考，有想法，交流思想，接受他人创造的思想。精神是社会的纽带，所有的人都聚集在社会中"。因此，以普芬道夫式的方式把自然法和社会交往的话语交织在一起，那么"个人利益的力量和对快乐的热爱使我们所说的人与人之间的生活交往变得很有必要……正是相互尊重才把人团结起来，也正是相互尊重才奠定了社会的基础。人必须对人有用，思想的互惠交流是我们的存在之所以有用的必要条件，就像行星有规律的运动对于维护世界的和谐是必不可少的一样"[70]。

相互尊重和需要，以及对他人有用的愿望，都存在于每个人的心中。更重要的是，在沙龙里，互惠交流是聚在一起的首要目标，陪伴的乐趣和通过讨论及集体理性来增长知识也是如此。达尔让松说，交流的自然力量和实践有助于改善服兵役和学习，因为"正是通过这样的社会，人们发现了讨论军人这一职业的机会，并在这些小小的对话中发现了在这一职业中连军人自己都不是太清楚的事情"[71]。

继而在军中就会产生相互信任、良性竞争和上下级关系。拉梅认为，当人类平等成为创建军事社会的基础时，男性更倾向于看到上下级关系的功能效用。意识到他们在军队中的地位基本上与其他所有人平等，继而目睹他们周围的人——下级、平级和上级——同意属于上下级关系的层次体系都不会带有个人情感因素，从而减轻最初顺从他人的不愉快。[72]

军队的道德准则后来成为以深厚的人类纽带关系和自然平等为标志的现代礼节之一。在这些军事思想家的心目中，建立这种社会团结最终会优化军队的运作，扫除以语义错误、军内竞争、社会弊端和普遍缺乏对兵役的奉献精神为特征的文化危机。法国军队的战斗力即将达到顶峰，并把法国的军事荣誉恢复到过去的高度。达尔让松宣称："如果国王的所有军队都能完美地团结在一起，我们将受益无穷。如果我们能达到那种状态，那我们就天下无敌了。"

锻造社会纽带

在部队中建立一个"完美的联盟"即使不是一项不可能完成的任务，那至少也是一项艰巨的任务。然而，特别是当考虑到法国王室制定的关于军官休假、驻军和人事记录的政策时，军人共同生活和增进相互的熟悉度还是可行的。[73]

在整个 18 世纪，王室在越来越多的地方驻军，驻军越来越庞大。到 1775 年，法国所有防区的兵力多达 20 万。同时，王室旨在更好地制定实施关于军官和普通士兵在某一防区驻守时间长短的相关规定。[74] 1763 年舒瓦瑟尔改革之后，士兵在某地驻守两年后才会被换到其他地方，尽管某些部队，如皇家卫队和骑兵团在某些地方驻扎的时间有长有短。为了节省在驻防地调动兵力的费用，也为了部队与当地百姓关系融洽，1788 年，战争委员会通过了一项永久驻军法。虽然士兵和军官总是由驻军管理部门负责，但他们并没有被困在军营，而是离开军事营地到镇上工作、娱乐和休假。[75]

同时，为了支持上述措施，国家更加兢兢业业地查明军事人员的身份。虽然确定服役军人身份的过程始于路易十三，但直到 1716 年关于逃兵的法令颁布后，王室才创建了名为"部队名册"（contrôles des troupes）的军队登记表。安德烈·科维西耶详尽地汇编和研究了这些名册，使历史学家能够追踪"从军人身份识别到个性化描述"的转变。[76] 根据 1716 年逃兵法令，部队名册列出了姓名、出生地、年龄、身高以及任何有助于识别每个团中每个军人身份的明显标志。七年战争结束后，王室要求部队名册越来越详细，包括对个人面部特征、眼睛和头发颜色的更详细描述，以及对个性等的备注。部队给每个人都发了身份证明，而且使这些证件难以伪造。男人们的衣服上也佩戴有荣誉和兵役的标志，比如老兵佩戴的 V 形纹章，这种 V 形纹章可以让人立即知道佩戴者的军衔和潜在的信赖度等信息。

这些政策减少了（尽管没有消除）军官缺勤和逃兵现象，减少了士兵和当地居民之间的敌对行为。军队登记注册制和由长期驻防到换防制的演变也提供了在现役军人中增进友谊、促进交流和培养集体文化的手段。然而，军事管理部门对这种社会联系尤其是团队精神仍然有些警惕。如同奥弗涅团和驻防在里尔的缅因团之间的冲突一样，团队精神在不同的部队之间产生了紧张关系，从而助长了误导性竞争和社会交往的缺失。王室知道，在武装部队中这种不良竞争和社交交往的缺失极具破坏性，团队精神可能会使区域文化或个人关系凌驾于国家威权之上。舒瓦瑟尔试图减少这种可能性，他的方法是：确保少校和中校两个级别的军官来自与团部驻防地不一样的地方，而且文化背景也不一样。这有助于防止挑战权威情况的出现。如果敢与权威决斗，团队精神和个人对某个团的文化和价值体系的坚持就构成了违反国家法律的理由。[77]

尽管有这些行政方面的顾虑，但现役军人仍继续支持团队精神。一位匿名作家问道：“如果不是因为团队精神使军人经历了彻底的蜕变，为什么一个来自纳瓦尔、香槟地区或其他任何一个有良好声誉的地区的士兵或者具有一定行动能力的士兵，要比来自另一个缺乏这种声誉的地区或者缺乏这种行动能力的士兵更加勇敢？"[78]军事启蒙思想家试图揭示团队精神的机制，他们认为这种精神是提升战斗力和经受住贫乏的军事生活所必需的。他们钻研了关于身份认同的哲学问题和我们现在所说的心理学。他们明白，团队精神需要将个人身份和荣誉与部队的身份和荣誉联系起来。改革者从理论上加以说明，无论是军官还是士兵，我们都不可能期待他们自然而然地接受集体认同，双方必须都得让步。这可能是以部队编号的形式出现的，而不是以他们高贵的指挥官的名字命名，这就阻碍了部队中其他所有人的自我认同。鲜明的旗帜还可以培养团队精神，同时成为激发集体自豪感的物品，可以使一个团队的行动被战场上其他所有人看到，引发人们对这个团英勇奋战的精神的赞扬和效仿；或者相反，旗帜也可能让一个畏缩不前或者逃离战场的团蒙羞和遭受谴责。[79]根据傅纳德骑士的说法，寻求地位相同的男性的认可是"激励我们的、让所有人荣辱与共的共同利益，这无疑是打仗的人最真实的动力"[80]。集体认同和效仿也将遵循同样的法则。[81]

到18世纪末，对团队精神的反思导致了对军事集体认同的新的分类法。塞萨克伯爵让-吉拉德·拉奎（Jean-Girard Lacuée，1752—1841）在《分类学百科全书》中对"团队精神"这一表达的定义中，认为 esprit de corps 有四种变化形式：esprit de classe 意为"把整个法国军队的所有男性团结起来的团队精神"；esprit général de corps 指"武装部队每个不同兵种的团队精神"；esprit *de corps* 指"把一个团的成员团结起来的团队精神";*esprit de groupe* 指"把从营到连再到班这样一些小的军事建制单位团结起来的团队精神"。[82] 本章前面讨论的奥弗涅团和缅因团冲突的解决方案,既是这种分类法的形象化,也见证了非凡的军事造诣和男性的社交能力。两个团的军官凑齐了一大笔钱,以便让双方士兵可以聚在一起喝酒,他们就像喜爱饮酒的人形成的一个大圈子。然后,他们把双方的团组织起来在里尔进行音乐游行,游行象征着他们的军事纪律、一个团的自豪感(塞萨克伯爵称之为 *esprit de corps*),以及在法兰西这面旗帜下的集体联盟或社会交往(塞萨克称之为 *esprit de classe*)。

然而,一些改革者坚持认为,这些象征性的过程和对象总是不够的。要获得团队精神的好处,最真实、最可靠的方法就是在一个团的成员之间建立真正的社会纽带。塞萨克伯爵甚至说,一个团应该由家庭成员组成,而其他思想家首次研究了法国军事思想中主要的群体凝聚力。[83] 蒙多骑士(chevalier de Montaut)建议"永远不要低估室友的重要性"或者低估友谊给予他们的支持,这种友谊把军事生活中"同床共枕、同桌吃饭的人联系在一起","在分担悲伤、辛劳和忧愁时带给他们欢乐"。[84] 18 世纪的法令越来越多地规定了一个连队中的士兵的日常工作,他们一同吃饭,合住一个房间,以小组的形式完成杂活,如打水和准备饭菜。[85] 士兵被分成几个小组(14 到 16 人,大约半个连),组成普通步兵小组或就餐/住宿小组,根据约翰·林恩的说法,从 18 世纪中期到现在,这些小组是代表了主要群体凝聚力的基本单位。[86] 亲情和亲密友谊被视为一种真正的财富，而这些军事生活结构促进了这种关系。

从身份识别和个性化描述转向拉拢关系，这意味着有交流和了解他人的真诚念头。整个军队的军官们都主动打开与同级军官、下级军官和士兵之间的通信渠道，以便收集有关同他们一起服役的人的经历、不满和愿望等信息。骑兵军官梅尔弗伯爵路易·德朗蒙（Louis Drummond，1722—1788）在一本回忆录中将他在这方面的努力与1762年舒瓦瑟尔的改革联系在一起。[87] 他叙述了他在龙骑兵部队里的一次谈话，内容涉及舒瓦瑟尔的改革、属下的经历，以及许多人拒绝延长服役期限的原因。梅尔弗没有接受现状，也没有远离士兵驻地待在军官宿舍内来体恤士兵的生活，而是采取了经验主义的、同情的态度，与部队开通了直接的沟通渠道。他避免以家长式的作风想当然地为士兵做决定。相反，他带着一种好奇心来到士兵中间，想知道为什么没有人想延长服役期限，希望他们之间有足够的信任，士兵们都诚实地做了回答。

梅尔弗把士兵分成好几排，围成一个半圆，并向部队宣布，他证明了国王和战争大臣都对部队很关心。然后，他邀请团里的任何人到台前来，形成一个内圈，组成一个讨论小组，但没人走上前来。梅尔弗接着挑选出几名中士、工程兵、下士和其他几名军官，问他们是否想延长服役期限，谁也没回答。此刻，梅尔弗解散了军官，以便与龙骑兵直接交谈。他劝士兵们相信他，要他们把对自己的服役和对上级军官的感受告诉他。他们简洁地答道，军官对他们很好，他们不能有丝毫抱怨。然后一阵沉默。

梅尔弗知道这些人不信任他，不敢说出自己的想法。为了证明士兵们应该对他有信心，梅尔弗给他们看了一本他寄给舒瓦瑟尔的战术回忆录，其内容证实了梅尔弗的确很关心士兵们的幸福感。士兵们的猜疑和疑虑似乎随之消散，接着他们一个接一个地同这位指挥官坦率交谈起来。许多人想讨论舒瓦瑟尔最近改革的具体要点。年长的士兵担心他们得不到应有的全额军饷。他们在入伍时就被告知，服役 16 年或 24 年后就可以领取全额军饷；但后来他们得到的确切消息是，服役 30 年之后才能领到军饷。另一名龙骑兵直言不讳，许多人从来没有得到应有的休假，基本上都是被胁迫继续服役。他还透露，一些士兵在第一个服役期期满后从未领取过军饷。这些龙骑兵告诉他，如果他们得到适当的报酬，"这将向我们证明，国王不会要求我们白白为他服役"。

这番话引起了梅尔弗手下许多人的共鸣，以至于所有士兵立刻把话题打开了。谈话涉及多个方面，梅尔弗进一步探索，以加深对这些士兵及其心理状态和生活现实的深入了解。最后，他谈到尽管他尽了最大努力保证龙骑兵的情况有所改变，但大量的证据从反面轻易地击碎了他最有力的保证。在士兵们和他自己的眼中：

> 环境的灾难不允许考虑他们的需要。我见过这样的团，士兵们几乎赤身裸体，尽管战争大臣舒瓦瑟尔的命令表明，我视察的所有团都要换上新装。但同样普遍的情况是，我看见还有一些团，士兵们一年到头一直穿着同一件破破烂烂的衣服，还因此而深受折磨和羞辱。我甚至可以说，在这个问题上，我看到士兵和龙骑兵拒绝离开军队，是因为他们会为自己回到家乡时看起来像个叫花子（*gueux*）一样而感到非常尴尬。这是他

们自己的话，对我触动很大，我不能忘记。[88]

梅尔弗努力去了解他的手下将士，愿意倾听他们的心声，与他们详细交谈，愿意了解他们的个人经历，这体现了一种与家长式权力框架完全相反的"关爱的好奇心"。它源于对提升军事作战能力的渴望，也源于对麾下勇士和人类的尊重。他表达了对士兵军队内外生活和幸福感的真诚关爱。梅尔弗的真诚关爱体现在他使用的词汇中，这些词汇表明他理解了部下的情感（如"深受折磨""羞辱""尴尬"），并传达出他强烈的共鸣（如"触动很大""我不能忘记"）。

梅尔弗和龙骑兵之间的这段对话体现了达尔让松在一个以人性为基础的军事建制单位中建立"完美的联盟"的理念。正如他的部下犹豫不决、怀疑和惊讶的反应所表明的那样，梅尔弗和与他志同道合的军官都是走出官邸实地接触部队，并考虑士兵生活经历的开创者。梅尔弗的行为不仅让人们深刻理解了为什么军人不想延长服役期限，而且他们还创造了一种社区意识、共同目标意识和真正关爱的意识。熟悉、亲密、沟通和关爱是能够使军人跨越地区与阶级界限聚集到一起的方式。这些关系不仅可以通过普通士兵增进信任，鼓励各级的团队精神，还可以在军事系统中形成正义的基础。军事团体可以革新除弊，不再功能失调，朝着达尔让松所说的可以让一支军队"天下无敌"的那种团结前进。

虽然萨克斯元帅采取了更为轻松愉快的方法，他也支持上述优先事项。萨克斯欢迎上流社会的一个文化机构——剧院。他将剧院作为情感化的战争技术，其目标是实现军事作战能力的提高和更人道的目标。

剧院、阳刚与情感团体

1746 年 1 月初，著名喜剧剧作家、巴黎喜歌剧剧院导演查理-西蒙·法瓦尔（1710—1792）收到一封信，一名意想不到的记者向他提出了一个令人惊讶的建议。萨克斯元帅邀请他于次年 4 月到布鲁塞尔前线，成为他的战争剧院（théâtre de guerre）的导演。"不要认为我把它看作简单的娱乐对象，"萨克斯写道，"喜剧体现了我的政治观点和军事行动计划。"[89] 萨克斯是一个戏剧爱好者，当他率军在奥地利王位继承战争期间在低地国家奋战时，部队里就已经有了一个戏班子。然而，萨克斯并不满足于他当前在安德烈·帕门蒂埃（André Parmentier）指导下的剧团，鉴于前不久在凡尔赛宫做出的决定，他希望为他的战争剧院带来更优秀的特殊类型的人才。

首先，在战略方面，外交国务秘书、达尔让松伯爵的哥哥达尔让松侯爵在法军取得丰特努瓦大捷之后，因担心联军方面失败之后德英两国会加强与维也纳的关系，一度在一项军事侵略性的议程之前犹豫不决。结果，萨克斯和他驻佛兰德斯的十万大军没有入侵荷兰共和国或深入莱茵兰地区，而是接到上峰命令，发动一系列令人沮丧的围城战。接下来的几年里，围城战进展缓慢，战事乏味，令萨克斯倍感苦恼。他和其他许多人一样认为，单调乏味是法军最危险的情绪状态之一，法国人的民族性格和精神包括急躁、轻浮、强烈的自然感情，如激情与对自由的热爱。[90] 这种性情使法国人更适合发起主动攻击，以冲击队列对抗敌军的线形战术，以及肉搏战而不是慢条斯理的围城战术。无聊被认为是一种真正的疾病，它令人懊恼，令人倦怠，让身体敏感的组织处于麻木的状态；士兵会因此开小差，活泼的法国人甚至会因此而死亡。[91]

　　其次，波旁家族的政治阴谋也对萨克斯的军事领导才干和作战能力带来了严峻的挑战。1746 年初，凡尔赛宫平息了几位王储的野心，这些王储声称拥有世袭权力来领导军队。孔蒂亲王路易·弗朗索瓦·德·波旁（Louis François de Bourbon，1717—1776），公开与萨克斯为敌。孔蒂奉命指挥着一支独立的军队，其中有部分还是萨克斯的部队。克莱蒙伯爵（1709—1771）同意在萨克斯麾下服役，但条件是他必须控制一个庞大的陆军军团。夏特尔公爵路易-菲利普·德奥尔良（Louis-Philippe d'Orléans，1725—1785）、多姆贝亲王路易-奥古斯特·德·波旁（Louis-Auguste de Bourbon，1700—1775）和彭提弗公爵路易-让-玛丽·德·波旁（Louis-Jean-Marie de Bourbon）都来到前线。王储、国王和一些朝臣接二连三地来到前线，延缓了 1746 年在有利的季节发起战役的机会，为驻扎佛兰德斯的法军定下了另一种基调。正如普鲁士腓特烈大帝在他《我的时代史》（*Histoire de mon temps*）中所说："朝臣们充斥在军营里，各自心怀鬼胎，阻碍了将军的作战计划。将军们和数量众多的朝臣们单单为他们的马匹和随从人员就需要一万份口粮。"[92] 萨克斯本人向傅纳德骑士痛苦地抱怨："我不知道你是否意识到拥有一支宫廷军队（*armée de cour*）意味着什么，以及它带来的种种不便。"[93] 驻扎在低地国家的宫廷军队代表了百弊丛生的法国军队的所有弊端：一支将多兵少的、奢侈的、违拗的军队，军官团里充斥着毫无经验的军官，与牢骚满腹的下级军官和士兵同在一支部队里。[94]

萨克斯聘请法瓦尔做导演，只是他为解决法军所面临的问题而做出的一部分努力。戏剧成了驻低地国家的宫廷军队优化情绪健康、创建群体和塑造军事身份认同的一种方法。为了实现这些目标，萨克斯并没有寻找史诗诗人、悲剧家或高唱赞歌者。相反，他选择了法瓦尔，这是一位著名的喜歌剧派的喜剧演员，其表演天赋在于简单、诙谐、轻松的喜剧，偶或带有不敬的模仿和滑稽。喜歌剧源于 1678 年，18 世纪上半叶，它在圣罗兰和圣日耳曼的集市上得到了发展。在那里，木偶演员、哑剧、走钢丝的人、驯兽师和其他街头艺人在集市上吸引赶集者。[95]集市剧院如此流行，以至于法国国家大剧院（Comédie française）和皇家音乐学院（Académie royale de musique）都轮流试图压制它并重申它们的特权，法国国家大剧院声称它对"对话表演"有专有权，而皇家音乐学院宣称对"唱歌、跳舞、音乐伴奏的表演"有专有权。但是，这两方面的压制均被集市剧团的妙计给颠覆了。集市剧团顽皮地遵守新规则，把对话变成独白，与台下的对话者对话，并用标语或大纸卷显示剧本的文字。他们还邀请观众背诵或唱台词。正是这种独创性、不敬和诙谐的幽默，萨克斯为他的戏剧而努力，意在给他的军队带来欢声笑语。

萨克斯通过喜歌剧唤起愉悦心情的策略反映了这一时期的哲学医学话语。1753 年，内科医生安托万·勒·加缪（Antoine Le Ca-

mus，1722—1772）出版了一本非常受欢迎的著作《精神医学》
（*La médicine de l'esprit*），记录了流传于上一个世纪的许多流行的
医学信仰和实践。书中讨论了通过对六种非自然因素（空气，运动
和休息，睡眠和苏醒，食物和饮料，排泄，激情或情绪）的伪希波
克拉底式①的监测来实现全身心的健康。该书尤其关注激发法国人
的欢乐的方法和重要性。勒·加缪指出，喜歌剧和歌舞杂耍剧是真
正的法国创造出来的产物，反映了民族性格，可以用来引起或唤醒
法国民众的欢乐：

> 正是这种欢乐使法国人的性格有别于其他民族。正是欢乐
> 激发了法国人擅长的诗歌体裁，是法国创造了歌舞杂耍剧和喜
> 歌剧……如果我们在内心深处再也找不到这种其甜蜜影响会在
> 我们最严肃的写作和最有趣的谈话中散发出优雅光彩的快乐，
> 那么我们就有了一种简单的方法来达到这样一种境界：自由的
> 精神在其中是那么欢乐和富有创造力，并以幽默的方式向我们
> 呈现事物。[96]

勒·加缪声称，歌舞杂耍剧和喜歌剧这种典型的幽默是一种轻
松的、略带色情的（*voluptueux*）、机智的幽默，不仅在古代而且
在16、17世纪的法国作家的作品中也能找到这种幽默，这些作家
包括弗朗索瓦·拉伯雷（François Rabelais，1494—1553）、米歇

---

① 希波克拉底（约公元前460—前377）是古希腊伯里克利时代的医师，被西方尊
为"医学之父"，西方医学的奠基人。希波克拉底誓词是要求医学专业的学生入学的第
一课就要学习并正式宣誓的誓言。

尔·德·蒙田（Michel de Montaigne，1533—1592）、保罗·斯卡龙（Paul Scarron，1610—1660）。然而，与这些作者的散文和戏剧作品相比，18 世纪的杂耍剧和喜歌剧还有一个优点，在勒·加缪看来，就是融入了歌曲，表达并培养了健康的笑声和幸福。"还有比唱法国歌曲时更能表现这种欢乐的吗？"他写道，"一个人只要唱过几个对句，就会喜欢笑，由于在场的其他人都是这样，所以会感到轻松自在，这种气氛从一开始就表明自由将主宰这里的一切。"[97]

　　勒·加缪认为，歌舞杂耍剧和喜歌剧带来的"适度快乐"（joie modérée）提供了多层次的自由感：社会自由、知识自由和"充分体验幸福"的自由。[98]适度快乐还击退了与之对立的阴郁冷漠——厌倦和无聊——的幽默，它可以治愈疾病，减轻不适、懊恼和焦虑，并延长寿命达数年之久。[99]勒·加缪通过古希腊抒情诗人阿纳克里翁（公元前 582—前 485）的例子解释说，适度快乐对那些接近死亡的人尤其重要，而且具有感染力，就像"在空气中传播宁静的和煦西风，驱散想象中的乌云，激发谈话的魅力，到处播撒欢乐的种子，把似乎曾被流放到远处的欢声笑语又招引回来"[100]。

　　萨克斯对军事幸福的承诺以及他将自己的喜歌剧视为实现这一目标的一种机制的设想，在他于 1748 年出版的名为《布鲁塞尔萨克斯元帅戏剧》（Théâtre du Maréchal de Saxe à Bruxelles）的剧本集（收录了两部剧本）的卷首插图中得到了证明。这幅卷首插图是由弗朗索瓦·布歇（François Boucher，1703—1770）设计、皮埃尔·昆廷·谢德尔（Pierre Quentin Chedel，1705—1763）雕刻的，它展示了围绕在萨克斯元帅佩戴的纹章周围的五个丘比特塑像，其座右铭是用拉丁语写成的"他们手挽着手"（*ludunt in armis*）（图6和图7）。法瓦尔在好几个场合见证了萨克斯表达这种轻松愉悦的愿望。例如，在罗库（Rocoux）战役的前夜，萨克斯元帅在法瓦尔剧团的一场演出快结束时向部下透露了要发起这场战役的消息，这让观众大吃一惊。这一声明是由一位杂耍剧女演员按照《世界的每一个嘉布遣修士》（*De tous les Capucins du monde*）的曲调演唱的：

> 我们完成了任务，
>
> 明天我们就要休息了，
>
> 勇士们，战神将指引你的脚步；
>
> 愿你激情澎湃：
>
> 无畏的士兵，
>
> 胜利总是真诚的。
>
>
>
> 明日之战，光荣之日；
>
> 愿在历史的黄金时期，
>
> 让法国胜利者的名字，
>
> 永载史册！
>
> 凯歌而还，
>
> 享受胜利的果实。

法瓦尔把杂耍剧与宣布明早投入战斗的消息联系起来，展现了萨克斯利用戏剧来点燃士兵对战斗的激情、喜悦与渴望这一计划是

图 6　《布鲁塞尔萨克斯元帅戏剧》卷首插图，由弗朗索瓦·布歇设计、皮埃尔·昆廷·谢德尔雕刻。法国国家图书馆提供。

图 7　莫里斯·昆廷·德·拉·图尔（Maurice Quentin de la Tour）创作的莫里斯·德·萨克斯蜡笔肖像画（约 1748 年）。摄影：汉斯-彼得金特。德累斯顿德国国家艺术收藏馆大师图片库。图片来源：bpk 图像/德累斯顿德国国家艺术收藏馆大师图片库/汉斯-彼得金特/纽约艺术资源。

多么的成功。"我的歌词让全场惊讶,"法瓦尔写道,"观众跑到将军萨克斯的包间,认为这是我的轻率之举。将军证实了刚刚宣布的消息。剧院回荡着更加热烈的掌声,'明天战斗! 明天战斗!'的呼声不绝于耳。一瞬间,喜悦之情从军官传染给了士兵,成为胜利的预兆。"[101]1746 年 10 月 11 日,法国人的确在罗库战役中取得大捷。

这一事件证实了萨克斯元帅的信念,认为戏剧的力量是一种政治和军事工具,能够增强幸福感、勇气和团体意识。它还分散了军官沾染恶习(赌博、嫖妓、搞宫廷阴谋)的注意力。法瓦尔解释道:"喜剧是所有军官的交汇点。他们对戏剧的偏爱使他们不再沉湎于赌博或其他同样危险的放肆行为。这是萨克斯元帅的目标,也是他主要的政治目标之一。"[102]

法瓦尔用对句宣布打响罗库战役,也显示了利用戏剧和其他娱乐形式建立军事身份的方式。上面的台词神话化了法军的英勇,运用比喻把法国人描绘成那个时代的被战争和胜利之神青睐的传奇人物。法瓦尔创造这种戏剧形式的目的,是在观看演出的士兵中激起一种堂吉诃德式的冲动,不仅在战斗中要表现英勇,而且还另有追求:恋人如兵士,爱神自有营(*Militat omnis amans, et habet sua castra Cupido*)。这本是罗马诗人奥维德的诗句,如今被提炼出来印在了剧本上。法瓦尔把军人描绘成了浪漫的英雄,并改编了他早期的戏剧,以培养军人观众的认同感,将剧中角色转变成不同类别的军事人员和军营中常见的可疑对象,如医生和军营中的小贩。[103]在把其他剧作家的作品搬上舞台为萨克斯的军队献艺时,他选择了1746 年由一位匿名作家写的《慷慨的布拉班人》(*La Brabançonne généreuse*）之类的作品。在这部剧中，一位出身高贵的弗拉芒女孩与荷兰一位要人订了婚，却爱上了一位年轻的法国船长。[104]同样，军队唱的流行歌曲表达了军人的浪漫愿望。[105]在歌曲《在我金发碧眼的女人身边》（*Auprès de ma blonde*）中，一位女人歌颂她英俊的丈夫，她丈夫在战争中被俘，现在被囚禁在荷兰。当她被问及会付出什么来要回她丈夫时，她表现出彻底的奉献精神，她回答说："我会付出凡尔赛宫、巴黎和圣丹尼斯大教堂。"还有一些歌曲传达了军人被认为是最好的情人和丈夫。事实上，正如《上尉之歌》（*Chanson d'un capitaine*）所传达的那样：如果男人希望吸引一个好女人，就必须参军。

　　诱惑和浪漫爱情的主题是这些流行歌曲和法瓦尔战时戏剧的主要内容。更重要的是，法瓦尔和萨克斯都很清楚，女演员本身在爱情游戏中代表了被追求的对象。[106]当"迷人的年轻女演员"唱着"凯歌而还/享受（*jouir*）胜利的果实"时，法瓦尔煽动起了士兵和军官对性的渴望，因为他们清楚地知道法语中 *jouir* 这个动词有"享受和拥有高潮"之意。罗库战役之前的战斗宣言是法瓦尔一手策划的赤裸裸的性挑逗，目的不是激起赢得一场而是两场战斗的欲望。法瓦尔毫不掩饰地以各种方式在许多场合培养了这种具有男子气概的战斗英雄主义。1747 年 7 月，法瓦尔上演了一场名为《佛兰德斯娘子军的战斗命令》的模拟军演。在剧中，女演员和妓女被编成战斗队形；参谋长和大元帅由主要女演员（其中至少有两位是萨克斯元帅的情人）扮演，而其他女演员则指挥着"预备部队"和"分遣队"。法瓦尔把对国家的爱和对女人的爱——在两种不同的战斗中，分别是"死亡"（*la mort*）和"渺小的死亡"（*la petite mort*）——故意搅和在一起，使"恋人如兵士"的比喻和承诺都得以成真。萨克斯的滑稽行为和法瓦尔的剧演，如《佛兰德斯娘子军的战斗命令》，不仅穿插了一些搞笑的元素，而且培养了一种轻松愉快的方式，使部队远离交战的压力。

尽管萨克斯和法瓦尔并没有发明战时娱乐节目，但他们开创了新医学思想和与戏剧有关的实践在军事上的应用。哲学医学著作，如勒·加缪的《精神医学》和皮埃尔·法布尔（Pierre Fabre，1716—1793）的《灵魂官能论：官能与器官的敏感性和易怒性的关系》（*Essai sur les facultés de l'âme，considérées dans leur rapport avec la sensibilité et l'irritabilité de nos organes*）分别于1753年和1785年出版，它们都剖析了戏剧对心理和生理造成的影响。这一创新既有功利主义的动机，又有人文的动力，以创造由战争的苦难形成的"情感共同体"，承认共同体能医治这些苦难。萨克斯和法瓦尔的战争剧院反映了18世纪更广泛的、"为天下创造幸福空间"的运动，即使在最不可能的地方也应如此。[107]

世界各地的军事社交

虽然战争剧场有可能使萨克斯部下的人团结一心，但对于加拿大、印度、安的列斯群岛或即将成为美利坚合众国（美国独立战争的前夕）等地的军人及其盟友来说，还没有这样简单的解决办法。18世纪的政治和文化哲学家使与这些"异族"建立社会联系变得可望而不可即了。环境决定论将不同的文化和民族性格与当地的饮食和气候等外部条件联系起来。如果说地点决定了身份，那么在远隔重洋的地方出生和成长，人与人之间就不可避免地产生了内在差异。自然哲学家如布丰伯爵乔治-路易-勒克莱尔（Georges-Louis-Leclerc，1707—1788），发展了种族理论，指出了造成不同身体特征和道德特征的环境因素。这些理论往往带有种族主义和性别歧视，公开或默认地将非洲人、亚洲人、犹太人、混血妇女和其他群体描绘成比欧洲白人男性低一等的危险群体。

在全球各地执行任务的法军军官们都在与这些理论、成见和偏见做斗争。这一过程不可能浪漫化，因为很明显，许多军官从不费心去挑战白人对"美洲印第安人"、印度马拉塔人，或者盛产蔗糖的殖民地的自由的有色人种等的固有成见。相反，他们竭尽所能强化欧洲优越感。另外，许多军人在国外服役期间都有意保持开放的心态和灵活的立场，这一点非常明显。必要性推动了这种合作的倾向，正如推动了宗主国（法国）改革的社会交往和哲学精神这两个概念一样。

超过 70％的法国驻外大使和全权大臣来自军队。[108] 这些人知道，他们的角色需要超越封闭的思想和文化假设。法国军人和行政人员意识到，社交是外交的主要催化剂之一。"外交"这一术语在18 世纪末首次进入法国词典。[109] 《法兰西学院词典》第 5 版将"外交"定义为一门研究"大国之间的关系和利益"的科学。同一版本的词典则将"社交"描述为"生活在社会中的能力"，它对外交至关重要；与军人身居海外时锻炼他们适应不同社会文化的能力，社交能力使他们提升了外交能力。在"社交"和"外交"两个词诞生之初，它们就密不可分，就像今天一样。

这些军事外交官和军事启蒙思想家表现出经验主义、民族志的和多元文化的意识。他们观察、适应、学习当地的语言和习俗，最终形成了理查德·怀特所说的由他们的经历和文化想象编造的"中间地带"。虽然这些人最终仍然支持法兰西帝国在海外的冒险事业，但他们还是有意识地努力辨别不同民族和文化之间的相似点，尊重其他民族及其存在方式。一些人成为妥协、忠诚和友谊的倡导者。他们还致力于推翻错误的偏见，成为与他们一起在世界各大洲服役的群体的文化大使。然而，平等的问题——人、军事、社会、公民——注入他们的著述之中，并在北美、安的列斯群岛和印度划清了社交的界限。

社交是美洲印第安人、殖民定居者、海军独立连和驻新法兰西常备军的关键（图8）。[110] 森林外交、战争、贸易、庆典、友谊、婚姻、种族间通婚，以及一些法国军人被不同的美洲印第安部落同化，构成了一个复杂的关系网络。[111] 法国海军领导人是跨文化社会关系谈判的中心。到了18世纪，大多数海军陆战队军官都出生在加拿大，有些是混血儿，比如查尔斯-米歇尔·德·兰格莱德（Charles-Michel de Langlade，1729—1801），此人是法裔加拿大皮革商人奥古斯丁-德·兰格莱德的儿子。还有多米蒂尔德，这位非常优秀的女军官的父亲也是一位好战的酋长，哥哥尼索瓦基特也是渥太华酋长。兰格莱德接受过两种文化的教育：米希利麦基诺堡（位于今密歇根州附近的麦基诺），耶稣会传教士为他提供法国教育。渥太华语是兰格莱德的第一语言，他从小就受本民族传统的熏陶。这种跨语言/跨文化的能力使兰格莱德能够在加拿大人和土著之间进行相对无障碍的交流，并在两大群体之间进行翻译，为贸易和军事追求建立联盟，这对他个人以及加拿大人、法国人和渥太华人都是有利的。历史学家克里斯蒂安·克劳奇断言："如果兰格莱德没有在跨文化礼仪的要求上表现出天赋，他就不可能达到自己的地位。但与大多数海军军官不同的是，他家庭的异族通婚与其母亲

图 8 "克勒雷克骑士路易·比尔瓦总督向切诺基（Cherokee）酋长奥坎纳–司多特授予军事委任状"（1761）。马里兰大学帕克校区国家图书馆提供。

家庭的默契和持续联系，使渥太华人在法国的官方军事行动中拥有了直接的发言权，不仅维持了法国的领土主张，而且确定了殖民地军事精英可接受的行为准则。"[112]

　　有些法国军官与土著部落没有家庭联系，他们采取科学的方法观察美洲印第安人并与他们交往。美洲印第安人也通常被称为 sauvages，意思是"野人"。尽管法国军人承认美洲印第安人不是法国式（à la française）的文明人，但许多人将这种差异相对化（就像蒙田一样），并坚信与他们接触的部落远非"没有文明"的存在。安托万·勒·蒙恩·沙图格（Antoine Le Moyne de Châteauguay，1683—1747）、让-弗朗索瓦-本杰明·杜蒙·德·蒙蒂尼（Jean-François-Benjamin Dumont de Montigny，1696—1760）、让·贝尔纳·博苏（Jean Bernard Bossu，1720—1792）和其他一些在路易斯安那及以北地区服役的法国人被北美印第安人"同化"了。他们取了土著的名字、与土著部落一起打仗、参加他们的仪式典礼、和部落一起文身，他们因一系列痛苦的文身还被誉为部落的勇士。博苏是被阿肯色印第安部落同化的一位海军陆战队上尉，他在大腿上文了一只鹿。被易洛魁人同化的布干维尔则相反，博苏并不把他与阿肯色印第安人的交往和文身上的荣誉标志看成是异国经历的稀罕之物，也不希望回到宗主国的法国人以那种方式来看待它们。相反，他运用的是阐释学，因为阐释学可以更忠实地将他在异国他乡的经历给欧洲读者说明。他把武士文身仪式比作骑士文化，因为骑士文化中也有通过一段时间的考验证明了武士价值的人才有资格进入骑士阶层。博苏阐明了战士文身的意义，并说，这一荣誉堪比元

帅兼第三代黎塞留公爵路易-弗朗索瓦-阿尔芒·德·维内罗·杜·
普莱西（Louis-François-Armand de Vignerot du Plessis，1696—
1788）的名字被题写在《热那亚签名册》①（Genovese livre d'or）
上时所获得的荣誉，此名册记载了热那亚贵族家庭的名字和英雄
事迹。[113]

　　博苏和志同道合的军事启蒙思想家得出结论，法国和美洲印第
安人没有那么不同。两个社会的人都雄心勃勃，都在寻求同行同业
的认可。扎卡里·德·帕齐·德·博纳维尔对此表示赞同，声称年
轻的美洲印第安人和法国人在他们的民族性格中有许多联系。根据
他的观察，前者"活泼、顽皮，为跳舞而生，尤其是那些经常与法
国人交往的印第安人。在所有欧洲人中，法国人最喜欢跳舞，是因
为他们轻快而嬉戏的气质与'野人'的气质非常吻合"[114]。美洲印
第安人的记述也表明，这些相似性的评估是相互的，而不仅仅是法
国人单方面的假设。尊重庄严的仪式典礼被认为是文化和精神相似
性的一个重要方面，这使得土著部落能够理解和尊重法国人。[115]这
些所谓的性格和文化相似性，以及美洲印第安人和法国人之间的日
常交往，特别是在阿尔诺·巴尔维（Arnaud Balvay）所称的"堡
垒社会"（sociétés des forts）中，促进了团结、通婚和友谊。

----

　　①　第三代黎塞留公爵，法国元帅。早年曾三次被投入巴士底狱。1725—1729年任
驻维也纳大使，后参加了波兰王位继承战争，1737年出色地保卫了意大利半岛上的热那
亚（Genova）共和国，其功绩似乎可以名垂青史，故有文中一说。他在奥地利王位继承
战争中参加了莱茵战役，在德廷根战役和丰特努瓦战役中立下战功。1756年攻克圣费利
佩要塞，把英国人赶出米诺卡岛，1757年在汉诺威参加掠夺性战役。七年战争中于1757
年指挥西线法军。1758年退役。

　　误解和推断显然是建立这种"中间地带"的一部分；然而，这些军事启蒙思想家清楚地表明，最大的弊端是缺乏社会交往。缺乏社会交往是法国人在北美大陆遭遇灾难的动因。一些作者对那些滥用社会纽带和信任的同行感到厌恶，这些同行通过伪造灵魂预兆试图操纵印第安勇士。杜蒙·德·蒙蒂尼等人谴责路易斯安那罗莎莉堡指挥官德切帕特上尉，指责他的反社会和虐待行为是 1729 年臭名昭著的纳切斯大屠杀的主要祸根，在那次大屠杀中，当地 1/3 的法国人口（700 人中有 250 人）被杀害。

　　这些方面和社交领域的失败，对法国在七年战争期间丧失了加拿大属地起到了不小的负面作用。蒙特卡姆（Montcalm）率领的法国正规军在与易洛魁联盟的多次遭遇战中艰难挣扎。在易洛魁联盟中，妇女有决策权，特别是在战争、外交和群体需求方面。蒙特卡姆表示，他对易洛魁联盟的外交程序非常惊讶：联盟女族长们赠送他一条贝壳串珠腰带作为荣誉标志，而后他也得回赠她们一条贝壳串珠"项链"，并与她们一起唱战歌。还有一些人则对接待来自联盟的女大使表示惊讶。[116]虽然法裔加拿大人和海军军官早已适应了这种社交和外交模式，但来自宗主国的军官们像蒙特卡姆一样经常发现，与美洲土著女族长交往需要"天使般的"耐心。最终，他们的无礼、不善交际的行为、无视对土著的承诺，尤其是没有履行关于战利品的承诺，是导致法兰西帝国丧失北美领土主权这一军事灾难的祸根。[117]

　　在印度次大陆，社交同样有很大的利害关系。驻印法军军官和总督相互交往，也与欧洲其他国家驻印的部队和军官、印度亲王、苏丹王和地方长官交往。[118]官方的王室政策和印度公司各种形式的政策表明他们对印度政治采取中立和不干涉的态度。然而，皮埃尔-贝诺瓦·仲马（Pierre-Benoît Dumas，1668—1745）和约瑟夫-弗朗索瓦·杜普莱克斯（Joseph-François Dupleix，1697—1763）分别于 1735 年至 1741 年和 1742 年至 1754 年任印度本地治理区的总督，他们都致力于将法国的商业贸易前哨变成一个名副其实的法属印度殖民地。莫卧儿王朝和后来的迈索尔王朝的君主知道欧洲贸易支撑了经济，因而很放心，便以一种貌似封建的方式给予了法国在本地治理区的贸易站的自治权。随着莫卧儿帝国在 1707 年至 18世纪 30 年代土崩瓦解，仲马和杜普莱克斯抓住机会从各地方公国那里攫取了土地，作为在这些公国相互冲突时给予它们军事援助的回报。这种帝国主义和干涉主义的政策，从未得到凡尔赛宫或印度公司的支持，促使两位总督希望更深入地了解地区政治和习俗。

通过军事能力、社会交往和对印度领导人而言在文化上更易识别的权力代表来赢得尊重，是法国在印度次大陆生存和潜在扩张的基础。仲马在这些领域的成功促成了一个重大的政治事件：大莫卧儿王（Padishah）把纳瓦布（nawab，意为"印度总督"）的专利称号永久性地授予了本地治理区总督。总督不再是代表法国和印度公司的外来最高首领，而是一个当地的权威，其职位实质上是一位印度亲王。仲马在招待印度当局方面投入了大量的时间和金钱，以表明他在印度众多总督和亲王中的合法地位。一位军官写道："没有一个星期不接待摩尔王朝和非犹太亲王们的使团，也没有一个星期不接待当地领主豪绅们的来访。对当地领主，总督坚持要以更加隆

重的方式接待他们，以便使他们对国家有最有利的了解。"[119] 据称，
杜普莱克斯进行外交访问时，随行的是一支令人眼花缭乱的、华丽
的庞大队伍，还有十二头大象列队行进。

　　杜普莱克斯并不只依靠这种盛大的场面。他明智地组建了一支
由家人、朋友、中间人和顾问组成的团队，以便继承仲马的权力遗
产。他娶了珍妮·凡桑斯（Jeanne Vincens，1706—1756），她是一
位印欧混血儿，会说印度多种语言，对不同的地方风俗有很深的了
解。杜普莱克斯夫人一直跟随丈夫，为他担任译员和文化调解员。
杜普莱克斯也通过耶稣会传教士获得信息和影响外交，但最重要的
是，他也依靠为印度官员服务的法国军人。卡斯特尔诺侯爵查理·
约瑟夫·帕蒂西尔·德·布西（Charles Joseph Patissier de Bussy，
约 1718—1785）是杜普莱克斯最重要的军官和大使。作为一名军事
启蒙思想家，布西致力于学习当地语言和文化习俗，并为自己能够
在各种"亚洲"的规范中发挥作用而感到自豪。其他由军人撰写的
回忆录提供了关于与当地纳瓦布谈判的笔记，关于马拉塔人令人印
象深刻的成就（这与《百科全书》把他们描写成糟透了的袭击者形
象形成了鲜明的对比），以及关于迈索尔海德尔·阿里汗和他的儿
子提普苏丹（Tipu Sultan，1750—1799）等人物[120]（图 9）。

　　1781 年，骑兵中校拉塞尔（Russel）已经在印度服役了 12 年，
当时他给海军大臣德·卡斯特里写了一本回忆录，讲述了和他一起
生活和战斗的两位盟友海德尔·阿里汗和提普苏丹。他认为，增进
友谊和理解不同文化是法国继续在印度存在的主要手段。拉塞尔详
细介绍了他与王储一起服役期间的交流和建立的深厚友谊：

图 9　皮埃尔·安德烈·德·萨弗伦·德·圣·特罗佩斯（1729—1788）和海德尔·阿里汗（1728—1782）会晤。选自安托万·塞尔让的画册《伟人、杰出的女性与难忘的主题》（1786—1792）。法国国家图书馆提供。

　　在围城战期间，每天我们见两次面。我们等着他父亲到达战壕，他向我询问我们的传统习惯，我们的社会习俗，我们的军事力量，还有我们的战争方式。他求教于我，当他成为君主时，他应该采取什么样的行为，他还要让我展望他的统治时代

将对法国有利。他对我说："我想把他们（英国人）从印度赶
出去。我想一辈子都做法国人的朋友。"[121]

拉塞尔声称，总督和官员必须对印度政治要有充分的了解，因
为"在印度，首要的是通过谈判而不是武力获得更好的优势"。为
了支持这一观点，拉塞尔详细描述了与海德尔·阿里汗交往时需要
从文化和社会的角度来"观察政治"。提普苏丹告诉拉塞尔，在第
一次进觐他的父王时，为了建立尊重、纽带和联盟，应该给他父亲
什么样的礼物，如制衣用的不同颜色的塔夫绸、双筒望远镜、钱币
和其他物品。按照这一初步顺序，拉塞尔恳求法国官员"履行我们
的承诺"，并将友谊的动力延伸到海德尔·阿里汗的所有臣民身上，
他们应该得到"人道、善良和温柔"的对待。

这一时期印度和法国的历史文献遍布友谊的辞藻。海德尔·阿
里汗和提普苏丹的回忆录将友谊确立为政治、社会和经济交往的主
要方式；然而，它们很少涉及过程的细节。另外，阿南达·兰加·
皮莱（Ananda Ranga Pillai，1709—1761）的回忆录最初是用泰米
尔语写成的，它提供了关于法、印关系的丰富细节。[122]皮莱出生于
马德拉斯（今印度金奈）的一个富商家庭，后移民到本地治理区，
1747 年他成了首席口译员，也是为印度公司服务的一名商人，其
职责是翻译，促进和监督法国与印度的贸易关系。皮莱成为杜普莱
克斯最喜欢的人之一，他们建立了深厚而复杂的友谊，这种友谊结
合了信任和情感联系、贿赂，以及在文化、政治、经济和军事等领
域表现出的压力。[123]

无论像皮莱这样勤勉、客观和忠诚的代理人和像拉塞尔这样的

军事启蒙思想家打算成为什么样的人，作为"中间立场"特征的不幸事件和误会仍然会发生。有资料显示了 1741 年法国人和马拉塔人之间的一次外交失败。仲马把他的军队借给了昌达-萨赫比（卒于 1752 年），此人是特里奇诺波利堡的总督，也是纳瓦布多斯特·阿里汗（卒于 1740 年）的亲戚，他从坦贾武尔国王手中夺取了卡里卡尔城。昌达-萨赫比把这座城市献给仲马，以此作为交换条件，要仲马帮助他打击敌人。坦贾武尔国王与马拉塔人随后结盟报复。马拉塔人袭击了多斯特·阿里汗的领地并杀害了他，还围攻了特里奇诺波利，然后又对本地治理区采取了同样的行动，把名存实亡的纳瓦布一家大小当作难民掳走了。在多条战线上发动战争让马拉塔人应接不暇，难以承受，于是从本地治理区撤退了。马拉塔人向法国总督送去了一件印度人穿的一种衣服"塞尔波乌"（*serpeau*），这是"荣誉和认可的最大标志"，以示自己从该地区撤军并终止冲突。仲马按照自己理解的社会礼节和巩固和平所需要的东西，向马拉塔人准备了一份回礼，价值高达 2 400 帕戈达金币。马拉塔人认为自己是入侵的第三方，并不期望得到一份礼物作为回报，也的确没有等待回礼。法国大使派出的分遣队认为任务紧迫，四下搜寻，但马拉塔人早就离开了。[124]

　　就像北美的情况一样，拉塞尔和其他军官把反社会行为和文化无知视为最大的罪恶。七年战争期间法国在印度丢失据点就是一个很好的例子。在战争最初的隆隆声中，很明显驻印法军需要增援，也需要为海战和陆战都做好准备。对印度地形和文化都非常了解的、知识渊博、经验丰富的布西似乎是法军最高统帅当仁不让的人选。然而，凡尔赛的政治左右了这一选择，海军大臣达诺维尔伯爵让-巴蒂斯特·德·马肖（Jean-Baptiste de Machault，1701—1794）任命托伦达尔男爵、拉利伯爵托马斯·亚瑟（Thomas Arthur，1702—1766）为统帅。拉利是一位爱尔兰人，长期在法军服役，是蓬帕杜侯爵夫人坚定的支持者之一。他从未踏足印度，对当地语言、政治、领导人或风俗一无所知，而且缺乏社交和外交技能。法军在卡纳克提克地区（Carnactic）取得最初几仗的胜利之后，兵力越来越不足；尤其是当达希伯爵安妮·安托万（Anne Antoine，1701—1780）指挥的小舰队由于季风原因而被迫撤退时，英军在数量上占据了上风。包括布西在内的许多军官，仍然留在印度在拉利麾下服役，鼓励拉利与当地的纳瓦布结盟，谋求他们的军事支持。据相关资料称，拉利拒绝了，说自己无法理解那些印度人，他把印度人视为野蛮之人；同时，他也表达了对印度雇佣兵的蔑视，他将这些印度雇佣兵称为"国家的黑人"，语言极具侮辱性，明显带有种族偏见和等级偏见。[125]

　　与此同时，英军却得到了强大的增援，与多个纳瓦布多次结盟，然后夺回失去的领土，并对法国本地治理区仅存的据点发起了水陆两栖围攻。经过长达10个月的艰苦战斗，拉利麾下的官兵因缺乏食物、弹药和军饷而发生兵变，拉利遂于1761年1月14日投降。拉利被英军俘后交还法国，后被囚禁在巴士底狱，并因其"多重罪行"被判处死刑，公开斩首。拉利是一只现成的替罪羊，这件事成为轰动一时的大案，部分原因是他遭到了刽子手残忍拙劣的斩首；刽子手误以为给了拉利的脖子致命一击，但只是砍掉了他的下

颌骨，使他的牙齿从断头台上飞了出去。伏尔泰等人为拉利辩护
（但为时已晚），但曾跟随拉利一起在印度服役的大多数军人都躲着
他，因为他不愿意向印度官员学习，也不尊重印度官员，更不愿适
应当地习俗和政治。[126]

如果种族、阶级和文化影响了拉利对纳瓦布和印度兵的漠视，
那么这种现象在法属安的列斯群岛则更为普遍。在圣多明各，社会
紧张局势日益种族化，特别是在七年战争之后，大批贫穷的白人涌
入该岛寻找发财机会。他们与白人种植者联合起来，共同提出了白
人种族纯洁和优越的论调。伪科学著作中的生物学和性别的术语加
剧了有色人种自卑的心理。皮埃尔·巴雷尔（Pierre Barrère，
1690—1755）的论文《导致黑人肤色的身体原因》，认为黑人肤色
是"体液失衡"的结果，表现为黑色胆汁过多。马提尼克岛编年史
学家梅德里克·莫罗·德·圣-梅里（MéDéric Moreau de Saint-
Méry，1750—1819）后来在《圣多明各岛上法国人的描述》
（1789）中阐述了"黑白混血儿"们（尤其是其中的女性）过于柔
弱而又纵情酒色，他认为这些人是腐蚀白人男性殖民者和文化的罪
魁祸首。就像在宗主国一样，殖民地的言论也谴责伪娘风气和沉湎
于女色的危险，说这会削弱殖民者的道德和身体。然而，在圣多明
各这块殖民地上，缺乏男性阳刚之气和道德破产带来的威胁竟然被
认为是人种造成的：有色人种显然成了被指责的对象。有关白人种
族优越的论调在殖民地的军事生活中产生了特定的影响，因为论调
的目的是使白人定居者避免与有色人种交往或使他们免于从事地位
低下的人种所从事的活动，如在当地民兵或警察部队里服兵役。这

些体制的历史表明，种族分歧日益扩大，民兵和警察都明显不具备
社交能力，不具备兄弟会中成员亲如兄弟的特征。[127]

　　更糟糕的是，种族关系紧张和社会不公在圣多明各如此普遍，
以至于宗主国的军官们利用这一现象激励自由的有色人种加入援美
志愿猎骑兵团（Chasseurs volontaires d'Amérique），德斯坦曾率这
支部队参加过美国独立战争。卢夫雷侯爵要他手下的新兵宣誓：
"我的体格比白人士兵好；我忍受战争疲劳的能力比白人士兵好四
倍；我有幸能像白人一样为国王陛下效力；我们行事方式上的每一
个差异都对我们有色人种有利；我有各种各样的动机使我比白人更
有价值。我必须使白人感到脸红，因为他们肆意貌视我的公民地
位，对我施加暴虐的不公却没有受到处罚。我必须以军人的身份向
他们证明：我至少有能力获得同样多的荣誉和勇气，并且更加忠
诚。"[128]这些历史证据表明，圣多明各岛上的兵役制是建立在种族
差异基础上的，受到偏见甚至复仇精神的激励。

　　然而，种种资料来源也揭示了军事社会关系改变了自由的有色
人种的人生。在军事服役期间与战友建立的纽带造就了斯图亚特·
金（Stewart King）所称的中产阶级"军事领导集团"。比如文森
特·奥利维尔（Capitaine Vincent Olivier，卒于 1780 年）上尉、
让-巴蒂斯特·马尼（Jean-Baptiste Magny）中士、皮埃尔·奥古
斯丁（Pierre Augustin）通过"家庭"公证行为与无数其他角色和
行动巩固了他们在战争时期建立的关系：成为洗礼会的教父或婚姻
和葬礼的见证人，提供财政援助，在某些情况下，还会解放黑人奴
隶。军事友谊为整个团体的繁荣奠定了基础。

像卢夫雷侯爵这样的来自宗主国的官员也采取行动，反对对自由的有色人种抱有成见，并宣传军事平等。他放弃了任何性别框架，谈到了自由的有色人种的身体优越性、勇气和无私，所有这些都是宗主国军队追求的军事美德。他写道："如果不让他们觉得士兵的职业低于奴隶的话，他们就可以成为优秀的士兵。"在这方面，他们必须免于"一切羞辱和压迫性的区别对待"，"他们一入伍就必须像对待其他士兵一样对待他们"。卢夫雷强调："我将永远坚持必须给予这些猎骑兵与白人同样的地位和同样的存在感。我们不要对人种颜色的不同抱有偏见。有人可能会说，他们的公民身份存在差异，也就是说，猎人的权利和公民的权利之间存在差异，但是猎骑兵和白人士兵之间不存在这种差异。我坚持认为，任何这样的主张都是荒谬的，与所有军事原则背道而驰。"[129]作为军事启蒙思想家，军官们应该坚持更高的道德标准，军事原则可以纠正公民社会的错误，哪怕只是在武装部队内部。

从白人殖民者的观点来看，这种军事社交是一种直接的政治威胁。法国的盟友美国在争取脱离英国统治的独立战争中也表现出潜在的政治危险。尽管许多人对美国为自由而战而热情高涨，但王室和高级军事官员对暴力革命热情的烈火是否有可能从美国军队波及法国军队而深感不安。因此，他们实施了严格的反兄弟会（antifraternization）法案，以防止美国和法国士兵相互交往。[130]军官们因此似乎互相回避。克莱蒙特-克雷维科伯爵说："从来没有人见过法国军官和美国军官在一起。我们之间有很深的了解，但我们根本没有住在一起。我想，这是发生在我们身上最好的事情。由于他们

与我们的性格如此不同，肯定很快就会爆发争吵。"[131]在法国方面，
"只有不足5％的军官不是贵族出身，除了在一起服役之外，他们与
美国军官几乎没有共同点。美国军官常常来自鞋匠、屠夫、旅店老
板等职业"，常常被欧洲贵族私下里或明显地瞧不起。[132]法国军官
对敌方的英国军官有更大的亲和力。罗尚博伯爵和劳尊公爵邀请英
国和德国高级军官在他们的营地共进晚餐。罗尚博甚至借钱给查尔
斯·康沃利斯勋爵（1738—1805），以便他能支付眼前的开支，英
国将军迅速偿还了这笔钱，并赠送了一份友好的礼物：柴郡产奶酪
和一百瓶葡萄酒。法国军队中喜欢写日记的军官注意到，法国人在
约克镇（Yorktown）对英国和黑森军官做出的慷慨大方的社交姿
态，使美国军官相当嫉妒。[133]

　　给反兄弟会火上浇油的政策和偏见，并没有对法国和美国军官
之间社会关系的持续性造成影响。1783年美国独立战争接近尾声
时，美国少将亨利·诺克斯（Henry Knox）建议建立一个协会，
允许革命军官继续保持联系，照顾阵亡同胞的遗孀，让革命的理想
在家庭和公众的记忆中继续保持。该协会成立于1783年5月，以
卢修斯·奎因修斯·辛辛那图斯（Lucius Quinctius Cincinatus，约
公元前519—前430）的名字命名，辛辛那图斯毅然离开自己的农
场，率军与敌作战，成为罗马执政官，然后成为战时独裁者，即最
高权力长官（*magister populi*）；然而，一旦击败敌军，解除危机，
和平回归，他便将合法权力交回元老院，回到农场与家人一起耕田
犁地。乔治·华盛顿（1732—1799）成为该协会的第一任主席。最
初，辛辛那图斯协会（独立前的13个殖民地，每个殖民地都设有

分会）成员仅限于服役至少三年的美国陆军和海军军官。尽管如此，协会成员仍试图表达感激之情，与法国同行建立持久的友谊，因此也邀请高级官员加入协会。罗尚博、拉法耶特、拉梅特伯爵亚历山大－塞奥多尔－维克托（Alexandre-Théodore-Victor，1760—1829）都是该协会 14 位法国创始成员中的一员。1783 年 12 月，法国成立了一个分支机构。[134] 尽管法美军官之间的友谊在独立战争期间并不普遍，但协会成员是把它看成战争期间法美社会交往的虚构记忆来宣布的。

从社交到同情心

作为军事启蒙运动的一个次要的触发点，社交的重要性与道德哲学、种族和性别的历史有关。普芬道夫的理论比霍尔巴赫和狄德罗的著作及《百科全书》采用了更激进的表达方式，与之相呼应的是，法国本土的社交军事哲学将自然法和沙龙礼仪规则结合起来，对人性和社会进行了特别的描述。他们认为，认识到人类的共同特征和需求，会导致男性在伙伴关系、从属关系和礼貌举止上走到一起。在北美、印度和圣多明各等地，种族、道德观念和社会地位对社交的军事想象提出了挑战，并在很多方面缓和了这种想象。然而，像博苏、拉塞尔和卢夫雷等军官认为，军事启蒙思想家的责任是：承认优点、寻找文化和民族性格上的共同点、承认那些他们以前认为是"异族"的人是自主的"自我"。

在性别方面，这种类型的军事思想与厌女主义的观点形成了对照。根据厌女主义的观点，一些改革者认为：只有消除女性的文化影响，并用严格意义上的男性特征的古典共和主义来取代它，才能弥补军事和政治的衰败。[135] 对于拉梅、达尔让松、萨克斯等人来说，世俗中"娘娘腔"的文明社会并不会造成一个完全邪恶的影响。相反，它可以为军事功能失调提供解决方案，并为领导才能、沟通交流和团体意识提供模式。同时，萨克斯和法瓦尔的战争剧院以牺牲女性为代价确立了男性阳刚的身份认同和男性群体意识，女性性别客体化是男性自我形象和同性社会关系的基础。

尽管 18 世纪的军事思想越来越注重社会交往，但法国军队的大多数人并不把战友视为"兄弟"，贵族军官和士兵之间当然是这样。然而，跨不同兵种和跨不同部队的纽带以及官兵关系正在发生变化。这些趋势通过对同情心的军事思考而进一步发展。正如下一章所阐明的，关于同情心的医学和道德文化成为军事进步的一个创新框架，把对同情和人道主义的新关注引入了战争空间。

第三章

战争中的人性

与同情心和人权有关的军事文化

德廷根战役是 18 世纪法军最耻辱的失败之一，但它同时也是人类在战争中的光辉胜利。[1] 1743 年 6 月底，法国元帅诺瓦耶公爵阿德里安·莫里斯（Adrien Maurice，1678—1766），时任法国军队在莱茵河-美因河一线的指挥官，准备给驻扎在德廷根（今德国巴伐利亚州美因河畔卡尔施泰恩）外美因河北岸一线的薄弱的、正撤退的"国事遗诏军"轻松一击。诺瓦耶公爵设想了一种他称为"捕鼠夹"的战术部署：从四面八方将英国国王乔治二世（King George Ⅱ of England，1683—1760）率领下的英国、汉诺威、奥地利、黑森和荷兰等国的联军驱赶到他们早已设下的陷阱，从而切断他们向哈瑙（Hanau）撤退的线路。由于北部的斯佩萨特高地（Spessart Heights）和南部的主要水域构成了天然屏障，诺瓦耶派了大约 1.2 万名法军士兵向阿沙芬堡（Aschaffenburg）疾进，到达了"国事遗诏军"的后方，而他的侄子格拉蒙公爵路易（Louis，duc de Gramont，1689—1745）则率领 2.3 万名士兵在德廷根城外等候，阻止联军撤退。诺瓦耶的"捕鼠夹"战术为挫败乔治国王的军队提供了充分的机会。联军的左翼完全暴露在法国大炮的射程之内，乔治国王的军队将在很长的时间内处于瓶颈状态，无法突围，因为 3.5 万名被围将士试图穿过浅沟上的一座桥和城外的沼泽地（图 10）。

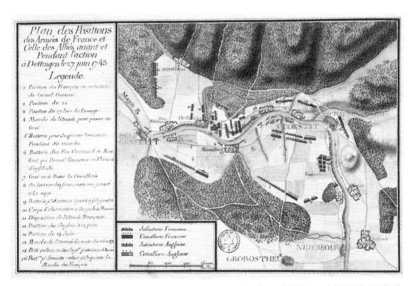

图 10　1743 年 6 月 27 日德廷根战役前后法国和联军对阵图。法国国家图书馆提供。

诺瓦耶的捕鼠夹战术事与愿违，落入捕鼠夹的是设置捕鼠夹的人而不是老鼠。没有一点耐心的格拉蒙公爵在没有接到命令的情况下，把他的部队开到了那座小桥上，与沼泽地另一边的联军交战。格拉蒙以御林军王府皇家卫队（Gardes françaises of the Maison du Roi）精锐之师为先锋，紧随其后的是法国步兵，初战告捷，三次冲锋就突破了英军防线。然而，由于自己的部队突然进入大炮火力范围，河对岸的法国炮兵被迫停止炮击，眼睁睁地看着格拉蒙的疲惫之师遭到英军的强力反击，甚至连训练有素的皇家卫队的士兵也惊慌失措地逃回到桥上或跌入沟壑，任由敌军屠戮。[2]

这一失利使法军后来持续遭遇尴尬。这场战役中，法军本该有机会活捉英国国王乔治二世，使其成为路易十五的俘虏，也本该有机会困死、饿死国事遗诏军，就能轻轻松松赢一场漂亮仗。法军在德廷根战役中的失败，其代价并没有就此结束。诺瓦耶设想的是相对轻松而又不流血的胜利，但结果却遭到巨大损失。格拉蒙在德廷根战役中因违抗军令和战术误判导致了 4 000 多名法军伤亡或沦为战俘，其中许多是法军中的精锐。这是一次毁灭性的打击，它后来影响了舒瓦瑟尔的军事政策。[3]联军方面，只有 2 000 多人伤亡。

考虑到奥地利王位继承战争中的其他战役，如莫尔维茨（Mollwitz）战役、查图西茨（Chotusitz）战役和坎波桑托（Camposanto）战役更加血腥，一些学者得出结论：德廷根战役的重要性被高估了。[4]然而，无论是诺瓦耶还是第二代斯泰尔伯爵约翰·达尔林普（John Dalrymple, second Earl of Stair，1673—1747）都不这么认为。达尔林普是国王乔治二世帐下的陆军元帅，是德廷根战役中的联军总司令。对上面两位军事统帅而言，重要的不只是伤亡人数和俘敌人数，更重要的是伤病员和战俘受到的人道待遇，这一点极为重要。德廷根战役打响之前，双方元帅可以说是开了后来缔结的《日内瓦公约》的先河，在阿沙芬堡签署了一项条约［或协定（卡特尔）］：保证双方医院不被对方攻击，这些医院被视为避难所；那些落入敌人手中的伤病员将得到照顾，而不是被视为战俘。这两项协议后来的确构成了1864年《日内瓦公约》的第1条和第6条。[5]法军和国事遗诏军都尊重这项协定，因此，当国事遗诏军继续撤退而留下己方伤员时，法国确实照顾了他们的伤兵。

在评论德廷根条约背后的心态时，斯泰尔元帅写信给诺瓦耶，"我的心情是，而且永远是，尽可能宽宏大量地和人道地发动战争"[6]。他用情感道德哲学的语言清楚地表达了自己的动机。"人性"一词具有极为重大的意义，因为它在向情感的认知转变的背景下有了新的含义。[7]17世纪的词典，如罗伯特·克劳德利的字典（1604）和第1版《法兰西学院词典》（1694），将人性等同于温柔（*douceur*）、礼貌（*honnêteté*）、善良；在法语中，此词还有"对他人遭受不幸的敏感"之意。根据狄德罗《百科全书》中的词条，人性"只有在伟大而敏感的灵魂（*une âme grande et sensible*）中才会激励自己"。根据路易·德·若古（Louis de Jaucourt）的观点，敏感（sensibility）是"灵魂的一种温柔而微妙的气质，易被感动和触动"，是人性之母。[8]18世纪，定义人性的仁慈性情从被动原则转变为主动原则。狄德罗在《百科全书》关于人性的词条中说："这种高尚而崇高的热情为他人的痛苦，以及需要减轻他们的痛苦而折磨自己；它将遍布世界，去除奴隶制、邪恶、迷信与不幸。"[9]

狄德罗的"人性"不仅仅是一种柔情。他认为，它也给自身带来了冲动性的，而同时又是情感的、道德的和身体的暴力。"它使我们在对待犯罪方面更加严厉。它从罪犯的手中夺走了他们可能会给善良的人们致命一击的武器。"[10]并非人人都会如此严苛地去寻求正义。狄德罗责备道："这种美德是其他许多美德的源泉，我发现很多人虽然在头脑里都能意识到它的存在，但很少有人在心里会有它。"只有少数精英才有足够的敏感去感受人性。正如丹·埃德尔斯坦所言，"不是每个人都可以成为富有同情心的人（*âme sensible*）：有一颗高尚的心灵（*noblesse du coeur*），就像一位高贵的贵族（*noblesse de cour*）"[11]。

在考察了本书第二章所讨论的基本理性的、基于社交的思想之后，军事启蒙思想家开始将情感作为军事身份认同和改革的新基础。到了 18 世纪中叶，对于法国武装部队的军官而言，成为"高尚心灵"道德精英中的一员变得与成为"佩剑贵族"中的一员同样重要。军官们对自己成为道德精英的一员颇为自豪，他们是战争中的同情心和人道主义的推进者。这无疑是手书的或者口头的协议——如德廷根协议——得以迅速印刷和传播的原因之一，这些协议包括中将（国王陛下麾下行营与军队中将）鲁热侯爵皮埃尔-弗朗索瓦（Pierre-François，1702—1761）代表法国和少将布登布鲁克男爵约翰·海因里希（Johann Heinrich，1707—1781）代表普鲁士于 1759 年 9 月 7 日批准的《勃兰登堡条约和公约》。实际上，在两年前的罗斯巴赫战役中，鲁热侯爵本人被俘，随后法国和普鲁士双方交换战俘，鲁热就已经从这类公约中获益（图 11）。

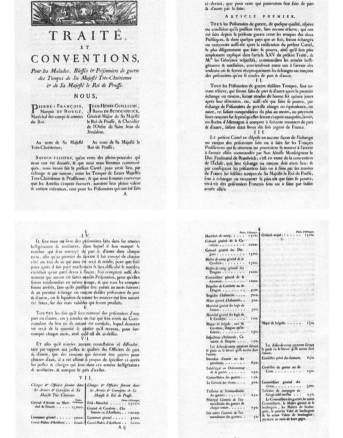

图 11　鲁热侯爵（1702—1761）和布登布鲁克男爵（1707—1781）共同签署的
关于"基督至尊亲王和普鲁士国王陛下军队中的病员、伤员、战俘"的《勃兰
登堡条约和公约》（*Trait et Conventions de brandeburg*）。1759 年由皇家出版社
印刷。像其他条约和公约一样，《勃兰登堡条约和公约》确立了不同军衔的战
俘的具体赎金。鲁热伯爵艾美雷克提供。

　　各国掀起了对同情心研究的热潮，也在探讨是否有可能在军事领域制定相关法律。艾拉·格鲁伯对图书馆的调查以及克里斯托弗·达菲、阿姆斯特朗·斯塔基、查理·罗伊斯特和莎拉·诺特的研究表明，整个欧洲大陆和隔大西洋相望的北美的军官们都如饥似渴地阅读有关同情心的文学。[12]他们对卢梭的《新爱洛绮斯》（1761）和《爱弥儿》（1762）非常着迷，这两部作品充满了世俗的、唯物主义的道德观念，卢梭把它称为敏感的道德（*la morale sensitive*）。[13]阅读有关同情心的文学作品，如马里沃的《玛丽安娜的生活》（1731—1745）和理查德森的《帕梅拉》（1740），以及卢梭等人的作品，被认为能给一个开明的军人带来许多好处。正如狄德罗在《理查德森颂》（1761）中所宣称的那样，这类小说不仅为效仿美德提供了榜样，而且也正如安妮·维拉和林恩·亨特（Lynn Hunt）所说的那样，阅读小说和角色认同也使人能够锻炼和提高自己的敏感性。[14]以这种方式培养人性和敏感性，培养了以同情的眼光看待他人的能力，并成为狄德罗在《百科全书》中描述的正义战士。

　　有关同情心和人性的军事文化代表了对米歇尔·福柯的"纪律"和"温顺的身体"观念的一种重要的反叙事（counternarrative）。像萨克斯元帅这样的军事启蒙思想家，通过推进道德和关怀实践，将人性和敏感的思想方法融入战争领域，尤其是士兵。军事思想家远没有把士兵视为不动脑筋而机械行事的人，反而把他们视为富有同情心的士兵（*soldats sensibles*），其思想、身体和心灵需要并值得关怀。[15]萨克斯的改革集中于"人类心灵"这一概念上，他声称这是军事事业中最关键但尚未被研究的部分。他把他对人类心灵的理解建立在当时医学界兴起的人体整体观的基础上。医学启蒙思想家（*Médecins philosophes*），如泰奥菲尔·德·波尔多（Théophile de Bordeu，1722—1776）和安托万·勒·加缪，将人类有机体理解为一个"敏感的身体"，其中生理、激情和道德生活交织在一起。他们认为，为了促进个人和整个社会的健康与幸福，可以研究和重视这些因素中的每一个。敏感性这一剂良药提供了一个关爱敏感士兵的路线图。它把时代的乐观精神结合起来，把与同情心和高尚心灵相联系的道德律令结合起来，也推动军官和军事医学界在以下特定领域取得进展：疾病控制和治疗、外科手术、医护系统和卫生实践。后者的概念化和目标是雄心勃勃的，因为军事思想家的目标是制定卫生生活制度，即关心士兵身体和情感的生活制度。这导致了对战争和军事生活的情感反应的开创性思考，从而建立了我们现在所说的军事心理学。

这些思想融合为让·夏尼沃所说的"人道主义革命"（*révolution humanitaire*），这是一场在 18 世纪 60 年代兴起并以军队为目标的人道主义运动。在这场运动中，军事改革家、启蒙思想家和公众共同努力以实现变革。有改革思想的思想家对战争部和王室拒绝采取行动深感失望，因此他们求助于非军事知识分子和公众，以开创一个非凡的事业，谴责对犯有轻罪的逃兵和军人执行死刑及体罚。这场运动在历史上也具有重大意义，因为它是人权"发明"（林恩·亨特语）过程的推动因素。正如丹·埃德尔斯坦所说，18 世纪的法国是人权史上一个重要但被忽视的点。[16] 军人是法国原

初人权运动（proto-human rights movement）在初始阶段取得伟大
胜利的策划者和受益者，他们参与并推动了这一伟大的历史进程。

在远离宗主国的殖民地上，人道主义和同情心的言辞被用于两
个完全相对立的目的：一是支持联盟，加强文化理解，接受土著和
自由的有色人种；二是重申种族偏见，并将其巩固为种族和政治霸
权政策。人道主义和同情心是把双刃剑。

驯服的身体？

在《规训与惩罚：监狱的诞生》（*Discipline and Punish*：*The
Birth of the Prison*，1975 年法语版，1977 年英语版）一书中，福
柯对近代早期法国士兵的身体和"社会的军事梦"进行了个案研
究。他认为，在 17 世纪，人们可以通过"荣誉的身体修辞"来认
识士兵天生的勇气、力量、骄傲和英勇。荣誉有一种身体符号，通
过体态、习性和生理学的体格符号可以将内在的军事品质表现出
来。福柯声称，这种军事身体的概念在 18 世纪后半叶发生了变化，
当时士兵变成了"可以制造出来的东西；从无形的黏土中，从一个
不合适的身体中。从根本上讲，士兵指的不是自然状态，而是附在
机器上的严丝合缝的齿轮；不是原始的社会契约，而是永久的强
制；不是基本的权利，而是无限期的不断进步的训练形式；不是公
共意志，而是自动顺从"[17]。尽管他承认在每个社会中，身体都受
制于权力，但他认为，18 世纪是一个分水岭，通过多种"学科"
来定义和控制"驯服的身体"，这些学科甚至针对身体最微小的

运动。[18]

　　福柯引用萨克斯元帅的《梦想》，阐明了他对军事"纪律"的立场及对细节的强调："尽管那些关注细节的人被认为是智力有限的人，但在我看来，这一部分是必要的，因为它是基础，如果不理解其基本原理，就不可能建造一栋建筑物或者确定任何方法。仅仅喜欢建筑是不够的，你还必须懂得凿石。"[19]在 1766 年 1 月 1 日的法令中，福柯找到了他的依据，这些法令对步兵训练进行了规定："通常的步伐是向前走，抬头挺胸，单腿保持平衡，摆动另一条腿向前，大腿后部绷紧，脚尖稍微向外低斜……"[20]他关于驯服的军人身体和纪律的力量的观点得到了当代许多文献资料的佐证。[21]

　　虽然福柯的理论架构是建立在确凿的证据基础上的，但因为他尤其关注法国军队而受到质疑。[22]除了"福柯式"制造和控制驯服的身体的方法外，"纪律性"不强的或有意识的"无纪律性"的叙述在 18 世纪也非常盛行。事实上，萨克斯就是这样一个例子，他被福柯塑造成一个对细节都要从军事-政治方面进行剖析的支持者。萨克斯确实主张加强对战争细节的研究，而不是研究受到理论家更多关注的"崇高"课题，如大兵团作战等。然而，在福柯引自萨克斯的《梦想》但又略去了部分内容的那一段里，萨克斯宣称他对军人身体的详细知识持"无纪律性"的立场。他断言："接受人们的本来面目，要比把他们塑造成他们应该成为的人更容易。我们不控制人们的意见、偏见或意志，我的目标不是制定规则。"[23]

　　如果说兵役的更大框架在本质上是将军人身体置于政治目的之下，那么萨克斯对细节的处理方法并不是福柯式的"有纪律的人"

所采用的方法。萨克斯公开地从认识论和实践两个角度回避强制规定。正如博纳德骑士那样，将演绎方法应用于战争，在先验的理性化的基础上得出逻辑结论，都是为消除战争艺术中的无知和偏见而做出的努力，因而是值得赞扬的。然而，它并不是了解、预测或控制战争及其发动者的可行方法。博纳德骑士解释说，萨克斯"有些过了；成功取决于无限的客观情况，而这是人类的精明永远都不可能预测到的，但萨克斯没有考虑到这种条件，就提出了一种观点，并确认其观点的正确性。他认为战士总是勇敢的，而没有考虑到整个部队的英勇程度每天都在变化；他认为一切皆是不变的，认为将军的任务就是知道如何保证通过调动、部署伟大的上尉们的开明特性等为部队提供保障"[24]。萨克斯定义了他认为的"开明特性"。他主张对这种"无限的客观情况"特别是军队本身，采取人道和实证的方法，提出了一个新的以同情和心灵两个概念为中心的军事领导框架。

　　萨克斯通过《梦想》中的言辞巧妙地表达了他富有同情心的姿态。当他于 17 世纪 30 年代创作这本书时，他没有机会接触到各种各样的情感词汇，那时，这些词汇才刚刚在医学和像普雷沃（Prévost）的小说《曼侬·莱斯戈》（*Manon Lescaut*，1731）中发展。因此，他从单个的情感词汇 *pauvre*（贫穷的）提炼出了他关于同情的观点。1694 年的《法兰西学院词典》将 *pauvre* 定义为一个表达同情、温柔、熟悉、关心和对他人不幸表示哀悼的词。从《梦想》的第二篇关于士兵的制服开始，萨克斯批评了军事思想家过分关注思考诸如"驾着马车到处跑"（*coup d'oeil*）之类的技能，而不是研究士兵的健康问题。他哀叹士兵制服的可怜状况，抱怨他们褴褛的衣服和破旧的鞋子不仅不舒服、昂贵、无用，而且容易让人生病。雨季一开始，士兵的"头就湿了"，也没有衣服换，"裤子、鞋子和脚一起腐烂"，以至于"这个可怜的士兵很快就被送到医院去了"[25]。萨克斯在讨论战术时唤起了同情心，敦促其他军官不要在骑兵部队中部署交错的步兵小队的战斗队形。他强烈地批评道："这是毫无价值的，这个军令的弱点在于，步兵部队会惊慌失措，因为这些可怜的穷人觉得，如果骑兵被打败，他们就会不知所措。"[26]

通过使用 pauvre 一词，萨克斯表明了同情在军事行动中的重要性，并指定了同情的对象。事实上，保持同情心的观点是萨克斯创新军事思想的方法论基石。这使他把注意力集中在"细节"和"心灵"上，后者是支撑他的方法的第二个关键概念。[27]萨克斯在《梦想》的序言中开始了对这一领域的探索，声称"没有人讨论过这个问题，在战争这一领域中，这个问题最重要、最有学问、最深奥"[28]。他坚持自己的经验主义原则，举了近乎滑稽的例子，维拉尔元帅率领法军在 1702 年赢得弗里德林根（Friedlingen）战役后却逃跑了：

> 在弗里德林根战役中，法国步兵以无比的英勇击退了神圣罗马帝国军队，屡次突破防线，一路穷追，将敌人驱赶穿过森林至邻近的地方。此时，法军却得到自己被分割的消息。就在那一刻，出现了两个中队（很可能是法国人），原本节节取胜的法军开始集体大溃逃，场面十分混乱，而此时没有任何敌人

攻打或追击他们，他们跑回树林，直到远远地跑出战场才停下来。维拉尔元帅和将领们徒劳地将部队后撤。战斗胜利了，所以看不到一个敌人。正是这些部队刚刚打败了帝国的步兵，他们的意识错乱，惊慌失措，面无血色，差点不可逆转。若要寻找类似的例子，会在各国军队中发现许多。这充分证明了人类心灵的可变性，也证明了必须为之做出努力。[29]

给维拉尔元帅的军队带来如此反应的"人的内心"，萨克斯对此没有给出一个精确的定义。相反，他提供了一些例子，以此作为掌握战争中人心产生影响的数据。为什么在战壕防御战时被敌军击败而又无助的军队，如果发起进攻的话，反而有可能会取得胜利？为什么人们在想象危险时比危险来临时面对它更害怕呢？为什么当意想不到的事情发生时，人们会自动停止他们正在做的事情，目瞪口呆或仓皇逃跑？如果只有少数敌兵出现在堑壕边上，为什么攻击防御工事的大批部队会惊慌失措地逃走呢？萨克斯宣称，这种反应"在人类的内心深处，我们必须在那里寻找"[30]。

不同于 17 世纪在军事上把"心脏"（coeur）理解为"勇气"的同义词，萨克斯的"内心"（heart）概念更为科学。他不是把"人类的内心"定义为一个器官，而是作为一个融合情感、心理、生理反射和本能的心身复合体。萨克斯的新军事思想旨在阐明生理、心理和激情之间的模糊联系，以提供对人性的整体描述，这与法国和整个欧洲的医学启蒙思想家们在感性科学方面所从事的研究是相同的。萨克斯很早就在这方面进行了思考。早在 17 世纪 30 年代早期，他就写了回忆录，比最著名的从事哲学医学的人早了一代。然而，哲学医学的许多核心原则已经出现在他关于人性和战争的著作中，因此，《梦想》不仅早就从事了被后人称为"人的科学"的研究，而且也是一部严格意义上尚未得到承认的开创性著作。

随着 18 世纪的持续发展，医学启蒙思想家、外科医生、药剂师和军事领导人都致力于将人道主义和感性的医学、道德实践引入军事领域。与萨克斯一样，后来新军事思想的支持者在战争中表现出对敏感的身体的关心态度，而不是表现出对驯服的身体的纪律性和强迫性的态度。[31]他们遵循萨克斯的模式，更多地关注与卫生、军事心理学和人的内心相关的"细节"。

战争中敏感的身体

萨克斯关于人类心灵的概念源于 17 世纪的医生，如纪尧姆·拉米（Guillaume Lamy，1644—1683）和埃蒂安-西蒙·德·加马什（Étienne-Simon de Gamaches，1672—1756）。[32]他们将对解剖、运动和人类心脏的分析建立在情感医学的基础上。[33]在法国，这门科学起源于约翰·洛克提出的后投石党时代（post-Fronde）物理主义的情感性理论与身体、知识和身份的知觉性概念，后来伏尔泰、大卫·休谟和埃蒂耶纳·博诺·德·孔狄亚克（Étienne Bonnot de Condillac）普及了约翰·洛克的思想。[34]这些哲学家把身体设想为一个"敏感的"有机体，因为它能接收来自内部和外部的印象。以感性为基础的医学的发展，与荷兰植物学家、解剖学家赫尔曼·布尔哈夫（Herman Boerhaave，1668—1738）提出的医学机械论

(iatromechanistic）的身体观完全对立。瑞士生理学家阿尔布雷希特·冯·哈勒（Albrecht von Haller，1708—1777）和查理·波涅（Charles Bonnet，1720—1793）没有将身体视为一台液压机器，而是提出，"敏感"和"易怒"的身体充满生机与活力，且具有反应性神经和纤维。[35]在整个西欧的医学院，特别是在蒙彼利埃和爱丁堡著名的医学系，感性被认为是人体最基本的功能，它把身体的各个部分统一成一个正常运转的整体。蒙彼利埃大学的泰奥菲尔·德·波尔多教授声称，人体可以被比作蜂巢，一种由许多不连续的部分共同组成的整体。感性是"蜂巢"实现统一的力量，在分子、身体部位、身体和心灵之间建立了内在联系，也在身体和周围世界之间建立了外在联系。[36]

感性主义的学说雄心勃勃地、乐观地追求显而易见的健康，从个人到群体再到整个社会都是如此，所有人都可以通过适当地调整感性来实现平衡和幸福。对于医学启蒙思想家们来说，追求改善人类的健康、美德、智力是如此依赖于他们对感性的分析和处理，以至于他们认为启蒙的过程本身就是一个医学问题。[37]一些医生，如安托万·勒·加缪和查理·奥古斯丁·范德蒙（Charles Augustin Vandermonde，1727—1762）加入了伪医学和非医学启蒙思想家的行列，比如爱尔维修、安妮·罗伯特·雅克·蒂尔戈（Anne Robert Jacques Turgot，1727—1781）和尼古拉斯·德·康多塞特（Nicolas de Condorcet，1743—1794）等建立了关于"人类完美"的理论。"这是一个可医治（medicable）概念显著发展的时代，更加强调疾病预防或卫生，以及对医学未来的治疗潜力抱有新的乐观精神。"[38]布罗克利斯（Brockliss）和琼斯（Jones）认为，推动这种医疗乐观精神的是"死亡和疾病所具有的含义的变化，以及两者之间的关系"。

> 随着人们的态度越来越世俗，随着死亡从它做出胜利姿态的后特伦特时代①的福音传教的基石地位上被撵下台，人们的焦点已经从死亡的时刻转移到永恒的前奏，即先前的生命和疾病的经验。哲学界对医学和健康在创造社会幸福方面的期望，必须在流行病学的环境中和不断变化的文化氛围内转型的背景下来看待。在以前鼠疫恣意横行的流行病学的环境中，绝大多数死尸满是创伤，腐烂不堪，现在人们对这类尸体的关注度降低了。死亡率的下降引发了一场与疾病有关的话题大爆炸，因为焦点现在转移到了病态的身体上。[39]

在商业主义和消费主义——18世纪精英阶层的标志——的扩张过程中，健康本身"正在成为类似赛马或雨伞一样的商品，医生正在变身为病态身体的技术人员"[40]。

对个人和集体身心健康的强烈渴望在18世纪的陆军及海军中都遇到了最大的一项挑战。陆军营地和海军舰艇很不卫生，是严重传染病的真正的温床。士兵和较贫穷的军官常常营养不良、患有坏血病，因而他们更易患黄热病、斑疹伤寒、伤寒、麻疹和百日咳。"整个欧洲都把目光投向了布拉格。"伏尔泰在谈到1742年的围城

---

① 1545—1563年罗马天主教会在意大利特伦特（Trent）举行了一个大公会议（e-cumenical council），以抗衡马丁·路德宗教改革所带来的冲击。

战时说。在布拉格围城战中，7 万奥地利士兵和 2.5 万法军有 1/3
死于斑疹伤寒。[41] 在《医学史研究》（*Recherches sur l'histoire de la
médicine*，1764）中，波尔多关于军事医学一章的四个小节中，用
了三个小节专门介绍了如何预防接种和治疗天花、性病，它们是陆
军和海军的两大祸害。部队经常暴露在寒冷的夜晚，以及雨水、雨
夹雪和降雪等各种复杂天气之中，也容易患肺炎、胸膜炎、风湿热
和肺结核，所有这些都可能致命。人们在营地和船头修建了厕所，
但士兵并不总是使用它或者正确地使用它，以致人畜粪便一起污染
了营地、水域和甲板。霍乱和痢疾在营地肆虐，士兵死亡率颇高。
冻伤、冻疮、虱子和皮肤病等通常不致命的恼人的小毛病如果加
重，也很容易致命，导致坏疽、脓疱和截肢。在船上，狭窄的、不
卫生的船舱传播污染物，缺乏饮用水、富含维生素的新鲜水果、蔬
菜和肉类使水兵们极易感染疾病。1757 年至 1758 年的斑疹伤寒疫
情使法国海军瘫痪，在七年战争关键的开局之年，有 1 万名海员退
役。更重要的是，由于商船和军舰将疾病带入港口，流行病从海上
蔓延到陆地。鼠疫的最后一次流行就是因为这种情况，1720 年其
在马赛及周围地区造成 10 多万人死亡。

具有讽刺意味的是，住院军人的死亡率往往会上升，这助长了
"黑色传说"（*légende noire*）：医院的名声（有时是当之无愧的）
更可能杀死病人而不是治愈病人。[42] 狄德罗在 1765 年发表的关于巴
黎主宫医院（Hôtel-Dieu）的文章和 1788 年雅克·泰农发布的医院
死亡率的统计证实了这一传说：

　　想象一长排相邻的房间，里面聚集了各种各样的病人，他

们经常是 3 个、4 个、5 个甚至 6 个人挤在同一张床上；活着的人紧挨着死亡的或者奄奄一息的人；空气被大量不健康的呼出物污染，从虚弱的体内又释放出能引起瘟疫的病菌给另一个人，病人发出的或听到的痛苦的呻吟声响成一片。这就是巴黎主宫医院。而且，这些不幸的人出院时携带着他们没有带到医院的疾病，他们经常把这些疾病在医院外传染给那些与他们生活在一起的人。[43]

泰农发布的报告说，巴黎主宫医院的死亡率为 1/4，巴黎圣苏尔皮斯（Saint-Sulpice）为 1/6，巴黎查里特（Paris Charité）为 1/7，凡尔赛宫为 1/8。[44] 在有法军参加美国独立战争的大西洋彼岸，宾夕法尼亚的内科医生本杰明·拉什（Benjamin Rush，1746—1813）抱怨说："医院是军队中人命的水槽；它们夺走的美国公民的生命比刀剑还多。"[45] 这毫不夸张。据估计，战争期间，不同程度的冷冰冰的统计数字反映了美国对疾病的控制和医院治疗的有效性很糟糕：6/7 的死者死于军营疾病；与疾病相比，只有 1/9 的人因在战斗中受伤而死；一名士兵在战斗中死亡的概率为 2％，而一旦送往医院，死亡概率为 25％。[46]

如果说欧洲大陆的战争给医疗带来了相当大的挑战，那么殖民战争和七年战争时期法英两国在全球范围内的冲突使这些挑战指数级增长。在北美、加勒比海、非洲和印度次大陆的战场上，战斗使军队暴露在一系列新的疾病和气候中：

　　　　1759 年 1 月，当英国军队抵达法国控制的马提尼克岛（Martinique）和瓜德罗普岛时，仅在两个月内 5 000 人的部队

几乎一半人生病或者因病而亡，包括他们的指挥官霍普森
（Hopson）将军。同样，1759 年秋天，驻守在魁北克的英军仅
在三个月内就有 1/10 的士兵被疾病夺去了生命……在印度，
雨季期间，来自欧洲国家的军队，如法军和英军的患病率常常
达到 50% 至 60%。直到 20 世纪，与战斗本身相比，疾病造成
的死亡率和对士气的打击有过之而无不及。军事领导人早就认
识到这一点；正如布西侯爵在印度所记录的那样，气候和不健
康的季节是"我们必须抗击的最大敌人"。[47]

疾病也是这些土著的大敌，无论他们是欧洲殖民者和重商主义者的
盟友还是敌人。由于缺乏对欧洲传染病的免疫力，土著成为意外疾
病传播和有目的性的生物战的受害者。英国陆军元帅杰弗里·阿默
斯特（Jeffrey Amherst，1717—1797）卑劣地把天花当作武器，向
他们"赠送"感染了天花病毒的毛毯，以此来对付与法国结盟的美
洲印第安部落："你最好尝试用毛毯给印第安人接种疫苗，以及尝
试其他一切方法将这个讨厌的种族斩草除根。"[48]

为了应对疾病对陆军和海军造成的破坏，欧洲列强将大量资源
分配给军事医学。[49]尽管团体之间并非没有争吵，但医务人员和官
员们共同努力，尽可能有效地应对欧洲大陆和世界各地的疾病、伤
痛和事故。[50]军事医学界超越了国界，形成了一个世界性的军事医
学文学团体。[51]由于有很多急性损伤和急性疾病，以及物资和人员
短缺，在极端战时条件下行医有时极为困难。然而，这些条件也为
大胆的实验和临时处置病患提供了一个独特的机会，这在日常的平
民医疗环境中是不容易得到的。大卫·韦斯认为，18 世纪后半叶

在军事医学领域产生的创新是更广泛的医学进步的引擎，由此在这一时期产生了一场"医学革命"。[52]从西班牙王位继承战争到大革命战争时期，军事医学领域的参与者都充分意识到，通过治疗手段（外科手术、医院护理、疾病治疗）和身心保健来照顾敏感的身体所取得的进步，其意义将远远超出其在战争前线的医学起源。在这里简要概述的医学努力，是由开明的人道主义和萨克斯关心军人的道德律令所激发的。

军事"医学革命"

军事医学文学团体在 18 世纪兴起。外科医生、医生和卫生员在阵地上互相商量，互相学习，或者加入外国科学社团或协会，在信件、期刊、论文中记录他们的理论、治疗方法以及遇到的疾病和外科难题，它们被翻译成多种语言，拥有许多读者。

18 世纪 20 年代，巴黎成为欧洲外科之都，并持续了一个多世纪。[53]1727 年，巴黎荣军院（Invalides）首次开设解剖学课程。次年，外科学院成立，它预示了皇家医学会（Société royale de médecine）和皇家药学院（Collège royal de pharmacie）的成立，它们分别成立于 1776 年和 1777 年。这一运动的先驱让-路易·佩蒂特（Jean-Louis Petit，1674—1750）、索维尔-弗朗索瓦·莫兰（Sauveur-François Morand，1697—1773）和亨利-弗朗索瓦·勒·德兰（Henri-François Le Dran，1685—1770）都是著名的军事外科医生。德兰是位教授，执教过阿尔布雷希特·冯·哈勒。在军事和民用领

域，他们提供了更方便的训练环境，迎来了像安托万·路易（An-
toine Louis，1723—1792）这样的第二代外科医生，他也曾在军事
医疗单位服役。虽然这些外科医生的最大贡献可能是巩固和改进了过
去的外科技术，以便更有效地进行手术，但他们也是利用军事实践开
发新设备和新技术的创新者。佩蒂特、路易、雨格·拉瓦通（Hu-
gues Ravaton）和让-雅克·佩雷（Jean-Jacques Perret，1730—1784）
等军医设计改进了工具，包括手术钳、止血带、剪刀、截肢刀和骨折
复位的设备。皮埃尔·德索（Pierre Desault，1738—1795）发明了绷
带和包扎手臂的方法，以保护一根折了的锁骨，这根锁骨至今以他
的名字命名。在前线，不乏可用于尸检的尸体。波尔多引用意大利
解剖学家乔瓦尼·莫尔加尼（Giovanni Morgagni，1682—1771）的
一句话，冷冰冰地说："这是死者乐于帮助生者的地方。"[54]

　　除了上述在外科手术和急性伤口治疗方面的创新之外，1772
年 8 月 4 日颁布的一项法令推动了一所流动医院的建立，这家医院
配备了 134 名医务人员：1 名主治医师、12 名主治医师助理、30 名
外科学员、30 名医护人员，以及几名内科医生、1 名战争专员、1
名主任、1 名主任助理、1 名厨师、1 名面包师、1 名牧师和其他助
手。每支 2 万人的军队都配备了一所这样的流动医院，（据说）可
以照顾 2 000 名伤员。[55]外科医生雅克·巴吉尤（Jacques Bagieu）
解释说，这些流动医院驻扎在"靠近交战地点的地方"，并充当
"第一个收留伤员的兵站，流动医院人满为患时，伤员就会从这里
转移到城市，那里的条件与流动医院完全不同。在真枪实弹的战场
上进行外科手术是很少见的"[56]。条例规定，为了保护医务人员和

由流动医院看护的伤病员，流动医院必须离战斗地点至少有一里格（约四公里）远。结果，许多重伤员躺在地上等待医务人员救护时当场死亡。此外，伤者按军衔而不是按伤势的严重程度进行治疗，因此手臂骨折的军官比肢体严重伤残的士兵先接受治疗。

最初流动医院救护系统低下的救治效率和按伤势严重程度诊治的方法，促使多米尼克·拉雷（Dominique Larrey，1766—1842）设计了更灵活的救护车，这是一种较小的、马拉的"飞行救护车"，可以穿越战场救治伤员。1797 年，他还设立了一个更加平等的分诊制度。[57]拉雷认为："在这种紧急情况下，为了防止在没有援助的情况下留下重伤士兵的恶果出现，可以采取的最佳计划就是把救护车放在尽可能靠近前线的地方，并建立指挥部，所有需要精细手术的伤员都要被收治于此，以接受外科主任的手术。首先应医治重伤者，不分等级和名望。轻伤者可以等到严重伤残的战友们接受完手术并穿好衣服后才接受治疗，否则重伤者活不了几个小时，很少能活到第二天。"[58]

在国家军事医护系统的叙事中，是关怀和仁爱的伦理促使拉雷发明了"飞行救护车"，这一点非常明显。1674 年 4 月，巴黎荣军院下属的退伍军人医院颁布了一项法令，其中饱含关怀和仁爱的言辞。太阳王继续促进军事医学的重大进步。[59]1708 年 1 月西班牙王位继承战争期间颁布的法令确立了几个重要先例。在法国各城市建立了 51 所军事医院，严格要求伤病员由合格的医生看护，并建立了由首席内科医生、首席外科医生和战争大臣领导的军事医务人员的官僚等级制度。西班牙王位继承战争结束后和太阳王驾崩后的几年里，颁布的法令继续改变着军事医学的面貌。1716 年，王室废除了花钱买医疗岗位的条例，并在军队医院设立了外科培训项目。1718 年颁布了第一部详尽的关于军事医院条例的法典，它规定了医务人员与管理人员的角色和职责，以及卫生和治疗疾病的详细方法。这些突破性的发展不仅确立了国家有关军事卫生机构的政策，而且显示了法国君主对法军士兵的关心。

后来，在 1772 年的《陆军军事医疗规范》（*Code de médecine militaire pour le service de terre*）的初步论述中，让·科伦比亚（Jean Colombier，1736—1789）强调了法国君主制对军人表现出的特别关注和尊重，这体现在巴黎荣军院、军事医院、皇家军事学院和许多纪念碑上。[60] "我们经常看到更多的士兵死于疾病……而不是死于战场，虽然我们在过去两次战争（奥地利王位继承战争和七年战争）中在这一方面取得了进展，但现在依然面临很大损失以至于王室不得不给予他们极大的关注，也不得不使那些人以加倍的热情凭借自己的关爱和学问（*lumières*）来努力减少这种损失。"[61] 军事医院是这种冒险中最重要和最成功的。虽然宗教意识形态和国家政策相互交织与重叠阻碍了民用医院的医疗创新和教育，而到波旁王朝旧制度结束时，民用医院大约有 2 000 家，但军事医院为有意义的医疗进步提供了更有利的环境。

福柯与其他历史学家认为，18 世纪 90 年代见证了"诊所的诞生"；然而，这一背景的主要因素——由检查程序监测的卫生环境；医疗统计数据的收集；教学和研究；法国军队医院已经开始重视病床医疗——已经在法国军事医疗机构中出现了。[62] 在奥地利王位继承战争的倒数第二年，王室设立了战争专员一职，负责检查军事医院和其他任务。战争专员和医院督察，如皮埃尔-艾萨克·波桑尼耶（Pierre-Isaac Poissonnier，1720—1798），1769 年被任命为海军医院督察，还有他的兄弟安托万·波桑尼耶-德斯佩雷埃和科伦比亚，都发展和推动了军人的福祉，因而会更广泛地影响整个国家的卫生和医护。一位法国评论员在 1767 年 6 月一期的《萨凡斯杂志》上评论了理查德·德·豪特塞尔克的《军队医院医学观察汇编》（*Recueil d'observations de médecine des hôpitaux militaires*）一书，他宣称法国军队医院系统的进步将成为"国家医学"的基础。[63]

　　18 世纪的人们将这些项目的推动力归因于人性和同情心的召唤。波桑尼耶-德斯佩雷埃的《海员疾病特征》发表之初，在法国科学院发表的一份报告中，院士们认为，"把明确的、有条理的论文交给海军外科医生，以确保能指导他们必须施行的治疗手段，这将是为整个人类的一种服务……这也正是德斯佩雷埃承担的使命"[64]。在 1767 年流感大流行和 1770 年天花（1774 年，天花夺走了路易十五的性命）之后，很明显，对海军人员发烧的预防、缓解和治疗的药物将有利于整个社会。波桑尼耶-德斯佩雷埃在他的开场白中强调了这一点，并谈到了人道和皇家慈善事业，这是战胜疾病的医疗事业的核心。"只有人类才有必要设计这样一个计划；如果有一个有利的环境来执行它，那么这个有利的环境就是：臣民们看到国王陛下的恩惠，臣民们的真正庇护者国王确保他们的安全和幸福，在他的灵魂中找到与他所指派的人相同的人类情感时所行使的最高医疗管理权。"[65]

正如萨克斯所说，波桑尼耶-德斯佩雷埃援引情感和人性的术语，将同情心确定为医学进步的起源和成功的关键。这种话语和道德意识形态在关于治疗身体和心理的著作中最为明显。医学和军事思想家们都提出了如何实现和保护法国军队每一个成员——从元帅到步兵的身心健康的理论。更重要的是，后者更值得关注和照顾，因为普通士兵没有途径获得贵族军官经常要求的资金、设备或人员。这些思想家在努力防止和减轻敏感的人的痛苦的过程中，发展了战争空间内健康和幸福的新标准，并在这一过程中播下了人权军事文化的种子。

敏感的士兵

与今天相比，"卫生"一词在 18 世纪具有更广泛和更深刻的意义。这个词在当时是比较新的，第一次使用这个词可以追溯到 1671年。那时主要的法语词典都收录了该词，最早可以追溯到 1762 年第 4 版《法兰西学院词典》。《百科全书》（第 1 版，第 8 卷）中关于"卫生"这一词条的匿名作者写了 3 400 多个法语单词，并大肆宣扬其重要性："因此，医药学中对人类最有益的无疑是卫生，因为它的目标是延续健康的生命，这是它试图维持的，也较容易失去的和最难以恢复的尘世礼物。"[66]

《百科全书》和 1762 年版《法兰西学院词典》中的定义表明，那时的卫生观念是建立在高度个性化的健康观基础上的。它可以通过建立在希波克拉底六个"非自然"范畴之上的情感的医学实践来管理，这六个范畴被认为是人体所有功能的调节器或解除调节器。这六个"非自然"范畴完全是针对个人的。正如若古在《百科全书》中对"健康"这一词条的解释："因此，健康的完美并不是指不同个体有享受健康的相同方式。因此，不再存在一种适合每一个人的健康状态；每一个人都有自己的健康方式，因为这种健康状态取决于固体和液体在其行动与运动中的一定比例，而行动与运动都是每个人所特有的。"[67]为此，卫生员保持个人健康有三个方面的任务：（1）根据人的肤色、气质、年龄、性别、倾向、职业和状态保持健康状态；（2）排除一切病因，纠正那些无法避免的影响，改变一个人的性格；（3）通过养生之道（*régime de vivre*）使生命尽可能持久，养生之道包括保持良好健康的所有必要条件。[68]

军人的职业需要特定的身体和心理素质：力量、活力、敏捷和勇气。通常认为，某些人天生就具有这些特点；因此，军事思想家们一致认为，注意挑选优秀的新兵是根本。然而，如果不太具有最适合战争的身体、精神和道德素质，那么人们所期望的性情就可以在医学卫生方面得到培养和完善，途径是非自然因素和他人的社会影响。勒·加缪在《精神医学》一书中，特别注意身体-精神情结与战争相一致。该书于1753年首版，接着编辑出版第2版，1769年为最终版。勒·加缪运用哲学医学的叙事和历史方法论，列举了从古代到他那个时代的杰出勇士的例子，将他们的能力与他们的卫生联系起来。力量，其同义词是英勇、勇气、宽宏大量、无畏、英雄主义和灵魂的伟大（*grandeur d'âme*）。裘力斯·恺撒（公元前

100—前 44）、弗朗索瓦一世（Kings François Ⅰ，1494—1547）和亨利四世（Henri Ⅳ，1553—1610）、蒂雷纳子爵亨利·德·拉图尔·多韦涅（Henri de la Tour d'Auvergne，1611—1675）和大孔代（le grand Condé，1621—1686），还有无数的英雄都展现出了力量。对于勒·加缪来说，身体的力量和心理的力量是相辅相成的。[69] "一个人可以通过学习、反思、养生之道，尤其是气候变化来达到这一目的，它能将一个懦夫和胆小鬼彻底改变成一个英勇无畏的人。"[70] 阿喀琉斯（Achilles）吃了狮子和野猪的骨髓，是希望也能像它们那样具有天生的嗜血、杀戮和猎食其他动物的凶残性。[71] 据说圣女贞德（1412—1431）随身携带着能制成致幻剂的曼陀罗草根，把它当作能激发勇气的药物。[72] 像 18 世纪其他人的观点一样，勒·加缪坚持认为，适量饮用葡萄酒和其他烈性酒可以消除战争的痛苦，有选择性地使用音乐可以激发勇气或减弱战争的残酷，正如奥维德（公元前 43—17）所说的那样，阿喀琉斯就是这样做的。[73]

科伦比亚 1775 年出版的著作《关于军人健康的戒律》（亦称《军事卫生学》）是当时最有影响力的作品之一。他在书中反映了情感医学的个体化实践，描述了基于三个军事等级及相应的社会构成的具体卫生制度：高级军官（将军和上校，通常是富有的显要人物和宫廷贵族）、中下级军官（较穷的地方贵族）和士兵（平民）。他解释说："这种区别，虽然对于一篇关于军事艺术的论文来说可能不够系统，但相对于军人的健康来说是恰当的。有必要证明：同一病因对在体质、饮食、风俗、习惯等方面有本质差异的个体都有着或多或少的相对严重的影响。"[74]

科伦比亚关于体质、教育和卫生的思想在当时并不是特别具有创新性；确切地讲，他只是巩固了先前存在的论述和实践。在他对高级军官的评论中，情况尤其如此。[75]科伦比亚对士兵卫生的论述更具历史意义，这占了论文的绝大多数内容（七个章节，就有六章专门论述）。这证明了，40 年前，当萨克斯写《梦想》之时，那些被认为是琐碎和附属的细节，而今已成为主流。科伦比亚在《关于军人健康的戒律》第二章中引用萨克斯、约翰·门罗（John Monro，1716—1791）等人的观点，对敏感士兵的合适的服装、食物、天气和身体素质、纪律、习俗和征兵方式进行了理论阐述。[76]虽然科伦比亚没有低估良好的领导在军队中所起的关键作用，但他更为重视步兵的作用和对步兵的照顾。"他们的服役就是遭受惩罚，军饷十分微薄，也没有适当的装备。更重要的是，他们几乎总是被关在要塞或军营里，更容易受到天气的折磨、恶劣空气的影响，以及疲劳引起的疾病……一言以蔽之，士兵的各个方面都需要最大的关心。"[77]

为此，科伦比亚仔细研究了如何提供这种全面的照顾。他抱怨说，唯一穿上正规的、保护性好的制服的步兵是法国卫队的士兵，他们守护着王府，是精锐部队。他们的长夹克能更好地保护自己免受恶劣天气的侵袭。他认为每个士兵都应该有这样的夹克和相配的裙裤，最好都是用水牛皮做的，可以穿在编织紧密的粗麻布衬衫和内衣外。衬衫和内衣每周更换两次，袜子每周更换一次，以保持清洁；一旦穿破了洞，就应更换。在谈到约翰·门罗时，他认为不应该要求士兵穿戴紧领子、领带或吊袜带，因为这些服饰会让人不舒服，也会阻碍血液循环。他们的靴子应该有护腿，应留短发，并有不同类型的头部护具——根据不同的天气和季节戴头盔或皮帽。[78]在论文的最后一章，科伦比亚提出了一个多层次的计划，关于如何使部队营养得当，尤其是在无法获得面包或肉类的情况下。他认为，质量应该胜过数量，社会化饮食比单独饮食更可取，因为社会化饮食有助于军队在吃饭和饮酒上更加有分寸，独自吃饭的士兵更可能把他微薄的军饷全部用来买酒喝，而不是用它来买食物。[79]这种社会联系也有助于从心理上和生理上减少士兵思乡的痛苦，思乡也被称为忧郁症、乡愁或思乡病。科伦比亚曾在 1772 年的《陆军军事医疗规范》中讨论过这个问题，他认为至少有 1/4 的新兵因思乡而死亡。

　　从这一卫生角度来看，军事思想家关注某些战术实践——从摧毁城市到部署特定的战斗编队——对身体、心理和道德产生的负面影响。萨克斯致力于通过消除无益的、无聊的活动来保护士兵的健康和幸福，因为这些活动消耗军人的身体和情感。他说，在围城战的早期阶段，士兵们整夜待在堑壕里，用火枪朝敌人的堡垒射击，对自身造成了不必要的伤害。火枪的威力对被围敌军的伤害微乎其微，但同时也毁掉了士兵的枪和他们的健康；由于过度射击，枪的后坐力让他们肩部受伤，身体和情绪都越来越糟糕："我们让军队疲惫到无以复加的地步。奉命整晚都在射击的士兵，变得越来越厌倦了，他的来复枪脏了、卡膛了，第二天还必须花很长时间清洗和重新调整枪支，还要制作更多的弹药筒。最终，这种无意义的射击剥夺了士兵本该有的休息时间，带来无尽的不良后果；如果不给予极大的关注，就会导致疾病和反感，要想治愈它，再多的好办法也无济于事了。"[80]

同样，萨克斯坚持要求军官们注意战斗情绪，并在选择武器和战斗队形时加以考虑。[81]这种情绪使士兵忘记撕开火药筒，使他们的武器毫无用处。根据蒙特库科利伯爵拉依蒙多（Raimondo, count of Montecuccolli, 1609—1680）关于骑兵和步兵作战中相互支援的原则，萨克斯有一句格言，说在战斗最激烈的时期，"没有援军的部队必败无疑"[82]。把骑兵部署在步兵侧翼上的常规战术，根本就不奏效，还会引起恐惧。"单就这种阵势，就可以吓到你的军队，你却不知其中缘由。因为每一个士兵，退却时却发现身后无险可守或者没任何东西可援助他的时候，就已经失败了一半。这就是为什么第一条防线仍然在与敌作战时，第二条防线却常常被突破的原因。我不止一次地看到这一点，我想其他许多人也看到了，但似乎没有人寻求解释：这又是人类的心灵。"[83]

萨克斯关于人类的心灵与身体的交织的看法，以及整体的、基于感性的卫生观念，导致了对情感健康的更有针对性的思考，尤其是对敏感的士兵的关注，建立了一个关于军事心理学领域的论述。

军事心理学的诞生

对营地生活和战斗的心理反应是18世纪有关军事题材的创作中日益普遍的讨论主题。[84]近代早期军事"情感学"的发展是军事心理学史上的一个分水岭，只有综合本章所研究的两种因素才能建立起军事心理学这门学科：第一，关心士兵和军人的道德义务，优先考虑增进他们的健康和幸福；第二，扩大心身医学和情感生活方面的词汇量，加深对心身医学和情感生活的理解，因为它们根植于情感的哲学医学。[85] 以前将战斗动机理论化的著作，如奥诺雷·博内（Honoré Bonet）于 1386 年至 1390 年间所著的《战斗之树》(*Tree of Battles*)是非常罕见的，不过，该书也只是简略提及某些因素，如将帅的军事才能及影响、战斗中友军的支持、适当的防护盔甲等。相反，18 世纪的军事哲学家们则对这些问题进行了大量深入的思考，为军事心理学这一学科领域奠定了基础。

军人的各种回忆录显示，法国军事的分类法、词法和感觉的标准具有某种与众不同的特征。除了萨克斯一个人使用 *émotion*（情感）这个词之外，这个词很少在那一时期的军事著作中使用，因为"在历史上，这个词从来都不是法语中主要表达情感的术语"[86]。相反，思想家们使用了其他一些表达情感的普通词汇，如激情、喜爱或情绪等，在特定的语境中处理特定的情感。他们描写了较为简单的心情，如快乐和恐惧，也提出了更复杂的、多层次的情感，如倦怠、厌恶、担忧、屈辱、希望和仁慈。这种广泛的现象反映了 18 世纪对情感的不同理解。正如威廉·雷迪（William Reddy）、大卫·丹比（David Denby）和丹尼尔·格罗斯（Daniel Gross）所表明的那样，对于近代早期的人们而言，情感并不仅仅被理解为与思维过程相区别的甚或与之相对立的心情或激情。[87] 情感可以是深思熟虑的，包括心情和判断。这一观点与霍布斯的《利维坦》（1651）和孔迪亚克的《人类知识起源论》（1756）等著作中阐述的人类理解的认识论基础有关。孔迪亚克说："要考虑智力的所有运作，仅仅分析理解其如何运行是不够的，因为仍然有必要对激情进行同样的分析，并观察所有这些事物是如何结合并融合在一个单一的原因中的。激情的影响如此之大，以至于如果没有它，理解几乎处于停滞状态，甚至如果缺少激情，几乎就没有任何智力可言了。"[88] 在该书题为"关于理性和智力及其不同方面"的那一小节中，孔迪亚克也表达了这一观点，论证了与理性相关的认知操作中究竟有多少情绪因素。通过这种认识论上的联系，情感与诸如情绪、观点和见解等术语存在于同一功能平面和语义场中。[89]

情感也指向一项运动，"激情"一词也是如此。[90] emotion（情感）一词在拉丁语中的含义就是军事思想家们从字面意义上理解的向外移动（*movere ex*）。这种偏离中心的运动可能有两种轨迹。一方面，它可能在笛卡尔的情感传统中走上一条毁灭性的道路，意味着一个人远离稳定或正常状态时所遭受的狂暴的痛苦。[91] 另一方面，这一运动具有建设性的表现形式，如通过自信走向更高的自我，或者通过同情、移情和人类更积极的怜悯之心而靠近他人。描述这些运动的可能轨迹和感染力是军事启蒙思想家们最感兴趣的，他们从实用主义和人道主义的角度来探讨这个问题。从实用主义的角度看，他们寻求的是运用人类激情的知识，对发动战争的各个方面进行优化：从征兵、留用、延长服役年限和晋升，到提升战斗力和抵御艰辛的战场生活的总体能力。

从这一技术观点和福柯有关纪律性的立场出发，有些军官信奉新斯多葛主义哲学，主张所有的情感都应该在军人中消失。"严格纪律的本质是扼杀（étouffer）激情的声音。"一位军官在 1770 年的回忆录中如是写道。[92]"服从纪律的士兵，由于被剥夺了感情，容易完全受到纯机械组织的影响。"与之对立的则是一种人道主义思想。在这一领域，思想家们再次提出了承认和关心军人情感生活的道德要求，对其中的探索主要集中在以下一系列问题上：在战争空间中，最起作用的激情是什么？这种激情是建设性的还是破坏性的？它们的起源和可行条件是什么？如何在不同的军事生活经历中解决这些问题？

军事思想家针对两种截然不同的情感。第一种情感与人们对民族性格的刻板印象有关。关于这一范畴的大多数讨论都集中于"特性"（génie）的本质概念——属于精神的自然天赋、倾向与气质。法国人的特性包括强烈的情感，如他们天生的热情、急躁和对自由的热爱，这往往被认为会是不守纪律、憎恨上下级关系，以及在遇到最糟糕的情况下逃离战场（比如在弗里德林根战役或德廷根战役中那样）的原因。这些情感也使法国人被认为更适合进攻、采用纵队而不是横队的战术，以及一对一的作战。[93]为荣誉而战也被认为是军人的主要动力。孟德斯鸠认为，荣誉使君主制充满生机，它深深扎根于法国的文化和身份认同之中，特别是根植于贵族阶层之中。改革者认为需要在军官队伍中重新唤起这种为荣誉而战的精神，士兵也容易被为荣誉而战的精神感染。随着 18 世纪的不断发展，身为法国人就意味着受到荣誉的驱使，军事领导层在他们的改革思想中非常认真地对待这个概念。法国国民特性中的荣誉感、热情和其他情绪不被视为可操纵、可抑制或可模仿的。相反，军人必须紧紧围绕上述情感，确保实施的战术能够充分发挥法国人的热情和急躁等性格特质。

虽然绝大多数人讨论的是民族性格这种陈词滥调和司空见惯的东西，但少数大胆的思想家深入探讨了与心灵创伤有关的情感这个有争议的话题：发生在军人身上的事情有着可追踪的情感上的原因。由于这些经历所引发的情绪可以在不同程度上被避免或激发，因此了解它们的可行条件至关重要。亚里士多德在他关于情感机制的《修辞学》一书中的见解有助于揭示军事思想家所传达的关于战争经历的情感信息。[94]在确定了谁在感受情感之后，亚里士多德声称，为了理解和操纵任何一种情感，必须能够准确指出三件事：(1) 感受到情绪的人的心理状态；(2) 此人的情绪针对谁（或什么事物）；(3) 此人基于什么原因而感受到这种情绪。将亚里士多德的分析方法论运用到军事资料中，可以清楚地看出，官兵产生积极的和消极的情绪，主要有三个原因：一是军事体制（招兵、留用、提升、延长服役期限）的运作（或功能失调）；二是军营生活的质量（是否有住所、衣服和食物）；三是军人在言行上互相对待的方式。

在军事体制上，官兵的军饷、退役、奖励、功绩晋升等制度变幻无常。1764年的一本回忆录记述了七年战争后法国步兵的状况，它哀叹道："大多（可怜的）军官对自己的命运感到沮丧、气馁、不确定，对未来充满恐惧；通过朋友的帮助能够体面退役的军人，或拥有一些资产的军人则离开部队；那些既没有财富，又没有受到保护的军人则毫无激情、毫无希望地待在部队里，过着单调乏味的生活。他们在客栈和咖啡馆里说的话表明他们对自己所在的国家的漫不经心和厌恶。"[95] 在一个被金钱和私欲驱使的军事体制中，低级别的军官被剥夺了权利，使他们产生了一连串的负面情绪，最后是厌恶和冷漠。对热情的法国人来说，厌恶和冷漠是最不自然的状态。

舒瓦瑟尔公爵的改革旨在通过让国家负责对上尉职位进行管理来缩小这种差距；然而，对许多下级军官而言，这也是情感上的打击。骑兵军官梅尔弗伯爵写到底层军官"普遍不快乐"（*mécontentement général*），并评论了与军事体制中对过度的负面情绪所产生的同样的厌恶和冷漠。他认为："剥夺了上尉对连队的管理权，就夺走了人们对他们的信心，而这种信心正是他们所习惯的。他们越是为这种信心而感到光荣，就越是为失去这种信心而感到羞愧；他们认为失去信心是一种耻辱，使他们的灵魂匮乏，使他们的激情减退。"[96] 另一些回忆录证明了，低级别军官和出身较低的贵族经历了一种"受辱"、"屈辱"和"沮丧"等词所表达的受害和卑微的情感。

贯彻这种扭曲的军事体制也是一种可怕的负担，这种负担影响了军官的情感，特别是那些自封心灵高尚的贵族。1747 年，奥地利王位继承战争即将结束时，一位名叫布歇的负责征兵的军官写信给战争大臣，表达了他对自己职位的真实看法。考虑到征兵所采用的极不光彩的手段和等待自己的不幸命运，布歇描述了他工作的残酷性及其带来的恶果："先生，我冒昧地向您承认我的工作是我一生中最痛心的灾难之一。我一点也不适合做这样的工作；到目前为止，您对我都是一片善意，因此我至少欠您一个人情，那就是完成这项羞辱性的工作；是您要求我做的，我心甘情愿地做了。然而请允许我告诉您，如果是我微薄的财产迫使我当一名中士来搞征兵这样的事，我就会无法忍受这项工作。"[97]

相对于低级别军官，士兵们在军事体制中的悲惨遭遇更甚，他们时常拿不到，甚至根本就拿不到军饷和退役金，他们被强征入伍和强行留在军队中。许多军事改革者谈到强征入伍和强行延长服役年限所带来的不公正及其对士兵情感造成的影响，也谈到了对盛行于军中的逃兵现象所产生的影响。骑士德·拉·罗伊兰伯尔（de la Rochelambert）解释说："最大的不公正可能是：一个兵在服役一段时间后，上级承诺让他退役，最后他发现自己不仅受骗，可能还被留在军中当了 15 年至 20 年的兵。这使他们陷入绝望，他们当了逃兵，或者因军官要求他们参加五六次战役而心生厌恶。"[98] 一位匿名作家声称，没有固定的服役期限（或违反约定的固定期限）导致士兵生了病，患上了"感觉卑微"的疾病，如疲倦和倦息等，这让他们非常懊恼。[99] 对于服役期限很长的士兵，由于无法入住巴黎荣军医院，甚至会使他们情绪低落。"今天，士兵们对他们的处境感到惊讶，不再感到开心，他们认为自己缺少支持或资源，他们害怕未来，能够看到会压垮他们的那种厌恶。"[100]

吉伯特在《战术通论》（1770）中大胆谴责了政治制度，从而把军事体制中与情感相关的批判推向了顶点。由于君主制文化道德沦丧，恐惧的法国国家并没有在军事领域培养出建设性的情感，而是培养出了一种邪恶的弱点，这种弱点使：

> 我们的军事体制是如此的不完善和具有毁灭性。正是这种弱点，不能通过建设公民军队，却必须通过建立一支庞大的军队来弥补；正是这种弱点，让我们不知道如何用荣誉来奖励军队，却用黄金来回报他们；正是这种弱点，由于人民愤怒和不快就不能指望他们的勇气和忠诚，却必须靠收买雇佣兵……最后，正是这种弱点，使它忙于消灭国家的军事美德，甚至不在军队中培养这些美德，因为她担心，这种美德会蔓延到所有公民身上，这些公民有朝一日会起来反抗压迫他们的暴行。[101]

改革者们建议变革军事制度，培养健康的心理，以替代吉伯特和萨克斯提倡的政治革命或普遍兵役制。关于"希望"在提升战斗士气和承受军事生活的能力中发挥的作用，萨克斯做出如下假设："希望使人能够承担和忍受任何事情；如果你夺走了他们的希望，或者希望似乎太遥远，你就夺走了他们的灵魂。"[102] 1748 年，一位匿名作家敦促军官鼓励军人在发挥想象力时要鼓励有希望的思想。他断言："对人来说，一切都只是意见。这是他幸福或不幸的原则，也是他勇猛还是怯懦的原则。把高尚的、令人愉快的、能进一步激起他希望的想法注入他的灵魂，他就会创造出各种各样的奇迹；那么，人们不可能因为担心不幸的未来而玷污他的想象力，因为这种不幸的未来已经给他的理智带来了太多麻烦。"[103]

改革者认为，培养希望、信心和动力的主要手段是在显著的行动和服务的基础上，在部队中创造具体的机会对士兵进行认可、奖励和晋升。萨克斯相信，只要实行适当的薪酬制度和基于军功的晋升制度，就会有希望。他断言，一个人必须感到他可以"通过自己的行为和服役取得进步"。蒙多骑士提出了一种奖励普通士兵的制度，这在法军中是一种相当新颖的制度，因为在此之前，只有军官才享受重要的荣誉和奖励。[104]他建议，在举行盛大的典礼时，这种奖励的象征性价值很高，即使这些物品本身没有什么金钱价值，例如一枚小金环、一条缎带或一张写有士兵姓名的纸质证书。[105]在18世纪，军队被甚高的逃兵率困扰，这种奖励制度会让那些极容易当逃兵的士兵有机会感到骄傲和享受荣誉，在那之前只有军官才能通过制度化的奖励措施来获得这些荣誉。

　　要是军营的生活条件能过得去的话，军事体制中剥夺士兵希望、自豪感或荣誉的不公行为可能就不会那么令人忧心忡忡了。然而，在许多改革者看来，前线贫穷的贵族军官和普通士兵的生存条件只能用悲惨来形容。事实上，不幸是最常见的形容词。虽然最富有的贵族军官享受着盛在精美银盘上的各式美味佳肴，但"那些可怜的贵族仅靠国王给的东西是无法维持其生活的；事实上，这类军官大多数没有足够的钱雇一个贴身男仆，在某些驻防区，许多士兵只在午餐时间到客栈里吃一顿饭，根本就不会吃晚餐，虽然并不是因为他们肚子不饿"[106]。

　　然而，如果低级贵族军官尚且如此贫困，那么普通士兵饱受的苦难就无法想象了。众所周知，士兵们面临饥饿，缺少衣服和鞋子；不管天气如何，经常被迫睡在户外，睡在薄薄的、满是虫子的草席上。他们中的许多人几乎活不到一个月，因为招募新兵的条件糟糕透顶，让人苦不堪言，这一点可以从前文布歇中士引用的那一段话看出。瓦尔方侯爵查尔斯·德·马泰伊（Charles de Mattei，1710—1786）在他的《回忆录》（*Souvenirs*）中写道："我们深入各省，到处征兵；在二三月份的时候，我们从法国各地征了两万名年轻人；他们衣着简陋，漫长的旅途把他们拖得筋疲力尽，我们把他们送到部队里，在那里，我们事先没有告诉他们，给他们发的是从死去的士兵身上扒下来的衣服……他们中最强壮的一个坚持到了 4月或 5 月份，那时，依然寒冷的夜晚使他们也很快与死去的战友一样命丧黄泉。"[107]

梅尔弗伯爵令人痛彻心扉的回忆录（见本书第二章）中有一则悲惨的故事，讲的就是这类士兵遭受了非人的羞辱。[108]他还表明，官兵之间的社会纽带正在被侵蚀，像其他改革者所认为的那样，他也认为战争时期的情绪与军人的待遇有着直接的关系。在这些回忆录中，对战争中情感的讨论，其作用就是有力地控诉了法军中所表现出来的法国等级社会中的社会性虐待和偏见。一位不知名的作家描述了士兵的处境，以及他们因军队（和社会）中的上层人物的蔑视而做的斗争："他们对未来的不确定性，时常被人蔑视，使他们陷入绝望，这种绝望使他们在疾病中崩溃，或迫使他们开小差……如此恶劣的待遇摧毁了他们本来可以有的小小善意。我们对这些士兵能有什么期望？"[109]

在 1771 年的一份回忆录中，德·福维尔先生（M. de Fauville）对社会性虐待提出了类似的指控，并呼吁以人道和爱国的名义对这些法国士兵重新进行全面的评估：

让我们人道地决定这些不幸士兵的命运。让我们来选择：他是一个对国家利益有用的人吗？他是一个人性值得尊重的人吗？他是国家的捍卫者和王室的支持者吗？他还是一个为我们的反复无常、野心、考验和磨难而创造出来的人，以及解剖实验用的骨架？如果这个士兵真的对国家利益、王室的荣誉和人类的荣誉有用，我们有没有可能给予他太多的关心？有利于对他的爱护、健康和幸福的一切事情，做得太多和关注得太多都是不可能的。与贵族阶层的许多人相比，他的荣誉感更强，经验更丰富。我见过许多勇敢的军官愉快地听取他们的意见，并从中受益；我可以举出他们的智慧和敏锐思维的几个特点。[110]

福维尔敦促他的贵族同僚们要具有人性，并将其延伸到士兵身上，承认他们身上有人类固有的尊严。在这一过程中，他强调了贵族阶层中社会性偏见非人性的一面，并建议把这种行为划为不爱国一类。更具挑衅性的是，福维尔通过强调士兵的效用，以及有时作为国家捍卫者的卓越能力和经验，把士兵与佩剑贵族归入同一等级，使士兵能更有效地支付血税。福维尔兜了个圈子，举了一个建设性的情感可以在战争中创造成功的例子。他坚持说，萨克斯等其他伟大的将军表现出人性，给予士兵无微不至的关怀。"萨克斯会拒绝给予士兵特别的关怀吗？"他问道，"难道他连最微小的细节都注意不到吗？"[111]萨克斯的部下耳濡目染，把人性的一面展示给他，都"强烈要求欲望、荣誉和荣耀，让他们的勇气在他们崇拜的将军眼中闪耀。在一片欢乐的海洋中，士兵们欢欣鼓舞，尽职尽责地服役，频繁演练，部队精良，军装干净得体；头上没有火药和发臭的油腻味道，而是梳洗整齐，戴着笔直的帽子，雄赳赳地行军，坚信在向敌人发起攻击时会战胜他们，这样的事情经常发生"[112]。

军事启蒙运动关于情感和战争的论述之所以重要，有几个原因。这是法国历史上第一次对军事心理学进行深刻而持久的讨论，也是改革者有力谴责法国武装部队中行政腐败、社会性虐待和侵犯人的尊严的工具。这一讨论最终导致了军队内部针对体罚和死刑的改革运动。它关注积极的同情心，关注对人的身体的尊重，显示了军事领域如何积极参与启蒙运动中"人权谈话"的发展过程。

从人性到人权

法国启蒙运动在人权发展中的作用已经上升到人权史学术讨论的前沿。一方面，林恩·亨特将"人权"一词的"发明"定位于18世纪，认为它是经过无数伤感小说作家的笔才最终确立的。这些作家在同情心和移情方面锻炼了读者，这为接受林恩·亨特所称的人权所必需的"三个相互关联的品质"创造了条件："权利必须是天生的（人类固有的）、平等的（每个人都一样）、普遍的（适用于任何地方）。"[113]另一方面，塞缪尔·莫恩（Samuel Moyn）否定了写一部线性的、冗长的人权史的可能性，并假定我们所理解的人权直到20世纪70年代才整合成完整的概念。根据莫恩的分析，人权在二战期间遭到严重侵犯，像共产主义这样的政治理想和像联合国这样的组织也都遇到了困难，因此，人权与信仰或对于一个（世俗的）超国家的身份和权威的需要密不可分。[114]

丹·埃德尔斯坦走中间路线。他质疑将同情心作为一种普遍化的话语，因为毕竟总是有恶棍和没有同情心的人。他还驳斥莫恩关于人权"诞生"于20世纪70年代的观点，也驳斥了撰写更长的人权史站不住脚的观点。相反，埃德尔斯坦的论点是，18世纪"启蒙思想家对权利概念的理解实际上比莫恩所给的概念更类似于20世纪70年代后人们对它的理解：在这两个时期，权利都被认为是超国家的，可以超越于民族国家而进行呼吁"[115]。他断言：

> 在制度层面，莫恩的观点是正确的：在近代早期，没有任何国际法庭可以制裁侵犯人权的国家。就莫恩所认为的在20世纪晚期这个意义而言，建立这样的法庭是人权的一个重要发展。但法庭并不是唯一一种被赋予这种权力的超国家实体。启蒙运动时期的作者经常越过他们国家的首脑，直接向公众著书立说，呼吁受过教育的、有同情心的、世界范围内的读者或听众谴责个别国家的违法行为。在这种情况下，他们援引的用来攻击人权和践踏国家的权威通常是自然权利。[116]

18世纪60年代卡拉斯事件①之后，反对奴隶制和宗教不容忍的论著，以及反对军队中体罚和死刑的论辩，都诉诸自然的或"人的"权利的概念，而国家的实在法正在违反这一概念。埃德尔斯坦研究这些例子后总结道，"很难看出概念层面上他们与20世纪70

---

① 1761年10月13日，法国图卢兹市菲拉蒂埃街的一个颇受人尊敬的胡格诺派的商人让·卡拉斯被人诬告为杀害自己长子的凶手，被法官错判，车裂而死。1763年2月3日，伏尔泰通过各种渠道搜集证据为其沉冤昭雪。

年代后莫恩提出的权利观点有什么根本的不同："'权利可能与主权民族国家相抵触，而不是作为其基础'"[117]。同情心虽然不是一个大众化话语，但在 18 世纪的权利话语中，它仍然起着关键作用。自然法及其所赋予的权利，并不被 18 世纪的启蒙思想家看成是可以通过理性来获得的，就像格劳秀斯这样的自然法论者所主张的那样。当非军事的和军事的启蒙思想家把自然权利的话语本土化和大众化时，他们坚持认为同情心是"人类的能力，通过它我们可以了解自然法则"，高于任何国王或国家的权威，也就是狄德罗所说的"良心法庭"。[118]

正是这些预设、倾向激发了同情心和人性的军事文化。在努力彻底根除社会虐待和减少武装部队内部的物质不平等的过程中，以及在增进普通士兵的健康和幸福的过程中，军事思想家们都亲历了人权的兴起，并推动在军事领域确立这些权利的具体表现形式。

随着军界和更广泛的知识界加入了反对针对逃兵而采取的死刑和体罚法的行列，这些努力在 18 世纪六七十年代达到高潮。[119]军事司法和刑法典在 18 世纪下半叶历经多次修订，在关于军事司法和刑法典的辩论中，各方一致认为，当逃兵是一种需要适当惩罚的罪行。[120]尽管任何一年的逃兵总数都无法计算，但现存的记录证实了逃兵比例高得惊人：在西班牙王位继承战争期间，法军中有近 1/4 的士兵当了逃兵；奥地利王位继承战争期间，共有 6 万至 7 万逃兵；七年战争期间，每年平均有 8 000 至 9 000 名逃兵。

为了应对西班牙王位继承战争期间高得离奇的逃兵率，1716 年 7 月 2 日颁布了一项法令，规定逃兵将被处以死刑。时任战争大臣的克劳德·勒·布兰科在某种程度上意识到了逃兵的严重性，因而通过维亚（Villar）的战争委员会推动了这一法令的制定与实施。他试图通过实行一种奇怪的法律来降低逃兵率，但这种方法过于武断，以至于颁布的法律变得荒谬而无效。不是将所有逃兵判处死刑，而是分成三人一组进行惩罚：这些逃兵将通过抽签决定命运，其中一个将被判处死刑，而另外两个则被送去做苦役。如果一次只抓到一个或两个士兵，那么这两个士兵都将被处死。[121]如果皇家卫兵当了逃兵，处罚则更为严厉：如果一个士兵在任何时候离连队有两陆里（1 陆里约合 4.445 千米）远，就被视为逃兵；从 1733 年 1 月 3 日颁布的一项法令起，如果皇家卫队的一个士兵缺席一年一度的阅兵式两次，即使他本人就在举行仪式的首都巴黎，也将被视为逃兵。[122]也许更令人不安的是定期举行的神秘的特赦和重新加入皇家兵团的制度。根据夏尼沃的计算，1750 年，有资格被巴黎荣军院授予中尉军衔的 33 名皇家卫队的中士，实际上都是其他部队的逃兵，他们从国王或他们以前的指挥官那里获得了特赦或赦免证书。[123]怎么能期望有人尊重这样的法律呢？更不用说对其心怀恐惧了。

　　反对死刑的运动始于奥地利王位继承战争结束时，并在军队内部发起。1748 年，一位名叫巴班索瓦（Barbançois）的军官写道，应该废除死刑，取而代之的应该是一种制度。根据这种制度，逃兵应在公共工作场所进行劳动改造，直至他们还清未能履行完兵役所产生的费用。[124]一年后，达尔让松召集了一个委员会讨论这种惩罚方式的替代方案。然而，直到七年战争结束后带来了创伤和切萨雷·贝卡里亚（Cesare Beccaria，1738—1794）著名的《论犯罪与刑罚》（1764），才出现了一大批废奴主义者。贝卡里亚谴责酷刑和死刑，不仅因为刑罚过于残忍，而且因为死刑根本就起不到威慑作用。他公开宣称："对罪犯而言，死亡的场面虽然可怕，但很短暂；因此，与一个被剥夺了自由且被当作一头猛兽而遭到谴责的人要用其劳动来弥补对社会造成的伤害相比，死亡不是一种有效的威慑犯人的方法。旁观者会自言自语地说，如果我犯了这样的罪，我将在余生中沦落到那样悲惨的境地。比对死亡的恐惧更有效的预防性措施，似乎远在天边，可望而不可即。"[125]

军事社团的许多作家支持贝卡里亚的观点，他们声讨死刑，认为死刑不仅对遏制逃兵现象没有效果，让许多士兵白白丢掉了性命，而且还违背了罚当其罪的原则而滥用死刑。[126]改革者们对施加不同类型惩罚的利弊进行了讨论，包括强迫劳动、苦役、监禁、隔离、延长服兵役的时间、体罚和对逃离部队的投敌者判处死刑。在审慎地思考这些问题并提出改革措施的过程中，军事管理者们和军事思想家们越来越关注军事罪犯作为人的尊严与荣誉。他们渴望建立这样一种制度：既鼓励忠诚服役，又保证惩罚公正有效，并且绝不会危害士兵个人的身心健康。[127]

18世纪60年代以来的改革提案和公开信，乘着以同情心为基础的道德哲学浪潮，使这个问题成为名副其实的"良心案例"（*cas de conscience*）。1768年，弗拉维尼子爵给舒瓦瑟尔写了一封公开信（"致舒瓦瑟尔公爵先生关于逃兵和处罚逃兵的公开信"），他希望这封信能在舒瓦瑟尔大臣和公众的心中激起"那种仁慈的怜悯，使感性而慷慨的灵魂对人性之声做出回应"[128]。铁杆支持者们发动了一场反对行政部门的宣传战，讲述了一些令人伤心的故事：不幸的逃兵被强征入伍；逃兵死后，他们年幼的孩子成了无依无靠的孤儿。逃兵被描绘成国家的牺牲品而不是叛徒。对军人情绪和心理的调查，从医学的角度解释了身着制服的军人当逃兵的缘由。有位来自梅尔莱的士兵，以奥地利王位继承战争期间发生的事件为例，表明了自己的主张，认为士兵逃离战场不是士兵的错，因为这一行为的起因是"攫住了士兵的灵魂之病"[129]。士兵与启蒙思想家责备军官和不公正的军方严苛对待逃兵的行为，以此公开反对死刑，为逃兵开脱所谓的罪行。在《百科全书》对"逃兵"一词的定义中，若古和达朗贝尔以一个引导性的问题提出了他们的观点："我们采纳了针对法兰克逃兵的死刑法；这项法律对一个让士兵自由参战、共享荣誉和战利品的民族是有益的。我们也是这样吗？"[130]

剧作家和文学家与公众一道为此呐喊。戏剧、哑剧和喜剧之前都把逃兵描绘成了喜剧人物，如路易·福兹利耶（Louis Fuzilier，约 1672—1752）1715 年的《小丑逃兵》（*Arlequin déserteur*）。然而，到了 18 世纪 60 年代，逃兵已经成为让人同情的英雄。让-米歇尔·塞丹（Jean-Michel Sedaine，1719—1797）的歌剧《逃兵》（*Le déserteur*）由皮埃尔-亚历山大·蒙西尼（Pierre-Alexandre Monsigny，1729—1817）配乐，1769 年 3 月 6 日在勃艮第宫剧院的首演取得了巨大的成功。它一直是巴黎、布鲁塞尔以及图卢兹等地方城市各大戏剧舞台的主演剧目，一直持续到热月党人建立的督政府时期（1795—1799）的倒数第二年，并在美国、英国和德国的剧院风靡一时。1771 年，梅尔西的同名剧作在布雷斯特首演，但到大革命时期才广受欢迎，在 1789 年至 1799 年的十年中，有九年在巴黎的主要剧院轮番上演。梅西尔剧作中唯一的真正恶棍是那个谴责逃兵的角色，这一道德标准也被军事启蒙思想家采用。"谁会如此粗鲁无礼，竟然要举报逃兵，甚至不帮他躲开当局的追查？"费迪南·德斯里维埃（生于 1734 年）在他的《法国近卫团的士兵对同一团士兵休闲的反应》一文中问道。"处罚是针对逃兵的，奖励是给告密者的。诚然，救他的话就得不到钱，而告发他是会赚钱的。但在第一种情况下，有人性，会得到大众赞扬；在第二种情况下，大众会责难，人的天性会反抗。"[131]

　　然而，抗议对逃兵处以极刑不仅是道德本性，而且判处逃兵死刑也违反了自然法。弗拉维尼辩称，自然法并没有授权对"生而自由的人"（*l'homme né libre*）判处死刑。[132]根据贝卡里亚对卢梭的解读（卢梭在这个问题上得出了相反的结论），弗拉维尼和后来的瑟万·德格贝在《公民士兵》（1780）一书中辩称，这种忏悔行为违反了社会契约。弗拉维尼写道："我相信，个人意志的集合形成了普遍意志；普遍意志由君权和法律所代表；因此，君权和法律将意志的一部分和自由的一部分统一起来，每个人为了自己的安全而共享这种意志和自由。既然有了上述假设，如果我有理由相信，天赐的自然法则禁止人类自杀，如果我能将'没有人能给予他人连他自己都不拥有的权利'这一公理视为真理，那么我就无法定义，代表普遍意志的人如何行使连他自己都没有的权利。"[133]废奴主义者认为，对逃兵处以死刑在道德和司法上都是不健全的，是对人权的侵犯。

路易十五和舒瓦瑟尔没有丝毫让步。直到 1775 年 12 月 12 日颁布了一项法令，新上任的战争大臣圣日耳曼伯爵才废除了对逃兵的死刑。取而代之的是一部刑法，规定了对逃兵采取强迫劳动的刑罚，处罚年限与逃兵情节的严重程度成正比。逃兵也有权在犯罪后三天内返回其所在团。在一位天主教徒的启发下，刑罚又来了一个大转弯，这些逃兵被允许在返回后"忏悔"，从轻处罚，在监狱里服刑 15 天，然后恢复兵役。[134] 那些没有利用这一机会进行"忏悔"的逃兵会遭受更长的监禁。

公众的抗议演变成了公众的庆祝。去世前一年，伏尔泰在其《正义与人道主义的价值》中发表观点，预言了同情心和人道主义的胜利："路易十六同情逃兵和法国，逃兵使法国失去了她的捍卫者。他免除了逃兵的死刑，给了他们弥补错误的方法，给他们几天的时间回到军营里。当他们受到惩罚时，正是通过惩罚把他们束缚在其曾背弃的国土上。他们只是被判了几年徒刑的囚犯。我们把这种军事法学归功于一位既开明又善良的军事大臣。"[135]

但人权的热情支持者没过多久就等来了一场新的战斗。仅仅三个月后，享有极高权威的战争大臣圣日耳曼伯爵于 1776 年 3 月 25 日颁布了一项臭名昭著的法令，竟然允许侵犯士兵的权利。按照普鲁士的惯例，对于轻罪，要用军刀扁平的一面连续击打士兵的背部 25 次至 50 次。在巴黎，公众的愤怒再次达到顶峰，引发了一场新的辩论。塞古尔伯爵在他的回忆录中描述了当时的气氛："宫廷、城市和军队对这一新法规的利弊进行了毫不相让的争论。一些人赞美它，另一些人愤怒地批评它：资产阶级、军人、修道院院长，甚至妇女，每个人都对这个问题进行了论说和争论。"[136]根据卡斯公爵让-弗朗索瓦·德·佩鲁斯（Jean-Francois de Pérusse，1747—1822）的回忆录，妇女在激起反对圣日耳曼伯爵的法令方面发挥了重要作用。"他的律令在军队里招致了无数怨言，就像在不同的协会里那样。妇女鼓动年轻人和许多上校反对法令中规定的用军刀扁平的一面击打士兵背部的处罚措施。"[137]

　　军官们对这种惩罚手段也持反对意见。虽然有些军官对军刀伺候犯有轻罪的士兵的做法没有怨言，在道德上也没有顾虑，但其他军官不仅谴责他们，而且要么拒绝让他们这样做，要么让他们尽可能少地这样做。由于军事犯罪通常当场就裁决，军官（通常是上校）有很大的自由来决定如何在部队中运用法律，以及是否向国王和战争委员会报告。[138]吉尼尔对刑事记录的研究显示了对圣日耳曼伯爵法律的反应。勃艮第团用军刀处罚逃兵的次数大大超过其他部队，1777年有83%的惩罚中都使用此刑；贝阿恩（Béarn）兵团则是另一个极端，没有一兵遭此毒刑，这更能说明人们对这一刑罚普遍持反对态度。[139]同年6月至10月，厄克希耶维（Échévés）第一师（包括6个步兵团、2个炮兵团、2个骑兵团、1个龙骑兵团），在631次惩罚中有22%施以军刀杖刑。步兵团倾向于禁闭而不是体罚，骑兵团在总共28次惩罚中有3次使用军刀杖刑，炮兵团在286次训诫中没有任何一次使用军刀杖刑。[140]在伏尔泰和军事启蒙思想家普及的绘本叙事风格中，谴责军刀杖刑的回忆录描绘了这种杖刑对人的身体和心灵造成的极为严重的伤害。埃蒂安-弗朗索瓦·吉拉德上校（Colonel Étienne-François Girard，1766—1846）讲述了对三名近卫步兵团士兵的可怕惩罚，其中一名士兵因受到了极其猛烈的击打，鲜血从他的嘴里和耳朵里进出来。[141]吉拉德这样的描述表明，军刀杖刑对受害者来说不仅是道德上的耻辱，同时也是对军人权利和神圣身体的侵犯。

极具讽刺意味的是，圣日耳曼以执行更严格的纪律为名，推行军刀杖刑。正如安托万·路易斯（Antoine Louis，1723—1792）和后来的约瑟夫－伊格纳斯·吉洛廷（Joseph-Ignace Guillotin，1738—1814）在臭名昭著的断头台上寻求推进一种更人道的死刑机制，圣日耳曼制定了体罚手段，认为体罚更为光荣，因此在某种程度上比他试图替换的马鞭、藤鞭和警棍更为人道。[142]尽管他不断努力在法国军队中消除任人唯亲、奢侈浪费、贪赃枉法和社会特权等，但圣日耳曼的斯巴达式和亲普鲁士式的纪律观念并不适合"同情心时代"[143]。在来自针对不同改革的军内和军外批评的重压之下，尤其是在士兵遭受体罚的重压之下，圣日耳曼的战争部土崩瓦解，他遂于1777年辞职。

法国在世界各地战争中表现出的人性

如果说有关同情心与人性的讨论是法国本土军事改革大讨论中的强大力量，那么在全球战场上更是如此。[144]这些概念正是人类社交能力、外交能力和跨文化纽带的核心。它们促进了对民族志更加微妙的理解，并激起了对奴隶制等不公行为的愤慨。另一方面，同情心与人性也是为制度化的种族主义和新兴的法国文明使命概念进行辩护的道德武器和政治武器。

在圣多明各，不同的团体参与了同情心与人性的讨论，以支持关于种族和兵役的正义主张。查理·德斯坦（Charles d'Estaing）曾在 1764 年至 1766 年担任圣多明各总督，在短短的两年任期内，他的行为极不光彩。1779 年，他回到圣多明各岛上征兵，目的是让这些兵随他北上支持美国的独立战争。德斯坦遭到当地居民的抵制，尤其是白人种植园主。各种种族背景的精英种植园主已经发出强烈的抗议之声，反对被征召到当地民兵、协警或法国正规军中去。在一篇关于圣多明各岛内部防御的论文中，德斯坦谈到了法国海外殖民者与宗主国王室之间优先考虑的事情是对立的。前者受个人利益驱使，渴望保护土地和财富。为此，只要他们的土地不被破坏，能继续生产和出售农作物，他们就可能向任何侵略国投降。宗主国首要考虑的是维持对圣多明各等有利可图的殖民地的控制，并向它们灌输支持公共利益的价值观。[145]人们希望，军事美德和荣誉能取代殖民者信奉的"自由"经济的长处。

随着 18 世纪的发展，自由主义的爱国主义和军事爱国主义之间的分歧日益种族化。"圣多明各的白人对自己的公民角色有不同的想象。很少有白人殖民者梦想斯巴达式的荣耀，1779 年，白人殖民者选择了一种与他们自由的美德观念相一致的自我牺牲的形式。"[146]无论什么样的爱国战争，他们的贡献都是经济上的，要么自愿捐款，要么继续确保他们的种植园——因而也就确保了法兰西帝国的经济——发挥出最大的能力。[147]德斯坦的征兵未能达到预期效果，只为全白人志愿近卫队召集了四个连的兵。白人精英们没有提供人力，而是集资为法国海军提供了一艘新的使用了最先进技术的战列舰。当地的出版物《美国海报》（*Affiches américaines*）赞扬了这一努力，虽然不是从自由美德方面来赞扬此事。相反，它表达了白人捐赠军舰是唯一可行的方式，表扬了白人精英群体的同情心与人性："为了人性的尊严，人们肯定再也不会看到一个凶残野蛮的母亲让儿子去送死却没有流下一滴眼泪，没有一丝情感，再也不会看到他脸色苍白、流血不止，再也不会相信她应该为祖国做出这样令人恐怖的牺牲…… 这些可怕的品质，长久以来为我们的父辈所尊崇，但它们是不自然的，会让任何值得尊敬的灵魂都颤抖。"[148]虽然这些言论传达了一种和平主义精神，但这种关于同情心与人性的言论却立即免除了白人精英的兵役，并宣布他们在经济和种族上的优越性。

　　具体地讲，这种对白人的同情心与人性的表述背后隐藏的种族主义有如下几个方面。首先，招募白人的努力失败，使得德斯坦和殖民地政府更难招募有色人种士兵。由自由的有色人种士兵组成的猎骑兵团（由白人军官指挥）是阿尔芒总督贝尔尊斯子爵（vicomte de Belzunce，卒于 1763 年）于 1762 年建立的，七年战争结束后解散。现在，这支部队得以重建以确保圣多明各为美国独立战争提供人力。虽然一些有色人种自由民不愿意服役，特别是富有的种植园主，但其他人自愿入伍，或是受到赞助人和政府的胁迫而入伍。猎骑兵团组建了十个连，而皇家近卫步兵团只有四个连。所以，当德斯坦于 1779 年 8 月启航前往北美时，随行的自由的有色人种士兵数量是白人士兵的三倍半。

　　除了促使更多自由的有色人种士兵服兵役外，有关白人同情心和人道主义的争论在道德上对自由的有色人种士兵进行了污名化。这些人和他们的家人通过服兵役响应了爱国行动的传统号召，这意味着她们就像"凶残野蛮的母亲"，她们的儿子表现出《美国海报》中所描述的"可怕的品质"。与人道和富有同情心的白人不同，自由的有色人种被视为没有感情、野蛮和信仰陈旧的人。加里格斯说："即使是皇家志愿军，有色人种自由民也不是'受人尊敬的'或'有悟性的'公民。"[149]

　　然而，在圣多明各服役的某些军事启蒙思想家，为了支持自由的有色人种士兵，重新发起了有关同情心与人性的大讨论。卢夫雷侯爵列诺瓦上校在《回忆录》（*Reflections*）中把自己定位为一个爱国战士和柔情的父亲（*père de famille*），他描述了在志愿猎骑兵团中服役的自由的有色人种士兵在身体和道德方面具有的价值与优势。卢夫雷的论点十分简明扼要：与白人殖民者相比，自由的有色人种士兵不仅身体素质要优越四倍，而且道德素质也使白人自惭形秽。卢夫雷写道，他们"强壮，充满同情心和自豪感"，把自由的有色人种士兵描述为"远比白人更顾恋自己的家庭"。他指出，"血缘关系和服从更应受到尊重"，"自由的有色人种士兵决不会当逃兵，除非逃回自己家——在家里容易被人发现"[150]。在卢夫雷的同情心和种族观中，人们需要去了解另一个民族。贝尔尊斯创立了最初的自由的有色人种组织，卢夫雷把它描绘成一个"敏感的灵魂"，这种敏感是道德精英的核心本质，让他能够了解圣多明各岛上自由的有色人种的同情心与它们的优点。[151]卢夫雷的批评再次于白人殖民者不利，谴责了他们是种族主义的"残暴阴谋集团"，说他们试图阻止贝尔尊斯为志愿猎骑兵团招募自由的有色人种士兵。这个阴谋集团所做的可悲的努力显示了白人殖民者缺乏同情心和人道主义精神，也表明他们是"坏公民"。[152]与这些殖民者相反，自由的有色人种家庭是富有同情心的、勇敢的和爱国的。

　　为了试图消除把印度统治集团看成残忍的和专制的这种对东方的刻板印象，军事启蒙思想家们也唤起了同情心和人道主义。[153]拉塞尔承认，根据他的经验，海德尔·阿里汗"对友谊以及他的臣民和盟友为他所做的牺牲都很麻木"[154]。拉塞尔解释说，他"尽了无限的努力使他明白，一是有《万国公法》（*droits des gens*），二是在与我打交道时，他实际上就在与我的祖国打交道，三是他有义务维护我们的风俗习惯。正是因为我不断重复这些内容，四年后，我才让他习惯于惩罚士兵时不要砍士兵的肢体，每月都要给他们发军饷"[155]。然而，拉塞尔试图从更微妙的视角来看待海德尔和他的儿子蒂普苏丹。拉塞尔认为，尽管海德尔缺乏同情心，但他拒绝判处死刑，仍然表现出"对人性的一点点敬意"。海德尔对拉塞尔说："如果有一天我把死刑强加给自己，这样我就不必为惩罚一个好士兵或一个忠诚的臣民而后悔。"[156]蒂普苏丹比他父亲更有同情心，表现出"正直、细腻和感激"[157]。拉塞尔预言，法国与迈索尔王朝之间的政治和军事关系，因为被共同的道德情操和彬彬有礼的举止激励，将会变得越来越强大（尽管历史很快就会证明不是这样）。

　　在加拿大靠近大西洋的寒冰地带，新法兰西的军事启蒙思想家们同样捍卫了美洲印第安人的同情心和人道主义。长期以来，如皮卡维兰尼（Pickawillany）袭击事件之后举行的食人仪式等加深了宗主国对北美印第安人的成见。1752 年 6 月 21 日，查尔斯-米歇尔·兰格莱德（Charles-Michel Langlade），就是我们在上一章介绍的那位法国人和渥太华人所生的混血儿，率领一支来自底特律的法国军队以及 200 名渥太华人和奥吉布瓦人前往皮卡维兰尼，这是一个具有战略意义的城镇，目的是使英国和一些与英国为伍的北美印第安人部落不要侵犯法国在俄亥俄的利益。兰格莱德率部突袭并烧毁了皮卡维兰尼许多储备充足的仓库，还抓获了一些俘虏，包括一个英国人和一个负责迈阿密、皮安卡肖两地的酋长梅梅斯基亚。克里斯蒂安·克劳奇（Christian Crouch）写道："梅梅斯基亚的死展示了暴力事件中最引人注目的时刻。终因被围和寡不敌众，梅梅斯基投降了。随后，渥太华人当着这位酋长惊恐的追随者的面烹煮了他，把他吃掉了。盛宴不仅限于当地人的肉。'还有一个腹部受伤的白人，他们一抓住他，就用刀捅他，并削了他的头皮，挖出他的心脏吃掉了。'"[158]

军事启蒙思想家抱怨道，这些事件被故作玄虚和大肆渲染了，而且缺乏对美洲印第安人的传统和民族文化的理解。与在宗主国流传的被普遍接受的所谓事实相反，扎卡里·德·博纳维尔写道，美洲印第安人在身体或道德方面"并非天生冷漠"。为了支持这一主张，博纳维尔设法了解并解释了一些美洲印第安人的做法和素质，以便给宗主国的读者和国王一个更符合文化的解释。他写道："美洲人的地理分布不是一个重大问题"，在这次事件中，妇女和儿童都被饶恕了，食人仪式"除了把囚犯献祭给战神之外，没有别的动机。这是野蛮民族的感恩赞，每个参加仪式的人通常都只有不到半盎司的肉"[159]。正如卢夫雷对自由的有色人种圣多明各人所做的那样，博纳维尔传达了美洲印第安人在身体和道德上的优越性，他们"不像欧洲人那样过于富有同情心，性欲上也不像欧洲人那么放荡；他们相信男人的精力会因纵欲而削弱"[160]。安托万-约瑟夫·佩内蒂（1716—1796）是一位博物学家，曾和布干维尔一起环游世界。他也唤起了美洲印第安人的同情心，他发现他们比欧洲人更合拍。在印第安人中，他看到了"一颗仁爱的、慷慨的心所具有的柔情，名副其实的高贵所具有的情感。在我们的民族里，我只看到一种庸俗的形象，因虚荣或贪婪而堕落"[161]。

　　美国独立战争期间，宗主国的一些法国军官表现出了他们人性的局限性，因为他们甚至对奴隶制连看都不看一眼。在纽波特（Newport），罗尚博和他的干将们都购买奴隶作为家庭用人，替代他们在欧洲大陆时会雇佣的白人贴身男仆。克莱蒙特-克雷维科伯爵说，在约克镇，"没有被主人认领的黑人在法国人中找到了新的主人；如此多的家庭黑人奴仆，我们获得了大丰收（moisson）。我们当中没有黑奴的人非常开心地以如此低廉的价格买到了几个"[162]。

　　然而，与美国、法国殖民地的奴隶和自由的有色人种士兵并肩作战的经历给某些军官留下了深刻的印象，并很有可能在把这些军官变成废奴主义者的过程中发挥了作用。独立战争时期，美军和英军都雇佣了非裔美国人。英军雇佣非裔美国人从事劳动，直到战争结束，当时人力不足迫使他们接受战斗部队的训练。美国军队雇佣

了更多的非裔美国人，根据路德维希·冯·克洛森男爵的说法，他
们约占军队人数的 1/4。[163]圣多明各的志愿猎骑兵与宗主国的军队
并肩作战，英勇无畏，尽管他们的服役导致几乎所有人的死亡或被
迫服兵役。[164]

　　虽然很难追溯战争中种族混杂与废奴主义之间的因果关系，但
雅克·布里索（Jacques Brissot）领导下的于 1788 年在法国成立的
黑人之友协会（Société des amis des noirs）的会员等数据为这一问
题提供了线索。该协会有 95 个创始成员，其中 1/5 到 1/4 是陆军
或海军军官。军人中，有 1/3 参加过美国独立战争，是辛辛那提协
会的成员。特鲁盖伯爵劳伦特·让-弗朗索瓦（Laurent Jean-
François，1752—1839）在德斯坦的海军部队中作战，并在 1779 年
的萨凡纳（Savannah）围城战等战斗中见证了志愿猎骑兵的英勇。
他后来在督政府时期成为海军大臣，并致力于执行废除圣多明各岛
上的奴隶制以及在巴黎附近为黑人和混血儿建立一所学校。1802
年，当拿破仑试图恢复奴隶制时，他也发出激烈的反对声音，勇敢
地支持废除奴隶制。他在人性和人类平等的基础上与拿破仑赤裸裸
的种族主义坚决做斗争，但无济于事。

人性与新英雄主义

　　对 18 世纪法军中发生的人道主义行为进行量化是不可能的，
因此很难证实这种行为在多大程度上是一种规范，也无法从那时的
军事政策中找到有关人性和情感的线性轨迹。圣日耳曼的战争部倒

台以后，军事管理部门继续努力创建一个对犯罪和惩罚的公正分类法，公平地、标准化地实施惩罚措施。然而，1786 年的一项法令最终正式将一系列残暴的惩罚措施合法化：对策划逃兵事件知情不报者，一律用军刀扁平的一面杖五十板；鞭刑；若有一群逃兵，处逃兵头目皮肤上刺一个字母 D；斩断手臂；对投敌叛国者，处以绞刑。在战斗前线和战役中，无缘无故的残暴和侵犯人权的行为十分猖獗。查尔斯-西蒙·法瓦特（Charles-Simon Favart）令人寒心地记叙了他随萨克斯的军队在佛兰德斯作战时的一次大屠杀。第三代黎塞留公爵为自己赢得了"劫掠者之父"（Father Marauder）的绰号，因为七年战争期间他率军对德国造成了极大的破坏，洗劫了策勒（Celle）等城镇，将当地孤儿院的所有儿童残忍杀害。[165]抢劫和强奸经常发生，一些军官声称这符合人的本性而不是违反了它。甚至像兰斯罗特·图尔平这样被认为是开明的军事哲学家也使用了个非常熟悉的理由，称受害者愿意参与强奸。[166]反对强奸的法律虽然存在，但其执行力度也是存疑的。如果说战争中男人的身体越来越神圣，那么女人的身体就不是了。那时，同情心和人性有着极具毁灭性的局限。

　　然而，随着 18 世纪的发展，人道主义和同情心问题变得越来越政治化。18 世纪后半叶，这两个概念引发了法国关于爱国主义、英雄主义、公民权和权利的大辩论。福维尔回忆录中所表达的军事人道主义构成了一种新型的爱国主义：不是一种甘愿为了国王、国家而牺牲的男子气概和斯巴达式的严苛纪律，而是一种对那些与我们分担保家卫国之重任的人们的健康状况、情感和天赋所给予的怜悯、同情和相互尊重。改革者在理论和实践中越来越认识到，所有的战士都应该得到承认和奖励，爱国主义和英雄主义贯穿所有阶层、不同社会等级、不同种族和不同性别。小说和通俗戏剧以及政治和军事论著，都想象了一种开明的英雄主义观念和新的民族观。

第四章

勇士之国

人人皆可为英雄

　　丰特努瓦战役的硝烟还未散尽，波旁王朝的宣传机器就高速运转了起来。战役结束四天后，路易十五、皇太子和法国贵族精英们坐在凡尔赛宫皇家礼拜堂富丽堂皇的拱门和柱廊中间，在一首感恩赞弥撒曲中庆祝 1745 年 5 月的丰特努瓦大捷。五天后，巴黎圣母院上演了一场盛大的感恩赞，至少有 40 位主教参加了这次庆典。到 5 月底，庆祝弥撒在王国各地的教堂举行，节日气氛空前喜庆。

　　感恩赞弥撒曲也被称为安布罗斯圣咏，本是公元 4 世纪末 5 世纪初的宗教赞歌，却在 17 世纪的法国被政治化了。路易十三统治时期，人们在王室婚礼、婴儿出生和军事胜利等场合唱这首歌来感谢上帝。路易十四和他的大臣们是皇室宣传的策划者，把原本温馨而虔诚的庆祝活动转变成了一项全国性的活动，米歇尔·福杰尔（Michèle

Fogel）称之为"喜讯的庆典"（*cérémonie de l'information*）。[1]庆典之前，皇室起草一份官方的举办庆祝活动的公告，然后以书信的形式寄给每个教区的教长，由教长宣读此信后再将它贴在教堂门上，唱感恩赞来庆祝。但是，为了使这种神圣的庆祝活动最大限度地吸引法国臣民，这种宗教仪式中就掺杂了亵渎的场面和肆无忌惮的欢乐。在歌唱弥撒曲之后，每个城镇都举行了由国家赞助的盛大的庆祝活动。有步枪仪仗队鸣枪致敬、烟花表演、灯光秀、宴会和祝酒，还会慷慨地向市民分发食物和饮料，醉酒狂欢一直持续到凌晨。

　　作为"喜讯的庆典"，感恩赞有着重要的政治目标。首先，它给人们带来了皇室的话语、形象和慷慨，人们在参加当天的盛宴、享受分发的美食和献祭给神灵的美酒中体验到了君主的伟大、慷慨。它还显示了君主试图通过王室认可的新闻报道来控制新闻事件与舆论。这首赞美诗的歌词可以追溯到公元 4 世纪法国建立王国的第一批君主的时代。它通过君主的形象重申了上帝和法国人之间的联盟，在君主的支持下发生了不同的欢乐事件。歌词这样唱道："耶和华啊，求你拯救你的臣民，把你的遗产赐给他们；统治他们，永远激励他们。"庆祝军事胜利长期以来加强了神权和皇室之间的联系。由于国王是所有武装力量的主宰，他的军事胜利证明了上帝偏爱法国君主。[2]

　　这一时期的战争叙事和绘画证明了把国王突显为最主要的军事英雄的传统。[3]1745 年 5 月 29 日出版的《法兰西报》对丰特努瓦战役的完整描述十分清晰地阐明了这一点。虽然这场胜利是萨克斯元帅军事天才的杰作，但该报将所有战略和战术的功劳都归于路易十五。[4]
标题本身就宣布了该新闻稿是"对丰特努瓦战役的描述，以及对国王
陛下指挥王军击败盟军取得胜利的描述"。叙述的头几句就将国王定
位为决策者，萨克斯只是执行者："国王陛下早已决定以围攻图尔奈
（Tournai）作为今年战役的开端，他将军队的指挥权交给了萨克斯元
帅，这位将军上个月初离开巴黎去执行国王的命令"（图 12）。

皮埃尔·朗方（Pierre L'Enfant，1704—1787）为纪念丰特努
瓦之战而创作的一幅画传达了同样的信息。这幅画采用了传统肖像
画法，在画面的前景中，国王身着皇家红色戎装，骑在一匹闪闪发
亮的白色骏马上。画面上，路易十五指着萨克斯的手势让人想起米
开朗琪罗《创造亚当》那幅天顶壁画中上帝指向亚当的手势，表明
他已指定萨克斯元帅来执行他下达的能够带来胜利喜讯的命令。路
易十五的眼神从画面向外直视着观画者，仿佛在等待他卓越的判断
力得到观画者的认可。国王在战役后第二天写给萨克斯的信再次阐
明了上述关于皇家军事伟绩和英雄主义的原则。在信中，路易十五
描述了他与上帝的关系：上帝特地把胜利赐给了他。他用笼统的词
汇肯定了自己的军队，用极其转弯抹角的方式认可了萨克斯的才
能："我的表兄，上帝乐意赐予我战争的胜利，无论胜利有多么巨
大，我现在得到了一个更加明确的信号，上帝在我刚刚击败敌人的
胜利中给予了我强大的保护。我把它归功于部队，尤其是皇家卫队
士兵和火枪骑兵的英勇，而你也凭借你的勇气、献言献策，还有远
见卓识，为这次胜利做出了贡献。"[5] 随着萨克斯被贬为顾问，上帝
之下、万人之上的真正英雄无疑就是路易十五了（图 13）。

RELATION
DE LA BATAILLE
DE FONTENOY,

Et de la Victoire que l'armée du Roy, commandée
par Sa Majesté, a remportée fur l'armée
des Alliez.

E ROY ayant refolu de commen-
cer cette année la campagne en
Flandres par le fiege de la Ville de
Tournay, Sa Majefté donna le com-
mandement de fon armée au Maref-
chal Comte de Saxe, lequel partit
d'icy au commencement du mois der-
nier, pour executer les ordres qu'il
avoit reçus du Roy.

Ce General fit fortir les troupes de leurs quartiers : il
les divifa en plufieurs Corps, & par les diverfes pofitions
qu'il leur a fait prendre fucceffivement, il a fi parfaite-
ment réuffi à cacher aux ennemis le projet du Roy, que
la Ville de Tournay fut inveftie le 25 du mois dernier,
avant qu'ils euffent foupçonné que Sa Majefté fe propofoit
de faire attaquer cette Place.

Dés que les Alliez eurent appris cette nouvelle, ils raf-
femblerent à Cambron les troupes qui devoient compofer
leur a.mée, & ils publierent qu'ils alloient marcher au fe-
cours ces Affiegez. Les difpofitions des ennemis obligerent

A 4

图 12   1745 年 5 月 29 日，《法兰西报》第 24 期头版刊登的有关丰特努瓦
战役的消息。法国国家图书馆提供。

图 13　1745 年 5 月 11 日，丰特努瓦战役，皮埃尔·朗方。摄影：热拉尔·布洛特。凡尔赛宫和特里亚诺宫。©RMN -大皇宫/艺术资源，纽约。

然而，除了重申上帝和国王作为终极军事代理人和英雄之间的特权关系外，在教堂吟诵的感恩赞和宣读的皇家战斗记述也使法国第一等级和第二等级的角色合法化，继续为等级社会进行辩护。[6]第一等级的神职人员通过祈求感恩上帝以慈悲为怀赐予胜利，从而以法律的形式确立了自己的地位。第二等级的贵族被贴上了军事执行者的标签，他们不仅为了国王而且也为了法兰西及法兰西民族的光荣和主权的维护而英勇战斗。在《法兰西报》上刊登的战役记述中，头两版专门介绍国王和萨克斯元帅的伟绩。从第3版开始，孔塔德侯爵路易·乔治·埃拉斯梅（Louis Georges Érasme，1704—1795）和菲茨-詹姆斯公爵查理（Charles）等其他贵族的功绩得到了认可，尽管只列出了某些贵族的名单而无实际的内容。军事英雄主义有一个森严的、罕见的等级制度，非皇亲、非贵族、非白人、女性或非欧洲人的事迹在报纸上是看不到的。

伏尔泰参与了关于这次军事庆祝的大辩论。他"以一个天生的记者的本能抓住了这一时机"，并与战争大臣达尔让松取得了联系，以获得战役的相关细节，从而创作了一首颂歌。[7]这首颂歌名为《丰特努瓦赞歌》，诗歌形式是古典的亚历山大体（每行诗十二个音节），介于英雄史诗和"押韵的新闻简报"之间，对它们兼收并蓄。该诗于1745年5月17日出版后风靡一时。几天之内，就售出了2.1万册，初版后10个月之内，就刊印了8个不同版本。[8]伏尔泰遵循传统的歌颂军事伟绩和英雄主义的模式。他首先在头两个诗节中尽情讴歌了路易十五的勇气，然后称赞了萨克斯元帅，最后赞扬了只有高等级的贵族才享有的名号——"我们所有的英雄"。在第三个诗节中，他试图高唱赞歌，却相当笨拙地用一种更像是杂货店清单的方式列出军官的名字，而不是详细介绍每个人的英雄行为：

国王的鲜血，伟大的孔代的鲜血，

德欧，法国雷声骑兵部队的指挥官，

庞泰夫尔，他的热情不减当年，

他在美因河边展现了勇气，

巴伐利亚和德庞，波夫勒和卢森堡，

各就各位，等待这伟大的一天；

他们给手下的勇士带来欢乐。

幸运的达诺瓦，夏班纳，加莱兰德，

英勇的贝林格，莱茵河的捍卫者，

科尔贝和杜查拉，我们所有的英雄，

在恐怖的夜晚，在寂静的夜晚，

他们甘冒风险。

伏尔泰在他的 348 行诗中煞费苦心地列出了不下 51 位贵族军官的姓名。他所列出的名字都是显要人物，其目的是抬高自己的身价，引起别人的注意。这首诗歌根本就不像诗歌，以至于与伏尔泰一直保持通信的枢机主教安吉洛·基里尼（Angelo Quirini，1680—1755）虽然早先提出要将这首诗译成拉丁语以提升它的名气，但最后还是不得不放弃了这一努力。[9]

撇开伏尔泰的社会机会主义不谈，他的《丰特努瓦赞歌》拾人牙慧，照搬了所有其他媒体新闻所传达的英雄叙事模式，从感恩赞到《法兰西报》再到朗方的画作。这些作品以惯常的方式颂扬了惯常可能有假的英雄人物，说明军事英雄主义文化是折射法国社会价值、道德价值和精神价值的一面三棱镜。他们使君主的神权和在战争中为他效力的佩剑贵族的特权合法化。这些人是这个国家的面孔，但时间不长。

在丰特努瓦大捷后一系列夸张的庆祝活动中，有一些是被迫的，有一些是被逼入绝境的。1745 年，路易十五就下令举行了 12 次感恩赞礼，数量之多令人咂舌。这是法国历史上吟唱感恩赞最多的一年，是他曾祖父、永不满足的自我推销者路易十四的两倍。[10]丰特努瓦盛典结束后，感恩赞礼数量急剧下降，上升速度有多快，其下降速度也就有多快，从 1745 年的 12 次下降到七年战争时期的 7 次，到美国独立战争期间只有 2 次。[11]庆祝的狂热掩盖了人们对英雄主义这一古老崇拜的焦虑，这种崇拜已经开始消失。路易十五和他的大臣们疯狂地固守军事英雄主义的现状及其所蕴含的世界观。然而，丰特努瓦大捷后的多次庆祝活动却产生了相反的效果：它们激起了对现状的反对，大家开始集体探讨英雄的意义以及谁才是真正配得上这样一个称号的人。一场盛大的公众辩论和文化转变接踵而至，这场辩论在社会、政治和军事上对旧制度的没落和法国大革命黎明的到来具有重大的意义。启蒙思想家、军事启蒙思想家和文学家重新考虑了英雄的基本属性，制定了"开明"的道德标准，区分了是谁与通过什么样的环境、情感和行动可以赢得英雄的称号。他们异口同声，认为无论是看社会地位还是靠打胜仗都是不够的。君主英雄主义受到了彻底的审视。高等级的贵族勇士也面临挑战和不被认可，因为他们的英雄主义被认为是自私、残忍和专横的。与此同时，英雄想象中出现了新面孔，如普通士兵和士官，他们的行为越来越多地通过各种世俗的、流行的艺术媒介，特别是小说和戏剧等来讲述。[12]流行戏剧，如皮埃尔-劳伦·比埃雷特·德·贝洛瓦（Pierre-Laurent Buirette de Belloy，1727—1775）的《加来被围》（*Le siège de Calais*，1765）。军事著作鼓吹不同社会群体的爱国军事热情和英雄主义潜力，这一群体包括第三等级的普通男子、妇女、在法军里服役的外国人、与法国结盟的宗教"异端"和民族"异类"。这些新的男女英雄在文化想象中得到了承认，而且在某种程度上，他们在实践中被看成军队中的一员，军队要对这些人服兵役进行保护，且承认和奖励他们。

"开明"英雄主义在旧制度的最后几十年中推动了两种重大的文化变革。首先，它是政治想象中推动民主的力量，允许第三等级的平民、妇女、宗教少数派别、少数民族获得公民身份和代表国家。在这一过程中，国王作为政治和军事推动力的终极来源逐渐消失，而普通公民及其推动力也日益得到承认。"开明"英雄主义是追踪文化进程的镜头，某位学者称这一进程为"公民化"，他从社会阶级、性别和种族等方面界定其轮廓和界限。[13]其次，新英雄主义极力重新阐明爱国主义和服兵役之间的联系，培育了一种军国主义的民族文化。如果一位好公民和爱国者展现了新的英雄美德，其中之一就是愿意（如果算不上热情的话）为祖国而战和献身。[14]在英雄主义的社会民主化观点的背景下，军国主义式的爱国主义催生了"战备国家"（a nation at arms）的概念，这一概念早在法国大革命及大革命期间需要大举征兵（*levée en masse*）之前就已经设想过，现代学者一般认为，"战备国家"这一概念诞生于法国。[15]这种道德优越感和好战的民族认同感的传播预示着在大革命及拿破仑时期将转向"全面战争"的文化。

英雄主义受到了挑战并重新焕发了活力

丰特努瓦大捷庆典活动是摧毁传统英雄观的最初战场。让-亨利·马尚（Jean-Henri Marchand，卒于 1785 年）是最早的反对者之一，他是一位律师、诗人和皇家审查员。伏尔泰的《丰特努瓦赞歌》一诗出版后，他以丰特努瓦教区牧师的口吻写下了一首讽刺诗《丰特努瓦对国王的请求》，在伏尔泰的诗出版之后紧跟着发表。马尚发挥想象，在诗歌中表达了教区牧师的不满，因为他要治疗伤员、埋葬战死者和接待前来参观战场的游客，因此还要承担一些费用。他直接引用伏尔泰的诗，批评这位启蒙思想家的诗是一种极大的伤害，因为他只提到了倒在战场上的贵族的名字，而丝毫没有提及为法国献出生命的六七千名士兵。[16]

克劳德·戈达尔·道库尔（Claude Godard d'Aucour，1716—1795）是朗格勒一位有着文学抱负的、税农出身的将军，他在 1745 年的小说《军事协会或底层英雄》（*L'Académie militaire, ou les héros subalternes*）中的批评更加尖锐和犀利。从小说一开始，作者就陈述了他打破传统、将军事英雄主义从排他性转变为包容性的目标。小说的匿名叙述者"P***，一位随军作家"讲述了一个来自法国不同地区的六名普通战士的故事，根据他们家乡的地名分别把他们命名为庇底卡德、诺曼底、布列塔尼昂、香槟诺瓦、勃艮第侬和巴黎希安。这些主角并不是人们陈旧观念中那种粗鲁的、没受过教育的士兵。相反，作者把他们刻画成军事哲学家，具有一定的学

识，并有兴趣通过建立军事历史学院来传播军事启蒙思想。这所学
院的使命是回顾普通士兵的勇敢行为，目的是让平民都能享有荣
耀。荣耀是一位恩宠不公、有失偏颇的女神：

> 荣耀是一位骄傲的女神，总是朝我们的首领大步走来；她
> 对我们所有的领袖宠爱有加，在他们周围喜笑颜开，把他们的
> 一长串名字托付给了名望，以便他们的名字响彻宇宙。但她不
> 愿降低身份，把目光转向我们；我们似乎配不上她。
>
> 这位骄傲的女神有失公允，因为她知道她所有的一切都应
> 归功于我们的战斗；她是由我们这些深陷危险的人的鲜血构成
> 的；她是在我们取得胜利的队伍中，在被我们彻底征服的敌人
> 的身上诞生的，以前几乎没有人看清这个忘恩负义之徒的真面
> 目。她只关心使领袖名垂青史，因此从我们的怀抱中挣脱出
> 来，朝他们飞去，将事实上应是我们的勇气全部揽在他们
> 身上。[17]

这种批评很快升级为一种关于普通士兵的英雄主义和英勇的激进主
张，认为他们比那些贵族军官优越：

> 我的建议并不是要剥夺军官应得的荣誉；我知道，我们经
> 常看到他们献出自己的生命，身先士卒，冲锋陷阵；但如果荣
> 誉是对他们英勇的报答，为什么同样的报答不是我们自己的
> 呢？我们的日子，难道不像军官的日子那么宝贵吗？
>
> 我敢说，我们比他们有更多的美德，因为我们的勇气只是
> 为战而战，而军官们为了英勇，为了不丢掉荣誉而感到可耻，

以及为了希望获得一个光辉的新职位和好名声而奋战。他们在战斗中献身有十种动机，而我们只有一种，但我们都同样付出了生命。[18]

在这些断言中，戈达尔·道库尔颠覆了道德和英雄的等级制度，展示了一个普通士兵的兵役，与为个人利益而战的军官相比，他生来就具有纯粹的勇气，而且是完全无私的。光荣，就像法国皇冠一样，是自傲的、不公的和专横的，它没有把获得圣路易斯十字勋章等荣誉的机会给予士兵、外国人或新教徒等。

正是为了回应这种不公，巴黎希安（道库尔小说中来自巴黎的那位普通士兵）提议成立一个军事协会，其职责是"将我们底层官兵中英雄人物的善行公布于众，而这些行为是各大报纸从未提及的"。该协会旨在提升每个士兵的勇气，让公众了解士兵既不是恶棍，也不是大同小异的无名小卒，而是有家庭、有地域身份、有美德和有自豪感的个体。协会的出版物会真实地把这些下层英雄写进历史，将他们卑微的家庭标记为军事荣誉的王朝，这一点类似于为佩剑贵族家庭而著的历史。为了做到这一点，协会在提到每位英雄时，都会写下包含姓氏和名字的全名，并记录他们家庭的信息，"这样，如果他们有兄弟或小侄，他们就能够讲述他们的亲属是在怎样的场合下因为什么样的行为而成为中士的，正如那些贵族们高兴地讲述他们的祖先是何年何月、通过什么方式、因为什么功绩而收到法兰西大元帅的指挥杖一样"[19]。

具有挑衅性的是，戈达尔·道库尔直接猛烈批评伏尔泰的诗，纠正了这位启蒙思想家在庆祝丰特努瓦大捷中的偏见。在小说的第三部分，巴黎希安向协会成员朗读了他自己创作的一首诗。他把伏尔泰那首颂诗中的几行融入自己的诗歌中，只不过把里面所有贵族军官的名字替换成了平民士兵和低级别军官的名字。根据协会的使命，在脚注中要给每位英雄写个人传略，以纪念他们的个性、血统和后代。戈达尔·道库尔暗示，从兵役的角度看，他们家族的族谱与贵族军官的一样，也是可以追溯至古代的，也曾有显赫的先祖。一个名为埃斯比盎斯（法语 L'Esperance，字面意义为"希望"）的士兵被列为"同一个名字的第四个，来自同一个城市、同一个家庭，在同一场战争中的同一个团服役，他像他的亲戚一样奋战。愿上帝不要让他像他们那样死去"[20]。到修道院院长加布里埃尔-弗朗索瓦·科耶（Gabriel-François Coyer，1707—1782）于 1756 年和 1757 年将他的作品发表在《商业贵族》（*noblesse commerçante*）杂志上，及修道院院长皮埃尔·若贝尔（Pierre Jaubert，约 1715—约 1780）在 1766 年创作《平民礼赞》（*Éloge de la roture*）时，对下层英雄的颂扬就已经开始了。

　　然而，倡导让广大民众充分享有英雄的荣誉属于更大的批判中的一部分。自西班牙王位继承战争以降，对战士和英雄的全面谴责成倍增加。对传统英雄（按荷马史诗中的英雄原型塑造出来的军人）的道德素质和真正价值的批判借鉴了一个历史传统。文艺复兴时期，米歇尔·德·蒙田表达了他更偏爱苏格拉底（卒于公元前399 年）而不是亚历山大大帝（公元前 356—前 323），他支持一种反傲慢的观点：伟大受制于人类的局限性；诚实的人不是英雄。17世纪的道德学家，特别是拉·布拉吕耶尔和弗朗索瓦·德·拉·罗什福科，强调了英雄和伟人的区别，伟人的能力更广泛，而英雄只擅长于战争艺术。接着，费纳隆从基督教的视角谴责了战争的虚假荣耀。

　　以上作家为18世纪的同行们奠定了主题基础，尽管其毒害和频率在法国历史上是绝无仅有的。[21] 与卢梭一样出名的诗人让-巴蒂斯特（Jean-Baptiste，1671—1741）表达了许多人对军事英雄形象进行诋毁甚至妖魔化的观点。他在 1723 年的《幸运颂》中写道：

> 什么！罗马和意大利化为灰烬
>
> 会让我尊敬罗马独裁者苏拉吗？
>
> 我憎恨有"上帝之鞭"之称的匈奴王阿提拉
>
> 我会钦佩与他有同样品性的亚历山大吗？
>
> 我称它为穷兵黩武的德行
>
> 这种英勇实际上非常凶残
>
> 他把手直插入我的血液中；
>
> 我可以强迫自己开口
>
> 赞美一个野蛮的
>
> 为人类的灾难而生的英雄吗？
>
>
> 你的辉煌给我呈现了什么样的特质，
>
> 无情的征服者！
>
> 蔑视誓言，过度扩张的计划，
>
> 被暴君打败的国王；
>
> 烈焰销魂地舔舐墙壁，

> 大屠杀中恬然的征服者，
>
> 遗弃在剑下的民族；
>
> 母亲们，脸色苍白，浑身是血，
>
> 从肆无忌惮的士兵怀里
>
> 争夺着瑟瑟颤抖的女儿。

除了对军事武力持有恐怖的看法之外，卢梭还对勇士英雄的真正作用提出了质疑。他认为，英雄们的行为和特点与其所作所为完全不匹配，之所以是英雄，这要归因于幸运（因此诗的标题也叫这个）。卢梭认为："他们最英勇的美德，不过是幸运的罪行（*crimes heureux*）。""幸运的罪行"内涵十分丰富，许多启蒙思想家也使用这个概念。在为《百科全书》编写"英雄"这一词条时，若古声称，"英雄"一词是"专门献给那些把军事造诣和美德发挥到最高水平的勇士的；但在智慧的眼中，美德往往不过是篡夺了美德之名的幸运的罪行"[22]。在同一本《百科全书》里，狄德罗在关于英雄主义的词条里，引用了一位道德学前辈的一段话，讽刺地说："拉罗什福科说，大多数英雄就像某些油画；为了尊重他们，我们骑士不能太近地看。"[23]军事哲学家也采纳了这种贬损勇士英雄的观点，这种观点还出现在兰斯罗特·图尔平、贝尼骑士等人的作品中。

在这场大讨论中，英雄（*héros*）或杰出人物（*homme illustre*）成为卓越的伟人（*grand homme*）的陪衬。若古解释道："伟人完全是另一回事，他把大部分人伦美德与他的天赋和才能结合在一起；他在行为上只有美丽和高尚的动机；他只是为了公众的利益、国君的荣耀、国家的繁荣和人民的幸福。"[24]克里斯塞在《哲学娱乐》杂志上发表的《关于英雄与伟人区别的信》中，为若古对"英雄"的定义添加了许多细节。他声称更喜欢伟人而非英雄，他申明：

> 充满虔诚，公正严明，赏罚公平，纪律严格，简单朴素，善良人道，大公无私，把所有的荣耀献给他的主人和国家的幸福，这就是伟人。只热爱战争，渴望光荣而丝毫不吝惜鲜血，急躁冒进，冲动鲁莽，有勇无谋；在战争中恃军事才能而胆大妄为、骄横傲慢，永不罢休，在困难面前不言后退，以个人抱负为动力而不是以爱国的荣耀和幸福为动力，这就是英雄。[25]

然而，尽管许多启蒙思想家都声称更喜欢伟人而不是英雄，但他们还是提出了一种新的、焕发活力的英雄形象，打破了这两种类型之间的完全对立和等级高下。狄德罗、若古等认为，真正的英雄结合了伟人和英雄或杰出人物的特点。狄德罗在关于英雄主义的词条中指出，属于伟人的伟大灵魂隐含在真正的英雄主义中，没有哪位真正的英雄有卑贱或卑躬屈膝的心。对于狄德罗来说，英雄主义不仅是灵魂的伟大，而且以令人惊讶和钦佩的伟大壮举使灵魂更加完善高尚。[26]

若古声称，以上所有特征代表了"英雄"一词的原义。"从词源来看，'英雄'这个词最初是用来专门指既有勇士的美德，又有道德和政治美德的人，他持之以恒地经受挑战，坚决果断地面对危险。英雄主义的前提是，伟人能够像神一样受到凡人的崇拜，如赫拉克勒斯、忒修斯和伊阿宋等。"[27]就这样，即使他坚持认为在人类文明中，英雄和伟人意义的演变是有区别的，但他认为卓越的个人，无论是其道德品质还是军事成就都堪称伟大。在"英雄"这一词条里，若古引用的大多数例子都显示了真正的英雄须把品德、军事成就乃至"伟人"一词的定义中的特点融为一体，因为大多数英雄确实就是军人，如图拉真、阿尔弗雷德大帝、提图斯等。伯尼积极致力于消除英雄和伟人之间的区别以及后者所谓的优越性。如果科耶和圣-皮埃尔神父坚持认为伟人要更胜一筹，那么更多的思想家，包括这里提到的那些人，就会支持若古所阐述的关于完美英雄的新观点："总的来说，人性、和善、爱国主义和才智是伟人的美德；勇气、英勇、蛮勇、精通战争艺术、军事天才是英雄的特点。然而，完美的英雄是将爱、让公众幸福的渴望与他作为伟大将领的能力和勇气结合在一起的人。"[28]路易·巴塞特·德·拉·马雷尔（Louis Basset de la Marelle，约1730—1794）在《关于法兰西人和英格兰人爱国主义的差异》（1766）中对"英雄"一词的处理证明了18世纪中叶关于英雄主义的重新定义。马雷尔没有凭借伟人和英雄之间的对比来讨论英雄主义，而是讨论了两种类型的英雄：勇士英雄（*le héros guerrier*）和爱国英雄（*le héros patriote*）。[29]这种分类类似于若古对英雄和完美英雄的区分。勇士英雄是自私自利的、以"永不满足的荣耀欲望"为动力的帝国主义征服者。他的所谓抱负毁灭了国家，而不是保护了国家，因为他"让同胞流血""使人口稀少"，而丝毫不为祖国着想。[30]但是，爱国英雄的"观点、思想、行为、命运、生活只是为了祖国和国王"[31]。"他的行为更遵循美德和荣誉"，他"更希望成为一个好人而不是看起来像一个好人"[32]。

18 世纪中叶的爱国主义文化，也就是大卫·贝尔所称的"对国家的崇拜"，在推动和增进人们对英雄主义新的理解方面发挥了关键作用。杰伊·史密斯指出，爱国主义是法国启蒙运动时期伟大反思的一个矢量，这一讨论促进了对人性与神性之间、现代性与古代性之间、社会阶级与类别之间、不同政体及相应的道德基础（如孟德斯鸠的君主制/荣誉与共和制/美德）之间关系的重新思考。[33]虽然现代学者们还在持续研究埃德蒙德·齐姆伯斯基所称的"新爱国主义"的起源，但可以肯定的是，它在 17 世纪 50 年代时还处于轰轰烈烈的大辩论之中，而在七年战争之后就已爆发为一种广泛的文化话语和一项政治计划。[34]齐姆伯斯基追溯了"18 世纪末激进思想是如何缓慢成熟的"：从"贵族共和国"的爱国主义，到"英国共和国"的爱国主义（一定程度上归因于孟德斯鸠和马布利），再到"斯巴达共和国"的爱国主义（卢梭）。[35]这一演变的历史编纂学精确地指出了爱国主义的定义的基本特征：爱国、为公众和祖国的利益而自我牺牲的道德、倡导人权和自由的公民美德。

不能低估对爱国主义的重视以及对其产生影响的天真的信念。正如若古、孟德斯鸠等引用英国、古希腊罗马历史解释的那样，这正是战争和政府成功的主要原因。军事思想家们也把爱国主义作为提高军事效能的强大动力，并努力在 18 世纪后半叶将其灌输给法国军队。爱国主义以其高尚无私的精神和公众意识被视为一种纯粹的情感，它可以成为集体道德改革的支柱，而这正是医学启蒙思想家所努力寻求的。布兰科神父让-伯纳德（Jean-Bernard, abbé Le Blanc, 1707—1781）在他的文章《英国爱国者》（1756）中，把爱

国主义描述为公民社会的基本结构:"真正的智慧,连同真正的幸
福,在于忠于各种职守,首先是爱,然后是捍卫祖国。当然,爱国
主义或者说爱国,是任何一个人身上最突出的美德;正确地说,这
是公民社会赖以建立的基本美德。一个好的爱国者必然是一个好的
臣民……他更热衷于公众的利益而不是自己的利益。"[36] 在布兰科
的表述中,爱国者意味着拥有多层次的优势:道德("最突出的美
德")、智力("智慧")、情感("幸福")、政治("善良的臣民")和
社会("公众的利益")。就像人道主义和同情心一样,真正的爱国
主义是积极的,富有战斗精神的。可以将爱国主义用语言和行动的
符号系统来表示,这种爱国主义在军事行动中找到了最自然的词
语——保卫祖国。热爱祖国被视为孕育了战争,至少是防御性的战
争。爱国者因此是"完美英雄"的化身,将伟人的美德与英雄的美
德完美结合在一起。与爱国主义有关的荣誉和优越感使其成为军事
改革的一部分,以期从爱国武装力量中获得实际利益。正如布兰科
所说,"赢得了祖国的爱"[37]。因此,这些关于爱国主义的假设对
于军事变革、为勇士的形象恢复名誉,以及七年战争遭遇失败后在
法国实现广泛的道德复兴至关重要。

然而,在法国军队和普通民众中点燃爱国主义激情的手段并不
明显。孟德斯鸠和《百科全书》等已经说过,爱国主义是共和政府
公民的固有天性,而不是绝对君主政体下缄默不语的臣民。在看不到
大规模政治变革的情况下,许多人一致认为,培养爱国主义的最佳途
径是受到伟大人物形象和故事启发后而效仿他们:

在旧政权的最后三十年里,法国人生活在一大群光芒四射

的伟人的灵魂之中。只要一个人属于某所学院，或在巴黎市中心的街道上漫步，或参加一个艺术沙龙，或拜访一个书商，他就不可能不碰到颂扬法国历史上"伟人"的演说、颂歌、雕像、绘画、版画和书籍。卡蒂纳和贝亚尔，杜格斯克朗和苏热，达吉索和多韦涅，以及其他许多人不断地通过审查。礼赞他们的人对国家伟大形象进一步激发国家更加伟大的能力抱有无限的信心。[38]

正如贝尔、齐姆伯斯基和史密斯所证实的那样，一个被贝尔认为是民族主义者的爱国纲领是由王室颁布的，并被启蒙思想家、文人学士和军事官员自由采纳。宣扬爱国主义和民族主义的方案形式多样：歌曲、演讲、绘画、雕刻、雕塑、散文、戏剧、不同作家作品的选集、口才竞赛等。这些作品颂扬了法国历史、历史的主人公以及他们所代表的英雄品质。

虽然有学者已表明，有越来越多的活动被认为是爱国的，但为爱国服兵役的军事活动仍然占据着中心地位。1758 年，法兰西学院下令将"民族伟人"作为"演讲比赛"的焦点，该比赛此前曾涉及宗教话题。贝尔敏锐地注意到，这一变化正是在七年战争中一系列事件于法国不利时发生的。这种比赛以一种明显的军事风格开场，因为在第一场比赛中要庆祝的伟人不是别人，正是萨克斯元帅。这的确是一种趋势。在 1759 年至 1787 年的比赛中，共赞颂了16 名伟人，其中 1/4 是军事人物，代表了该项比赛中最大的单一职业群体（其数量是法国君主的两倍）。[39] 在 1777—1789 年著名的沙龙里，军事领导人占了由事实上的艺术大臣安吉维勒伯爵查理-克劳德·弗拉豪·德·拉·比亚德烈 (Charles-Claude Flahaut de la Billarderie，1730—1810) 进行赞助的雕塑主题的 1/3，这些军事人物有尼古拉·德·卡蒂纳 (Nicolas de Catinat，1637—1712)、图尔维尔伯爵安尼·伊拉里翁·德·科唐坦 (Anne Hilarion de Costentin，1642—1701)、多韦涅和卢森堡公爵弗朗索瓦-亨利·德·蒙莫朗西 (François-Henri de Montmorency，1628—1695) 等。[40]这些军事人物再一次使任何一类职业都相形见绌。

除了那些像万神殿里受人敬仰的神灵一样的勇士英雄占有绝对的数量之外，同样重要的是如何通过颂词来歌颂这些人物和他们的英雄主义。安托万·莱昂纳德·托马斯 (Antoine Léonard Thomas，1732—1785) 分别为萨克斯元帅和海军军官勒内·迪盖-特鲁安 (René Duguay-Trouin，1673—1736) 写了颂词，并于 1759 年和 1761 年分别获得了当年演讲比赛的桂冠。他把军人塑造成开明的"完美英雄"的新形象。萨克斯元帅和特鲁安既是伟人又是英雄，他们是献身于人类和祖国的道德标兵，是人们崇拜的军事偶像，其英勇行为值得像史诗一般歌颂。

除了谈到他们的军事造诣之外，托马斯还特地指出了一些广为接受的伟人所具有的特征和条件。圣-皮埃尔神父在 1739 年的一篇对比伟人和杰出人物的文章中阐述了这些特征。圣-皮埃尔神父列举了获得"伟人"这个称号的三个必要条件：(1) 出于公共利益的强烈动机或愿望；(2) 既要有耐心和勇敢灵魂的完美坚持，也要足智多谋地以正义和宽广的胸怀，展现非凡才能来克服巨大的困难；(3) 为普罗大众，尤其是为祖国取得的突出优势。[41]托马斯在他的描述中运用了这三个特征。他反复表现了克服挑战的主题，展现了平民军官迪盖-特鲁安不仅在海上面临了无数考验：风暴、战斗、疾病、亲兄弟死在自己的怀里，而且也超越了社会偏见，通过自己的军功和对君主的热爱来获得荣誉。托马斯重新想象了迪盖-特鲁安在一场海战大捷之后第一次觐见国王路易十四的情景。"既不是以富贵的荣光、祖先的名字，也不是以高贵的头衔宣告他的荣誉，而是以他的军功来宣告的……对于懒惰而倨傲的朝臣们来说，这是一个奇怪的景象：一个海员，除了服兵役之外，没有任何头衔，直接以舰船舵手的身份被带到宫廷的中央，与国王一起交谈。有些人也许会说他不具备宫廷的风度和仪态，而路易十四则点评了他的勇敢和天才。"[42]

托马斯把迪盖-特鲁安描绘成一个受社会交往、同情心和人道主义激发的人，这些都是新开明军事风气的主要元素。"他以能够穿透一切的远见卓识、以从未怀疑过成功的信心、以激励士兵英勇奋战的率性、以斯巴达式的勇气过着清苦生活的严明纪律、以充满了人性而甘愿抛洒热血的关爱给士兵注入了灵魂。"[43]迪盖-特鲁安是一个富有同情心的人，他为战争中生命的丧失而感到痛苦，通过培养士兵的英雄主义、严格地要求士兵又让他们感到无上光荣，尽其所能不让士兵白白流血牺牲，以此表明他对士兵的关爱。[44]

同样，让-弗朗索瓦·德·拉·哈普（Jean-François de la Harpe，1739—1803）在1775年写的《尼古拉·德·卡蒂纳颂歌》中，不断强调这位元帅在努力减少战争暴力和流血，体现出谦逊和人道的一面：

在路易十四的所有将领中，他为自己要求得最少，给士兵分配的奖赏最多，花国家的钱最少。他对国家的财富如此节俭，那他又让祖国的儿女少流了多少鲜血呢？诚然，这种品质不仅源于灵魂与生俱有的性情，还取决于科学的指挥；使人幸免于战争的艺术就是指挥的艺术。然而，在军事实践的历史上，看到人类为荣耀而牺牲不是太普遍了吗？……卡蒂纳的灵魂！纯洁开明的灵魂！只是责任和荣耀的观念给了你更多善良仁慈的情怀！哦，卡蒂纳！对于像你这样的圣人来说，每一次不必要的胜利都是犯罪！唉，当战争无法避免时，其场面是可怕的，但卡蒂纳认为，使战争不那么血腥是事关荣誉的大事。[45]

在灾难性的七年战争期间及之后，像托马斯和德·拉·哈普这样的赞颂者通过开明的军事英雄向法兰西学院、君主、法国公众提供了国家救赎的形象。

当唱赞歌者写下宏大的颂歌时，其他作家则选用更受欢迎的文体，尤其是戏剧这一体裁进行创作，目的是让它渗透到更多法兰西人民的心中。这些作品往往聚焦于表现出完美英雄的特征以及家庭观念的下层军官和普通士兵。为士兵和士官队伍恢复名誉，意味着唱赞歌者将这些人物从可憎变为可怜，从无名变为熟悉，从被认为活着就是浪费资源的人变为有用的、受人尊敬的英雄人物。这种蜕变不仅反映在爱国主义文学中，也反映在爱国主义的军队中，他们制定了政策来尊重和造就更多像公民一样的士兵和下级军官。

低级军官、公民与英雄

　　初春时节，部署在德国某小村庄附近的法军为两名军官在寡妇吕泽尔夫人家设了临时营舍。不久以后，两名军官来到了她家门口。较年轻的那个军官是人们印象中仗势欺人的家伙，吕泽尔夫人早已听说过这种类型的人。他显得十分傲慢，嗓门很大，迅速地向吕泽尔夫人十几岁的女儿瞪了一眼。这家伙的上司是个中年人，可以说，他就是那个自命不凡的部下的陪衬。这位上司很善良，彬彬有礼，甚至很谦虚。他的眼睛里没有闪烁着骄傲之情，而是柔和的，在他有深深的皱纹的额头下似乎隐藏着一种平静的悲伤。他是圣弗朗骑士，当他单独和女主人在一起的时候，他才把自己的故事告诉了她。

　　年轻时，他一贫如洗，出于果腹的需要而入了伍。由于作战勇敢顽强，由一名普通士兵晋升为少校，这是许多年轻贵族军官觊觎的军衔。他们认为授予他少校军衔太不公了，这些人重点关注的是他默默无闻的社会出身，而不是证明他军功的英勇行为和身上留下的道道伤疤。他说他学会了忽略这些琐碎的事情，他要去履行他对祖国的责任，去为他的士兵们树立一个好榜样。但他讨厌战争：

　　　　这是一个不管是否能成功我们都会流泪的职业，只有愚蠢的年轻人才会把这一严肃的职业当成游戏。我们有义务使我们不再听到大自然和怜悯的呼声……战斗的责任！残酷的责任！但是在这两次血腥的灾难之间，我再次成为一个男人，我感到

> 需要和平，我的灵魂渴望一些慷慨的行动。我试图减轻人类的
> 苦难，去修复我这个致命的、盲目的战争工具所造成的痛苦。
> 啊！战争所表现出来的痛苦场景，怎能不使一个人的心变得更
> 温柔、更有同情心呢？[46]

这位骑士浮想联翩，又和她说了几句话，便陷入了沉默和遐想之
中。似乎过了很长一段时间，他回头看了看吕泽尔夫人：

> 我不享受军衔带给我的荣誉和乐趣……我有一个儿子，我
> 爱他……当他来到这个世界时，除了大自然的恩赐，没什么可
> 以欢迎他的。我所能为他的命运贡献的只有我的眼泪……今天
> 命运对我微笑，我可以为他创造一个更好的未来，但我不知道
> 他现在怎么样了……他的记忆无情地追踪着我。我不幸的继承
> 人！他被迫参军。他穿着和我手下今天穿的一样的军装。有
> 时，在他们每一个人的身上，我相信我看到并认出了我的孩
> 子……他们都是我亲爱的……也许他还活着，过着饱受煎熬的
> 生活……但我失去了他，夫人，而且这种悲惨的方式使人几乎
> 不想再见到他了。[47]

圣弗朗骑士和他的故事，是由路易-塞巴斯蒂安·梅尔西埃在他戏
剧《逃兵》（1770）中塑造出来的，该剧在国际上名噪一时。只有
在前几章论及的关于战争和军事的文化大辩论的背景下，他和他的
故事才能表现出完整的意义。圣弗朗是一个复杂的人物，不完全是
一个典型的反派角色或英雄，因为他对战争的仇恨似乎超过了他的
爱国热情。他富有同情心，仁慈又谦逊，且坚持正义，坚忍不拔，

从普通的士兵成长为少校。他是国王忠诚且成功的仆人，同样重要的是，他也是一位父亲。正是他想养活儿子的愿望促使他首先选择了参军。这些父爱不仅表现出一个敏感的灵魂，而且表现出一个真正的男人和公民的基本品质。他是富有同情心的爱国者和完美英雄的缩影。

在圣弗朗所代表的新英雄主义中，家庭生活是必不可少的。关于 18 世纪法国性别和家庭的最新史学研究表明，开明的公民既是一位慈爱的父亲，也是一位正直的家庭主人，他通过多生子嗣为国家做贡献。[48]除了父亲身份和公民身份之间的联系之外，其他历史学家已经阐明了有关婚姻和公民身份的理论，这一主题发展成为一场有关军队的激烈辩论。[49]"改革者和反对者在如何最好地激励个人的勇气方面冲突不断。"詹妮弗·豪尔（Jennifer Heuer）写道。"他们的辩论揭示了那个时代的人对男子气概、家庭、军队和国家之间的恰当关系等方面的理解上的根本差异。对一些人来说，军人被视为公民，对战争和家庭生活都要投入精力，成为一个更好的勇士也意味着成为一位丈夫和父亲。而另一些人则认为，士兵天生就与其他法国人区别开来，要么是因为他们特殊的社会地位，要么是因为他们的职业暴力；士兵需要与家庭生活的义务和诱惑分开。"[50]对第二类人来说，对家庭的依恋会削弱一个士兵的战斗意志，很可能会引起逃兵事件或者要照料随军的妻儿。但婚姻支持者认为，婚姻会激发勇气和英雄主义，因为男人会觉得有责任在经济上赡养家庭，并希望自己被视为光荣的、勇敢的和爱国的人物。

像梅尔西埃的主题剧（*pièce á thèse*）是一种狄德罗式的资产

阶级戏剧，其目的是传达准确的政治意图。它把军人塑造成慈父的形象广为赞颂和传播，并经常利用这种充满柔情的角色，把它当作对该剧中的政治信息产生共鸣的一种机制。梅尔西埃把圣弗朗描绘成一个易于结交的、值得称赞的、开明的英雄，目的是把这种形象当成一种工具，以谴责对逃兵施以极刑。在剧中，圣弗朗本人并没有逃离法国军队。确切地说，是他的儿子杜里梅尔当了逃兵。整个剧情是：杜里梅尔被人告发并被抓获，后被带到一名军官面前，因其罪行将处以死刑。那名军官不是别人，正是他的父亲圣弗朗。

　　杜里梅尔解释了他是如何入伍的，以及他为什么当了逃兵。他解释道，他是因经济困难才参了军，在部队里遭到指挥官的虐待和报复，然后就当了逃兵。这样的故事为18世纪的公众所熟知。梅尔西埃把杜里梅尔塑造成一个多愁善感的角色，沦为悲惨生活的牺牲品，也是一个遭到军队双重残酷压迫的牺牲品。一方面因为正是上校对他的虐待才导致他当了逃兵，另一方面又因为当逃兵根据死刑法典要判处死刑。然而，梅尔西埃谨慎地表明，父子俩都是英雄：父亲圣弗朗化身为完美的英雄，儿子杜里梅尔坚持要让父亲执行命令，让行刑队来执行死刑，以免玷污他辛苦赢得的荣誉和少校军衔。圣弗朗同意了，但剧情快要结束的时候，他崩溃了，他紧紧抱着儿子，悲恸地哭着，向行刑队喊道，不要要求他发出枪杀自己孩子的最后信号（这一幕是由住在吕泽尔夫人家里的那位自负的年轻军官叙述的，那位军官此时不再傲慢，取而代之的是羞耻、愤怒和悲伤等真正的情感）。

　　通过该剧的开场白，整个欧洲、英吉利海峡的对岸（英国）和大西洋对岸美洲的观众都被触动了，从内心深处反思、感受战争和军事政策对军人及他们周围的人的影响。圣弗朗可以是邻居、叔叔、朋友等，而杜里梅尔也可以是自己的儿子。这种熟悉的形象修复了人们对士兵和低级军官的刻板印象，用一种高贵的身份与作为受害者和烈士的地位取代了作为无名的、如出一辙的掠夺者的恶名。对梅尔西埃来说，这种熟悉也构成了他策略的一个支柱，那就是让观众与他一起，大声疾呼取消对逃兵处以死刑。

18 世纪中叶，新闻和艺术界越来越普遍地采用"熟悉化策略"来激发同感。在这段时间里，七年战争如箭在弦，有人把烈士的形象描绘得非常感伤，其目的就是激发爱国主义和发起征兵动员令，这样的烈士有加拿大法裔军官朱蒙维尔先生约瑟夫·库隆·德·维莱尔（Joseph Coulon de Villiers，1718—1754），他被乔治·华盛顿领导的军队暗杀。[51]尤其是 18 世纪六七十年代的喜歌剧这些广受民众欢迎的戏剧作品，上演了从征兵到驻军生活再到备战的军事生活方方面面的细节。1771 年 8 月，路易-盖林·达泽马尔（Louis-Guerin d'Azémar）的独幕喜歌剧《两个民兵》（*Les deux miliciens*）首次在意大利人剧院上演，这部剧描绘了正规军和民兵的征兵过程，农民们抽签决定谁将参加正规军，谁将参加民兵。与这一时期的其他作家一样，达泽马尔吸收了关于如何通过爱国主义的眼光理解兵役和军人的经验教训。在这出戏的开头，剧中各个角色为征兵者的到来而悲叹，这个征兵者滑稽地取名为 Frappedabord，在法语里，这个词的意思是"先打人"。然而，"先打人"提醒他们，服兵役会使他们成为村里的英雄：

当士兵打完仗回家，

他受到珍视！他很出名！

人们钦佩他，尊重他：

所有人都被迷住了。

……

"真是神气！多有特质！"每个人都惊呼：

"他是另一个人，我保证。"

一个灵魂被战争摧残的小伙子

为国王效力而越发美丽。[52]

当驻佛兰德斯的萨克斯元帅军队的观众已经习惯了这样的喜歌剧和他们表达的意图时，达泽马尔把他们带到了巴黎的公众面前。

路易·昂索姆（Louis Anseaume，1721—1784）与查尔斯·西蒙·法瓦特有着长期的合作关系，曾一度担任巴黎喜歌剧院的助理导演。在 18 世纪 60 年代早期，随着七年战争的灾难不断恶化，他致力于将军人描绘成受人尊敬的正人君子。他导演的名为《士兵魔术师》（*Le soldat magicien*）的喜剧于 1760 年在圣罗兰博览会首演。从 18 世纪 60 年代到 18 世纪末，它一直是欧洲各大剧院的主演剧目，包括勃艮第宫剧院、巴黎的意大利人剧院和布鲁塞尔的蒙奈大剧院。在这部剧里，一个士兵来到阿甘特夫妇的家中借宿。这位士兵没有被命名，是因为要让他代表所有士兵而不是单一的角色。当他到阿甘特家时，立即受到了仆人克里斯宾的欢迎，克里斯宾宣布他热爱并同情士兵。这位士兵打趣说，克里斯宾在欣赏军人时，体现了良好的品位，接着又问他作为一个仆人为什么会同情他们。当克里斯宾回答说军人的生活很艰难时，士兵笑着唱起了一首欢快的、让人安心的歌，歌词是士兵是如何"在战斗中保持沉着，尽管炸弹落地时弹片飞溅……没什么能让他担心的，他随着加农炮的声音跳舞，就像随着手风琴奏出的声音跳舞一样"[53]。

昂索姆试图把这个士兵描绘成强壮的而不是可怜的，同时也是聪明、幽默和善良的。昂索姆把这一形象安排在该剧的主要情节中，这是一部关于阿甘特夫妇不幸婚姻的浪漫喜剧。聪明的士兵很快就察觉出这对夫妇的问题：丈夫猜忌和虐待妻子，而妻子本人也确实已经处于快要与镇检察官发生男女之事的危险边缘了。在一个冒名行骗的、展现他技艺的喜剧场景中，士兵假扮成一个魔术师，其魔术戏法揭示了夫妻双方的愚蠢行为，帮助这对夫妇重新找回了对彼此爱的承诺。昂索姆剧中的士兵表现出了新的英雄主义，在战场上为祖国和同胞效力，在国内体现了体贴周到和善良的特性。

昂索姆向士兵和下级军官表明，要展示这种英雄主义。极受欢迎的《民兵》（Le milicien）于 1762 年在凡尔赛宫为路易十五首演，由一位名叫拉·布朗希的中士主演。在一个乡下小镇，卢卡斯一通恶作剧似的操作，目的就是想得到一小笔本该付给科莱特的遗产。卢卡斯用这笔钱迫使科莱特嫁给他，放弃她对民兵队长多维尔的爱。拉·布朗希精心策划了一个方案，让卢卡斯入伍，以便追回属于科莱特的遗产，这样她就可以和多维尔幸福地结婚了。拉·布朗希在帮助上级寻找幸福的过程中展示了他的军事社交能力。他用行动纠正卢卡斯的不义之举，支持多维尔和科莱特的婚姻，展现了他的人道与同情心。在这些方面，以及在他自己的兵役方面，拉·

布朗希被剧作家描绘成一个完美的爱国者和英雄。

从时间跨度和地理分布的角度来看，像《士兵魔术师》和《民兵》这样的戏剧非常受欢迎，在舞台上取得了巨大的成功。从1762年在凡尔赛宫首演开始，昂索姆的《民兵》在18世纪下半叶的法国和两个外国的12家剧院演出了135次。[54]这部戏剧和类似的戏剧传播了新英雄主义的形象，激发了各级军人的活力。他们参与了一个被杰伊·史密斯称为"荣誉国家化"的过程，这个过程从国王和贵族，经军队各级军衔，最终到法国民众。吉伯特写道：

> 从宫廷到首都，荣誉和勇气将流淌到震惊的省份。贵族们放弃了奢侈和休闲的琐碎享受，离开城市，回到城堡；在那里，他们会发现生活更加快乐，不再那么困惑。它将重拾祖先的道德，在保持其开明观点的同时，将再次变得善战和勇猛。贵族阶层重新燃起的对战争和军事演习的兴趣，很快就会在人民中留下深深的印记。资产阶级将不再认为军人的职业遭人鄙夷，农村的年轻人将不再害怕加入民兵。[55]

吉伯特的观点是，广大法国人将成为公民和士兵，从而实现军事和道德的复兴。"在一个臣民都爱戴政府、热爱荣誉、不怕辛苦的公民国家里，拥有无敌的军队是多么容易啊！"[56]改革回忆录《关于军队章程的思考》的匿名作者明确指出："要有好的士兵，首先要塑造好的公民，为了拥有好公民，政府必须让他们尽可能地满足。"[57]对于像吉伯特这样的军事启蒙思想家与卢梭、瑟万和马布利这样的启蒙思想家来说，古罗马、斯巴达与美国的军事化公民提供了令人信服的爱国道德和军事胜利的例子。

王室在一定程度上愿意将荣誉"国有化"，特别是在军人内部。王室制定了新的政策，以便使全军的奖赏标准化，比如夺取了敌人的大炮或旗帜，奖励 600 里弗尔。特别重要的行动，例如俘获敌方一名高级军官，不仅有金钱奖励，而且还为那些被认为拥有一定军事和领导能力的人提供了晋衔的机会。[58]然而，国王无意在法律上把臣民变成公民，把公民变成士兵。奥斯曼（Osman）的结论是，因此，国家的转向重点是使士兵在文化上更像公民，同时有意避开任何有关战备国家的概念。

单从军事政策来看，这个结论是站得住脚的。然而，如果扩大研究素材的来源，包括英雄艺术，特别是爱国主义戏剧，一个关于战备国家的叙述显然是存在的。比埃雷特·德·贝洛瓦 1765 年的戏剧《加来被围》是迄今为止最著名的政治戏剧。该剧所产生的非凡热情和爱国激情促使编年史家路易·佩蒂特·德·巴乔蒙（1690—1771）这样写道：这是"一场为君主专制的布道，政府必须保护、传播，并使整个国家都能理解"[59]。路易十五正是这样做的。该剧在巴黎首演一周后，他就让其在凡尔赛宫演出，然后命令法国国家大剧院免费演出这部作品。《加来被围》在法国各个城市、城镇和军事驻防地的各大剧院风靡一时，并被印刷发行到欧洲大陆和海外殖民地的各个团。圣多明各总督亲自出资印刷了这部剧本，并自我标榜这是"第一部在美洲印刷的法国戏剧"[60]。

该剧讲述了 1347 年英国人围攻加来的最后几天所发生的著名历史事件。英国国王爱德华三世（1312—1377）承诺，只要加来市民投降，英国就会饶恕他们的性命，条件是他们选出六位最杰出的市民，穿着睡衣，拿着城市大门的钥匙来到他面前。但是，这六位富庶又有威望的市民（或称资产阶级）将被处死。然而，根据约翰·弗罗伊萨特爵士（Sir John Froissart）的编年史，爱德华三世的配偶即王后埃诺的菲莉帕（Philippa of Hainault，1314—1369）说服他要以慈悲为怀，放过他们。[61] 而在贝洛瓦笔下爱德华并没有把饶恕他们性命的这一人道行为归功于王后的劝说，而是称其受到了六位杰出市民的英雄主义的影响，这六位杰出市民被贝洛瓦赋予了"完美英雄"才具有的既为了公众又为了个人的美德。贝洛瓦将爱国主义与悲情戏剧结合起来，目的是教育观众要把热爱祖国与热爱家庭联系起来。就像剧中的主人公一样，观众应该关爱和珍惜自己的家人，但当危险和战争迫在眉睫时，他们必须首先学会爱自己的祖国。在第 1 幕第 2 场中，当圣-皮埃尔的儿子被错误地报告死亡时，圣-皮埃尔展示了从热爱祖国到热爱家庭的变化：

> 他死了，我的眼泪……但我在做什么？啊，我的祖国！
> 如果我救了您，我就要为我的儿子哭泣了！
> 对祖国的爱，哦，纯洁，又像跳动的火焰，
> 在我胸前重新点燃对您慷慨而炽热的情感；
> 我作为父亲，眼泪被您的火焰烧干。
> 召唤我的是我的祖国，我的国王，还有法兰西，
> 而不是为了您而献身的儿子的鲜血。

通过这样的场景，贝洛瓦旨在指导和引起效仿。他写道："不要让那些从我们剧院出来的人说：'我刚才看到的那些伟人都是罗马人，我不是在一个能效仿伟人的国家里出生的。'至少要让观众有时会

这样说：'我刚刚看到了一位法国英雄，我也想成为那样的人。'"[62]贝洛瓦笔下的各种英雄人物包括不同的社会群体，包括第三等级的平民、贵族、国王，某种程度上还包括妇女。在人们关注爱国主义、公民权和兵役这一新的领域里，性别标志着一个狭小的探索空间。虽然人们越来越容易接受这些不同的男性形象作为完美英雄，但女英雄的形象和女性英雄主义的属性仍然存在问题。军事政策和实践以及通过戏剧表达的文化想象清楚地表明，同时放松和重申了父权制的司法及文化规范。[63]

女性、战争与女性英雄主义

根深蒂固的性别观念强调了对女性爱国主义、公民权和军事作用的看法。尽管在遥远的过去，当法兰克人生活在这片土地上时就有了《萨利克法》，但一直存在陈旧的偏见：妇女没有爱国主义情怀和公民价值观。即使以一种开明的态度对这种刻板的观念重新进行审视，也可以看出偏见一直在持续。安托万·莱昂纳德·托马斯在1772年发表了《论不同年龄段女性的性格、举止和理解力》，提出要审视"如此充满友谊、爱和同情心的女性，是否能够把自己提升到热爱涵盖所有公民的国家的高度，是否能够把自己提升到热爱包括所有国家在内的人类的高度"[64]。尽管托马斯认同妇女不能"把自己提升到热爱自己国家的高度"这一普遍存在的观点，但他将此归咎于社会，而不是性别本质主义（gender essentialism）。[65]妇女被排斥在公共生活之外，使她们无法体验爱国情怀，这是后天培养的问题，不是天生的。然而，托马斯的论点很快就退化为本质化的逻辑，说什么妇女的头脑根本无法将集体概念化为家庭以外的范畴。托马斯总结道，对人类和对国家的热爱，"这些巨大的行动对女性来说超出了本性"[66]。

　　卢梭的《爱弥儿》（1762）在广大读者中重新激活了性别歧视和性别本质主义的心态，这严重阻碍了把女性想象成爱国者的能力。在《百科全书》中，"女性公民"（*citoyenne*）一词并不存在，而在"男性公民"（*citoyen*）这一词条里将仆人、儿童和妇女归为男性户主（*pater familias*）的家属。[67]历史学家研究了女性公民的概念，表明了女性公民是如何被视为矛盾的和不存在的，或者充其量只能把她们想象为在公众场合的缺席或被动，正如男性公民身份的特点是在场和主动。[68]

　　把女性看成是军事代理人的传统观念也同样具有偏见。对女性影响颇有怨言的人认为，"女性"和"军事"是相互排斥的。暴力和军事活动只与男性、贵族、公共领域的生活、荣誉和自我牺牲等有进取心的观念有关。妇女被认为只适合于做私人领域的事，对荣誉观念也无上进心。她们只有在特殊情况和具备某些有利条件的情况下，才能"跨越"进入男性活动的领域。如果丈夫不在场（例如上了战场）就无法保护自己的财产，那么使用暴力手段保护丈夫的财产就有可能成为女性的义务。这样的女性扮演着一种"借来的"角色，代替了男人，获得了他的一些特权。投石党人中的巾帼丈夫（*Frondeuses-Amazones*）就是这样，她们从 1650 年到 1653 年参加了亲王们发动的武装叛乱。[69]这种"跨越"具备了几个有利条件：

这些妇女是贵族，她们在丈夫不在场的情况下行事，通常是为了保护他的财产或利益。[70]这些情况认同了暂时性的性别越界并使之合法化，主要是因为它没有真正挑战，更不用说改变现有的心理或社会制度。投石党运动之后，性别法则又回到了原来的状态，路易十四大大减少了允许女性参与军队生活的人数。根据 1666 年 12 月 19日的法令，任何企图以男性身份在法国武装部队服役的女性都将受到惩罚，根据该法令，隐瞒身份的入伍女性将被送进监狱。

像贝洛瓦的《加来被围》这样的流行剧目，对这些准则的挑战也是半心半意的，缺乏十足的热情，甚至在许多情况下，还强烈地重申了这些准则。剧中的角色设计使他的作品具有欺骗性的"女权主义"，因为有关加来被围的种种历史记载并没有展现女性所起的作用，但贝洛瓦还是为其剧本杜撰了一位女性主角阿里诺尔。她是维埃纳伯爵加来总督的女儿，出身显贵，因而被天花乱坠地吹捧为"女性的楷模"。在巾帼英雄辈出的法国，她在女中豪杰中高居首位（*primus inter pares*）：

> ……你看她与城俱焚，光芒四射，
> 法兰西的巾帼英雄辈出：
> 爱德华的配偶和傲慢的蒙福尔
> 你们不是一个人在蔑视死亡。
>
> （第 2 幕，第 5 场）

阿里诺尔和加来的其他妇女通过制定战略、执行计划积极参与军事行动。阿里诺尔带领全镇的人设计了两个战术计划来结束围困，要么与城俱焚，壮烈自杀（第 1 幕，第 6 场）；要么让全镇熊熊燃烧，发起最后的攻击，让加来人民在战斗中光荣地死去（第 2 幕，第 5 场）。她呼吁加来的妇女作为军人直接参与战斗。对于集体自杀和最后的攻击，她分别向加来的男性保证：

> 你会看到，你忠实的妻子像我一样，
> 鼓励你用幸福而残忍的双手；
> 挽起她们的父母亲，
> 和你一起纵身火海。
>
> （第 1 幕，第 6 场）
>
> 来吧，把你亲爱的同伴武装起来，
> 或者用你那久经沙场的手握住钢刀，
> 而将要烧毁加来的火炬
> 会被我们扔向英军营地。
>
> （第 2 幕，第 5 场）

贝洛瓦用军事英雄主义的辞藻描绘了一种公平的性别经济：男女皆可成为法兰西英雄，均可参与军事行动，虽然有所不同。用性别化了的身体中已定型的构造来看，忠诚妻子的手臂是用来鼓励和拥抱的，而丈夫和父亲的手则是残忍的工具。这样，本可以从贝洛瓦关于女性参与军事行动的建议中觉察到的任何激进的暗示，在一定程度上都被弱化了；无论是暗示还是明确宣布，其中的女性英雄主义都不是特别明显。当阿里诺尔对加来城男性居民而非女性居民发出战斗号召时，贝洛瓦重复了这一惯用方法。每次谈到军事上的"施动者"时，贝洛瓦用的语法结构中，女性一直是被动者的角色。例如，在那句"把你亲爱的同伴武装起来"的台词中，明显是主动的男性给予了被动的女性使用暴力的权利。

男性给予女性暴力工具并允许她们使用暴力的主题在阿里诺尔这一角色的设计中表现得非常明显。就像投石党运动中的巾帼丈夫，阿里诺尔是一位贵族女性，在男性（她的父亲）不在场的时候，她奋起保卫领土，因而合法地参与军事行动。贝洛瓦极其明确地表示，阿里诺尔的权利是从她父亲那里借来的。在第 1 幕第 5 场，加来市长尤斯塔什·德·圣-皮埃尔（Eustache de Saint-Pierre）直截了当地说："控制他们的热情，把你的父亲交给他们。"第 1 幕第 6 场中，阿里诺尔本人决意完成战斗任务之前呼应了借来的角色："我父亲计划做出崇高的牺牲……在他不在场的情况下，他的女儿能做到这一点，这是多么令人高兴的事啊。"尽管阿里诺尔暂时的越界行为让她某种程度上获得了借来的军事代理权，而且她还设想把这种代理权传给加来女性同胞，但贝洛瓦还是特意弱化了军国主义和女性英雄主义最极端的提议。在第 2 幕第 5 场中，六位杰出市民中已经有三位甘愿来到英王爱德华三世面前赴死，阿里诺尔暗示她希望效仿他们也去赴死，这一爱国主义行为被贝洛瓦戏剧性地弱化了，圣-皮埃尔向她说道：

> 夫人，停下。我理解你的希望。
> 在我们的性别之间，区分责任。
> 我不用伤害你的荣誉就能够
> 夺回只属于我们的荣誉……
> 那些手握钢刀保卫城墙的人，

都有权在你之前接受爱德华的严格检查。

（第 2 幕，第 5 场）

贝洛瓦把父权制社会体系的结构重新强加在阿里诺尔的身上，不许她有机会为事业而献身，不允许她展现出女性英雄主义，她不能以这种方式牺牲，也不能获得相关的英雄荣誉。从此处到该剧的结尾，贝洛瓦逐步地不再让阿里诺尔具有英雄主义的性格，把她推到了一个作用越来越小的角色轨迹上，把她从一位女战神变成了顺从的女儿和调解员，接着是一位充满希望的妻子，在全剧的最后一个场景中成了一位缺乏人情味的、几乎是寓言性质的庆祝人性的角色。贝洛瓦本来杜撰了一位公民式的巾帼丈夫，却最终又把她放回到女性的位置上。

在 17、18 世纪的史诗中，圣女贞德（奥尔良的少女）的角色也被抹去了，其英雄的光辉被故意地湮没了。让·查佩莱恩（Jean Chapelain，1595—1674）是一位作家兼评论家，也是法兰西学院（Académie française）的创始成员，写了一首关于圣女贞德的史诗《圣女》（La Pucelle，1656），这首诗饱受嘲讽。在这部史诗中，贞德所体现的女性英雄主义被一系列涉及大量人物的情节冲淡了，本来作为核心主角的她最终被一个男性角色取代。然而，这种对贞德英雄品质的微妙贬损，与 17 世纪 30 年代开始流传的伏尔泰的模仿史诗《奥尔良的圣女》（La Pucelle d'Orléans）对她的讽刺诽谤相比可以说是小巫见大巫了。伏尔泰明显地表现出漠视宗教、怪诞不经和淫秽的一面。他在诗的第一节中写道，贞德最了不起的成就与上帝、祖国或军事造诣无关，她最大的（女性）英雄主义不过就是一年到头都保持着处女的身份，他在许多行诗句里表明贞德是绝对愚蠢的，这首诗最终以贞德的放荡不羁结束。[71]伏尔泰的《奥尔良的圣女》在欧洲各地受到谴责、责难和焚毁，但这反而让它更加流行。这首诗以手稿形式广泛流传了 25 年之多，在 1755 年至 1860 年间，包括秘密出版和授权出版的就多达 135 个版本。伏尔泰粗暴无礼地玷污圣女贞德的圣洁形象以及对她大加世俗化，似乎是对任何有关妇女、战争、公民权和女性英雄主义的进步观念的致命打击。

然而，与此同时，18 世纪的艺术家、剧作家和军官提出了更具包容性的观点，动摇了有时甚至突破了有关性别的陈腐观念和比喻。在法国旧制度时期的任何年代，法军中都大约有 4 000 名妇女。[72]由于后勤原因，许多妇女跟随陆军，而跟随海军独立连或海军的人数就少得多。军人妻子、孩子和妓女跟随部队，在早期的掠夺经济中扮演着重要的角色。其他非战斗妇女是随军商贩，售卖饮食和酒类等物品，也有的是洗衣工人。[73]少数妇女也是战斗人员，但她们在军中女扮男装。[74]研究表明，尽管路易十四于 1666 年 12 月 19 日颁布法令，要处罚伪装成男性的女军人，但许多军官并不想惩罚她们，而是对她们的军旅生涯给予解释，证明她们参军的合法性，并最终奖励她们。对女兵实施处罚的法令和中央巡查制度往往较为严苛，而那些认识女兵并与她们并肩作战的男军官，通常都会宽大处理。当珍妮·拉·巴莱、弗朗索瓦·菲德尔、珍妮·本萨克、玛格丽特·古布勒和玛德琳·凯莱林（她们的出生和死亡日期均不详）等女兵的身份被披露后，她们的军官和其他一些支持者为她们进行辩护。这些支持者运用了三个比喻来培养对女兵某种程度的理解与宽容：高贵的女英雄（*guerrière héroïque*）、圣洁的女扮男装（*sainte travestie*）和久经战争磨砺的女孩（*fille aguerrie*）。

"高贵的女英雄"最像 17 世纪那些体现了贵族女性风采的投石党人，如隆格维尔公爵夫人安妮·杰纳维夫·波旁·孔代（Anne Geneviève Bourbon-Condé，1619—1679）和有"大小姐"（la Grande Mademoiselle）之称的蒙庞西埃公爵夫人安妮·玛丽·路易·德奥尔良（Anne Marie Louise d'Orléans，1627—1693）。她们的贵族身份意味着她们沿袭了祖辈传下来的为法兰西历代君主发动战争和在军事上进行慷慨援助的传统。妇女可以承袭这一世袭传统和精神，尽管只在有特殊需要的时候。珍妮·拉·巴莱（Jeanne La Balle），也就是有名的卢桑侯爵夫人或"十字勋章之姐"，于 1729 年被捕。她就是通过"高贵的女英雄"这一比喻对自己的兵役进行辩护的。她说，父亲和先祖一直为法兰西国王效劳，因此效法父亲和先祖是她毕生的梦想。她坦诚地写道，她有慷慨效劳的内心，又有家族的荣光，这使她具备了男性身份，于是就成为一名军人。[75]

然而，正如她的名字巴莱（Balle 一词在法语中指"子弹"）所暗示的那样，这位女英雄足够聪明，用了两个比喻来为自己"替代男性"进入战争领域进行辩护：成为"高贵的女英雄"（如卢桑侯爵夫人）和"圣洁的女扮男装"（如"十字勋章之姐"）的战士形象，如同按照圣女贞德的模子刻出来的一样。尽管有伏尔泰以讲黄色笑话来取悦读者的《奥尔良的圣女》这样的模仿史诗，但忠诚的、圣洁的女英雄形象仍然在军事和文化意象中有很大的影响力。

弗朗索瓦·菲德尔（Françoise Fidèle）一直在巴黎民兵中服役，1748 年的一天，一名外科医生发现她原来是一名妇女，随后她被警察督察普索（Poussot）逮捕。普索在报告中为她参加民兵组织进行辩护，他解释说，据称菲德尔是戴伦团一名爱尔兰上尉的女儿，她服兵役完全是出于需要，因为她四岁时就成了孤儿。普索称赞她的教育、贞洁以及她想进入女修道院的愿望，把她描绘成某种社会环境的受害者和准修女，表示他希望菲德尔只会被监禁，而不是被判入狱。他成功了。[76]

珍妮·本萨克（Jeanne Bensac）曾在西班牙王位继承战争中服役一年，她的支持者们甚至比建议从宽处罚的人还要更加宽容。这些支持者建议准许她离开部队（而不是被逮捕），并给她少量的金钱奖励，以保证她安全地返回在利穆赞（Limousin）的家乡。本萨克在每个地区都有她的支持者。首先，她所服役的波旁团第二营有好几名上尉都支持她，并联名上书，以示同情。他们坚持说，没有人知道她是个女人，而且她在言行举止上一直很谨小慎微（或者说是一个十分正经的女人）。第二个支持者总务长勒·布雷特，他给战争大臣写了一封私人信件，要求准许她离开，并给了 40 埃居让她能够有钱租一匹马回家。还有一位支持者是安提比斯皇家医院的牧师亨伯特先生，他用圣徒言行录的形式把她塑造成一位名副其实的贞洁女子。[77]

我们要讲的最后一个用来为女性从军而进行辩护的比喻性词语是"久经战争磨砺的女孩"。这样的女孩已经习惯了军旅生活，她们要么是在前线长大的士兵的女儿，要么是随军小贩，或者是洗衣工。弗朗索瓦·菲德尔和珍妮·本萨克都曾在军队中度过她们的童年。菲德尔的血液里早就注入了战争的基因，因为她是一个在战争剧团长大的孩子。这两个女性都在服役期间融入了战争文化。18世纪的几位女战士，如玛德琳·凯莱林（Madeleine Kellerin）和玛格丽特·古布勒（Marguerite Goubler），她们的身份分别在1745年和1761年被发现，她俩都是战争剧团的孩子。凯莱林在前线手臂受了伤而被截肢，后来她的愿望得到了满足。当她被送进医院时，她被迫宣布了自己是女性。她的结局也不愧是一个感伤的喜剧故事：她退役了，领取了一笔军人退役津贴，嫁给了另一位受伤的退伍军人，搬进斯特拉斯堡退伍军人之家。然而，她从军队退役和国家给她带来的满足也需要进行性别调整：一方面，她成了妻子，因而担当了家庭的责任；另一方面，她可以用退役津贴"为自己的性别买合适的衣服"[78]。

虽然在性别和战争的观点上存在着某种二元对立，但女战士的确存在于军队之中，因而也使人们减少了有关性别的固有偏见。没有哪位国王或者是军事当局鼓励女性在法国武装部队中服役。然而，官方认可、女战士荣休和国家发放退役津贴标志着某些文化不再强硬地排斥和公开谴责女性从军。女兵荣休的例子特别多。1759年，弗朗索瓦·库尔沃茜（Françoise Courvoisy）服役五年后领到了150里弗尔，玛格丽特·古布勒在1761年服役一年之后领取了100里弗尔。[79]"高贵的女英雄""圣洁的女扮男装""久经战争磨砺的女孩"这三种比喻性的说法不仅可以被视为为女性参军进行辩护的理由，也可以被视为赋予权力的工具，以承认她们的荣誉、功绩和英雄主义。

　　同时，爱国主义文学和艺术越来越多地凸显女性的特征，探索女性的爱国主义和英雄行为。历史学家们对 18 世纪法国的市民母亲身份（*citoyenne*）和斯巴达式母亲提出了挑衅性的重新评价。他们不是把女性的家庭生活视为将女性排除在国家结构之外的理想，而是认为斯巴达式母亲形象赋予了女性重要的教育角色。"市民母亲的身份缔结了将所有公民与国家联系在一起的纽带，他们是建立以社会契约和平等原则为基础的理想国家的关键人物。"[80] 妇女在教育子女方面的家庭角色是一种公民身份和爱国主义的表现。更重要的是，由于家庭生活也被誉为男性特质和开明英雄的一个重要属性，它不再标志着性别差异的绝对边界。

　　有关伟大女性的文学作品和她们的集体传记则更进一步，将女性和她们为国服役与法兰西民族国家的记忆联系了起来。皮埃尔·勒·莫因（Pierre Le Moyne，1602—1671）于 17 世纪初发表了《女勇士画廊》（*Galerie des femmes fortes*）。具有丰富历史知识的神父克劳德-玛丽·盖恩（Claude-Marie Guyon，1699—1771）于 1740 年出版了一本有关女勇士的书，书名为《古今巾帼英雄史》（*L'Histoire des Amazones anciennes et nouvelles*）。让·佐罗巴贝尔·奥布勒·德·毛拜（Jean Zorobabel Aublet de Maubuy）和让-弗朗索瓦·德·拉·克罗瓦（Jean-François de La Croix）等人的这类作品并非小说，而是培养爱国主义的教学工具。他们重申了女性作为国家历史参与者更为明显的作用，并强调了妇女的爱国能力。舞台剧本不仅呈现了这些女性人物的光辉形象，而且更激进地把她们描绘成在爱国、家庭、公共和军事方面的新英雄主义的典范。这些女性成了英雄的化身从而"呈现"给观众，鼓励 18 世纪的女性效仿她们。巴纳贝·法明·德·罗佐伊（Barnabe' Farmin de Rozoi，约 1745—1792）后来成为《军事与政治》杂志的主编，他在自己创作的有关加来被围那段史实的戏剧作品中描绘了这种对性别、战争和英雄主义的探索范围。与贝洛瓦的剧本不同的是，罗佐伊的剧本《法国德修斯》（*Décius français*）从未被搬上舞台，它在很大程度上抛弃了新古典主义的意识形态和美学，以倡导两性在军事能力和英雄主义领域内的平等。

　　从剧本一开始，罗佐伊就公开支持两性在政治军事能力和英雄气概方面是平等的。在第 1 幕第 2 场中，厄斯塔什·德·圣-皮埃尔的母亲埃米莉（该剧作家罗佐伊杜撰的两个女主角之一）被描绘成一个斯巴达式女性。埃米莉说的话类似于普鲁塔克（40—120）所著《道德论集》（*Moralia*）中的"斯巴达妇女的话"，只有那些学识渊博的观众才能够意识到这一点。她告诉英国派来的军官塔尔博特［Talbot，历史原型是莫尼（Mauny）］，如果她的儿子在英国人面前胆怯逃生，她会亲手杀了他。塔尔博特听到此话很是吃惊，她则坚定地说道："你很惊讶，塔尔博特。但勇气既不知道性别也不知道年龄。"埃米莉不像贝洛瓦笔下的阿里诺尔，因为阿里诺尔的能力是从她父亲那里借来的，而埃米莉是具有自主能力的施动者，认为自己是公民，被赋予了勇气和不可剥夺的权利以便投入到加来的政治和军事事务中去。埃米莉是自我推荐，无人强求她去代替男性角色，她提议让自己成为加来人的英雄和领袖，宣称"每一性别都应该有一位英雄成为各自的领袖"。

罗佐伊根据完美英雄的模式，既赋予了笔下的埃米莉大无畏的爱国主义精神，同时也令其富有同情心。罗佐伊在自己所谓的"爱国主义与本性的战斗"中充分展示了这样的女性角色，这种战斗是一场内心的斗争，即埃米莉对女儿厄斯塔什的母爱这种私人情感与她的勇气、美德和爱国主义的公民情怀之间的一场斗争。埃米莉是一位富有同情心的爱国者，类似于托马斯所想象的迪盖-特鲁安和梅尔西埃在《逃兵》中刻画的圣弗朗那种完美英雄的形象，《逃兵》的出版比罗佐伊的剧本要晚很多年。[81]富有同情心的爱国主义强调，为祖国献身的心理挑战是伟大英雄的标志，正如维埃纳伯爵（《加来被围》中的加来总督）所证实的那样："这些战斗中，埃米莉展现了伟大的心灵。最伟大的英雄们流泪了。"作者含蓄地提到了史诗中落泪的勇士，如《奥德赛》中的尤利西斯和维吉尔笔下的埃涅阿斯，旨在强调埃米莉的英雄本色以及出于性别方面的原因而对她的不公。在第4幕第3场中，埃米莉和贝洛瓦笔下的阿里诺尔一样，也遇到了同样的绊脚石，没有权利作为加来六个杰出市民之一而牺牲自己。然而，罗佐伊利用这种剧情不是像贝洛瓦那样来驯服埃米莉，而是尖锐地挞伐军事领域的性别歧视。埃米莉对女性的地位十分痛惜：她们品德高尚，但从来没获得过荣耀；她们人格伟大，但永远不能在战场上一展身手。"男人们，毫无疑问，你们害怕我们成为你们的劲敌，我们为能和你们平起平坐而自豪，哪怕只有一天。"

埃米莉的女权宣言与另一位女主人公朱莉的言语和形象形成了

鲜明的对照，朱莉是厄斯塔什·德·圣-皮埃尔的妻子。朱莉代表
了亚里士多德式无节制的、非理性的女性原型，这类女性的特点是
毫无节制、自私自利，不能将公共事务置于个人事务之上，这是厌
女者眼中经典的女性形象，这也说明了为什么《萨利克法》需要在
法国得到提倡的原因。罗佐伊把朱莉塑造成一个自私、情绪化的女
人，目的是在爱国和不爱国的女人之间上演一场冲突。朱莉虽然软
弱，但情欲很强，首先寻求的是激情四射的爱和浓浓的温情，而埃
米莉的回应则重申了正确的爱国价值观和政治形势。然而，朱莉的
角色远远不止一个纯粹的陪衬而已，因为正是通过在舞台上演这种
对女性的刻板印象，罗佐伊才能够揭露其真相。在该剧的最后一场
中，事情发生了戏剧性变化，观众们发现朱莉策划了一个方案，通
过女扮男装而成为加来的六位杰出市民之一。就在行刑开始前，真
相出现了：朱莉摘下头盔，暴露了自己的真实身份。这一形象弥合
了女性身体与为国捐躯之间的鸿沟。她的例子非但没有被贬低或被
贴上例外的标签，反而成了女性军事作用和女性英雄主义合法化的
一般规则。埃米莉也成了即将赴死的六位杰出市民之一。这引出了
一个经典的舞台造型：当圣-皮埃尔的大家庭，包括埃米莉、厄斯
塔什、朱莉和朱莉的弟弟站在一起，代表了爱国力量和英雄主义的
平等权利之时，它就把狄德罗的资产阶级戏剧的目标与那些爱国剧
院的目标结合了起来。在罗佐伊版的有关加来被围的故事中，并不
是英王爱德华三世的王后菲莉帕，而是这种男女平等的爱国主义和
英雄主义的场景说服了爱德华饶恕那六位杰出的市民，并承认法国
的伟大之处就在于它是地球上最具有爱国主义思想的国家。

贝洛瓦和罗佐伊创作的戏剧被接受的历史，向我们揭示了戏剧的政治性，以及对妇女、战争和女性英雄主义的普遍心态。罗佐伊的《法国德修斯》被法国国家大剧院断然拒绝，剧作者本人也被投进了监狱。而贝洛瓦的《加来被围》则声名鹊起，无可比拟，而且他本人还成了法兰西学院院士。在凡尔赛宫、巴黎、法国各地兵营及海外殖民地前哨等地观看《加来被围》这出剧的王室成员和无数观众似乎对该剧传达的男性资产阶级英雄主义的意图、对祖国和君主关系的重新确定、对《萨利克法》的重申、对把女性的军事作用看成优秀的同时又采取弱化处理的手法感到非常满意。尽管贝洛瓦剧中的女主人公可以从父权制权威（她的父亲）那里，甚至是从父亲的军事和政治能力那里借用男性标志，但她的女性身体及其公众意义阻碍了任何激进的运动。尽管罗佐伊的戏剧有许多缺陷，但它提出了一个微妙的、具有同情心的爱国主义精神和强大的性别平等的形象，这种平等包括在政治、军事和英雄行为等方面的平等。罗佐伊剧本的结局是女性驱动的，它预示了 20 世纪女性主义批评的双重拒绝：第一，把女性角色集中安排在一起，拒绝男性的个性化模式；第二，拒绝对"母性-女性"进行还原论式的简单刻画，支持把女性看成坚强的和复杂的，她们无论在身体方面还是在心智方面都在努力斗争，以期实现平等和解放。

随着男兵变得更具有公民的情怀，女兵也经历了一个相对较小但与之相关的转变。同样，正如男性公民——如加来六位杰出市民——在爱国主义的虚构中被军事化一样，女性公民也被军事化了，两性的军事化程度偶尔是相同的，尽管罗佐伊那样的作品对于那个时代来说太过于激进了。法兰西帝国领土上的外国人、有色人种自由民和土著盟友在英雄主义和公民身份方面也有着相似的经历。

外国人、自由民与国民

1746 年 9 月中旬，一个印度歌舞巡回演出团来到了位于本地治理区总督约瑟夫-弗朗索瓦·杜普莱克斯的官邸。阿南达·兰加·皮莱（Ananda Ranga Pillai）告诉总督，这个团体用地方语言泰卢固语创作了一系列歌曲，以赞扬杜普莱克斯本人和他的功绩。这一系列歌曲颂扬了他的耐心和勇气，颂扬了他把本地治理区建成了法式要塞的效率，颂扬了他与英国人作战的军事才能，英国人一提到他的名字就会"一阵阵紧张地腹泻"。杜普莱克斯已经成为印度次大陆史诗般的英雄。

为了演出，杜普莱克斯在地板上铺了一块特别的地毯，邀请了许多客人，其中有几位是来自欧洲的女性，她们是译员，负责把泰卢固语歌曲翻译成泰米尔语，以便杜普莱克斯夫人把泰米尔语翻译成法语。歌手们一开场唱的歌讲述了 1745 年 2 月英国俘获了从中国归来的两艘法国船只"伊阿宋"号（Jason）和"海豚"号（Dauphin）。英国曾把这两艘船只卖给荷兰，但当法国以外交危机威胁荷兰时，荷兰友好地向法国补偿了两艘船只的价值。杜普莱克斯对这种缺乏英雄豪迈气概的叙事方式不完全满意。他要求进行一些歌词修改，其中一句要详细说明法国人强迫荷兰人支付的确切金额为 15 000 枚帕戈达金币，还有一句歌词要说明当英军率领这两艘劫掠来的船只返回印度时，法军船只"本地治理"号的船长是如何向英国侵略者发射炮弹，并很有可能击毙了英军海军准将柯蒂斯·巴内特（实际上于1746年病逝）。歌手们同意对这首歌和其他歌曲进行修改，并很快返回演出新的版本。这些泰卢固语歌曲与当地新闻和文化媒体所表达的英雄声誉，是杜普莱克斯巩固其在印度次大陆的政治、军事和经济影响力的战略的重要组成部分。[82]

正如杜普莱克斯在印度这样的外国文化中获得了英雄地位一样，在法军正规部队和辅助部队中服役的某些外国人群体在法国也慢慢获得了认可和奖励。然而，英雄主义和爱国主义的包容性文化有一个明显的界限——通常是种族界限——阻碍了人们成为法国英雄和公民。在殖民地和法国的海外贸易定居点出现了一种双重标准，法国人被期望成为土著文化中的英雄，但没有哪位印度国王、美洲印第安人的首领或者有色人种自由民可以成为法国文化中的英雄。[83]在圣多明各授予有色人种自由民和美洲印第安厨师长的奖章显示了文化的开放性和包容性。然而，这些奖励和特殊地位也隐藏了王室的野心，它试图影响和操纵受奖者的行为。对这些人来说，获得的奖励和特权总是附带一些特定条件的。

在旧政权时期，外国军队是法国武装力量的重要组成部分。它们在宗主国正规军指定的外国部队中作战，是从当地招募的，在海外殖民地充当辅助部队。[84]在宗主国正规军中，有数千名士兵来自东欧和北欧、非洲、亚洲和美洲。许多人不是天主教徒，也不会说法语。克里斯托弗·托齐写道："他们驻守各地，蔑视使这个波旁王朝合法化的许多神话，突出了旧政权统治下的法兰西在种族、宗教、文化和语言等方面的多样性。这些士兵还通过君主制赋予他们的特权，证明了在 1789 年之前，只要为国王拿起武器，就很容易'成为法国人'。"[85]

从 17 世纪 40 年代到大革命时期，法国武装力量的多样性出现了明显变化，因此，1789 年法国陆军 168 个团中有 32 个团被确定为外籍军团，其中包括 8 支骑兵部队和 24 支步兵部队。大多数为法国王室服役的外国人来自瑞士等欧洲邻国和一些德意志公国。历史上还有爱尔兰人、苏格兰人、匈牙利人、意大利人和列日人组成的法军部队。这些外国军队拥有特权，他们的军饷更高，还不受一些政策约束，如法国本土兵未经指挥官允许不能结婚，但外国兵却可以。托齐认为，法国君主越来越多地致力于将"外国人变成法国人"。路易十四在 1715 年颁布的一项法令可以说是一次跨越式的发展，该法令规定在陆军和海军服役 10 年以上的外籍军人享有自然臣民的权利，包括将财产传给继承人。[86]

这些外国人在法国人中间生活了多年，在社会和文化上日益融合。他们休假期间经常选择在法国度过而不是回国，而且有很多外籍军人还娶了法国媳妇。尽管路易十四越来越坚定地信奉天主教，他也制定了包容新教徒的政策，太阳王的继任者沿袭这些政策，而且更具包容性。新教徒不允许住进巴黎荣军院，没有资格进入军事学院学习，也没有资格获得奖励或勋章（如圣路易勋章）。太阳王在他统治的末期，开始允许瑞士新教徒进入巴黎荣军院，进而开始放松这种政策。路易十五进一步承认新教徒军人的兵役和英雄行为。1759 年，他为法国武装部队的新教徒英雄设立了军功章，还为新教徒创建了军事学院。

萨克斯元帅的志愿军团是本着好奇和壮观的精神组建的，但同时也坚信"黑人"民族在军事上的造诣。该团在奥地利王位继承战争期间创立，除第一连主要由来自法国加勒比殖民地以及非洲、亚洲和南美洲的"黑"枪骑兵（轻骑兵）组成外，大部分由东欧人（波兰人和鞑靼人）组成。

当路易十五于 1743 年 3 月 15 日授权建立志愿军，萨克斯元帅花了很大的精力才组建了一个连队。[87]他从法军的其他部队中招募志愿军，其中许多部队只有一个"黑人"定音鼓手（timbalier），这些鼓手用击鼓的方式给部队传达命令。他让随行人员打听这些"黑人"士兵的下落，与他们的指挥官通信，并给他们非常可观的报酬，以便能招募到这样的士兵。他还主动采取行动，争取那些来自殖民地但生活在或暂时居住在法国的自由人或奴隶。1747 年春，萨克斯得知，被法国私掠者俘获的 12 名黑人囚犯被关押在巴约纳（Bayonne）的一所监狱里。萨克斯恩请海军部长莫尔帕伯爵为他争取，但莫尔帕表示，由于存在禁止奴隶贸易和奴隶制的王国普通法（loi générale du royaume），所以这根本不可能。[88]奴隶与萨克斯元帅签订军事契约是非法的，因为从严格的意义上讲，奴隶是所有者的财产，在法国既不能出售也不能交易。因此，萨克斯没收或购买这 12 名囚犯都没有法律依据，于是把这些奴隶移交给了俘获他们的私掠船的船主。在类似的尝试中，萨克斯向莫尔帕寄去了一本匿名回忆录，其中提出了招募逃亡奴隶的计划。莫尔帕绝望地回答说，这个计划不仅不明智，而且"绝对不可行"。

　　萨克斯招募志愿军引起了法国殖民说客的注意，他们对萨克斯会蓄意窃取他们的"财产"感到震惊，一想到曾经的奴隶接受了军事训练后，也许有一天会决定掉转枪口来对付曾经的主人，这让那些说客更加不寒而栗。然而，尽管有这样的压力和法律的存在，萨克斯并没有被吓倒，而是开始精明地利用王国普通法的漏洞。其中一个例子是，他能够招募位于波尔多大西洋中心的两名黑人奴隶，因为他们的登记存在一定问题，这就使得他们原有主人的所有权无效。

　　萨克斯招募了这些人后，他保证他们会得到绝对平等的待遇。从行政管理的角度看，他们与法国的契约关系和其他外籍士兵与法国的契约关系是相同的；与法国武装部队中的每个士兵一样，他们的身份也登记在"部队名册"里；与其他士兵一样，他们睡的床和军服的质量并无二致；他们也没有与在连队服役的白人军人隔离开来。他们的死亡率和逃兵率与连队的白人士兵相同。他们结婚、打仗时也带着妻子，这与法国白人士兵也一样。黑人士兵的妻子与法国白人士兵的妻子一样，可以在部队里当洗衣工。历史学家安德烈·科维西耶查证了一些文件，证实了萨克斯团三位黑人轻骑兵在香波尔教堂举行过婚礼。这些黑人士兵的长官在他们结婚时还签字认可，很可能参加了婚礼以及随后的一些庆祝活动。[89]

　　萨克斯执着地创建"黑人"轻骑兵连队，在某种程度上是受东方主义的驱使：萨克斯刻意为"黑人"轻骑兵配备闪闪发亮的白马以突显他们的肤色，他把这支连队当作个人警卫，这类似于他听说过的在"东方世界"里存在的现象，他把来自不同大陆和不同种族的大量士兵统称为"黑人"（nègres）。然而，萨克斯也确有好奇心，渴望了解不同的宗教、文化和种族群体，相信他们都有非凡的军事能力。1757 年，萨克斯写信给德意志萨克森公国首相海因里希·冯·布吕尔伯爵（Heinrich von Brühl，1700—1763），要求他送去"六个托瓦里奇（tovaritch）鞑靼人，但却是真正的马哈茂坦（Mahometan）鞑靼人。我要让他们成为我的轻骑兵团的军官。我再次请求阁下，您给我的鞑靼人须是信仰马哈茂坦宗教的"[90]。萨克斯元帅似乎已开始计划从这些个人那里了解伊斯兰教的信仰，而且很可能和这些鞑靼人私下交流过，但这些对话却没有被记载下来。同时，他相信这些人具有优点，这样的信念使他很振奋。正如他写给冯·布吕尔的信中明确指出的那样，他打算让这些人担任指挥官，而不是像海外殖民地战场上那些民兵、协警和辅助部队的士兵一样，仅仅是欧洲白人或法国人领导下的军士和士兵。萨克斯为他在招募和提拔他们官职的过程中所扮演的角色感到非常骄傲。后来，他写信给冯·布吕尔："我非常高兴，巴巴克上尉刚到我这里来就被任命为中校。我相信，他将是第一位穆斯林中校，这是他为基督陛下效力的一部分。"[91]

科维西耶的结论是，萨克斯的"黑人"轻骑兵不仅在创意上具有独创性，而且具有"无意识的革命性"。然而，他对冯·布吕尔所做的评论和他对殖民游说团体的大胆驳斥，使他的意图远远超出无意识的革命性。军事管理部门压制了它，没能让它成为一大趋势。萨克斯死后的几年里，这一饱受政治因素困扰的军队被宣告解散。在 18 世纪 40 年代，宗主国的白人士兵竭尽全力，渴望成为被视为具有爱国主义、公民理想、家庭美德，以及具有领导才能的英雄。如果没有像萨克斯这样开明的军事人物的扶持与赞助，有色人种是没有机会的。

　　在圣多明各，种族、兵役、英雄主义和公民权等问题在政治上更加脆弱。18 世纪中叶，人们就殖民地爱国主义的性质进行了辩论。一方面，正如圣多明各殖民者埃米利恩·佩蒂特（Émilien Petit，1713—约 1780）在他于 1750 年完成的著作《美洲人的爱国主义》（*Le patriotisme américain*）一书中所述，富有的白人种植园主避免服兵役，转而支持自由美德和经济爱国主义。佩蒂特和他的追随者谴责法国在殖民地的军政府，声称"当法治将殖民者从地方军事领导人的武断决定中解放出来时，他们理性的私利将创造繁荣、秩序和对祖国的强烈依恋"[92]。例如，种族隔离是佩蒂特设想的制度的核心，因为"如果白人和自由的有色人变得太'熟悉'了，也就是说，如果他们建立了有生存能力的家庭，克里奥尔人的爱国主义可能意味着帝国的自治或独立"[93]。海军部聘请了佩蒂特，带他到凡尔赛宫待了 20 年，以帮助制订安的列斯群岛的殖民政策。

　　与殖民地保守派的声音相反，被派往圣多明各的法国本土高级军官的观点要自由得多，这些高级军官中有德斯坦伯爵查尔斯-赫克托和卢夫雷侯爵列诺瓦。德斯坦伯爵抵达殖民地担任军事长官时，他带来的是对古典公民美德和有色人种优点的坚定信念，约翰·加里格斯描述了这一点[94]：

　　　　以前，还没有哪位殖民地行政长官能像他那样宣布自己对

自由的有色人道德价值的坚定信念。他把他们描述成忠诚的儿
子，引以为豪而又节俭。他提议为自由的有色人种士兵设立特
别奖——"勇敢奖"和"美德奖"，还要附加退役津贴，在国
王生日的特别仪式上颁发这些奖项。此外，他还提议，任何有
八分之一或更少非洲血统的人都应被视为白人，在法律上都不
应受任何歧视。他坚持认为，许多成功的克里奥尔人家庭中的
肤色差异不是自然形成的，他把这一措施描述为"像对待白人
一样对待他们，他们是真正的白人"。德斯坦知道这一提议会
引起政治骚乱。然而，"特别是在如此需要男人的国家里，拒
绝如此宝贵的公民阶级，在我看来似乎是矛盾的，值得我们为
之而斗争"。他相信这样的改革将加强全体自由的有色人种公
民的爱国主义。随着时间的推移，与欧洲人的后裔不断接触和
通婚将使合格的家庭获得完全的公民身份。[95]

德斯坦的提议引起了极大的愤慨，他在圣多明各仅仅待了 15 个月后
就被召回法国。然而，约 15 年后，德斯坦重回圣多明各，招募军事
人员，支持美国人民争取独立。1779 年春，他回到故地，带回了他
的精英治国理念，也表达了要支持"人人皆有公民美德"的理念，支
持像卢夫雷侯爵列诺瓦这样的宠儿，以及支持这样的宣传系统以帮助
传播这些思想。1780 年，119 岁的老兵文森特逝世，在他的葬礼上，
人们将所有的军事荣誉都授予了他。1697 年，时年 36 岁的文森特随
军袭击了卡塔赫纳。《美国海报》称赞他是"一个真正伟大的灵魂，
无论住在哪里，他都能被所有人看见，甚至一切看似必要的偏见在他
面前也会哑然"[96]。在这几个月的大量征兵中，《美国海报》继续宣

扬"人人皆有公民爱国主义"的理念，颂扬自由的有色人种公民的爱国热情，他们加入了新改革的援美志愿猎骑兵团，宣布这种对祖国的军事热爱点燃了"每一位种族公民的热情和善意"[97]。

　　法国君主用这些辞藻和奖赏点燃了圣多明各自由的有色人种公民的希望和爱国主义，最终使他们成为被操纵的工具。在北美，殖民者通过"勋章酋长"制也采用了类似的招募军人和促进宗主国利益的战略。勋章曾是法国与美洲印第安部落外交时授予他们的奖章；然而，凡尔赛宫和殖民地政府试图改变其表示奖励的文化含义。每年大约有 12 名来自美洲不同印第安部落的男子获得法国君主颁发的奖章，以表彰他们对波旁政权的忠诚。勋章承认功绩，同时也旨在使其获得者成为联盟的酋长。[98]它显然是为了让其获得者继续保持对法国的忠诚，希望勋章酋长在其部落中具有特殊地位，成为部落首领，在土著社区内维护和促进法国的利益。然而，这一计划事与愿违，因为一个欧洲大国给予土著的奖励和地位在第一民族（勋章获得者的民族）中不一定得到尊重，第一民族的领导地位是根据他们各自的标准独立决定的。[99]陷入两个世界之间的勋章酋长既不是法国民族的英雄，也不是自己部落的英雄。

　　圣多明各的志愿猎骑兵团也被湮没了，人们没有记住他们的荣光或公民身份。许多志愿兵在 1779 年的萨凡纳围攻战中战死，幸存下来的人也分散在整个法兰西帝国，被迫继续服役。整个殖民地都传播着种族主义言论，这些言论最终竟成了法律，抹杀了有色公民的美德、爱国主义和英雄主义的观念。有人把非洲血统视为"抹不去的污点"，这为他们认为兵役是劣等种族的负担而不是爱国公

民的荣耀提供了一个借口。虽然斯图亚特·金在圣多明各北部省发
现了自由的有色人种参加"军事领导层"的证据，但约翰·加里格
斯在该岛南部省没有发现这样的证据，因为在南部省，自由美德占
主导地位，而有色人种服兵役被看成耻辱和地位劣等的标志。[100]最
终，自由的有色人种肩负着兵役的重担，却从未在法国英雄的万神
殿中占有一席之地，从未获得任何奖赏或认可。庆祝他们的英雄主
义和承认他们的公民地位需要一场革命。

想象武装起来的法兰西民族

　　18世纪关于民族认同、武装力量和公民身份的三大历史演变
进程中，都少不了对军事英雄主义的崇拜。民族认同与旨在维护军
人荣誉和改善兵役条件而制定的政策有关。1787年，新成立的以
吉伯特为首的战争委员会努力通过了一系列改革措施，所有人都希
望这些改革能够解决几十年来困扰法军的功能失调和军事溃败。改
善士兵的生活状况和奖励军功乃是首要任务。因此，委员会通过一
项法令，将士兵的军饷每天再增加6但尼尔（半便士），提高军粮
质量，向服役多年的老兵发放更高的退役津贴。此外，法令还要求
军官用更正式的尊称"您"而不是非正式的"你"来称呼士兵。还
要求团部建立学校，教士官阅读、书写和简单的算术运算。委员会
恢复了对某些军事犯罪的体罚，但规定这种惩罚是私下进行的，这
样士兵的名誉便不会受到公众的侵犯。[101]

　　18世纪80年代也是法国海军改革的鼎盛时期。在旧政权的最

后十年里，改革从以科学为中心转向以人为中心。萨克斯元帅研究的"细节"关注的是人和人的物质必需品，最终密切关注海军改革的海军大臣卡斯特里侯爵（元帅衔）也持同样的观点。他辅佐路易十六多年，于1786年颁布了一部长达458页的法典，该法典彻底地重新定义了海军基本章程，包括国家为水兵及其家属提供更好的照顾。[102]阿莱思·伯尔布歇写道："没有哪位国务大臣，甚至是科尔伯特都未曾对水兵的命运有如此细致的关注。"[103]

虽然海军的改革受到高度重视，但陆军的改革却不怎么成功。这些改革是善意的，反映了对爱国的、英雄的、富有同情心的士兵最新情况的关注，他们是一群需要救赎并值得关爱的人。战争委员会永远无法满足改革的所有要求，其中许多要求相互冲突，互不相容；即便委员会赞同对军人按军功行赏，但并未明文规定可以废除对士兵的体罚。1781年的塞古尔侯爵颁布的法令规定，所有军官候选人都必须提供家族四代皆为贵族的身份证明，这表明直到法国大革命前夕，社会等级的偏见一直影响着军事改革。整个18世纪80年代，对改革的日益失望加剧了军队抗命和大量军人退役。

英雄主义文化在军人和非军人之间、士兵和"平民"之间关系的另一项重要发展中发挥了作用。尽管盗窃、掠夺、违禁品和军人对平民犯下的暴力罪行仍然存在，但这些罪行只占军队驻防城镇和过境城镇上报罪行的5％。[104]路易十四发起的将士兵"本土化"的方案取得了一些成果。驻军和不断完善的军事司法制度，加上国家宣传和通俗文学，使从伟大的将军到下级军官和士兵等军事人物越来越为人所知，也越来越不像人们想象的那么邪恶阴险。68％到

88％的士兵来自法国的农业区和手工业区，这意味着他们已经与村社居民有了一定的文化和经验联系。当国家调集军队去镇压粮食风波时，军人和村民之间共享的价值观越发明显，相互间也更加尊重。1787年年底至1789年年中，这样的粮食风波共发生十多起。尽管一些军官同意率部进入暴乱地区进行镇压，但还是有些军官拒绝执行命令，甚至选择辞职。图卢兹有位军官被要求派兵镇压暴乱，他写了一封辞职信，说他宁愿离开军队，也不愿意做这种事，因为"军队要做的事不是攻击公民"[105]。正如完美英雄的概念所规定的那样，军人应该是军人，是全体公民的保护者。

新政策、军官们临时性的倡议、七年战争后的民族主义等，不仅促进了"人人皆可为英雄"思潮的第三次发展，也促进了将公民身份与兵役联系起来的日益强大的文化理想。法国各行各业的人们不仅可以把自己看作公民，而且可以把自己当成具有爱国主义、社会责任感、家庭责任感以及为强烈的军事精神所激发的"开明"英雄的素质的人。他们已经做好了准备，要将吉伯特在《战术通论》和弓箭骑士在《军事贵族》中所表达的梦想化作现实："我听到了民族的怨言；成千上万的声音呐喊着，拿起武器！法国人……是的，你当之无愧地继承了血脉。你拥有祖先的美德，还有一些并不是时刻表现出来的美德，例如克制和人道。"[106]这一形象在1787年至1790年之间成为现实，当时出现了越来越多的由公民组成的临时军队。这些部队是国民警卫队的前身，是巴黎军队的正式组成部分。[107]早在人们呼喊"祖国危难"和法国大革命期间大量征兵之前，军事启蒙运动就将法兰西民族塑造成了一个爱国勇士民族的形象。

第五章

军事启蒙的辩证法

革命时期与拿破仑时期

19 世纪中叶，资产阶级革命断头台上的刀锋和拿破仑军队大炮的轰鸣已成遥远的记忆。乔治·桑（1804—1876）和维克多·雨果（1802—1885）觉得永久和平的梦想即将实现。乔治·桑在《我的人生史》（1855）中写道："永久和平的哲学，乃是最新的哲学流派之精神。今天，如果认为圣-皮埃尔神父是荒谬的，或者当谈及这位连其诋毁者都称之为'最优秀的人'的神父时竟毫无敬意，那将是甚为荒唐的事情。"[1]维克多·雨果同样指出："如果阔步前进的 19 世纪不会受到超出我们预期的事件阻挠的话，那么已经从过去无数风暴和无数灾难中拯救出来的文明，就一定会离我们称为战争的恶魔女妖卡律布狄斯和我们称为革命的狗头海怪斯库拉越来越远。"

桑和雨果表达了对战争结束的乐观态度，尽管有相反的证据表明情况远非如此。在他俩表达出乐观态度前不久，他们都经历了1823 年法国对西班牙的短暂入侵和 1830 年的七月革命。桑表达对永久和平的支持发生在以下战争之后：1830—1847 年法国对阿尔及利亚漫长而野蛮的征服，1848 年法国革命，以及第一次法墨战争（1838—1839）。事实上，当桑发表和平主义宣言时，克里米亚战争（1853—1856）激战正酣。此后不久，随着法国政府扩大全球和殖民地的战争，桑和雨果对永久和平的希望面临进一步的挑战，这些战争主要有：第二次意大利独立战争或法奥战争（1859），第二次鸦片战争（1856—1860），第二次法墨战争（1861—1867），普法战争和巴黎公社（1870—1871）。发生在法国境外的战争，尤其是美国内战（1861—1865），同样令法国和平主义者感到沮丧。从德雷弗斯事件（1894）到后来的两次世界大战，这些发生在桑和雨果身后的事件肯定会使他们抱有的希望破灭，他们生前希望 19 世纪将迎来人性与和平的文明。也许桑和雨果的乐观主义会变成嘲讽的悲观主义，就像伏尔泰对圣-皮埃尔和平主义的"一个好公民的梦想"所表达的那种悲观情绪："圣-皮埃尔在书中天真地、喋喋不休地谈论最琐碎的道德真理，又总是同样天真地提出不切实际的方案，比如永久和平计划。"[2]

对一些历史学家来说，永久和平的概念比简单和不可能有着更恶毒的含义。大卫·贝尔认为，法国大革命伊始，人们满怀希望地认为战争不过是落后的君主制历史的遗迹，但这一观点却给骇人听闻的战争文化火上浇油。一些学者认为 18 世纪 90 年代的冲突是

"结束一切战争的战争",但它却助长了歼灭战的战略;另一些学者则认为人类文明对战争的理解还没有发生根本性的转变,正如杰里米·布莱克(Jeremy Black)所说,"法国随时诉诸暴力,这在某种程度上归于其政治偏执"[3]。关于战争升级的原因,或者大革命和拿破仑战争是否可以归为"全面战争",虽然历史学家们对上述问题的观点并不一致,但大多数人都认为 1792 年至 1815 年期间发生了具有社会政治影响的、规模空前的战争。[4] 冈瑟·罗森伯格(Gunther Rothenberg)调查了 1490 年至 1815 年期间欧洲所有的主要战役,估计超过 1/5 的战役发生在法国大革命和拿破仑时期。[5] 个别战役,例如 1813 年 10 月 16 日至 19 日的莱比锡战役,将法国、波兰、意大利、德国、俄国、奥地利、瑞典等国总计超过 50 万人的军队拖入战场,造成了 10 余万人伤亡。1793 年法国颁布"全民皆兵"总动员令号召所有法国人为国参军报效祖国,似乎要将军事大国或伟大国家的新兴神话变成现实。[6] 阿兰·福雷斯特(Alan Forrest)和伊瑟·沃洛赫(Isser Woloch)的研究证实,战争是当时法国社会最普遍甚至最具压迫性的力量。[7] 大革命时期关系政治生存的民族战争,以及拿破仑时期发动的帝国征服战所引发的冲突,都超越了近代早期有限战争的范围。任何持久和平的希望似乎都被短暂的胜利带来的狂喜和长期战争造成的持续性破坏取代。

从军事的角度来看,1792 年至 1815 年期间的战争要求重新优化后勤、人力、战术、技术和医疗系统。军事启蒙运动的改革范式继续引导着这些努力的方向。法国大革命的最初阶段激发了军事哲学精神，并将其传播到更广泛的群体行动中。无论男女，他们都在表达不满，提议改革，起草请愿书。启蒙思想家和军事启蒙思想家曾设想的由勇士构成的法国民族，已经化为由公民士兵构成的革命的伟大民族，尽管妇女、少数民族和外国人作为国家战斗人员和英雄仍受到争论。套用诺贝特·埃利亚斯（Norbert Elias）的说法，就是拿破仑的"军事化进程"把公民士兵的象征变成了士兵公民的象征，在军队中确定了法国荣耀、权力和道德品质的源泉。公民、国家和战争之间关系的持续变化推动了普遍的军事化进程，这实际上就是军国主义。[8]

使法军成为一支更强大的有生力量，精简军队，提高作战效率，仍然是追求的目标，就像军事启蒙参与者的目标一样。武装部队内部社会关系的重要性是这一问题的重点。革命者提出了博爱的概念，团结所有公民，特别是军队的公民。军事博爱的文化，加上富有同情心的文化，促成了布莱恩·马丁所说的"拿破仑式友谊"。它是在普通士兵中间产生的纵向和横向的生理、心理、情感上的亲密关系，它也是身为皇帝和将军的拿破仑对麾下官兵表现得最令人感伤的亲密关系。拿破仑的理念是，通过一种不仅体现于社会关系中，而且体现于生活条件和医护条件的改善中，以及体现于精英奖赏制度中的关心来塑造军事身份认同和提升部队的作战能力，这种奖赏制度使真正值得尊敬的军人能够加官晋爵。军事启蒙思想家们所宣扬的军事"兄弟会"的旧观念根植于"这样一种固化了的观念：为国效劳就是在他人的照料下生存和死亡"[9]。

然而，军事共同体不仅建立在同情心和人性的基础之上。迈克尔·休斯认为，性英雄主义（sexual heroism）与男性的"同性友爱"文化是拿破仑军事身份和"帝国美德"的基石。拿破仑手下的军人因劫掠和奸淫而臭名昭著，至少在某种程度上，他们的军事身份认同、军人团体和军事胜利都是建立在对妇女和平民施以暴行的基础之上的。如果像霍华德·布朗所说的那样，战争领域中的暴行在大革命时期越发明显，那是因为在法国集体意识中根深蒂固的同情心、人性和人权的启蒙文化在大革命时期正在被亵渎。

　　本章将前几章的主题、论点与大革命时期和拿破仑时期军事文化和制度的史学研究、历史记述联系起来。追溯 1789 年至 1815 年期间军事启蒙运动的脉络可以发现，在许多情况下，这个时期的"根本性断裂"既不是断裂的，也不是激进的。[10] 相反，大革命时期和拿破仑时期的军队及其文化想象代表了在军事启蒙中形成的文化和特殊性实践的联合和更广泛的形式化。

伟大的民族

　　从 1789 年法国大革命爆发到 1795 年至 1799 年 11 月拿破仑推翻督政府（1795—1799）和建立执政府（1799—1804），法国军队的构成、道德品质和作战能力对统治法国的多个走马灯式政权至关重要。军事改革对国内政治而言似乎具有了象征意义。它标志着旧政权的消亡和大革命初期一个由公民构成的国家的诞生，后来，它成为国民公会期间山岳派和吉伦特派之间较量的焦点。有时，军事改革往往是出于一场声势浩大的革命运动的紧迫性，以及一个国家

岌岌可危的命运。例如，陆军和海军重新配备人员的改革就是因为
1791 年法国贵族集体大逃亡。大约 6 000 名贵族陆军军官逃离法
国，海军军官也是如此，9 名海军上将中只有 2 名，18 名海军少将
中只有 3 名，170 名海军上尉中只有 42 名，530 名海军中尉中只有
356 名留在了法国。[11]1793 年 8 月，国民公会颁布著名的"全民皆
兵"总动员令，以及随后由公共安全委员会对陆军将领实行监督，
也都是为了让这个命悬一线的共和国继续生存下去。督政府继承的
这支军队堪称乌合之众，由于多年的无组织、无纪律和管理不善，
以及仓促制定和执行不当的政策导致了军纪涣散、违抗军令，甚至
是致命的兵变，这都是法军的战斗力遭到重创的缘由。根据拉夫·
布拉法布的说法，尽管督政府的全面改革计划"非常不受欢迎"，
不过还是"有必要向军队灌输秩序、稳定和正规性"[12]。拿破仑·
波拿巴的迅速崛起和他成功夺取政权后并能维持其政权，不仅证明
了他在宣传方面和设立官僚机构方面皆具有非凡的谋划才能，而且
也证明了把军事合法性等同于军事力量的文化和政治制度。在这方
面，事情越变，就越保持不变。

　　历史学家们专门撰写了大量的著作，顺着混乱而快速变化的线
索，去探寻大革命时期国家、公民和武装力量之间纷繁复杂的关
系。[13]大革命时期军队复杂的转型，以及军事启蒙的改革措施和多
种意识形态，都紧密地相互交织在一起。这并不奇怪，因为像拿破
仑（1769—1821）这样的人物是旧政权垮台之前一二十年里接受教
育的，又是在 1789 年以后二三十年里执掌政权的。有改革思想的
军官们满怀热情，坚信自己的地位不会因新秩序而受到削弱，相信

他们改革军队的计划最终会更彻底地实现。布拉法布写道："如果
我们把目光投向为天才开放职业生涯的激进决定之外，就会清楚地
看到，国民大会更广泛的军事改革计划，以及军官们对此的反应，
都是在从旧政权继承过来的概念框架内阐明的。"[14]的确，大革命
初期的军事启蒙思想家回到了军事启蒙运动的几大主题——社会交
往、人道主义和同情心、军功和爱国的公民军队。历届革命政府都
试图着手解决关于这些思想以及如何使之制度化的问题。

　　军事启蒙遗留下来的第一个问题是，有关武装部队的书面文件
大量涌现，表达了一种新的激情澎湃的改革思潮。曾经，一直寄托
在吉伯特和他领导下的战争委员会身上的变革希望，在丑闻中爆
发，在官兵们的不满声中结束。1789 年春天，路易十六要求起草
《陈情书》（cahiers de doléances）时，来自法国各地的国民都表达
了不满。第三等级表达了他们希望在法国陆海军中服役的愿望，这
与曾经在爱国剧院中传播的关于公民军队的讨论和法国普通民众对
军事英雄主义的看法、美国大革命的新闻报道、启蒙思想家和军事
启蒙思想家的著作相呼应。给三级会议的信中要求，巴黎以外地方的
居民不仅要有机会为国服役，而且也应有机会成为军官，而不只是单
纯的士兵或普遍遭到唾骂的自卫队成员。像利穆赞等省和兰斯（Re-
ims）等辖区主张建立一个任人唯贤的精英军官团，让所有等级的
法国人都有机会进入武装部队的最高职位。尼穆尔（Nemours）辖
区认为贵族的特权是没有道理的，因为奔赴战场的重任是由第三等
级的人分担的，而不仅仅是由那些少数出身名门的贵族军官承担
的。[15]地方数省提出了让第三等级的成员有机会晋升军衔的办法，

宣扬爱国的法国人不应被强征入伍，而应该自豪地自愿参军并为之
献身。

1789 年夏，一连串的事件使法国风雨飘摇，动荡不安：投票
风波、第三等级接管三级会议、成立国民大会、攻占巴士底狱、大
恐慌，以及 1789 年 8 月 4 日废除特权以便让有才能的人有机会进
入军旅生涯等。1789 年 8 月至 10 月，温普芬男爵乔治-路易斯-费
利克斯（Georges-Louis-Félix，1744—1814）说服议员们成立一个
军事小组委员会，一大批回忆录、信件和陈情书被提交给国民大
会。这些文件代表了法国本土 50 多个团和 70 多个驻军镇。[16] 由于
来自军事和非军事部门的建议，集体参与大革命武装力量改革的过
程在形式和内容上都有其开明先辈的印记。

军事启蒙思想家所设想的公民士兵和勇士国家的典范，在大革
命初期似乎从文化想象沿着一条直线顺利走向现实。被巴罗瓦团称
为"勇士公民"的国民大会的成员，已于 1789 年 8 月 4 日晚至 5
日上午废除了封建主义，从而改变了国家、军队和人民之间的关
系。弗雷斯兵团写信给国民大会："每个士兵都是公民，每个公民
都是士兵：因此，正在恢复自由的国家非常有兴趣把呻吟的士兵从
奴隶制中解放出来。"[17] 士兵和公民乃指同一人，意味着士兵应该
从他以前的军事"奴役"中解放出来，就像公民从以前的政治"奴
役"中解放出来一样。

使每一个士兵都成为公民，使每一个公民都成为士兵，在提升
后者地位的同时，可以采取多种形式。这样的想法开启了一个深刻
反省、假设和激烈辩论的时期。征兵问题至关重要，而且争论激

烈。爱德蒙·路易斯·亚历克西斯·杜波伊斯·德·克兰塞（1747—1814）在国民大会中倡导一种思想，认为将男性普遍征召入伍是建立法国公民军队的最佳途径，因为这将使兵役成为公民义务的一部分，从而成为公民身份的定义部分。它还将确保可随时调用常备部队和预备役部队。[18]然而，大多数人认为，军队应在自愿报名的基础上进行招募。志愿兵役是基于自由选择，而不是强迫或赤裸裸的武力，因而似乎是组织征兵的最佳方式，它体现了新的自由和公民精神。志愿兵役制的支持者自信地认为，就像古希腊、古罗马人和那时的美国人一样，法国人对祖国的热爱和为国献身的意愿将使法军普通士兵都是有才干的热血勇士。虽然这种观点的追随者承认，需要花很长时间才能洗刷旧军人留下的污名，但他们相信，正如弗雷斯兵团的军官所做的那样，增加军饷和改善生活条件将在法国人心目中提高参军的吸引力，增强他们的自豪感。最终，志愿兵役制赢得了辩论，并于 7 月 22 日由国民大会颁布法令通过，理由有二：强制兵役侵犯了公民的人身自由；强制兵役会强行把喜欢其他行业的勤劳之人变成"平庸的士兵"。[19]

　　然而，正如军人和军事委员会成员所一致认为的那样，鼓励志愿者入伍并向他们灌输公民价值观需要变革某些制度，而其中许多改革措施，不过是长期以来军队里的团部一再陈情要求进行军事改革的一部分。考虑到军事委员会本身由 20 名代表组成，其中 18 人是现役或退役军官，他们曾在世界各地的战场上为法国而战，所以让他们入选军事委员会并不奇怪。他们要做的，不仅是要仔细研究最近提交的陈情书，还要查阅整个 18 世纪提交给国家的回忆录、

书信和论文。[20]新提交的文件再次公开或默认地援用了人道主义和
同情心。驻扎在里尔的军官和那些来自罗昂兵团或彭提夫兵团的士
兵一致认为，需要为士兵改善伙食和军装。为退伍军人提供津贴，
如增加养老金和国家对军人遗孀及孤儿的照顾，为士兵提供周到的
保障措施，因而很可能会增加入伍的人数，而且还能表明政府对公
民士兵的赞赏。国家需要投资改善军队的医疗服务，关心士兵的身
心健康。军事刑法典也因对士兵采取武断和严厉的惩罚而不断受到
批评。

当机会出现时，军事委员会、国民大会和制宪会议注意到了其
中的许多呼声。1790 年 8 月南希多次兵变（本章稍后讨论）之后，
国民大会大肆宣传要照顾在重新夺回城市时牺牲的国民警卫队士兵
的妻儿。尽管这一姿态的宣传目的不可否认，但它很可能给几个月
前就这一问题撰文的官员带来某种程度的满足感。军事医学领域也
成为法国努力保留人力的一个焦点，同时也一直在发扬同情心和人
道主义精神。1788 年，现役军医和外科医生只有 726 名，到 1794
年则激增到 8 000 多人。[21]医务人员继续深入研究战场精神病理学，
并为极度思念家乡的士兵和军官进行治疗。随着国际战争的爆发，
这些深入研究似乎越来越紧迫。一位卫生官员估计，1793 年凡尔
登就有 1/4 的士兵因极度思念家乡而死。[22]

国家通过军事刑法有可能给士兵的荣誉和身体造成伤害，因
此，也试图在多个场合来解决关于军事刑法的问题。人们一致认
为，有必要制定一部刑法来保证军纪。然而，在新的政治意识形态
下，必须重新表述士兵的犯罪程度和适当量刑。1790 年 10 月 29

日，律师出身的军事委员会委员让-巴蒂斯特-查理·夏布罗（Jean-Baptiste-Charles Chabroud，1750—1816）向国民大会提交了新法典，要求国家保护士兵的荣誉，他描述道，"我不知道这是不是一种同情心"。夏布罗综合讨论了同情心、荣誉和公民身份，他宣布，国家必须阐明并限制使用对士兵施以残害身体的或诽谤性的惩罚措施，国家应成为荣誉和同情心的保护者，这种荣誉是一种"军人没有放弃的作为人和公民的尊严"[23]。1792 年，为了执行这一目标和控制军官滥用军事刑法典，又对军事刑法进行了调整；不过，后来雅各宾派实行恐怖政策，采取铁腕手段，与路易-安托万·德·圣-茹斯特（Louis-Antoine de Saint-Just，1767—1794）和菲利普·弗朗索瓦·约瑟夫·列巴斯（1764—1794）的莱茵陆军法院（Court of the Armée du Rhin）联手，实行最频繁的处罚政策就是死刑。[24]

　　查尔斯·哈蒙德（Charles H. Hammond）认为，军事司法制度方面的"启蒙"的确成了现实，因为新法典成功地阐明了如下问题：（1）罪行的分类；（2）定罪（一般犯罪行为或轻罪）和量刑的适当性；（3）提高了调查取证和审案的效率；（4）建立了法国第一个军事上诉法院。为了证明军事启蒙的结构和主题，进行了一些改革尝试，让平民担任军事法庭的陪审员，如果这种做法可行的话，普通士兵就会对判决产生特殊的影响。哈蒙德说："法国大革命没有弄清司法问题、军事法庭的构成，或者说指挥官未能充分发挥作用，但尽管有缺点，1857 年的《军事司法法典》在很大程度上仍要归功于革命的启蒙工作。"[25]

　　除了以同情心和人道主义为框架的改革外，有些人回到军事启蒙的改革思路，因为他们针对的是军功、平等以及改善军队中的社会关系。对许多人来说，特别是对士兵和士官来说，获得更多的奖赏和晋升机会，受益于军人之间更大的尊重和更深的友谊，被纳入革命政治文化中，甚至被视为革命政治文化的英雄，这些都是齐头并进的进步路线。

　　贵族内部的紧张和竞争一直是 18 世纪陆军和海军中最持久、最具破坏性的力量之一，塞格尔、卡斯特里和战争委员会的改革未能制止它。军事委员会非常清楚，军官的招募和晋升存在的问题在旧制度中一直让人颇有怨言。本来是有必要重新考虑这一问题的，但后来大批军官逃往国外，迫切需要对军官团进行改组。旧政权中的改革者们的目的是，提高军官的职业水平，减少奢侈文化、财富和任人唯亲等对任命和提拔军官的影响。军事委员会通过的目标殊途同归，它提出了一个更专业、在很大程度上更精英化的官员招聘"综合系统"，即 75％的新军官职位会授予在严格考试中取得优异成绩的公民；剩下的 25％的新军官职位，特别是少尉级别的任命，将留给那些曾在服役中表现出军人勇气但又从未获得过任何职务的退伍军人。[26]至此，向人才敞开军官职业生涯的做法开始形成，但是，这种做法作用有限，原因是在任命军官时仍然任人唯亲，而且保留了大革命前相当数量的军官，其中包括 2 200 多名被吉伯特战争委员会驱逐的超编人员。另外，这一制度的实施也受阻于政治和军事动乱。

　　尽管有不少军官坚持认为，即使通过大革命时期的军事改革，贵族依然会维持其高贵的地位和强大的影响力；但有些军官明白，贵族的地位将会发生变化，这些军官愿意以公众利益和个人利益的名义容忍某些变化。一些较为贫穷的贵族和中等贵族表示，他们喜欢贵族和非贵族之间的新型平等关系，不愿遭受旧制度中王公贵族对他们的虐待。费里埃侯爵查理-埃利（Charles-Élie，1741—1804）在 1789 年 10 月写道："我宁愿让一个普通人把我视作与他平等，也不愿让王公贵族视我低人一等。"[27] 1790 年夏，官兵之间的紧张局势和暴力不断升级，证明了社会偏见仍然存在，这种偏见很快成为雅各宾派运动的目标。1791 年 1 月，两种崇高的、令人尊敬的军事勋章——圣路易皇家军事勋章和新教徒军功章被淘汰，取而代之的是更广泛的精英统治的军功章（Décoration militaire）。1791 年冬春之交，雅各宾派（特别是马赛俱乐部的成员）要求辞退军官，解散常备军官团，以便更民主地重组军官团。制宪会议否决了这项措施，并在数千名贵族军官逃往海外后，以提名的方式重新组建军官团。

这些举措助推了国民公会在军事改革问题上的强硬路线，其目的是通过一个纯粹的共和派军事组织，彻底清除贵族的余毒，重建军功晋爵制度。1792 年 10 月，即君主制被废除一个月后，作为旧制度遗存的军功章制度被淘汰了。1793 年 2 月颁布了综合晋升制度（本章稍后讨论）和民主选举晋升制度。然而，在随后的 18 个月里，人们越来越把政治上的自我保护看得比军官团追求军功和平等机会的理想还重要。在经过政府监视和清除政治上的可疑分子或对共和政体有威胁的官员的这段时间以后，共和二年热月 1 日（即

1794 年 7 月 19 日）贝特兰·巴瑞（Bertrand Barère）成功地推行了一项修订后的晋升法，将所有军官的晋升办法分为三类：选举产生、资历晋升和政府任命，每种办法产生的军官各占三分之一。这段时间，军官晋升制度有时寄希望于建立一个以军功为基础的晋升制度，同时又渴望对晋升结果施加国家的影响。这种举棋不定的做法后来在共和五年果月 18 日（"果月政变"，1797 年 9 月 4 日）兵变前后的督政府时期也在反复上演，其间，对王党复辟分子进行大清洗，颁布了新的综合晋升法以及更多的法令。后来，拿破仑·波拿巴又重建军官晋升体系，布拉法布恰当地将拿破仑的方法称为"拿破仑不可能实现的综合晋升法：军官团重组中的君主制和精英制"[28]。

对于在此期间一直留在军队中的士兵和下级军官，德雷维伦认为，"革命使他们的状况立即得到了切实的改善，这一点无可争辩"[29]。正如《人权与公民权利宣言》（简称《人权宣言》）第 6 条明确指出的那样，"在法律的眼里一律平等的所有公民，皆能按照他们的能力平等地担任一切公共官职、职位与职务，除他们的德行和才能以外，不存在任何其他差别"。旧制度的贵族军官大量逃往海外，以及随着革命战争的到来军队规模扩大，两者都有助于公民获得军职，但向"所有公民"开放军职有着不可否认的影响，这在共和二年的统计数据中得到了证明：119 名线列步兵半旅指挥官（*chefs de demi-brigade*）中，88％是旧政权的军人，他们得益于向人才开放军职和按资历晋升的新军官晋升制度。在平均 43 岁、服役不到 20 年的团长中，有 56％在 1789 年时是普通士兵或士官。[30]

　　法国大革命早期，最能体现公民士兵理想价值的是在国民自卫军中服役。国民自卫军诞生于 1789 年 7 月巴黎人民攻占巴士底狱之后不久，其诞生基于"人民应该保卫人民"的信念。巴黎国民自卫军是一个包容各方中产阶级公民的民兵组织，就像当攻占巴士底狱引起的一系列事件波及北部里尔时自发形成的民兵组织一样。拉法耶特被任命为总司令，这使人们想起美国独立战争时期他曾支持并与之共同作战的公民军队。巴黎的国民自卫军，以及后来在全法国境内涌现出来的民兵组织，激起了人们极大的热情。从没有军事背景的个人到士兵、前法国卫队成员，甚至来自瑞士兵团和其他部队的逃兵，各行各业的人都被征召入伍。[31]卫队里混杂了法国各阶层的人，为公民提供了第一次成为保卫祖国的英雄的机会，与其说是为那些没有被边缘化、身体没有遭受虐待或逃脱处决的逃兵再次提供了机会，不如说是给了他们一次救赎的机会。国民自卫军完全没有了旧军队的制度性负担，也断绝了与旧政权民兵那段可憎历史的关系，现在已是新法兰西及其人民和价值观的光辉体现。

　　尽管国民自卫军体现了理想化的形象，正规军队也实行了以军功为基础的征兵和晋升制度，但这些军队体制仅能创造一种普通公民的情绪。事实上，国民大会意识到，处在革命时代的士兵、军官和非军事人员仍然保留着原有的社会身份，而原有的社会身份之间的紧张关系仅靠体制与法律是无法消除的。培养社会性和群体性以及确定它们的界限再次成为一个受到关注的问题，就像军事启蒙的改革者一样。

　　布莱恩·马丁追溯了国民自卫军和正规军队中对兄弟会的狂热

崇拜，从他们对兄弟会的崇拜可以看出，他们结合了开明的军事身份的元素：天生的社交能力、同情心和对人道主义的奉献精神，一种男性化的群体意识，以及公民情怀和爱国情怀。这些元素通过新的国家和政治认同的纽带而得到加强。[32] 在西蒙·沙马（Simon Schama）所说的"对宣誓有着革命性的痴迷"中，成千上万的国民自卫军，从首都到法国最小的乡村，公开宣誓博爱，在马丁看来，这种博爱"是将作为兄弟和身份对等的公民联结成相互尊重、相互支持的关系"[33]。为庆祝攻占巴士底狱一周年，巴黎市长让-西尔万·贝利（Jean-Sylvain Bailly，1736—1793），提议举行一个伟大的联盟节，旨在把所有公民作为士兵和兄弟团结起来。但是，成千上万的民众团结成兄弟般的公民士兵，这样的设想在政治上威胁着国民大会，于是国民大会否定了这种设想，转而支持一个只以军队内部的军事博爱为特色的节日。主教兼政治家查尔斯-莫里斯·德·塔莱兰德（Charles-Maurice de Talleyrand，1754—1838），他在1790年7月14日的庆典上明确表示："法国将要作为一支军队而不是作为一个审议机构联合在一起。"[34]

马丁转述了身为记者和政治家的卡米尔·德斯穆林（Camille Desmoulins，1760—1794）在那次联盟节（Fête de la Fédération）庆典上的报告，该报告称传递兄弟情怀不仅要靠语言，也要用行动来表达。德斯穆林在《法兰西和布拉邦特省革命史》新闻报道中详细介绍了此次活动的筹备和展开，那天早上5点，寒风凛冽，大雨如注，15万名代表聚集在一起。德斯穆林报道说，他目睹士兵们在宣誓和庆典期间"相互投入对方怀抱，承诺自由、平等、博爱"[35]。尽管国民大会希望遏制同盟会的博爱情怀,但周围的人忍不住用不同的感情表达方式和不同的拥抱方式加入进来,成为纽带中的一员:"从早上5点开始,市民士兵们就一直站着,饥饿难耐。此时出现了以前从未见过的兄弟间的情怀:从窗户上扔下面包,还有冷肉、白兰地等。妇女们不分老幼都从家里出来,把各种点心分给兄弟会成员。这些'姐妹们'不惧怕'乱伦'的指控,欣然接受'兄弟们'的并没有兄弟的吻那么纯真的爱国拥抱。"[36]通过博爱这一概念,具有同情心、社会交往、爱国主义的人们在革命初期的公民权和军人身份中发现了一种新的词汇和更自由的表达。

除了宣誓和像联盟节那样的盛大节日外,1791年至1799年之间实施的军事改革也在精心推动着与军队更亲密和融洽的关系。人们一旦聚集在军队里,如1791年的10万志愿军,或是1793年秋全民大征兵之后被征召入伍的30万面包师、商人、牧师、农民和小资产阶级,他们需要马丁所说的"兄弟般的融合"。社会阶级、职业、地区认同和服役历史(皇家军队的白衣老兵和刚入伍的蓝衣新兵)的差异经常导致关系紧张和军内暴力。在骑兵部队和炮兵部队中,大多数新志愿兵都被编入既有部队:骑兵编成独立的中队,而炮兵则编成连队。这是相对简单的,至少从组织的角度来看是这样。正规步兵构成了更大的挑战。曾任北方军司令(Armée du Nord)的拉法耶特设置了特别旅,创建了半旅(demi-brigade)的军事单位,由一个营的正规部队中有经验的老兵和两个营的新兵构成。尽管这种做法也导致了老兵和新兵之间的冲突,但在1791年和1792年的征兵中,它促进了老兵和新兵的相互融合。

到 1793 年，国民公会（the Convention）同意在法军中实行旅级编制。但是，它迟迟没有得到广泛实施，以至于混编成了使军人关系融洽的首选方法。约翰·林恩解释说："混编是特别旅的延伸，但有两点不同：一是就像迪布瓦-克朗塞（Dubois-Crancé）以前的提议一样，混编会形成一个常备半旅，每个半旅由三个营组成；二是混编会把所有的营混杂在一起。营可以分解成连队，以这样的方式进行合并，从而产生三个全新的营。"[37] 迪布瓦-克朗塞坚持说，混编将在军队"推广共和精神"，使退伍军人密切接触志愿者。

18 世纪中叶开创的连队和支部层面的结构也牢固了社会联系的纽带，增强了群体的凝聚力。关于日常琐事和同一伙食团的士兵分享的伙食细节，都是从 1778 年的战地勤务条例直接移用到 1792 年《章程》中的。[38] 直到 1795 年左右，连队一级的朋友、家人或者来自同一城镇或地区的人们构成的团体，被允许聚在一起。历史证据表明，这项政策牢固了联系的纽带，这些纽带是维持关系、提升士气和战斗力的关键。公民士兵约瑟夫-路易-加布里埃·诺尔（Joseph-Louis-Gabriel Noël，1764—1850）对雨季营地里沉闷的日子有过讲述，他说："我们大家都尽可能大声地唱着歌，而不是在帐篷里抱怨下雨，歌声驱散了阴云。"[39]

迪布瓦-克朗塞新的晋升制度也试图在军中对军功和人际交往中的尊重进行制度上的规定。1/3 的晋升基于资历，其余 2/3 基于选举提拔制度：若某个职位空缺，同一军阶的人将选出三名同级别的候选人，他们的上司再从中提拔一位。从理论上讲，这意味着：该制度鼓励士兵和军官为了获得晋升而向同级别的人展示自己的功绩，并与他们建立尊重、亲切的"兄弟般的"纽带。

这种纽带也通过以下方式得到了加强：一是为所有人改善生活条件、给予报酬；二是国民公会通过政治教育和扫盲运动向军队灌输知识。如果以前的皇室臣民成为共和国公民和战士，这就意味着他们参与了当时的爱国神话。迈克尔·休斯解释说："共和国实施了一些计划，旨在把军队改造成一所'雅各宾派'的学校，向学生传递革命的理想。为了塑造法国士兵的价值观，文职官员和军事官员向军队送了数千份期刊、小册子和歌曲集，并庆祝节日和组织其他提升士气的活动。巴黎市政府还派遣代表到军队执行任务，努力培养军队对革命事业的献身精神。"[40] 传授这种政治教育的必然结果是提升了军队的文化水平，因此在 1794 年（共和二年雨月 27日）国民公会规定，所有军官或士官级别的军人，从下士开始必须识字。所有这些都促进了军队与共和国的联系和军队内部的联系，因为"步兵现在可以指望他们的下士和中士分享新闻界的政治新闻，阅读他们家人的来信，并帮他们回复家书。所有这些为士兵之间兄弟般的亲密关系和重托提供了新的机会"[41]。

马丁总结道："博爱不仅仅是军事节日的象征性口号。1791 年至 1799 年间，实行了一系列创建忠诚的和具有凝聚力的战斗部队的改革，而博爱就成为这些政策改革的思想基础。"关于创建更多忠诚的和具有凝聚力的战斗部队的社会情感方法，军事启蒙思想家早已打下了广泛的基础。他们很早以前就解决了把不同背景的人聚集在军队里的问题，并提倡这些人通过运用他们天生的社交能力、同情心和人道主义等来相互了解和关心对方。大革命前的数十年间，这些思想家和实践者热情地写下了社会和文化团结的重要性，主要表现为群体凝聚力和团队精神，培养了情感韧性、模仿力、自豪感，以及像福维尔和萨克斯这样的人所希望的幸福感，而幸福反过来又促成了胜利。

尊重军事的革命文化不仅在军人之间得以提倡，政府和公民也要表现出这种情怀。迪布瓦-克朗塞虽然对军队进行过改革，但他也并非一位对士兵进行声援的完美的人，他曾在一次演讲中把士兵称为"土匪"，演讲内容后来见诸法国各大报端，此事后来引起了人们的强烈愤慨与抗议。阿马尼亚克、奥弗涅等兵团的士兵和军官直接向国民大会表达了不满，谴责迪布瓦-克朗塞对军人荣誉的诋毁和蔑视。迪布瓦迅速回应，表达了歉意。实际上，关于军人荣誉涉及的范围与程度，有人早已做了明确的传达。早在 1790 年 2 月，亚历山大·拉梅斯就说过这样的话：新政权、新秩序下的士兵不仅要受到国家与人民的尊敬和尊重，而且他们也要承认自己的军功，从而让自己有荣誉感和受人尊敬的感觉。这种一举多得的荣誉后来无论在任何时候都明显体现在军人的行为之中；启蒙运动时期，军事英雄既是爱国武士，同时又在个人生活的各个领域体现出正直诚实的一面，可以说，革命时期的士兵就是启蒙运动时期军事英雄的翻版。对此，克劳奇评价说："通过军人在和平时期的行为和战争年代的勇气，受爱国者尊敬的人也知道如何尊重自己。"[42] 向国民大会对迪布瓦-克朗塞的侮辱表达不满的士兵和军官正是这样做的。

重视军人荣誉最终成为一种常规。科维西耶、林恩、吉尼尔和奥斯曼等人对 18 世纪兴起的这股潮流进行了溯源。武装部队，特别是陆军中的成员，被视为国家的理想代表，他们是政府试图通过政治宣传在现实生活中塑造和巩固的形象。国民公会认为军队是理想的共和国，是全体国民都向往的共和国。因此，政治和军事理想融合在公民士兵的概念之中，也融合在伟大国民的神话之中。最初是由雅克·戈德科特（Jacques Godechot）在其经典研究中探索出来，后来又经过让-伊夫·吉奥马尔（Jean-Yves Guiomar）等人的发展，这种模式使革命的法国被称为"启蒙的灯塔，为欧洲被压迫民族带来了自由和文明"[43]。这显然是革命的法兰西民族的帝国主义概念，它鼓吹在欧洲和其他地区进行军事、政治和文化征服，并证明其合理性。成为伟大民族的一员，就意味着成为法国文明使命的载体，正如迈克尔·休斯所断言，这与勇士民族的形象契合得非常完美：

> 全民皆兵的传说进一步证实了这种描述。革命者创造了这种传说，他们把士兵塑造成爱国主义的象征；作为法国民族认同感源泉的爱国主义发挥着重大作用，并一直延续到 20 世纪。法国大革命的军事和政治文化宣称，法国的武装力量是由勇敢的年轻志愿者构成的，他们离开家人，响应祖国的号召，去抗击威胁祖国的暴政势力。这些人无私地献身于共和国及其政治理想，他们共同拥有已诞生一百周年的品质。正因为如此，由这些公民士兵组成的军队才真正代表了法国民族，而他们独一无二的特点使他们比敌人更加骁勇善战。根据革命宣传，与敌人招募的雇佣军不同的是，法国士兵发动战争是为了维护自己和他人的权利。[44]

法国大革命的公民士兵时刻准备为法国和其他民族的自由、博爱、平等而战，因而被想象成国家和整个人类的英雄。伟大民族将实现军事启蒙的进步梦想（或革命宣传所声称的），后来的拿破仑就是以这一叙事模式创建了自己的军队。

当然，现实是完全不同的。在法国及其殖民地以武力推行自由、博爱与平等，在理论上比实践上更容易。不是每个人都想成为一名公民士兵。军事委员会、国民大会、立法会议以及国民公会所想象的热情的志愿者几乎无限的浪潮根本就不存在。在 1791 年大举征募国民卫队士兵之后，人们越来越意识到，为了平息卢瓦尔地区的国内冲突，以及解决在与越来越多的国际敌对势力的战斗中生命遭受到了真正的威胁等问题，就很有可能进行攻击性的军事部署，因而征兵取得了不同程度的成功。像 1792 年 9 月 20 日瓦尔米（Valmy）大捷和 1792 年 11 月 6 日热马普（Jemappes）大捷这样的伟大胜利，对于那些面临自愿（或强制）入伍的个人来说，一方面有激励的作用，另一方面也可能具有同样的劝阻效应。旧政权时期，花钱雇人从军的现象十分猖獗，在革命时期，这样的情况依然十分普遍。[45]有些人通过结婚或者故意使身体不符合条件而免除兵役，如狠狠地拔掉牙齿，这样他们就可以自动地免于征召入伍，因为当他们在战场上用手端着上了刺刀的火药枪时无法用牙齿迅速地撕咬掉包火药的纸弹壳。

即使有些人的确不想成为伟大民族的一员，"其他人"则显然不能。历届革命政权都旨在使启蒙知识分子梦想的公民军队成为现实。这意味着将军队国民化，使军队全由法国公民构成，并将兵役与公民身份紧密联系起来。在为之而努力的过程中，妇女、外国人和少数民族的存在引出了如下问题：在一支国民化的军队中，特别是考虑到战争对人力资源的极端需求，这些组织可以或应该扮演什么样的角色？允许这些"其他人"服兵役将面临很大的风险：如果他们在公民军队服役，他们不也是公民吗？历届革命政权在解决这些问题时，精心制定了一系列政策，优化了这些群体的人力，同时也降低了他们的政治影响力和地位。

差异性、排斥与战争的来临

大革命期间，女性及战争和女性公民权在启蒙运动的构想中找到了自己的身影。在女性主义富有同情心的爱国主义的框架下，妇女主张公民权平等和参军机会平等，这种富于同情心的爱国主义，就像法明·德·罗佐伊剧作《法国德修斯》中的埃米莉所具有的爱国情怀。国民大会赞扬了这些富有战斗性的、慷慨激昂的爱国宣言，并讴歌了一些早期的拥护共和政体的女英雄。然而，历代革命政府从不认为让女性成为公民士兵是一项合理的政策。相反，1793年4月的一项法令把女性从军队中清除了出去。但在军队内部，人们对为数不多的女兵要宽容得多；有些女军官应该得到退役津贴或者其他奖励，当军官为她们争得这些权利时，军队内部也体现了对革命政府中女性英雄主义的支持。正如在启蒙运动时期一样，军事精英管理和政策僵化这两大因素与女性服兵役之间也存在一些象征性的冲突。

作为革命初期政治暴力的潜在推动者，女性在勇往直前。[46]她们在街上拿起武器，向凡尔赛进军。1791—1792 年，国民大会听取了一些女性的意见，并对她们大加赞扬，这些女性有奥林匹·德·古日（Olympe de Gouges，1748—1793）、保林·列昂（Pauline Léon，1768—1838）、克莱尔·拉科姆（Claire Lacombe，生于1765 年）。她们建议，应该允许妇女在巴黎战神广场接受军事艺术的训练，组建"巾帼"营或"巾帼"团。关于巾帼勇士的歌曲广为传唱，有的是颂歌，有的是嘲讽；它们就像传单、抗议和请愿一样迅速传开，这些歌曲有《法国女兵奔向前线》和《共和国女英雄》。1789 年 10 月，她们向国民大会请愿，对军事女性文化提出了具体要求："纠正六千年来的不公正行为"，实行具体的改革方案，包括"所有职位、补偿和军事尊严的权利。当她们的勇气被荣耀和爱共同激励时，她们将所向无敌；我们甚至不为法国元帅的权杖而破例；这样，正义能够平等地得到实现，权杖就能在男女之间交替传递"（第九条）。第六条要求废除一种更加微妙的、具有潜在恶果的军事处罚："若士兵因怯懦而有损法国的荣誉时，他以后将不会像现在这样被要求穿上女装而受到人格侮辱；但是，在人类的眼中，两性应该受到平等尊重，因此，处罚方式就是宣布他为中性。"

虽然这些女性请愿者试图打破性别陈规，但她们很有策略地认可了作为女性身份应该具有的某些要素，以便让她们看似激进的要求不那么明显。1792 年 3 月 6 日，保林·列昂向国民大会的男性公民承诺，巾帼勇士不会弃家庭责任于不顾：

　　是的，先生们，我们需要的是武器（掌声），我们是来请求你同意我们采购武器。不要让我们的软弱成为绊脚石，勇敢和无畏将超越它；对祖国的热爱，对暴君的仇恨，会让我们奋不顾身地、勇敢面对一切危险（掌声）。不要相信我们的计划是为了迎击敌人，而放弃对家人和家庭的照顾，家是我们永远最珍视的。

不，先生们，我们只想和你们一样保卫祖国；你们不能拒绝我们，社会也不能剥夺天性赋予我们的这一权利，除非你们佯称《权利宣言》不适用于妇女。[47]

女性公民士兵体现了自然法、公民权和传统女性角色的三位一体。列昂理想中的巾帼勇士确实是富有同情心的爱国者和"开明"的完美英雄。她同时体现了爱国、好战、情感和家庭价值观。

列昂是对的，她承认自己的要求可能受到阻碍，国民大会"佯称《权利宣言》不适用于妇女"。尽管国民大会的代表赞扬了列昂和同她一起的请愿者的爱国情怀，但这并未使女性正式享有公民权和参军的权利。相反，他们恢复了旧有的性别规范和界限。国民大会主席说，应该把妇女的请愿详细记录下来，让那些逃兵役的男子感受到还不如女性爱国和勇敢是多么丢脸的事。请愿非但没有打破性别界限，反倒被用来加强了它。安托万·德豪西·德·罗伯考特（Antoine Dehaussy de Robecourt，1755—1828）用传统的父系叙事驳斥了列昂的天性叙事：天性并没有赋予妇女权利和能力，而是规定了一个严格的秩序，即妇女不应死于战争，她们"纤弱的双手"不是"为了拿起刀剑或者挥动杀人的长矛而生的"[48]。讨论快结束时，一名代表喊道："把它送到清算委员会去！"国民大会爆发出持

续的笑声。正如詹妮弗·豪尔（Jennifer Heuer）所说，有关妇女
与战争关系的革命演讲、歌曲和肖像画，都把女性刻画成斯多葛式
的"共和国之母"的形象，或者是我们所称作母亲般的富有同情心
的爱国同胞，如罗佐伊笔下的埃米莉。两种形象都表现出强烈的爱
国主义，把儿子、丈夫、兄弟献给了危难中的祖国。[49]

　　对列昂等女性请愿的忽视未能阻止女性参军，她们要么女扮男
装，要么公开地以女性身份入伍。[50]有女骑士之称的勒内·波德罗
（Renée Bordereau，1770—1824）等在旺代战争中是保皇派。像弗
尼格两姐妹泰奥菲尔（Théophile，1775—1819）和菲利西特
（Félicité，1770—1841）一样，她们与兄弟和父亲一起参军；像亚
历山大·巴尔诺（Alexandrine Barreau，1773—1843）等女性一
样，她们与丈夫一起投身战场。大革命战争早期，军官们也像启蒙
运动时期的军官那样称赏女兵的军功。弗尼格姐妹是有经验的女
孩，父亲是一位上尉。十多岁时，她们就入伍并接受训练，在查尔
斯-弗朗索瓦·杜木里埃将军（1739—1823）麾下任副官。她们因
在瓦尔米、热马普等大捷中作战英勇而赢得了全法女英雄的荣誉称
号。女扮男装的巴尔诺有"玫瑰"之称，她在部队里的绰号是"自
由战士"。1793年7月，在与西班牙军队交战中作战勇敢，直到耗
尽弹药才将受伤的丈夫拖离战场，从此名闻全国。她的上司称赞她
是法兰西共和国的女英雄，并与指挥官共同努力使她获得国民公会
的认可。她和丈夫得到了300里弗尔的奖赏，当地一场大会还赞扬
了她的功绩，有关她的故事被收录在列昂纳德·布尔顿（Léonard
Bourdon，1754—1807）的宣传刊物《法兰西共和国英雄与公民行

为》（1793）中。布尔顿无疑强调了巴尔诺的勇敢行为，以及她希望在服完兵役后重新回归一个典型的女性角色的愿望，用她自己的话，就是退役后"把我作为母亲欠孩子们的关爱全都给予他们，因为我已经尽我所能照顾好了丈夫，也已经为国家效力了"[51]。女性主动要求参军，再加上军队放宽条件和加大支持，以及让女性退役后重新回归传统性别观念，这一切都使女性英雄主义成为可能（图 14）。

图 14　版画，有"玫瑰"或"自由"之称的亚历山大·巴尔诺，见特恩里辛·多德里古（Ternisien d'Haudricourt）之《法兰西民族及盟友大事记，或如画的雕刻……附解释性文本，旨在永久纪念伟大军事事件、公民美德和荣誉军团成员的成就》。法国国家图书馆提供。

　　然而，像弗尼格姐妹和巴尔诺这样的维护共和政体的巾帼英雄并不多见。玛丽安娜（法兰西共和国的象征）、自由女战士，以及革命领导人歌颂的斯巴达式妇女，这些女性形象都只是为了激将男人去干正义的事业，而非女性的政治或军事代理标志。[52]事情很快就明朗了：不允许妇女成为公民或士兵，不允许她们去前线支援和旁观。人们指责革命战役中的女性（特别是在婚姻法被放宽之后）延缓了军队的速度，称她们消耗了宝贵的食物和物资，占用了马车上预留给部队辎重的空间。[53]因此，1793 年 4 月 30 日，拉扎尔·卡诺（Lazare Carnot，1753—1823）和国民公会最终规定，所有"无用"的妇女都应被驱逐出营地和军事驻地。每个营只允许有 4 名女洗衣工和小贩。一个女性可以代表伟大的民族形象，但成为公民士兵是不可能的。

　　外国人和少数民族对法国本土与海外公民国民军的理想也构成了一大障碍。克里斯托弗·托齐考察了左右历届革命政府的思想和政策的两大对立因素：一方面，希望在公民身份和兵役之间建立强有力的联系，以便建立一支"真正的"由法国本土出生的白种人组成的法国公民军；另一方面，自由、平等、博爱的思想随之而来，同时作战部队迫切需要兵源。尤其是征兵工作招不到足以维持战争的兵员数量时，在法国的外籍士兵和少数民族，包括自由人和来自殖民地的难民就成为重要的兵源。他们被认为特别适合部署在死亡率和伤亡率都很高的作战任务中，从而保护"真正的"法国公民的生命。随着外国人和少数民族军队相关政策的成形，组建特种部队的战略也成形了。这种种族分离使法国军队从人力资源中获得了巨大利益，法军一直贬低他们参战的政治意义（服兵役并不意味着获得公民权），同时又在正规军中为法国公民保留了职位。[54]

到 1792 年夏，革命政府建立了一批这样的特种部队。虽然它们被称为"外籍自由军团"，但军官中有不同种族的法国人，包括一些混血贵族军官，如圣-乔治骑士约瑟夫·布洛涅（Joseph Boulogne, chevalier de Saint-Georges, 1745—1799，见图 15）和"黑子爵"托马斯-亚历山大·仲马（Thomas-Alexandre Dumas, 1762—1806）。[55]这两个人分别出生于瓜德罗普岛和圣多明各，父亲都是法国白人贵族，母亲都是非洲黑奴。大革命爆发几十年前，布洛涅和仲马都在法国接受教育。1792 年 9 月初，在圣多明各出生的混血儿朱利安·雷蒙德（Julien Raimond, 1744—1801）在国民大会的一次演讲中表达了对这些人的支持。他认为，这些人是法国人，应该被视为拥有充分政治权利的公民，包括战时召集军队为共和国而战的权利。国民大会批准雷蒙德集结一支由黑人和混血士兵组成的部队，这支部队后来成为圣-乔治任指挥的美洲军团和米地军团，仲马是其麾下的一名中尉。1792 年 11 月 7 日，这支部队征募了 400 名步兵和 150 名骑兵。[56]它加入了美洲军团，为参加法国大革命铺就了一条道路，使得黑人和混血儿出身的人有机会担任军队的高级军官，这在欧洲现代历史上尚属首次。[57]仲马后来成为欧洲军队中有史以来非欧洲混血血统最高级别的军官。托齐写道："可以肯定的是，虽然他们人不多，而且作为军团成员的时间也不长，但比他们的军事贡献更重要的是他们在加强少数民族兵役和公民身份之间联系方面所起的象征性作用。他们还为拿破仑后来培养的黑人士兵以及 20 世纪在法国作战的数万名殖民地士兵开创了重要的先例。"[58]

图 15　威廉·沃德（1766—1826）于 1788 年根据马瑟·布朗（1761—1831）的油画创作的圣-乔治骑士（1745—1799）肖像。哈里斯·布里斯班·迪克基金会提供，1953 年，大都会艺术博物馆。

尽管这样的部队具有象征意义，革命军事政策所开创的先例也预示将来的规定是把美洲军团这样的"外籍"军队在行政上独立于其他军队。伯纳德·盖诺（Bernard Gainot）注意到，关于外籍自由军队的政策把外国人和少数民族的"政治问题和军事部署"推向了"正规军的边缘"。[59]在许多情况下，这些特殊部队独特的、不确定的地位非常明显。美洲军团从它初创之时就摇摇欲坠。圣-乔治既没有拨给足够的资金为部队购置装备和马匹，也没有给足时间进行正规训练，就在战争大臣让-尼古拉·帕切（Jean-Nicolas Pache，1746—1823）一声令下被匆匆派往前线作战。圣-乔治回应帕切说："我们缺少马匹、装备和军官，我不能带领士兵去送死……甚至没有机会教士兵区分左右。"[60]此后不久，像其他许多外籍军人所经历的那样，救国委员会（Committee of Public Safety）斥责他是一个潜在的保皇党人，需要被监视。虽然他证明了自己清白无辜，但他还没来得及回到军团，军团就已部分解散，被改编成正规军第13骑兵部队的猎骑兵。

留在部队服役的士兵的命运更加莫测。战争部提议将这些士兵集结起来，组建一个特别分遣队，把他们从欧洲战场的前线撤回，派往加勒比地区。国民大会就这一问题发生了激烈的争执，拥护成立黑人和混血部队的人们担心这些士兵将重新沦为奴隶，声明他们的困境"是热爱自由和人道的人要关注的事情"[61]。这些论点占了上风，因而也就阻止了组建一支被派往大西洋的部队的计划；然而，它所传递的信息非常明确：男性少数民族可以为法军而战，但他们既不是"真正的"公民，也不会成为爱国英雄。

　　这一认识在圣多明各也很重要。在这块殖民地上，有关法国大革命将以何种方式以及将由谁来展开的讨论也涉及公民权、兵役和爱国主义。如许多白人殖民者所担心的那样，公民身份和种族问题与奴隶制问题相互交织。"黑人之友协会"和神父亨利·让-巴蒂斯特·格雷戈瓦（Henri Jean-Baptiste Grégoire，1750—1831）的宣传活动使这种错综复杂的关系明朗起来，他们警告说，如果不给殖民地所有居民自由和权利，居民们就会被一个新的"黑斯巴达克斯"那样的人物强行抓去。梅西尔、雷纳尔和狄德罗等预言，会有这样一位奴隶起义的领袖出现。[62]他们的确有先见之明。文森特·奥格（Vincent Ogé，1755—1791）是一位富有的圣多明各人，有1/4非洲黑种人血统和3/4白种人血统，是朱利安·雷蒙德在为自由的有色人种而战时的战友。他试图想成为斯巴达克斯式的人，于是召集了300名有色人种自由民，并承诺让他们参加地方选举。奥格的行动导致了1790年一场小规模的奴隶起义，但是很快就被平息了，奥格也被白人殖民当局残忍地暗杀了。[63]奥格也是为他那个阶层的人和混血人种而死的，但他并没有被塑造成一个为传播革命价值观而牺牲的英雄。圣多明各公认的"新斯巴达克斯"弗朗索瓦-多米尼克·图桑·卢弗图尔（François-Dominique Toussaint Louverture，1743—1803）很快就出现了。

　　1791年8月，伏都教祭司杜蒂·布克曼（Dutty Boukman，卒于1791年）煽动了一场声势浩大的奴隶起义，后来这场起义演变成了海地革命。[64]数周之内，叛军就有十万之众，他们烧毁种植园，杀死奴隶主。到1792年，叛军控制了海地岛1/3的地方，

1793 年图桑成为一位令人敬畏的军事和政治领导人，他在 1793 年 8 月 29 日的图雷尔营地（Camp Turel）宣言中使用了复仇、自由和平等等词语，使自己成为海地的革命英雄。1791 年 4 月 4 日，面对这场大规模的叛乱，立法议会给予有色人种自由民充分的公民权和平等权，尽管它没有解放奴隶。圣多明各民政专员列杰-菲利希特·桑索纳克斯（Léger-Félicité Sonthonax，1763—1813）竭力平息起义，确保个人权威，推进平等主义和废奴等设想，他创建了"平等军团"和许多志愿部队，这些军事组织对所有公民开放，不分种族。弗朗索瓦-托马斯·加尔鲍德·杜·福特（François-Thomas Galbaud du Fort，1743—1801）起兵反叛桑索纳克斯，1793 年 6 月，桑索纳克斯向所有愿意帮助他击败福特的叛军承诺战后给予他们自由。1793 年 8 月，桑索纳克斯解放了北方省的奴隶。在巴黎，对各种问题的讨论十分激烈，如关于有色人种服兵役的问题，以及殖民地武装部队（包括新成立的平等军团）存在的种族主义问题。国民公会 1794 年 2 月 4 日批准了废奴法案，并将其推行到整个法兰西帝国，而实际上它并非在任何地方都适用。

给予政治选举权和废除奴隶制是双重动机的结果。一方面，国民公会中的政治讨论表明，这些成就源于公民权与军功方面的人道主义和种族平等的意识形态。另一方面，给予政治选举权和推行废奴主义不过是压制奴隶和白人殖民者叛乱的权宜之计，允许法国维持对圣多明各的控制。图桑的命运证明了这一点，他最终被捕，被送往法国，一直被囚禁到 1803 年，他终于走到了生命的尽头。这种模棱两可的态度给岛上所有男性居民都享有自由和公民权的现实蒙上了一层阴影，因为人们在权衡革命者的帝国野心与他们对同情心、人性和人人皆可成为英雄的承诺。

与此同时，对国民大会和那些能参军也的确参军了的法国白人来说，大革命初期把军事博爱、同情心、人道主义和公民士兵等结合起来的幻想很快就得到了验证。很多时候，这种幻想处于风雨飘摇之中。塞缪尔·斯科特（Samuel Scott）证明了，在戒备森严的首都巴黎之外的地方，历史学家所说的1790年"和平快乐的一年"（实乃1789年秋至1791年春，共18个月）远未实现和平。[65]事实上，国民卫队和正规军在全国各地既镇压暴乱、暴力和谋杀，同时也在煽动这些罪行。在旧政权对革命行动虎视眈眈和新的对抗此起彼伏之时，还有许多敌对势力要求政治合法性。公民并不是简单地就变成了士兵和国民卫队，也不是很自然而然地就崇拜他们，而是与他们交战，反之亦然。市民奋起反抗当地的精英，政府和执法部门多次违抗上级命令而哗变。

1789年夏，军港城市土伦和布雷斯特爆发了暴乱。码头工人与当地小资产阶级和政治俱乐部成员一道，为提高微薄的工资和改善工作条件而起义。这种精神很快就从港口传到了海上，许多舰艇都发生了兵变，包括"杜盖-特鲁因"号和"爱国者"号这样的大型船只，还有"率性"号、"西贝勒"号、"吉祥"号、"女海神"号这样的护卫舰和一些排水量更小的船只。1790年，超过1/3的正规军部队都出现过违抗军令的情况，斯科特称这种现象"史无前例"。从逃兵事件到大规模兵变，其中3/4的案件都涉及士兵公然违抗军官的指挥。驻扎在里尔的皇家舰队（Royal Vaisseaux）和皇家步兵部队的士兵无视指挥官的命令，与诺曼底猎骑兵和上校-将军骑兵团交战。这两支骑兵部队也断然拒绝了军官要求他们不许交火的命令。许多下级军官带领士兵发动兵变，违抗高级军官。其中一位低级军官后来在拿破仑时期晋升为元帅，他就是路易·尼古拉·达武（Louis Nicolas Davout，1770—1823）。

1790 年 8 月初，国民大会和国王宣布，要求公众对各团承担更多的军费，这引发了士兵与涉嫌滥用经费的军官之间的武装冲突，这就是著名的南锡事件。驻南锡的皇家陆军的三个团——沙维耶大区瑞士雇佣军轻兵步兵团、国王步兵团、梅斯德坎普骑兵团及市民和雅各宾党人与赶到现场控制骚乱的国民警卫队士兵爆发了暴力冲突。军官被监禁并被要求缴纳赎金；士兵们被用火枪的肩枪带殴打；接着，革命士兵和公民一方与布耶侯爵弗朗索瓦·克劳德·阿穆尔将军（General François Claude Amour，marquis de Bouillé，1739—1800）率领的一支 5 000 人的歼灭敌对势力的军队爆发了激烈的枪战与街头斗殴。结果，几十名士兵和公民被送进监狱，并被判处死刑、车裂、终身监禁等刑罚。[66]公民军成员之间的博爱和人道主义的情怀显然难以为继了。

讽刺的是，布耶将军却怪罪联盟节，认为正是这个庆典引发了他在南锡目睹的士兵与军人的反叛和合谋。虽然国民大会曾希望在这次事件中划清士兵和公民之间的界限，但这个节日还是引发了许多军人与市民间的博爱情怀。布耶声称："联盟节毒害了军队，士兵从首都带回了腐败的种子，将它们散布到全军。半个月或者一个月之后，军队就处于叛乱之中。"[67]如今，这些军官也尝到了被报复的滋味，不得不习惯于他们中的一些人长期以来对士兵的虐待：
威胁、羞辱性的鞭刑和石刑、残害肢体（如致盲）和谋杀。这些军
官，因一系列革命法令的颁布，逐渐丧失了他们与生俱来的权利和
特权，他们感到自己越来越不受到尊重，越来越没有权利，越来越
脆弱。许多军官逃离法国，因为他们断定自己的地位不保，社会交
往、人道主义、同情心的军事启蒙梦想无法在军队里实现。

随着时间的推移，不仅是士兵和军官怀疑甚或放弃了兄弟同胞
志愿公民军的理想。当领导人意识到仅靠公民自愿参军会使军队缺
乏人手（尤其是像 1792 年战争爆发时面临的严重兵源危机），国家
也很快放弃了志愿征兵。当祖国处于危难之际，自愿征兵就让位于
1793 年的强制性全民征兵，最终一直持续到督政府时期。更重要的
是，人性的概念导致了暴力，因为"人类的敌人"（hostis humani
generis）这一范畴被用来证明理应消灭革命的国内外敌人。[68] 军事
启蒙的构想被推翻了，至少看起来是这样。

然而，大革命的军事变革、伟大民族的神话以及执着的军事启
蒙思想并没有相互否定。相反，它们结合了起来，创造了一种具有
扩张倾向的军国主义和帝国主义的新文化，这种新文化将在一个即
将成为皇帝的士兵的手中得以进一步塑造。

军事启蒙的后代和亵渎者

拿破仑·波拿巴确确实实是在军事启蒙中接受教育的。他的父
亲提供了波拿巴四代贵族身份的证明后，9 岁的拿破仑就读于香槟

区的布里埃纳军校。他在那里学习了 5 年，全班有 5 名学生考取了巴黎皇家军事学院，他是其中之一。1784 年 10 月，他以优异的成绩从学校毕业，作为一名有着贵族子弟身份的军校学员，又接受了一年的培训。他在数学方面表现出的才能使他于 1785 年 11 月在海军中谋到职位。1785 年 11 月，他被分配到驻巴伦西亚拉斐尔军团的炮兵团。

　　年轻时的拿破仑是一位名副其实的军事启蒙思想家。完成正规教育后，他自愿继续从事军事研究，阅读和写作有关炮兵的文章，并试图辨析一成不变的普遍战争原则。[69]他对现有的战争实践做了笔记，并列出了自己的"炮兵原理"。他还阅读和撰写了他的家乡科西嘉岛以及古希腊、英国、法国、威尼斯、佛罗伦萨和其他国家的政治、文化史。除了军事、社会学和自然科学之外，拿破仑还有很强的哲学和文学敏感性。他热衷于文学阅读，对贝纳丹·德·圣比埃等人的作品进行评论，并创作了《关于爱的对话》等作品。他的早期笔记和作品显示出他深度参与了启蒙运动中许多热门的哲学辩论：爱国主义、光荣、自杀、高贵、皇权、自然状态和卢梭的《论人类不平等的起源和基础》(*Discours sur l'origine et les fondements de l'inégalité parmi les hommes*)。考虑到拿破仑的智力和文学活动，他把自己的一生比作一部传奇也就不足为奇了。

　　作为一名军事启蒙者，拿破仑思想的形成也明显地体现出他从人类本性的角度对军事事业的理解，也就是说，他深深体会到了影响军人的社会、心理和身体条件所起的关键作用。他关于伟大民族、英雄主义和军事团体的思想证明了这种人本主义的方法以及它在启蒙运动和大革命时期军事文化中的根源。拿破仑的军事文化更多的是创新而不是发明，它融合了以下三大要素：熟悉但被微妙地重新定义了的军人形象，军事努力背后的基本原理，还有最根本的法兰西民族。拿破仑对三位一体的文化体系的成功部署，在军事化从意识形态走向行动的过程中发挥了关键作用，其强度和规模前所未有。

拿破仑首先重新界定了公民士兵这一概念，他优先考虑士兵，使之成为前者的必要条件。"大革命期间，理想的法国人是忠诚于祖国的公民，在祖国需要时是军人。拿破仑时期，公民士兵变成了士兵公民。"迈克尔·休斯解释道：

> 拿破仑政权利用对军人男子气概的想象，塑造了由其军事属性定义的一类新人：一个首先是士兵的人，一个通过服兵役获得公民利益的人。为了实现这一目标，拿破仑及其支持者调动和动员一切可支配的资源与机构，在法国民众中传播军事价值观。在艺术、教育、教堂、新闻、官方奖励和公众庆祝活动中，军队成为社会的楷模。拿破仑的宣传机器把士兵描绘成法国男子的典范，把他们描绘成所有法国男人都应该努力效仿的具有超级男子气概的英雄。[70]

这位开明的军事英雄已准备满怀热泪地将自己和他所热爱的人们献身给祖国。相比之下，理想的、兼具革命精神和拿破仑式英雄气概的公民为法国民族而献身的热情与强烈的愿望更是坚不可摧。然而，关于革命者和拿破仑式英雄，他们所渴望的爱国战争背后的理论基础不同。革命者主要强调自卫作战，目的是保护法国大革命的进程和危难之中的祖国，但拿破仑在很大程度上弃传统的"开战正义"（*jus ad bellum*）于不顾，而支持赤裸裸的帝国主义行径。拿破仑的士兵公民被描绘成法国荣誉的军事策划人，因通过军事征服来强化法国在地缘政治中的地位而受到指责。这种毫不遮掩的帝国主义行径，以自命不凡的法兰西主宰世界的名义，取代了相对微妙的为了革命的价值观和自由而展开的声势浩大的革命运动。整个法兰西被描绘成了天生好战的民族，法兰西人也是从德行以及对战争、荣誉和荣耀的渴望来定义的，因此，可以从生物学的视角来解释法兰西民族的帝国梦。休斯认为，拿破仑"将革命的优秀品质与传统的追求荣誉和荣耀的尚武精神结合起来"而形成的"混杂"的爱国精神，培育了"一种可称为帝国美德的新的综合体"[71]。帝国美德是法国固有的本质，是军国主义民族主义纲领的基础。大革命时期，初级阶段的纲领就已在进行之中；后来，拿破仑通过种种手段，使这一基础得到了极大的巩固。

　　第一，兵役是一种社会工程手段，公民可以通过此手段成为拥护帝国美德的士兵。拿破仑战争为军队提供了充分的机会，使其成为向法国青年进行文化和政治灌输的机制。第二，拿破仑于1802年创设了荣誉军团骑士勋章，1804年至1808年间又逐步恢复了更多崇高尊贵的头衔，从而巩固了将权力和奖赏交到忠诚的军人手中的制度。在新晋升为贵族的人中，67.9％是士兵，使他们成为帝国精英阶层中占主导地位的社会阶层。亨利·德·卡里恩-尼扎斯（Henri de Carrion-Nizas，1767—1841），是拿破仑在布里埃纳军校时的一位同学，也是法案评议委员会（Tribunat）的成员。他发表了激动人心的演讲，支持创建荣誉军团从而使国家军事化。"让我们小心地守护和维护这种勇士的态度与这种军事荣誉的精神，因为这是我们真正的伟大赖以存在的基础……毫无疑问，所有的艺术都有它们的优点和美丽；但是荣誉和胜利的艺术才是法国人民真正的艺术。因此，天生就拥有它，甚至还有天佑。"[72] 拿破仑的"公共精神总监"皮埃尔-路易斯·罗德里尔（Pierre-Louis Roederer）认为，创建荣誉兵团的目的也是让新晋贵族和荣誉勋章获得者成为中间的媒介，"通过他们，权力行为可以谨慎而忠实地传递给公众舆论，通过他们，舆论也可以传递给中央权力机关"[73]。这些机构的成员都是军国主义的载体和将信息反馈给拿破仑皇帝的渠道。

第三，通过节日庆典、竖立纪念碑、发表宣言和出版刊物，拿破仑鼓吹了一种以军事为基础的颂扬优秀士兵的英雄主义崇拜。优秀士兵和开明的完美英雄一样，不仅表现了大胆冒险的英雄壮举，而且通过为法兰西献身的意愿和对同胞的善举展现了爱国主义精神。泰奥菲勒-马洛·克雷·德·拉·图尔·奥弗涅（Théophile-Malo Corret de La Tour d'Auvergne，1743—1800）就是这样一位英雄。作为皇家军队的一位老兵和圣路易十字勋章的获得者，他在大革命期间成为掷弹兵"地狱纵队"的首领。他对革命事业如此执着，对爱国事业如此无私地奉献，以至于拒绝一切升迁，他虽为上尉军衔，实则统领整个师。被英军囚禁的两年间，他的牙齿都掉光了，于1795年退役。然而，拉·图尔·奥弗涅在1799年重新入伍，原因非同寻常：他替他的一位亲密朋友的儿子参军，朋友的儿子是家庭的顶梁柱，如果应征入伍，全家就会陷入贫困。优秀士兵的军事、爱国和道德特征与拿破仑皇帝和他的近卫队老兵（grognards）声名远播。一些节日，如在《提尔西特条约》（Treaty of Tilsit，1807）签订之后人们举行的庆典，既宣扬了英雄主义和帝国美德的理想，也表达了公众对奥弗涅这种志愿参军行为的感激之情。这样，军国主义文化不仅向民众传播了军事价值观，同时也进一步激发了以拿破仑式英雄的自我形象为中心的军队。

拿破仑手下士兵的帝国美德让人回想起旧制度下的英雄主义。拿破仑的英雄主义具有高度社会性别化和生物性别化的成分，它不仅表现在法国男性对本国公民的慷慨大方和永不满足的好战态度上，而且也表现在性欲上。拿破仑开动宣传机器，引发人们对法国英雄主义的幻想，这种幻想基于由来已久的一种联系，即把对战争的渴望和对性欲的渴求联系起来。革命军人的阳刚之气兼具斯巴达式的勇猛和斯多葛派的坚韧，而拿破仑的阳刚之气则是性感的和淫荡的，让人想起了莫里斯·德·萨克斯元帅培养的军人的特质。拿破仑的军人阳刚之气也通过类似于萨克斯的方法进行灌输。军队里流传的歌曲和其他媒体不仅传播了这种军事理想，还把人们聚集在一起来歌颂他们共同的身份、荣耀、荣誉和男子气概。休斯对拿破仑时代的歌曲进行了分析，表明了这些歌曲运用的比喻与18世纪法瓦特创作的军歌和戏剧一样。拿破仑，这位法国军人，是一位征服者，其非凡的造诣不仅在战场上而且在卧榻上都得到了证明。无论是法国女人，还是外国女人，都能觉察到这位法兰西军人的阳刚之气和道德魅力是多么令人无法抗拒。这种性欲式的英雄主义被用作一种激励手段，就像萨克斯在他军中采取的手段一样。这些歌曲的功能就如法瓦特的喜歌剧一样，在罗库战役的前夜由一位女演员挑逗性地演唱，鼓励士兵和军官为法兰西的荣誉而战，为胜利而战，这样他们就能凯旋并"享受（*jouir*）胜利的果实"，*jouir* 一语双关，既有"享受"之意，又有"性高潮"之意。

如果说军人的男性气概是由权力差别和对女性身体及形象的极端不尊重而构建的，那么，具有启蒙思想的同情心和人性就可以与革命的博爱和平等联系起来，强化军人之间的关系。拿破仑将这些相互关系的因素视为道德美德和军事身份的源泉，也把它们视为以同情心和社交能力为基础的生存策略，在战役、战场和军事生活中面临困境的军人采用的就是这种策略。在经过了 18 世纪的认识和改革提议之后，到拿破仑政权时这一观念就被制度化了，借用马丁的话，"为国服务就是在他人的照料下生与死"[74]。拿破仑式友谊，就是"在战斗中分享痛苦与成功取决于拿破仑大军团士兵之间更大的信任和更亲密的关系"[75]。这种友谊继承了军事启蒙的思想。在与让·拉纳元帅（Marshal Jean Lannes，1769—1809）、杜洛克将军（Géraud Christophe Duroc，1772—1813）和朱诺将军（Jean-Andoche Junot，1771—1813）的关系中，拿破仑本人就鼓励并夸耀似的展现了这种为了战友的幸福安康而体现出的深厚情谊与关爱。马丁认为，"相互敬仰和倾心在军事上的结合"以及这种结合所包含的关爱成为全军军事友谊的典范。[76]他们的榜样认可了三种模式的新型亲密关系：任一级别中，平级者之间的横向关系；由上级军官向下级军官的垂直向下关系；由士兵和下级军官向上级军官的垂直向上关系。[77]

　　根据历史学家们的记载，拿破仑极其努力地培养他与士兵之间的亲密关系和战友之情，有些记载是真实的，有些是历史学家们想象的。为了使关爱和亲密关系成为有效的激励手段，需要用实际行动来证明。对此，拿破仑经常付诸行动。他从不把自己凌驾于士兵之上，以此表明他对平等的信仰和对士兵的尊重。他和近卫队老兵开玩笑，直呼其名，也让他们称呼自己时不要太正式。他穿着朴素的军装，和士兵同甘共苦，亲临战场，一起长途行军，同他们睡在一个营地里。他响应官兵们的要求，努力实现军事启蒙的目标：改善服兵役的社会、心理和身体条件，使自己的士兵赢得胜利，获得幸福。他说到做到，提高了士兵的军饷，改善伙食，让士兵穿更好的军装。他在战场实地奖励晋升，把自己军装上的勋章别在士兵的身上，并自费照顾退伍军人的家属。

　　重建贵族制度和创设荣誉军团使军人获得了以军功为基础的重要头衔和抚恤金。拿破仑摒弃社会偏见，优先考虑职业道德和军人应得的权利。他亲近部下，凭借才干和努力树立了自己的权威，就像任何士兵在理论上能够做到的那样。拿破仑慈父般的用语和无数爱意、善意的表达，展现了他具有同情心的一面。1805 年，他率军迎战俄国军队，对部下发布了一份宣言，甚至认为军事启蒙运动的目标就是让士兵减少痛苦："我关心的是以最少的流血获得胜利，我的士兵就是我的孩子。"[78] 兄弟般的爱和父爱有时会变得伤感，甚至听起来过于多愁善感，如拉纳元帅临死之前，拿破仑绝望地亲吻他的脸颊。他对部下的宣言也是那么的动情。1806 年的一天，他以低沉而有力的声音对大军团的士兵们说道："士兵们，我无法更好地表达我对你们的感情，只能说，我的心中对你们的爱恰似你们每天对我的爱。"[79]休斯的总结十分恰当："通过触动近卫队老兵们的想象力和心灵，与他们结下了不解之缘。"[80]

帝国私利与启蒙受挫

拿破仑竭力增强军事力量，并在一定程度上通过社交、同情心和功勋来为其帝国主义行为进行辩护，这导致了严重的恶果和弊端，最为惨重的是他残酷地征服各地，并造成了 500 万～700 万军人和平民的死亡。内部矛盾困扰着拿破仑的军事文化体系。荣誉军团在其创建过程中，要求成员以他们的名誉起誓，为法兰西帝国、为拿破仑皇帝、为法兰西共和国、为防止封建势力的复辟、为自由与平等而献身。显然，这些对忠诚的要求是相互矛盾的。法兰西帝国践踏了法兰西共和国的价值观，日益独裁。对帝国征服力量的绝对忠诚，对其他民族进行所谓"文明的"征服，都公然违抗了自由和平等的价值观。更重要的是，荣誉军团本身以及新恢复的贵族等级制度都是旧有封建秩序的历史大倒退。上述意识形态方面的矛盾也是军事启蒙所固有的，对诸如确定哪些行为属于团队精神的范畴等问题的实际关切也是如此。18 世纪（大革命前和大革命期间），团队精神的表现和与之相伴随的集体荣誉感一直是军队内部相互竞争的主要内容，拿破仑的军队中的团队精神也伴随着一种致命的竞争意识。卫队上尉埃尔泽尔·布雷兹（Elzéar Blaze）表明，士兵和军官个人回忆录揭示了拿破仑军队中流行的"决斗狂"，即个人捍卫其部队或兵种的荣誉。[81]布雷兹将这种决斗狂归因于早已深深扎根于当时军队中的大量军事建制单位。在单位一级，社交和集体项目的成功直接转化为各单位之间的竞争和暴力冲突。确定团队精神的界限，确保各部队能够从集体认同中获益而不是陷入致命的竞争，是一个无法克服的困难。

海军没有经历过与陆军一样的胜利和荣耀的满足感。在大革命第二年重建舰队的努力只成功了一半后，在1798年远征埃及之前，法国海军开始缓慢衰落。[82]法国海军之所以衰落，主要是水兵缺乏训练，装备低劣，许多作战任务流产甚至惨败，特拉法加海战（Trafalgar，1805）惨败便是一例。如果出身卑微的低级海军军官受到了拿破仑大肆宣传的诱惑，那么高级军官仍然对拿破仑及其政权持怀疑态度，特别是因为海军的经历与陆军生活的"令人惊叹的拿破仑史诗完全相反"[83]。拿破仑努力改进海军训练，1810年在布雷斯特和土伦建立了两所"浮动学校"；然而，历史学家菲利普·马森认为，拿破仑海军是由无用的花架子"阅兵中队"组成的。[84]更糟糕的是，拿破仑在海军中没有像在陆军中那样努力构建社会关系。相反，他以牺牲社会团结为代价，无计划且无秩序地把法国人、附庸国的人、商船队、大军团、新兵等混杂在一起，试图以此来提升海军的战斗力。一位军官谈到了当时弥漫于整个社会的不和谐声音："这些军官出身不同，彼此之间很少有好感，没有团队精神。从最无知的人到教育程度最高的人，一种自满、自以为是、滑稽可笑的骄傲氛围笼罩全军，上下级服从关系受到了严重的损害……我认为，把违抗军令归咎于不团结是正确的，这种不团结使我们中队无法在战斗中取胜，也是造成整个海战灾难的主要原因。"[85]

　　针对土著、外国军队、少数民族的社交、同情心和论功行赏也被违背了，甚至有时被公开拒绝。对此，拿破仑的行为有些矛盾。一方面，他的行为似乎显示了启蒙时代传下来的世界大同主义和哲学精神。拿破仑依靠外国人就当地地形、风俗习惯和语言翻译等提供服务，尤其是为招募兵源等提供指导。他恢复了外籍军团，恢复了法国武装部队的外国成员在旧政权中所享有的一些权利，包括更有可能获得法国国籍的权利，那时，法国国籍被定义为"统治者和被统治者之间的个人关系"[86]。在远征埃及中，拿破仑组建了马尔他人、希腊人和科普特人志愿军团，后来，这些军团被改编成东方猎骑兵营，主要由仍在法军中服役的希腊、科普特、埃及和叙利亚士兵组成。由中东难民组成的"马穆鲁克"中队是拿破仑个人的一支皇家卫队，一直存续到1814年。由撒哈拉沙漠以南（从黑奴贩子手中购买）的非洲士兵组成的军队也参加了远征埃及的战役。这些非洲士兵，其中还有一小部分作为法军参加了征服地中海沿岸国家的战役。

　　拿破仑远征埃及的军队还包括一支由167名工程师、数学家、博物学家、物理学家、化学家、植物学家、地质学家等组成的科学探险队。埃及研究所成立于1798年，由拿破仑任副会长。它有48名成员，分为数学、物理和自然史、政治经济学、艺术等4个学部。在研究所内外，科学探险队成员和军事启蒙思想家建立了埃及第一家出版公司，还出版了科学期刊《埃及十卷》和《埃及通讯》。

他们还建立了图书馆和实验室，编纂了双语词典，修建了博物馆、花园、医院、天文台，还进行了考古挖掘。罗塞塔石碑事实上就是由法国军事工程师皮埃尔-弗朗索瓦·布查德（Pierre-François Bouchard，1771—1822）发现的。

然而，同样的政策和行动也掩盖了拿破仑把自己的权力置于任何启蒙原则之上的事实。拿破仑几乎没有做出任何努力去建立与土著的"中间地带"，这标志着与许多旧制度的军事哲学家的决裂。拿破仑有彻头彻尾的帝国思想，他最感兴趣的是坚定地维护、公开宣布和不断壮大自己的权力。他创设印务，并不是以大同世界共享技术为名义，而是为了推动一场宣传运动，以获得埃及人民的支持，特别是让埃及人从属于法国。但有人则对此表示怀疑，认为他赞助的科学研究是一项宣传活动，目的是让人们觉得，其庞大的军事征服计划在启蒙式的科学追求面前还要逊色不少。

许多方面都极为清晰地证明了拿破仑执着于他的帝国而对"中间地带"不太感兴趣。他在开罗和其他城市强行修建法式城市建筑，用糟糕得令人震惊的阿拉伯语发表宣言，伪装成埃及人民的解放者，伪善地宣布伊斯兰教至高无上的地位和他自己对《古兰经》原则的坚持。路易·安托万·福维莱特·德·布瑞恩（Louis Antoine Fauvelet de Bourrienne，1769—1834）是拿破仑的儿时好友和他在埃及远征期间的私人秘书，他在回忆录中写道，拿破仑皇帝为能够理解埃及文化所做的那么一丁点儿努力，都是出于纯粹的政治私利：

> 我承认波拿巴经常和穆苏尔曼宗教的首领谈论他皈依的问

题，但只是为了取乐。《古兰经》的祭司们可能会很高兴让我们皈依伊斯兰教，他们给了我们最大的让步。但是谈话仅仅是以娱乐的方式开始的，从来没有理由认为交谈可能会导致任何严肃的结果。如果波拿巴是以穆苏尔曼的身份说话的话，那仅仅是他作为穆苏尔曼国家的军事和政治领袖的性格。他这样做，对他的成功、军队的安全，因而对他的荣誉都是至关重要的。在每一个国家和地区，他都会按照同样的原则起草宣言并发表演说。如果在印度，他会为了阿里；如果在中国，他会为了孔子。[87]

拿破仑的外国军队是"皇帝征服他国实现世界统一野心的有力象征"，但也会被东方主义的视角认为只是象征性的部署。[88]他们是大革命时期就流传下来的仇外心理发泄的对象。虽然曾经的旧制度十分重视外籍军团，但革命党人和拿破仑都没有继承。托齐认为，"帝国指挥官几乎从不把外国部队当作国家威望或外交影响力的象征来庆祝。拿破仑麾下的军官把大多数外籍军团视为军队的边缘角色，只有在法国本地人的严格监督下才能发挥作用"[89]。因此，法国士兵占据了外籍军团的大部分军官和士官职位。他们的忠诚和真实价值受到质疑，外籍军团一直受到监视。到拿破仑帝国末期，他们被解除武装，大批人员被清洗出军队。

随着时间的推移，拿破仑对种族的看法也变得明确。在远征埃及中，购买奴隶当士兵的做法在政治上和道德上有多种解释：一方面，可以把它看作平等主义价值观的体现，促进了黑奴解放；另一方面，鉴于军方公然拒绝法国的反奴隶制法，它就使得国家参与奴隶交易的行为合法化了。拿破仑关于圣多明各的声明和行动就不那么模棱两可了。在 1799 年圣诞节（共和八年雪月 4 日）向岛上的公民发表的宣言中，拿破仑宣称："向你们宣告了新的社会契约的共和国的执政官们，向你们宣布黑人自由和平等的神圣原则永远不会受到侵犯或篡改。"然而，他的动机在接下来的一段文字中很明显。他先奉承了圣多明各岛上的黑人，并要求他们效忠，然后对他们的自由和加勒比地区即将出现的奴隶制进行了含蓄的威胁："如果在圣多明各殖民地上有恶毒的人，或者那些与敌国保持联系的人，勇敢的黑人，请记住，只有法国人民才承认你的自由和权利的平等。"[90]此后不久，拿破仑在考虑恢复岛上的奴隶制时，暴露了他的"新社会契约"虚伪的一面。在一场众所周知的辩论中，海军上将、前海军大臣劳伦特·特鲁盖（Laurent Truguet）直言不讳，坚持要在道德和意识形态的基础上维持废奴主义。而拿破仑的回应则是尖锐的，直接论证了人性的问题：

> 好吧，特鲁盖先生，如果你来埃及宣扬黑人或阿拉伯人的自由，我们早就把你吊在桅杆上了。我们曾毫无担当地把所有的白人置于黑人的凶残之中而不顾，我们甚至不想让他们为此感到不快！呃，好吧，如果我在马提尼克岛，我会支持英国人（我们不共戴天的仇敌），因为最重要的是一个人必须拯救自己的生命。我支持白人，因为我是白人；我没有别的理由，反正那是对的。我们怎么能给非洲人，给那些没有文明的人，给那些不知道何为殖民地何为法兰西的人自由呢？很简单，那些想要黑人自由的人想要奴役白人。更重要的是，如果国民公会大

多数人已经知道它在做什么，也知道殖民地，它会给黑人自由吗？毫无疑问，不会。但是几乎没人能够预见结果，而且人性的情感总是在想象中强大。但是现在，仍然坚持这样的原则是荒谬的！[91]

人性是过去理想和天真的遗物。平等本身也是不可想象的，因为无论人们选择哪种方式来解决废奴问题，两个种族中的一个最终都会沦为奴隶。查尔斯·维克托·艾曼纽尔·莱克莱尔（Charles Victor Emmanuel Leclerc，1772—1802）和罗尚博伯爵多纳蒂安-玛丽-约瑟夫·德·维缪尔（Donatien-Marie-Joseph de Vimeur，1755—1813）随后在殖民地重建奴隶制和法国权威的尝试最终失败，但拿破仑已经清楚地表明，在他看来，启蒙运动关于同情心和人性的价值都不复存在了。

与种族方面的平等和军功限制一样，性别方面的限制也非常明显。一个普普通通的男性公民可以成为英雄，却没有给予女性这样的机会。事实上，女性被明确地排斥在外，而且受到了崇拜军人男性气概和帝国美德之人的诋毁。相反，女性被刻画成软弱、情绪化和没有爱国情怀的形象，就像罗佐伊的剧本《法国德修斯》第1幕中的朱莉。[92]拿破仑时代的歌曲把法国本土和外国的女性描写成取悦萨克斯元帅军队的戏子一样：不管她们是否喜欢，她们都是军人情欲的对象。休斯的研究表明，许多歌曲在间接地暗示强奸；而且在实践中，1803年的军事法典有关强奸的法律也不一定适用。军人若犯强奸罪，将被逮捕，由军事法庭审判，并根据强奸的性质（包括同谋、使用"过度武力"或杀害受害人）和受害人的身份

（是否为 14 岁及以下的"女童"）受到惩罚。被控强奸的人的姓名和审判结果将在当天公布，但几乎没有此类强奸声明的记载，这表明，只要他不是谋杀或过失杀人、过度使用暴力、强奸未成年少女，或者导致社会骚乱等罪行，其他行为都是可容忍的。[93] "帝国美德"的所谓美德，不管以何种方式来看待，都值得高度怀疑。

　　拿破仑步了革命军队的后尘，完全无视已成为 18 世纪惯例的行为准则，尤其是关于军队掠夺和肆意破坏的行为，他信奉"烧杀哲学"[94]。尽管官方政策禁止掠夺，拿破仑还是支持并怂恿掠夺。他对已被他任命为那不勒斯国王的弟弟约瑟夫·波拿巴（1768—1844）说："你统治的安全取决于你对被征服省份的行为。把那些不愿投降的地方，烧掉它十来个。当然，除非你先洗劫了他们，绝不能让我的士兵空手而归。"拿破仑在对他的意大利军团的一次演讲中竟直接表示军队可以烧杀抢劫，此次臭名昭著的演讲经常被人提及，帕迪·格里斯（Paddy Griffith）称之为"整个战争史上发表的最厚颜无耻、最赤裸裸的煽动掠夺的演讲之一"：

　　　　士兵们！你们衣不蔽体，食不果腹。政府欠你们很多，但政府也拿不出什么东西给你们。你们在这些光秃秃的岩石中表现出的耐心和勇气是令人钦佩的，但它们没有给你们带来荣耀，也没有给你们增光添彩。我要带你们进入世界上最肥沃的平原。富饶的行省和大城市必将陷落在你们的手中：在那里，你们会找到荣誉、荣耀和财富。意大利的士兵们，你们不会表现出勇气或坚定吗？[95]

25 年后，《圣赫勒拿岛回忆录》重述了这番话，拿破仑是否真的在

1796 年对部下说过这番话还有一些疑问。然而，这些言论背后的动因以及拿破仑自豪地向他的传记作家拉·卡萨斯（Las Casas）重述这段记忆（无论记忆多么不准确），我们都可以从这些言论窥知他先前的思想和实践。图巴·英纳尔（Tuba Inal）说："法军抵挡不住掠夺的诱惑，付出了军事安全、道德正直和革命美德的代价。"[96] 更重要的是，这种野蛮的侵略行为"确立了掠夺的国际标准……导致战争中的军人素养和生命价值观严重退化"[97]。欧洲其他国家的军队都在效仿，尤其是踏上法国领土的俄国人和普鲁士人。全面战争的动力正在起作用，正如约翰逊（J. T. Johnson）所说："拿破仑尽最大可能，利用他所掌握的国家力量进行战争，'一刻也不松懈，直到敌人俯首称臣'。"[98] 英纳尔的总结恰到好处："这就是'进步'世界中的'倒退'。18 世纪，关于欧洲文明进步的观念非常流行，关于战争行为的实用规则也开始扎根，而到法国大革命战争时期，人类的野蛮以及这种不安全感又回来了。"[99]

从维也纳会议（1814 年 9 月至 1815 年 6 月）到 1899 年和 1907 年两次海牙会议，通过制定国际法遏止这种滥用和违法行为的必要性成了会议的目标。法学家约翰·韦斯特莱克（John Westlake，1828—1913）写道，拿破仑战争之后，又回归到了军事启蒙时期的价值观。"恻隐之心显著发展"、"对人性的热情"和"对人类兄弟情谊的认可"在 19、20、21 世纪重新出现，它影响了军队和国际法的政策与机制。[100] 然而，破坏性的违背人性的事件依旧存在，永久和平仍然是一个遥不可及的梦想。

后　记

现代遗产

> 不谋私利的制度或改革运动，必须源于对某种罪恶的认
> 识，罪恶为人类增添了苦难，减少了幸福。
>
> ——美国红十字会创始人克拉拉·巴顿（1821—1912）

安托万-亨利·德·约米尼（Antoine-Henri de Jomini，1779—
1869）逝世之后，法国军事启蒙随之结束；至少，这是军事思想史
的传统叙事模式。约米尼和拿破仑代表了最后一批相信以理性为基
础的普遍战争原则的人；然而，这一观点在德国学派的学说尤其是
克劳塞维茨的战争论面前黯然失色，德国学说深受 18、19 世纪之
交的浪漫主义和历史决定论等知识运动的影响。法国新古典主义和
启蒙运动系统论认为战争具有所谓的可预见性，而这种观点被另一
种基本的信念取代，那就是战争受突发事件和人为因素的影响，如

军队的动机和士气、士兵在战场上的情绪和他们的爱国情怀。火器的技术进步（如佩金斯蒸汽枪、康格里夫火箭）和滑膛枪的改良，是随着 18 世纪转向战役级思维而非战术级思维而发生的。这些军事思想、理论和实践的发展终结了法国军事启蒙。

然而，像许多与以前的思想割裂开来的叙事一样，这次是由军事启蒙的继承者们策划的，他们也希望把自己的思想与前辈区别开来。只有当认为法国军事启蒙狭隘的观点受到了"纯粹理性"和普遍原则的限制时，才会有"反启蒙运动"和"德国学派运动"的作家之说，他们与法国军事启蒙作家相对立。本书所考察的主题，视角更加全面，打破了传统的叙事模式。军事社交与集体认同、人权与国际人道主义法、军事医学（生理的和心理的）与战争中的人类情感、爱国主义、公民意识、人人皆可为英雄等，军事启蒙运动的所有这些主题都塑造了现代战争制度、实践和思想。它们构成了军事经验中知识传承的核心范式，从 18 世纪末一直到今天，那些传承知识的军事启蒙思想家、政治领袖和活动家就是以这样的范式参与到跨历史的军事启蒙中的。

即使是"反启蒙运动"和"德国学派运动"中最著名的思想家的作品也揭示了民族时局不断变化背景下的连续性叙事模式。[1] 反启蒙运动作家格奥尔格·海因里希·冯·贝伦霍斯特（Georg Heinrich von Berenhorst，1733—1814）在《对战争艺术、进程、矛盾和确定性的省思》（*Reflections on the Art of War, Its Progress, Contradictions, and Certainty*）一书中坚持认为，不能依靠一成不变的法则来理解战争。该书首卷于 1796 年出版，认为

与人类情感、意志和"精神"相关的诸多不可预测和不可控的偶然
事件才是主导因素。他不认为士兵不动脑筋，行事机械，反而认为
他们充满活力，具有爱国主义的情怀，而且勇猛异常。这些想法使
他更多地与法国军事启蒙的观点而不是刚才所讨论的观点相联系。[2]
同样，被克劳塞维茨称为"我精神上的父亲和朋友"的格哈德·约
翰·大卫·沙恩霍斯特（Gerhard Johann David Scharnhorst，1755—
1813）的作品揭示了莫里斯·德·萨克斯元帅对其经验性立场的影
响、对"事物的本质"的坚持，"环境无穷变化"的观点（此种情
况下的环境乃指文化的、政治的、地理的和战略的环境）都在战争
中起作用。[3]

　　克劳塞维茨也在一定程度上继承了军事启蒙思想的遗产。显
然，克劳塞维茨受到他所处时代和空间的影响，他经历过拿破仑战
争，其间对他产生的影响堪比历史决定论、浪漫主义、理想主义和
其他运动所推动的德国知识界对他产生的影响。他的经典之作《战
争论》（1832）发展了许多新思想，与前一个世纪相比，有许多创
新：政治与战争关系的理论、关注军事行动、轻视专业知识、重视
个性和避开道德问题。他认为，应把道德问题"抛给哲学家"[4]。
然而，军事启蒙思想重要的遗产也遍布他的作品，包括他强烈认识
到战争中的偶然事件和道德力量在军队中所起的决定性作用。军事
启蒙运动与反启蒙运动、德国学派运动、"军事浪漫主义"之间的
根本对立被过分夸大和简化了。军事启蒙运动的影响确实一直弥漫
在整个 19 世纪、20 世纪乃至今天的法军和其他国家的军队之中。
可以通过考察一些主题来证明这种持续的影响。首先，对战争中的

心理、情感、友情和集体认同的思考一直都很活跃，而且都是相互关联的研究领域。旧制度覆灭以后不久，约米尼、克劳塞维茨和其他理论家试图更好地理解战斗力中的社会因素，他们认为，正如拿破仑所说："没有团队精神的军队是打不赢战争的。"19世纪后期，查理·阿丹·杜·皮克上校（Charles Ardant du Picq，1821—1870）提请人们注意战斗的心理影响和士兵之间凝聚力的重要性，此人参加过克里米亚战争，后来在叙利亚、阿尔及利亚作战，还参加过普法战争。阿丹·杜·皮克在《古今战争研究》（*Études sur le combat：Combat antique et moderne*；1880年部分出版，全文发表于1902年）中阐明了他的信念：对战斗力影响最大的是人类的恐惧和强烈的激情，而非纪律或意志；军人之间的社会纽带是参战士兵的关键支柱。他赞同蒙塔特骑士的观点，写道："生活在一起、服从同样的上司、指挥同样的人、同甘共苦等习惯"培养了"博爱、团结、军人素养和微妙的情感，总之，这是一种智慧的团结"[5]。

阿丹·杜·皮克坚定的见解，似乎是受到了路易-儒勒·特罗许（Louis-Jules Trochu，1815—1896）作品的启发。特罗许是阿丹·杜·皮克的良师益友托马斯·罗伯特·比若元帅（Thomas Robert Bugeaud，1784—1849）的随军参谋。他在《1867年的法兰西军队》中还强调了心理因素在战争中的重要作用，本书风靡一时，数月内就印了10个版本，1870年更是达到20个版本。他重复了萨克斯元帅的观点，断言人类的知识和情感构成了军事指挥的基础："我理解和平时期和战争时期指挥实践中的普遍经验，源于对人类灵魂和激情的研究，在许多情况下（通常都是暴力的和强迫的），这些激情是武装群众所特有的，必须有一个人来组织他们，指挥他们。"[6]

对战争中人类灵魂和道德支持的不断反思，使后来的军事启蒙思想家们再次考虑到军人中最重要的是感情与关爱。路易·休伯特·利奥泰（Louis Hubert Lyautey，1854—1934）元帅在《军官的社会作用》（*Le rôle social de l'officier*，1891）一书中倡导"慈爱领导"。他认为，正如18世纪的思想家们那样，指挥官必须向士兵表达同样的情感来赢得他们的信心、爱和尊重。这种情感的表达方式有：尊重和承认个人能力、与他们密切合作、满足他们的需要。因此，利奥泰不仅主张同级别军人之间的横向感情，而且主张跨越军事等级的高度个性化的纵向感情形式。利奥泰也赞同萨克斯元帅150多年前写的话，认为军官不仅要建立"军事情报"，还要建立"军事情感"。

正是特罗许、阿丹·杜·皮克和利奥泰等的传承作用，军事单位中"兄弟连"这一现代概念可以说是军事启蒙在军事社交和情感探索方面的直接产物。然而，今天和18世纪一样，法国军队的多样性对这种团结提出了挑战。虽然官方对军队中同性恋的政策是宽容的，但是，如果指挥官和精神病医生认为同性恋者具有破坏性或者脱离社会，有开除这些同性恋者的权利。[7]法军中的女性比例是欧洲所有国家中最高的。妇女占部队总数的15％；然而，国防部承认，必须大力消除歧视、骚扰和性侵犯。[8]虽然美国于2011年和2013年分别废除了"不许问、不许说"的反同性恋军规和战斗中排斥女性的军规，但美国军营中仍然充斥着性歧视、性骚扰和性侵犯。[9]法、美两国的军队，以及世界其他国家的军队，必须继续思考军事参与和团结应以什么为基础，承认规范的文化力量，制定预防和惩罚的措施。

接下来，我们转向另一组相互关联的主题：在加里·怀尔德（Gary Wilder）所称的"法兰西帝国民族国家"（French imperial nation-state）里，军事启蒙、兵役、公民身份三者既紧密地交织在一起，又相互矛盾。[10]1996年，雅克·希拉克总统宣布，他有意结束和平时期的征兵制，取而代之的是国防训练召唤日（JAPD）。2001年，他完全终止了义务兵役，正式结束了创建公民士兵的政策。尽管如此，至少在理论上，兵役一直是扩大法国公民人数的长久手段。这一点在军事机构，尤其是外籍军团中很明显。外籍军团由法国本土军官指挥，最初由法王路易斯-菲利普（1773—1850）于1831年创建，成员源自被皇家军团遣散的外国兵。创立外籍军团的法律规定，瑞士、波兰、德国、意大利、西班牙等国的士兵不能在法国领土上服役，因此该部队首先被部署在刚被征服的阿尔及利亚以维护法国的统治。外籍军团足迹遍及世界各地，从墨西哥到越南，再到非洲，在法国殖民战争中和去殖民化战争中打过仗，在波斯湾战争和反恐战争中也都打过仗。为了承认他们的兵役并为此而补偿他们，法国政府为部队成员铺就了获得法国公民身份的道路。服役三年后有资格入法国国籍的外籍军人，自1999年的一项规定起，在受伤后可立即申请通过为国流血而加入法籍（*français par le sang versé*）。

然而，不能给外籍军团贴上包容的标签。与正规部队相比，外籍军团是一种排斥和污名化的手段。没有获得公民身份的外籍人士，即使大部分时间在法国生活，也只能加入外籍军团。他们不能在正规部队服役，正规部队是为"真正"的法国人（主要是在法国出生的男性白种人）预留的。虽然这些外籍侨民视法国为祖国，但他们被迫以外籍侨民的身份入伍，直到他们通过兵役获得法国籍。许多人未能成为公民，或只有经过艰苦的努力最终才能成功。"真正的法国人"和"非法国人"之间的区别在德雷福斯事件（1894—1906）中没有发挥什么作用，在这起事件中，针对一位法国公民的反犹主义和仇外心理引发了一场完美的风暴，事件的主角是年轻的炮兵上尉阿尔弗雷德·德雷福斯（Alfred Dreyfus，1859—1935）。从更广泛的层面上讲，这种差别持续给法国及第一、二、三代移民带来了巨大的麻烦；因而，对法国不满的青年更加激进，使法国在2015年、2016年和2017年成为多起恐怖袭击的目标。

　　历史学家们越来越多地探讨围绕整个军队而非外籍军团（如非洲军团与部署在整个帝国和法国本土的殖民地军队）里的种族、国籍和兵役等的复杂性。[11] 理查德·福加蒂（Richard Fogarty）对第一次世界大战中的殖民地军队进行了研究，探讨了殖民权力的动力和种族成见是如何伴随来法国服役的殖民地军队的。来自撒哈拉沙漠以南的黑皮肤的非洲人被视为残忍的野蛮人（这正是他们成为优秀战士的先天性条件），而印度支那人被视为温顺和孱弱的，因此不适合打仗。福加蒂描述了法国军官和政府官员有时是如何怀着善意来运用这些成见的，他们试图保持文化意识和文化敏感，以便能够区分不同殖民地的群体。例如，有一位军官在观察驻扎在普罗旺斯省艾克斯和阿尔勒的北非军队时，就注意到来自非洲西部（马格里布）地区的摩洛哥、阿尔及利亚、突尼斯三个国家的军队之间的紧张关系，并用一句古老的阿拉伯语格言来解释这种紧张关系："摩洛哥兵是勇士，阿尔及利亚兵是男人，突尼斯兵是女人。"福加蒂评论道："在某种程度上，北非人是怎么看待他们自己的，法国人就怎么看待他们。"然而，将种族主义和性别歧视的言论归因于土著文化对自身的判断，是仅供一时之需的、随便找来的一个理由。福加蒂警告说，这些"分类与战争期间法国人的看法几乎完全一致"[12]。

然而，在同一场战争中，法国是唯一将殖民地士兵带到欧洲大陆作战的欧洲国家，法国还训练美洲裔士兵，部署他们参战。美军没这么做，他们更愿意把非裔美国人分配到劳动营。第 92 师（水牛步兵师）和第 93 师（"蓝盔"，其中著名的"哈勒姆地狱战士"369 步兵团下属该师）下属的许多团曾英勇地与德国人作战，并得到了法国军方和政府的认可。第 369 步兵团因在一战中攻占塞肖（1918）而被授予十字勋章，其中两名列兵亨利-约翰逊（1892—1929）和尼德厄姆-罗伯茨（1901—1949）是第一批荣获个人十字勋章的美洲裔士兵。在西线，一支德军部队向他们一个孤立的哨所发起进攻，他们英勇善战，迟滞了敌人的进攻，这一故事被报纸广为报道，他们因而成了国际英雄。第 369 步兵团的 171 名战士全都获得了勋章。1919 年 7 月 14 日，在庆祝攻占巴士底狱的典礼上，土著部队中的分遣队和一战中法国盟友的军队都受邀列队跟在福煦（Foch）、霞飞（Joffrey）和贝当（Pétain）三位元帅身后，参加了在香榭丽舍大街上的胜利大游行。1971 年，女兵参加了阅兵式，现在除了不能在潜艇上和防暴宪兵队服役外，她们可以在所有岗位上服役（包括战斗步兵）。为了实现军事启蒙未竟的梦想，20 世纪法国英雄主义的理想可以是精英主义和平等主义。

然而，至少可以这么说，在"人人皆可为英雄"方面，以及在奖励为法国服兵役的外籍士兵和"异族"士兵方面的这种平等主义，其间有诸多不愉快的事情。例如，2009 年，英国广播公司的文献纪录片发现了二战中的一些文件，证实了"殖民地黑人士兵"（约占"自由法国"武装力量的 2/3）曾随法军一起带领盟军攻入法国首都，并于 1944 年 8 月 25 日解放了这座城市，但有人故意将他们从部队的名单中删除。戴高乐明确表示，他希望在解放巴黎的战役中由法军担任先头部队。盟军最高统帅部同意了，但前提是攻城部队应全是白种人士兵，由此引发了哪支部队最有可能从非白种人部队中清洗出去。[13] 自 19 世纪以来，激烈的辩论围绕着自由共和国的承诺以及某些人所说的义务而展开，以便给为法兰西民族服兵役的土著军队赋予公民身份。对归入法籍进行补偿，反对者担心，来自土著部队的士兵永远达不到"法国人标准"，最终无法令人满意地融入法国的风俗和文明（这本身就是一个有问题的命题）。福加蒂认为，"归根结底，法国的同化原则常常在许多人认为无法解决的种族、文化和宗教差异面前退却"，导致了"战后在殖民地入籍的机会有限"，也阻碍了"将殖民地臣民归化为法国公民"[14]。

拉契德·波查拉（Rachid Bouchareb）执导的电影《光荣岁月》（2006）和格里戈雷·曼（Gregory Mann）的作品《土生土长的儿

子》都让人们更广泛地认识到这样一个事实：法军中，北非和西非退伍军人的养老金自 1959 年后就再没有增长过，每月只有 61 欧元，而法国本土退伍军人的养老金到 2006 年时每月为 690 欧元。法国政府在 2001 年宣布这种制度化的歧视是非法的，但直到 2010 年才改变这种情况。随着 21 世纪的进步，国家多样性继续发展，而旧的印记和偏见仍然存在，法国必须面对 18 世纪以来就存在的问题：谁能加入并代表想象中的民族共同体，在理想的法国公民身份中，兵役的地位是什么？

　　同情心和人性是军事启蒙的主题，也一直是军队和国际法领域变革的动力。亨利·杜南（Henri Dunant，1828—1910）在他 1864 年的作品《战场上的国际慈善》（*International Charity on the Battlefield*）中直接将创办红十字会和《日内瓦公约》与情感和人性联系起来，也直接把他们与 18 世纪交战双方的将军们（如德廷根战役）所订立的条约（卡特尔）联系起来。《海牙第二公约》（1899）和《海牙第四公约》（1907）旨在编纂有关国际人道主义法的新法规，他们在序言里都提到了普遍的"人性法"，该法现在被称为马尔顿斯条款（Martens Clause）。毫无疑问，该条款源于军事启蒙，因为它把人类的价值观和良知作为个人和国家必须遵守的基本标准：

　　　　在颁布更为完整的战争法规之前，缔约各国认为有权利声明，凡属他们通过的规章中所没有包括的情况，人口和交战方仍受国际法原则的保护和支配，因为他们源于文明国家建立的惯例、人道主义法规和公众良知的要求。

　　　　　　——1899 年 7 月 29 日《陆战法公约》（《海牙第二公约》）

在颁布更为完整的战争法规之前，缔约各国认为有必要声明，凡属他们通过的规章中所没有包括的情况，居民和交战方仍受国际法原则的保护和管辖，因为他们源于文明民族建立的惯例、人道主义法规和公众良知的规定。

——1907 年 10 月 18 日《陆战法规和惯例公约》（《海牙第四公约》）

公民将得到赦免，战俘将不会受到虐待，红十字会将被允许作为一个中立的人道主义组织运作。聚集于战争中的人性为后来对战争罪行特别是针对人类所犯的罪行进行分类打下了基础。第一次受到战争罪指控的是 1915 年对亚美尼亚人实行种族灭绝的土耳其，协约国在一项联合声明中对此进行了谴责。然而，直到二战后的纽伦堡审判，反人类罪才被定义为"战前或战时，对平民施行谋杀、灭绝、奴役、驱逐和其他任何非人道行为；或基于政治的、种族的或宗教的理由，而为执行或有关本法庭管辖权内任何罪行而做出的迫害行为，至于其是否违反犯罪地法律则在所不问"。绅士协定和军事启蒙的道德信条构成了这个谱系的第一代。

人性和同情心也勾勒出了军事心理学产生和发展的框架。医生诊断出 19 世纪时驻殖民地战士的思乡病，一战中的炮弹休克症，以及我们这个时代的创伤后应激障碍（PTSD）。[15]士兵同样遵循军事启蒙的模式，他们在大众的战争游戏中不是被视为可替代的卒子。相反，他们被视为个体和公民，他们的生活和战斗经历非常重要。赫韦·德雷维伦展示了这种转向的几种表现形式，包括军事医学和外科学的进展以及对伤亡人数更多的关注。[16]他还指出了 19 世纪中后期的两大辩论：必要的和不必要的战争；把士兵定义为其命运应该受到官方关注的大量的无名群众或个体时，技术和战术所发挥的作用。[17]1895 年 5 月 28 日的政令，即臭名昭著的不计后果的"全面进攻学说"（*doctrine of offensive à outrance*）使这些问题越发尖锐。这种进攻战术的核心是，发起暴力和无所顾忌的冲锋是面对新的战争现实的唯一途径，在战争中士兵们不必看到枪声来自何处。[18]当法国在一战中记录下了惊人的伤亡人数时，这种信念的后果就不得不严肃认真地对待。从拿破仑到克劳塞维茨再到全面进攻，这种信念在历史上一直在延续，他们天真地认为这是人性对科技的胜利。

自 20、21 世纪之交以来，战争中的人性一直饱受批评。1999年，有人利用人道主义为美国和北约卷入科索沃战争进行辩护，诺姆·乔姆斯基（Noam Chomsky）将此称为"新军事人道主义"，并进行了谴责。在他看来，"人道主义"的旗帜掩盖了真正的经济和政治目标，即确认西方民主超级大国的经济和军事霸权。他认为，18 世纪人道主义的卡特尔组织和公约起着辅助法律的作用，为 20 世纪末新军事人道主义开了先例，将道德义务置于国际法之上。但他对人道主义干预（humanitarian interventionism）的指责是错误的，因为联合国下属的最高法院承认，科索沃的确犯下了危害人类罪和违反了战争法，因此美国和北约的干预是合法的。然而，关于人道主义的言论对法治的危害，乔姆斯基的观点引出了一些关于刑法分类的问题，这些问题将继续困扰国际战争法。丹·埃德尔斯坦分析了"人类的敌人"（*hostis humani generis*）这一司法概念，阐明就是它建立了"极权正义"（totalitarian justice）的框架，法国大革命以及后来的纳粹政权恐怖就属于"极权正义"。这种司法形式涉及"两个平行司法系统的共存"，一个是针对普通罪行，另一个是针对被视为非法的"非人道"的个人、团体和罪行。[19]成为人类的敌人，就意味着违背了法律，使得极权主义政权剥夺了个人和团体的由法律或自然权利所赋予的保护。

后"9·11"时代的反恐战争加剧了为适用国际战争法而对个人进行分类的困难和危险。关于《日内瓦公约》，恐怖分子代表了一个灰色地带，因为他们可以被解释为"非法战斗人员"，那么一旦他们被拘禁，就不算是战俘。因此，这些被拘禁的恐怖分子就被剥夺了适用于关于适当对待战俘的第三公约的权利，这就为令人反感的审讯和刑讯逼供打开了大门。因而，后来就发生了由政府赞助的严重侵犯人权的行为，例如美军和中央情报局使用水刑（联合国将其归类为酷刑，但美国没有），以及伊拉克阿布格莱布监狱多名被囚禁者遭到种种侵犯，包括谋杀、拷打、体罚、性虐待和强奸。此外，叙利亚、也门、伊拉克、阿富汗、马里、科特迪瓦等世界各地的冲突中，交战双方的战法不仅犯下了《日内瓦公约》规定的多项罪名，也犯下了危害人类罪。轰炸医院、性侵平民、随意处决被拘者、使用化学武器等，都是常见的战法，这是对战争法的藐视。藐视本身就是现代恐怖主义的基石。红十字国际委员会（ICRC）主席彼得·莫雷尔（Peter Maurer）说："有越来越多蔑视法律的行为，这当然是对整个《日内瓦公约》体系的破坏。"[20]

保护平民和挽救战斗人员生命的努力是善意的，但却造成了新的不确定因素，在某些情况下，还会完全适得其反。20世纪关于国

际战争法讨论中的一个重要话题是，如何区分在全面战争、游击战争
和反抗占领军的情况下的公民和武装分子。最近，外科手术式作战理
论和使用无人作战飞机（UCVAs，简称无人机）就是主要的例子。
因有二战中曾使用原子弹造成无辜平民死亡的背景，外科手术式打击
据称旨在更好地履行《日内瓦公约》关于限制平民伤亡的要求，更不
用说保护环境的要求。使用无人机，既能更精准地确定攻击目标，
又能进行快速和决定性的"外科手术式打击"，其结果既减少了平
民伤亡的风险，也大大降低了进行地面作战的部队潜在的身心创
伤。无人机作战的反对者认为它"既不便宜，也不是外科手术，更
不是决定性的"[21]。医院、学校和民用场所一直成为意外的打击目
标，重大的责任问题随之出现。如果没有部署武器的"人在回路"
（man-in-the-loop）系统，或者这个人是平民而不是军人，或者由于
"人在回路"和目标之间相隔数千公里，无人机操控者无法正确辨别
目标周围的情况，此时是谁的错？更重要的是，这种情况非但没有让
军人免于精神上的痛苦，反倒是无人机操作员的心理创伤和创伤后应
激障碍发病率上升，这一角色的压力一直受到跟踪监测。[22]有一封公
开信谴责了更"先进"的自主武器系统，这种系统删除了"人在回
路"和人工智能功能。截至 2017 年 3 月 18 日，已有 3 105 名人工智
能/机器人研究人员签名，还有 17 701 名其他行业的支持者，包括诺
贝尔奖得主史蒂芬·霍金和弗兰克·维尔泽克。[23]

　　军事启蒙运动的思想家们认为，战争就是伏尔泰所说的人类文
明中"不可避免的祸害"。战争的参与者将此铭记于心，认可了其
目标的双重性：找到有效和高效地发动战争的方法，在节省成本和

宝贵的资源特别是人力资源的同时，达成军事目的；人道地发动战争，以反映人类理性、同情心、道德和尊严的方式发动战争。法国武装部队实现这个目标了吗？在 18 世纪，就像今天一样，答案既是又不是。无论是过去，还是未来，战争在财政、政治和人力等方面的成本极为高昂，而战斗力是"人类的谨慎所无法预测的多种因素"决定的，萨克斯元帅几百年前就如是说。从界定什么是人道的待遇以及谁应该得到这样的待遇，到面对其战术都是故意侵犯人权的交战方来讲，更人道地发动战争过去是，而且以后也将一直是一场斗争。

　　然而，关于军事启蒙的辩论和实践使人们对战争以及影响军事经验的社会、心理和政治因素有了更深刻的理解。而且，无论处境多么艰难，战争法通过设定行为准则和提供多种形式的人道主义援助，每天都在近乎创造奇迹：因武装冲突而失散的家庭成员团聚；提供医疗服务；供应食物、饮用水、住所和衣物。红十字国际委员会国际法和政策部主任海伦·德拉姆（Helen Durham）曾说过，人们乐观地认为"法律框架试图减少战争期间的痛苦"，她"对这种傲慢的观点惊讶不已"。军事启蒙的参与者也表现出这种傲慢、乐观或天真。然而，正如德拉姆所坚称的那样，尽管法律是一种"不会彻底改变人类的行为"的"笨拙的变革工具"，但战争法"不只是一个让我们有更好心情的理想框架，它实际上仍在起作用"[24]。军事启蒙告诉我们，这些法律是必要的，但是，只有战士和平民等个人的同情心和行为，才能完成限制战争破坏力的重要使命。在康德和圣-皮埃尔神父关于永久和平的梦想能够实现之前，这必将永远是人类文明最重要和最崇高的目标之一。

注　释

序言

[1] René-Louis de Voyer de Paulmy d'Argenson, *Mémoires du marquis d'Argenson, ministre sous Louis XV*（《路易十五的大臣达尔让松回忆录》, Paris：Baudin Frères libraires，1825），21-22。除非另有说明，本书所有译文均由作者自译。

[2] "军事启蒙"这一概念很早以前就由约翰·林恩和阿扎尔·盖特率先提出并加以阐述；但是，他们的著述一直没有被纳入广义的启蒙运动历史的文献中。见 John Lynn, *Battle：A History of Combat and Culture from Ancient Greece to Modern America*（Cambridge，MA：Westview Press，2003）和 Azar Gat, *A History of Military Thought from the Enlightenment to the Cold War*（Oxford：Oxford University Press，2001），同时参阅 Armstrong Starkey, *War in the Age of Enlightenment，1700 - 1789*（Westport，CT：

Praeger，2003）和 Christopher Duffy，*The Military Experience in the Age of Reason*（London：Routledge，1987）。

[3] *Questioning History：The Postmodern Turn to the Eighteenth Century*，ed. Greg Clingham（Lewisburg：Bucknell University Press，1998）一书中有篇文章"Fictions of Enlightenment：Sontag，Süskind，Norfolk，Kurtzweil"，该文作者朱莉·C. 海耶斯区分了启蒙运动的历史学阐释和哲学阐释。从哲学上讲，作为思想文化运动的启蒙运动一直与一套规范性的标准相关，包括世俗自由主义、公民人文主义与以人类进步和幸福为名义的理性科学或哲学探究。然而，这些信条的普遍应用，抑或将启蒙运动作为一种统一的哲学、现象或项目的阐释，在很大程度上被认为是站不住脚的。相反，许多学者认为，在漫长的18世纪，各种各样的"启蒙运动"在欧洲各地和宗教派别内遍地开花：法国启蒙思想、苏格兰的古典经济学、天主教和新教徒的启蒙、牛顿的自然哲学、笛卡尔的思辨哲学、大西洋自由政治经济理论、地中海世界大同主义思想等。古典研究，诸如恩斯特·卡西尔于 1932 年出版的《启蒙哲学》与彼得·盖伊于 20世纪 60 年代出版的《启蒙运动——一种解读：异教信仰的崛起》和《自由的科学》已经被脱胎于学术方法论中的文化和语言"转向"的后现代方法取代。不过，丹·埃德尔斯坦倒是一个例外，最近他在 *The Enlightenment：A Genealogy*（Chicago：University of Chicago Press，2010）一书中重新支持了彼得·盖伊的分析，从单一的视角定义启蒙运动，并认为它只起源于法国。对启蒙运动这种单一视角的阐释遭到了强烈反对，这点在对乔纳森·伊斯雷尔的多卷历史的批评中显而易见，见他的 *Radical Enlightenment：Philosophy and the Making of Modernity，1650 – 1750*（Oxford：Oxford University Press，2002）、*Enlightenment Contested：Philosophy，Modernity，and the Emancipation of Man，1670 – 1752*（Oxford：Oxford University Press，2009）和 *Democratic Enlightenment：Philosophy，Revolution，and Human Rights，1750 – 1790*（Oxford：Oxford

University Press，2013）。关于对伊斯雷尔的研究方法的批评以及有关启蒙运动的意识形态定义，见"Democratic Enlightenment，"special issue，*H-France Forum* 9，no. 1（Winter 2013）。从多角度对启蒙运动概念的经典评述，见 *The Enlightenment in National Context*，ed. Roy Porter and Mikuláš Teich（Cambridge：Cambridge University Press，1981）。这种多角度的视角成为波科克的观点的基础，他认为西方学者不应该在 Enlightenment 前面加上定冠词 the，即"启蒙运动"不是一个特定的概念，因为我们无法识别一个单一的、统一的实体，见 J. G. A. Pocock，"Historiography and Enlightenment：A View of Their History，"*Modern Intellectual History* 5（2008）：83‒96。关于启蒙运动及其历史，见 Daniel Brewer，*The Enlightenment Past：Reconstructing Eighteenth-Century French Thought*（Cambridge：Cambridge University Press，2008）。关于启蒙运动史学编撰的概要，见 James Schmidt，"Enlightenment as Concept and Context，"*Journal of the History of Ideas* 75，no. 4（2014）：677‒85，以及 Dorinda Outram，*The Enlightenment*（Cambridge：Cambridge University Press，2013）中由施密特编写的第一章"什么是启蒙？"。

[4] 更多论述，见 Edelstein，*The Enlightenment*，21，28。

[5] Edelstein，*The Enlightenment*，2.

[6] *This Is Enlightenment*，ed. Clifford Siskin and William Warner（Chicago：University of Chicago Press，2010），12‒18.

[7] Outram，*The Enlightenment*，3.

[8] Madeleine Dobie，"The Enlightenment at War，"*PMLA* 124，no. 5（October 2009）：1851‒54.

[9] 保卫王国的角色将第二等级的贵族定义为封建社会旧制度等级中的"斗士"。第一等级由教会人士组成，第三等级包括法国人口中的工人阶级。

[10] 见 Daniel Brewer，ed.，*The Cambridge Companion to the French*

Enlightenment（Cambridge：Cambridge University Press，2014）和封面简介。

　　[11] 见 Christian Ayne Crouch，*Nobility Lost：French and Canadian Martial Cultures，Indians，and the End of New France*（Ithaca，NY：Cornell University Press，2014）；Julia Osman，*Citizen Soldiers and the Key to the Bastille*（New York：Palgrave，2015）；Hervé Drévillon，*L'individu et la guerre：Du chevalier Bayard au Soldat inconnu*（Paris：Éditions Belin，2013）；Arnaud Guinier，*L'honneur du soldat：Éthique martiale et discipline guerrière dans la France des Lumières，1748–1789*（Ceyzérieu：Champ Vallon，2014）；Louis Tuetey，*Les officiers sous l'ancien régime；nobles et roturiers*（Paris：Plon，Nourrit et Cie，1908）；André Corvisier，*L'armée française à la fin du XVIIème siècle au ministère de Choiseul：Le soldat*，2 vols.（Paris：Presses Universitaires de France，1964）；Emile G. Léonard，*L'armée et ses problèmes au XVIIIème siècle*（Paris：Pion，1958）；Jean Chagniot，*Paris et l'armée au XVIIIe siècle*（Paris：Economica，1985）；Michel Foucault，*Discipline and Punish：The Birth of the Prison*（New York：Vintage Books，1977）；Naoko Seriu，"The Paradoxical Masculinity of French Soldiers：Representing the Soldier's Body in the Age of the Enlightenment," EUI Working Paper，Max Weber Programme（Florence：European University Institute，2009）。

　　[12] 非军事启蒙思想家和军事改革家（即军事知识分子或军事启蒙思想家）从事了后来被解读为康德式的事业，将军事领域从"咎由自取的监护"中解放出来。他们设想"启蒙"军事事业，给黑暗和无知统治下的世界带来隐喻性的光明与批判性的反思。"光"的隐喻在这一时期的军事思想家的作品中不断反复出现。例如，参见 Maurice de Saxe's *Mes rêveries suivies d'un choix de correspondance politique，militaire et privée*（Paris：Commission française d'histoire militaire/Institut de stratégie comparée/Economica，2002），89–90。

［13］关于战争文化，见 David A. Bell，*The First Total War：Napoleon's Europe and the Birth of War as We Know It*（Boston：Houghton Mifflin，2007），11 - 17。

［14］伏尔泰《哲学词典》中"战争"条目源自 *The Works of Voltaire：A Contemporary Version*，trans. William F. Fleming，21 vols.（New York：E. R. DuMont，1901）。也可见于澳大利亚阿德莱德大学电子书，https：//ebooks. adelaide. edu. au/v/voltaire/dictionary/chapter475. html，accessed March 23，2017。

［15］Edna Hindi Lemay，"La guerre dans la vision ethnographique du monde au XVIIIe siècle," in *La bataille，l'armée，la gloire 1745 -1871：Actes du colloque international de Clermont-Ferrand*，vol. 1，ed. Paul Viallaneix and Jean Ehrard（Clermont-Ferrand：Association des publications de la Faculté des lettres et sciences humaines de Clermont-Ferrand，1985），109 - 18.

［16］引自 Hamish Scott，"The Fiscal-Military State and International Rivalry during the Long Eighteenth Century," in *The Fiscal-Military State in Eighteenth-Century Europe：Essays in Honour of P. G. M. Dickson*，ed. Christopher Storrs（Farnham，UK：Ashgate，2009），47。本书中，作者告诫到，不要夸大 18 世纪的君主们在政治算计中对拥有殖民地的重视程度。也见 Daniel Baugh，"Withdrawing from Europe：Anglo-French Maritime Geopolitics," *International History Review* 20（1998）：1 - 32。

［17］见 James Q. Whitman，*The Verdict of Battle：The Law of Victory and the Making of Modern War*（Cambridge，MA：Harvard University Press，2012），17。

［18］Ibid.，10.

［19］Scott，"The Fiscal-Military State，" 29 - 30.

［20］虽然 1714 年至 1741 年或 1763 年至 1792 年没有发生泛欧战争，但

在这些"和平"时期，严重的双边冲突事件仍有发生。

[21] Joël Félix and Frank Tallett， "The French Experience，1661 - 1815，" in Stott， "The Fiscal-Military State，" 151. 若要进一步了解 18 世纪后期对这一主题的讨论，请参阅 Jeremy J. Whiteman， *Reform Revolution and French Global Policy：1787 - 1791* （Aldershot，UK：Ashgate，2002）。

[22] 关于战争"荣耀"的论述，见 John Lynn， *The Wars of Louis XIV，1667 - 1714* （London：Routledge，1999）；从更广泛的历史视角的论述，见 Robert Morrissey， *Napoléon et l'héritage de la gloire* （Paris：Presses Universitaires de la France，2010）。

[23] Scott， "The Fiscal-Military State，" 29.

[24] 这些数字代表战争时期的兵力。根据"12：20"的规则，每招募 20 名士兵，只有 12 名会被投放到战场上，因此，理论上的数字更高。关于法国宗教战争和西班牙王位继承战争之间的战时与和平时期法国军队的史学讨论，见 John A. Lynn， "Revisiting the Great Fact of War and Bourbon Absolutism：The Growth of the French Army during the Grand Siècle，" in *Guerra y sociedad en la monarquía hispanica：Política，estrategia y cultura en la Europa moderna （1500 - 1700）*，ed. Enrique Garcia Hernán and Davide Maffi，vol. 1 （Madrid：CSIC，Laberinto，Fundación Mapfre，2006），49 - 74。

[25] Félix and Tallett， "The French Experience，" 154 - 55. 关于路易十四在位时期法国海军力量增减的观点，见 Benjamin Darnell， "Naval Policy in an Age of Fiscal Overextension" in *The Third Reign of Louis XIV，C. 1682 - 1715*，ed. Julia Prest and Guy Rowlands （Abingdon：Routledge，2016），68 - 81。

[26] Guillaume Le Blond， "Guerre，" in *Encyclopédie，ou Dictionnaire raisonné des sciences，des arts et des métiers*，ed. Jean le Rond d'Alembert and Denis Diderot，7：985.

[27] 正义战争理论的历史可上溯至公元前 8 世纪或 9 世纪，并一直延续到今天。见连续的在线出版物 *Oxford Handbook of Ethics of War*，ed. Helen Frowe and Seth Lazar（New York：Oxford University Press，2015）. DOI：10. 1093/oxfordhb/9780199943418. 001. 0001，accessed March 23，2017。

[28] Hervé Drévillon，*L'individu et la guerre*，16.

[29] 关于法国宗教战争，见 Jean Paul Barbier-Mueller，*La parole et les armes*：*Chronique des guerres de religion en France 1562 -1598*（Geneva：Hazan-Musée international de la Réforme，2006）；Olivia Carpi，*Les guerres de religion 1559 - 1598*：*Un conflict francofrançais*（Paris：Ellipses，2012）；Jean-Marie Constant，*Les Français pendant les guerres de religion*（Paris：Hachette Littératures，2002）；Denis Crouzet，*Dieu en ses royaumes*：*Une histoire des guerres de religion*（Seyssel：Champ Vallon，2008）；Crouzet，*Les guerriers de Dieu*：*La violence au temps des troubles de religion*（*v. 1525 - v. 1610*）（Seyssel：Champ Vallon，2005）；Crouzet，*La genèse de la Réforme française 1520 - 1562*（Paris：SEDES，1999）；Barbara B. Diefendorf，*Beneath the Cross*：*Catholics and Huguenots in Sixteenth-Century Paris*（Oxford：Oxford University Press，1991）；Mark Greengrass，*France in the Age of Henry IV*（London：Longman，1986）；Greengrass，*The French Reformation*（London：Blackwell，1987）；Greengrass，*Governing Passions*：*Peace and Reform in the French Kingdom*，*1576 -1585*（Oxford：Oxford University Press，2007）；Mack P. Holt，*The French Wars of Religion*，*1562 - 1629*（Cambridge：Cambridge University Press，2005）；Arlette Jouanna，Jacqueline Boucher，Dominique Biloghi，and Guy Thiec，*Histoire et dictionnaire des guerres de religion*（Paris：Laffont，1998）；Robert J. Knecht，*The French Wars of Religion*，*1559 -1598*（New York：Longman，1996）；Knecht，*The*

Valois: Kings of France, 1328 - 1589 (New York: Hambledon Continuum, 2007); Knecht, *The Rise and Fall of Renaissance France*, 1483 - 1610 (Oxford: Blackwell, 2001); and Knecht, *The French Civil Wars* (New York: Longman, 2000)。欲了解法国对三十年战争的观点，见 David Parrott, *Richelieu's Army: War*, *Government and Society in France*, 1624 - 1642 (Cambridge: Cambridge University Press, 2001), and Stéphane Thion, *French Armies of the Thirty Years' War* (Auzielle: Little Round Top Editions, 2008)。也可参阅 Richard Bonney, *The Thirty Years' War*, 1618 - 1648 (Oxford: Osprey Publishing, 2002); Georges Livet, *La Guerre de Trente Ans* (Paris: Presses Universitaires de France, 1994); Geoffrey Parker, *The Thirty Years' War* (London: Routledge and Kegan Paul, 1984); Henri Sacchi, *La Guerre de Trente Ans* (Paris: Harmattan, 2003); Yves Krumenacker, *La Guerre de Trente Ans* (Paris: Ellipses, 2008)。

[30] 对于法国启蒙运动和美国独立战争期间同情心的论述，见 Anne C. Vila, *Enlightenment and Pathology: Sensibility in the Literature and Medicine of Eighteenth-Century France* (Baltimore: Johns Hopkins University Press, 1998), and Sarah Knott, *Sensibility and the American Revolution* (Chapel Hill: University of North Carolina Press, 2009)。欲了解所谓近代战争观中的同情心，见 Yuval Noah Harari, *The Ultimate Experience: Battlefield Revelations and the Making of Modern War Culture* (Houndmills: Palgrave Macmillan, 2008)。

[31] John Locke, *An Essay concerning Human Understanding* (1690); David Hume, *A Treatise of Human Nature* (1739 - 1740), *An Enquiry concerning Human Understanding* (1748), and *An Enquiry concerning the Principles of Morals* (1751); Étienne Bonnot de Condillac, *Essai sur l'origine des*

connoissances humaines（1746）；Adam Smith，*Theory of Moral Sentiments*
（Oxford：Oxford University Press，1976）。

　　[32] Dan Edelstein，*The Terror of Natural Right*：*Republicanism*，*the
Cult of Nature*，*and the French Revolution*（Chicago：University of Chicago
Press，2009），15。

　　[33] Joan DeJean，*Ancients Against Moderns*：*Culture Wars and the Making
of a Fin de Siècle*（Chicago：University of Chicago Press，1997），82。

　　[34] John Gillingham，"War and Chivalry in the History of William the
Marshal," in *Thirteenth Century England II*：*Proceedings of Newcastle upon
Tyne*，ed. Peter R. Coss and Simon D. Lloyd（Woodbridge，UK：Boydell and
Brewer，1988），1 - 14；Richard W. Kaeuper，*The Book of Chivalry of Geof-
froi de Charny*：*Text*，*Context*，*and Translation*（Philadelphia：University
of Pennsylvania Press，1996）；Kaeuper，*Chivalry and Violence in Medieval
Europe*（Oxford：Oxford University Press，1999）；Kaeuper，*Holy Warriors*：
The Religious Ideology of Chivalry（Philadelphia：University of Pennsylvania
Press，2014）；Kaeuper，*Medieval Chivalry*（Cambridge：Cambridge Univer-
sity Press，2016）。

　　[35] 历史学家杰弗里·帕克（Geoffrey Parker）认为，大多数近代战争
约束公约出现在 1550 年至 1700 年间的欧洲，先在理论上出现，在实践中则进
展比较缓慢。这些约束是由多重影响形成的——法律、个人利益和贵族的荣
耀法则。国家、军事、国际立法和法律理论一起界定了"起诉战争权"（诉诸
武力具备正当性的必要条件）和"战时法"（战时道德行为的法律准则）。欲
了解战争法演变的更多信息，请参阅 Richard Tuck，*The Rights of War and
Peace*：*Political Thought and the International Order from Grotius to Kant*
（Oxford：Oxford University Press，1999）和 Michael Howard，George

J. Andreopoulos, and Mark R. Shulman, eds., *The Laws of War: Constraints on Warfare in the Western World* (New Haven, CT: Yale University Press, 1994), 尤其是第 2—4 章。也请参阅 Geoffrey Best, *Humanity in Warfare* (New York: Columbia University Press, 1983)。欲了解更多近代法国早期贵族荣耀和暴乱文化，见 Brian Sandberg, *Warrior Pursuits: Noble Culture and Civil Conflict in Early Modern France* (Baltimore: Johns Hopkins University Press, 2010); Pascal Brioist, Hervé Drévillon, and Pierre Serna, *Croiser le fer: Violence et culture de l'épée dans la France modern, XVIe-XVIIIe siècle* (Seyssel: Champ Vallon, 2002); Arlette Jouanna, *Le devoir de révolte: La noblesse française et la gestation de l'état modern, 1559 – 1661* (Paris: Fayard, 1989); Stuart Carroll, *Blood and Violence in Early Modern France* (Oxford: Oxford University Press, 2006); Kristen B. Neuchel, *Word of Honor: Interpreting Noble Culture in Sixteenth-Century France* (Ithaca, NY: Cornell University Press, 1989)。

[36] 见 Hedley Bull, ed., *Hugo Grotius and International Relations* (Oxford: Oxford University Press, 1990) and Christopher A. Ford, "Preaching Propriety to Princes: Grotius, Lipsius, and Neo-Stoic International Law," *Case Western Reserve Journal of Law*, vol. 28, no. 2 (1996): 313 – 66。

[37] Dobie, "The Enlightenment at War," 1853.

[38] 关于武装力量的功绩，见 Jay M. Smith, *The Culture of Merit: Nobility, Royal Service, and the Making of Absolute Monarchy in France, 1600 – 1789* (Ann Arbor: University of Michigan Press, 1996); Jay M. Smith, *Nobility Reimagined: The Patriotic Nation in Eighteenth-Century France* (Ithaca, NY: Cornell University Press, 2005); Rafe Blaufarb, *The French Army, 1750 – 1820: Careers, Talent, Merit* (Manchester, UK: University of Manchester

Press，2002）。

[39] Charles Perrault，*Parallèle des Anciens et des Modernes*，*en ce qui regarde les arts et les sciences*，vol. 2（Paris，1692），30.

[40] Michel Foucault，"What Is Enlightenment?，" in *The Foucault Reader*，ed. Paul Rabinow（New York：Pantheon Books，1984），32 – 50；此处分别引自第 35、42 页。

[41] 开创性地从全球背景下研究战争的历史学家杰里米·布莱克声称"在全球背景的视角下……欧洲的发展并不特别"，见 Jeremy Black，*War and the Cultural Turn*（Cambridge：Polity Press，2012），167。

[42] 关于德国的启蒙运动，见 Gat，*A History of Military Thought* 第 4 章和 Elisabeth Krimmer and Patricia Anne Simpson，eds. ，*Enlightened War：German Theories and Cultures of Warfare from Frederick the Great to Clausewitz*（Rochester，NY：Camden House，2011）。

[43] Gat，*A History of Military Thought* 第 5 章和 Manfried Rauchensteiner 在"东中欧战争与社会系列丛书"第 2 卷（B. K. Kiraly，G. Rothenberg，and P. Sugar，*East Central European Society and War in the Pre-Revolutionary Eighteenth Century*，New York：Social Science Monographs，1982），75—82 页中的讨论。

[44] 关于法国的财政与军事野心，见 Guy Rowlands，*The Dynastic State and the Army under Louis XIV：Royal Service and Private Interest*，*1661 – 1701*（Cambridge：Cambridge University Press，2010）；Rowlands，*The Financial Decline of a Great Power：War，Influence，and Money in Louis XIV's France*（Oxford：Oxford University Press，2012）；Rowlands，*Dangerous and Dishonest Men：The International Bankers of Louis XIV's France*（London：Palgrave，2014），以及罗兰兹的大量论文。

[45] David A. Bell，*The Cult of the Nation in France：Inventing Nationalism，1680 – 1800*（Cambridge，MA：Harvard University Press，2003）；Edmond Dziembowski，*Le nouveau patriotisme français 1750 – 1770：La France face à la puissance anglaise à l'époque de la Guerre de Sept Ans*，"伏尔泰和十八世纪研究丛书"（Oxford：Voltaire Foundation，1998）；J. M. Smith，*Nobility Reimagined*。

[46] Félix and Tallett，"The French Experience，" 152 – 53.

[47] Ibid.，155. 关于路易十三时期的战争融资问题，见 Parrott，*Richelieu's Army*；若欲了解路易十四时期的战争与财政，见 Rowlands，*The Dynastic State*。

[48] Félix and Tallett，"The French Experience，" 155.

[49] 法国黑市交易也很猖獗，见 Michael Kwass，*Contraband：Louis Mandrin and the Making of a Global Underground*（Cambridge，MA：Harvard University Press，2014）。迈克尔·科瓦斯（Michael Kwass）还论及了18 世纪法国王室在税收政策方面的大胆举措，见 *Privilege and the Politics of Taxation in Eighteenth-Century France：Liberté，Égalité，Fiscalité*（Cambridge，UK：Cambridge University Press，2009）。

[50] Ibid.，151 – 52.

[51] Scott，"The Fiscal-Military State，" 41.

[52] 见 Rowlands，*Dangerous and Dishonest Men*。

[53] Scott，"The Fiscal-Military State，" 39，45. 也请参阅 James C. Riley，*The Seven Years War and the Old Regime in France：The Economic and Financial Toll*（Princeton，NJ：Princeton University Press，1986）；Joël Félix，*Finances et politique au siècles des Lumières：Le ministère d'Averdy，1763 – 1768*（Paris：Comité pour l'histoire économique et financière de la France，

1999）。

［54］大卫·比恩的许多最重要的英语论文已被汇编成文集 *Interpreting the Ancien Régime*，ed. Rafe Blaufarb、Michael S. Christofferson and Darrin M. McMahon，Keith Baker 作序，Oxford University Studies in the Enlightenment（Oxford：Voltaire Foundation，2014）。关于这一时期的法国财政，也请参阅 Gail Bossenga，"Financial Origins of the French Revolution," in *From Deficit to Deluge：The Origins of the French Revolution*，ed. Thomas E. Kaiser and Dale K. Van Kley（Stanford：Stanford University Press，2010），66。

［55］Félix and Tallett，"The French Experience，" 158.

［56］参阅林恩著《路易十四统治时期的历次战争》第 362—367 页关于有限战争那一部分；关于与有限战争有关的贵族文化，参阅贝尔著《第一次全面战争》第一章。

［57］Corvisier，*L'armée française*，2：737.

［58］Ibid. , 736.

［59］尽管法军的战败是毁灭性的，甚至危及整个国家，但由于英奥联军未能利用法国的失败，法国本土相对来说完好无损，所以法国还是幸运地走出了战争泥淖，在近代早期所谓有限战争的体系中，这种"非决定性"的战争很典型。参阅林恩著《路易十四统治时期的历次战争》第 266—360 页关于法国卷入西班牙王位继承战争以及法国人对这场战争的观点。欲了解有关 18 世纪早期战争决定性的探讨，参阅 Jamel Ostwald，"The 'Decisive' Battle of Ramillies，1706：Prerequisites for Decisiveness in Early-Modern Warfare，" *Journal of Military History* 64（2000）：649 – 77。

［60］David D. Bien，"The Army in the French Enlightenment：Reform，Reaction，and Revolution，" *Past and Present*，vol. 85（November 1979）：68 – 98.

［61］Voltaire，"Précis du siécle de Louis XV，" in *Oeuvres complètes de*

Voltaire，vol. 4（Paris：Furne，1843），407.

[62] 关于路易十五统治时期的战争及公众舆论，参阅 Tabetha Leigh Ewing，*Rumor*，*Diplomacy and War in Enlightenment Paris*，Oxford University Studies in the Enlightenment（Oxford：Voltaire Foundation，2014）和 Lisa Jane Graham，*If the King Only Knew：Seditious Speech in the Reign of Louis XV*（Charlottesville：University of Virginia Press，2000）。

[63] 关于荣耀国家化，见 J. M. Smith，*Nobility Reimagined*。

[64] 参阅 David D. Bien，"Military Education in 18th Century France：Technical and Nontechnical Determinants," in *Science*，*Technology*，*and Warfare*，美国空军学院第三届军事史论坛论文集，1969，ed. Monte D. Wright and Lawrence J. Paszek（Washington，DC：U. S. Government Printing Office，1971），51 - 84。

[65] 见 Robert Quimby，*The Background of Napoleonic Warfare：The Theory of Military Tactics in Eighteenth-Century France*（New York：Columbia University Press，1957）。

[66] 见 John A. Lynn，"The Treatment of Military Subjects in Diderot's *Encyclopédie*," *Journal of Military History* 65，no. 1（January 2001）：131 - 65。

[67] 见 Gat，*A History of Military Thought*。

[68] J. B. Schank，*The Newton Wars and the Beginning of the French Enlightenment*（Chicago：University of Chicago Press，2008）；Ken Alder，*Engineering the Revolution：Arms and Enlightenment in France*，*1763 - 1815*（Chicago：University of Chicago Press，2010）；Alain Berbouche，*L'histoire de la Royale：La marine française et la politique au siècle des Lumières*（*1715 - 1789*）（Saint-Malo：Pascal Galodé，2012）；Berbouche，*Marine et justice：La justice criminelle de la marine française sous l'Ancien Régime*（Rennes：Pres-

ses Universitaires de Rennes，2010）。

[69] James E. McClellan Ⅲ and François Regourd，*The Colonial Machine：French Science and Colonization in the Ancien Regime*（Turnhout，Belgium：Brepols，2012）. 关于殖民时期的医学，参阅 James E. McClellan Ⅲ，*Colonialism and Science：Saint-Domingue in the Old Regime*（Baltimore：Johns Hopkins University Press，1992）；Pierre Pluchon，ed. ，*Histoire des médecins et pharmaciens de marine et des colonies*（Toulouse：Privat，1985）；Caroline Hannaway，"Distinctive or Derivative? The French Colonial Medical Experience，1740 – 1790，" in *Mundializacion de la ciencia y cultura nacional*，ed. Antonio Lafuente，Alberto Elena，and Maria Luisa Ortega（Madrid：Doce Calles，1993），505 – 10；Michael Osborne，*The Emergence of Tropical Medicine in France*（Chicago：University of Chicago Press，2014）；Erica Charters，*Disease，War，and the Imperial State：The Welfare of the British Armed Forces during the Seven Years' War*（Chicago：University of Chicago Press，2014）. 欲了解这一时期法国殖民概况，参阅 Pierre Pluchon，*Histoire de la colonialisaion française*，vol. 1，*Le premier empire colonial*（Paris：Fayard，1991）。

[70] Outram，*The Enlightenment*，54.

[71] 见米歇尔·杜谢的经典著作 *Anthropologie et histoire au siècle des Lumières：Buffon，Voltaire，Rousseau，Helvétius，Diderot*（Paris：François Maspero，1971）。

[72] 关于这一触发点更为详细的介绍，见 Outram，*The Enlightenment*，chap. 5，and Duchet，*Anthropologie et histoire au siècle des Lumières. On Raynal's Histoire des deux Indes and eighteenth-century expressions of ambivalence toward commerce*，see Anoush F. Terjanian，Commerce and Its Discon-

tents in Eighteenth-Century French Political Thought（Cambridge：Cambridge University Press，2013）。

［73］参见 Philippe Bonnichon，Pierre Gény，and Jean Nemo 指导下由法兰西海外科学院出版的两卷本 *Présences françaises outre-mer*（*X*Ⅵ*e*-*XX*Ⅰ*e siècles*）（Paris：Éditions Karthala/ASOM，2012）。

［74］关于对 18 世纪法国殖民帝国的不同看法，见 Sankar Muthu，*Enlightenment against Empire*（Princeton，NJ：Princeton University Press，2003）；Jennifer Pitts，*A Turn to Empire*：*The Rise of Imperial Liberalism in Britain and France*（Princeton，NJ：Princeton University Press，2005）；Madeleine Dobie，*Trading Places*：*Colonization and Slavery in Eighteenth-Century Culture*（Ithaca，NY：Cornell University Press，2010）；and Sunil Agnani，*Hating Empire Properly*：*The Two Indies and the Limits of Enlightenment Anticolonialism*（New York：Fordham University Press，2013）等其他文献。

［75］见 Jared Diamond，*Guns*，*Germs*，*and Steel*：*The Fates of Human Societies*（New York：Norton，1997）. Works that debunk this vision of the Spanish model include Mathew Restall，*Seven Myths of the Spanish Conquest*（Oxford：Oxford University Press，2004）；Ross Hassig，*Mexico and the Spanish Conquest*，2nd rev. ed.（Norman：University of Oklahoma Press，2006）；Laura Matthews，*Indian Conquistadors*：*Indigenous Allies in the Conquest of Mesoamerica*（Norman：University of Oklahoma Press，2007）。

［76］Wayne E. Lee，"Projecting Power in the Early Modern World," in *Empires and Indigenes*：*Intercultural Alliance*，*Imperial Expansion*，*and Warfare in the Early Modern World*，ed. Wayne E. Lee（New York：New York University Press，2011），2.

[77] Lee，"Projecting Power，" 1.

[78] 见 Richard White，*The Middle Ground：Indians，Empire，and Republics in the Great Lakes Region*，*1650 – 1815* (Cambridge：Cambridge University Press，1991)。多位学者对理查德·怀特"中间地带"的观点及其在地理学中的适用性提出了异议，他们还将继续辩论下去。2011 年是该书首版 20 周年纪念，剑桥大学出版社对该书再版，在此版本的序言中，怀特论证了其中学界对"中间地带"一些关键性的争论。关于这一时期法国与美洲印第安人的经历与战争，见 Crouch，*Nobility Lost*；Arnaud Balvay，*L'épée et la plume：Amérindiens et soldats des troupes de la marine en Louisiane et au Pays d'en Haut*（*1683 – 1763*）(Quebec：Presses Universitaires de Laval，2006)；Gilles Havard，*Empire et métissages：Indiens et Français dans le Pays d'en Haut*，*1660 – 1715* (Quebec：Septentrion，2003)；以及 Armstrong Starkey，*European and Native American Warfare*，*1615 – 1815* (London：University of Oklahoma Press / UCL Press，1998) 等其他文献。

[79] 见 John Garrigus，*Before Haiti：Race and Citizenship in French Saint-Domingue* (New York：Palgrave Macmillan，2006)，and Garrigus，"Catalyst or Catastrophe? Saint-Domingue's Free Men of Color and the Savannah Expedition，1779 – 1782，" *Review/ Revista Interamericana* 22 (Spring/Summer 1992)：109 – 25，among others。

[80] 关于战争与社会，参阅 M. S. Anderson，*War and Society in Europe of the Old Regime*，*1618 –1789* (Montreal：McGill-Queens University Press，1998)；Geoffrey Best，*War and Society in Revolutionary Europe*，*1770 –1870* (Montreal：McGill-Queens University Press，1998)；Jeremy Black，*A Military Revolution? Military Change and European Society*，*1550 –1800* (Atlantic Highlands，NJ：Humanities Press，1991)；Black，*European Warfare*，

1660 - 1815 (London：UCL Press，1994)；Black，*European Warfare in a Global Context*，*1660 - 1815*（London：Routledge，2006）；André Corvisier，*Armies and Societies in Europe*，*1494 - 1789*，trans. A. T. Siddall（Bloomington：Indiana University Press，1979）；Frank Tallett，*War and Society in Early Modern Europe*：*1495 - 1715*（London：Routledge，1997）。除了在本书序言中提及的这些学者以外，许多历史学家对引入战争文化的研究也发挥了突出的作用，尤其是 John Keegan，Victor Davis Hanson，John W. Dower，Richard W. Kaeuper，Kenneth M. Pollack，Ralph D. Sawyer，and Ronald Takaki。

[81] 关于珍藏在法国国防历史处的 1M 系列研究，见 *Les lumières de la guerre*，ed. Hervé Drévillon and Arnaud Guinier（Paris：Éditions de la Sorbonne，2015），vols. 1 and 2。

第一章　法国军事启蒙

[1] John Lynn，*Battle：A History of Combat and Culture from Ancient Greece to Modern America*（Cambridge，MA：Westview Press，2003），xv.

[2] Martin Fitzpatrick，Peter Jones，Christa Knellwolf，and Iain McCalman，eds.，*The Enlightenment World*（New York：Routledge，2004），442. 在 *Democratic Enlightenment：Philosophy，Revolution，and Human Rights，1750 - 1790*（Oxford：Oxford University Press，2013）一书第 10 章第 270—301 页中，乔纳森·伊斯雷尔也拒绝了这一观点，没有把法国纳入开明君主专制中。

[3] John A. Lynn，*Giant of the Grand Siècle：The French Army，1610 - 1715*（Cambridge：Cambridge University Press，1997）. Norman Davies，*Europe：A History*（Oxford：Oxford University Press，1996），627.

[4] 见 David Parrott，*Richelieu's Army：War，Government and Society*

in France，*1624 - 1642*（Cambridge：Cambridge University Press，2001）和 Lynn，*Giant of the Grand Siècle*。

［5］若要进一步了解达尔让松的细节，见 Yves Combeau，*Le comte d'Argenson*（*1696 -1764*）（Paris：Librairie Droz，1999）。

［6］欲知佩剑贵族的更多详情，见 Ellery Schalk，*From Valor to Pedigree：Ideas of Nobility in France in the Sixteenth and Seventeenth Centuries*（Princeton，NJ：Princeton University Press，1986）和本书第二章。

［7］César Chesneau Dumarsais，"Education," trans. Carolina Armenteros，in *The Encyclopedia of Diderot & d'Alembert Collaborative Translation Project*（Ann Arbor：Michigan Publishing，University of Michigan Library，2007），http：//hdl. handle. net/2027/spo. did2222. 0000. 390，accessed December 20，2016；translation of "Education," in *Encyclopédie，ou Dictionnaire raisonné des sciences，des arts et des métiers*，vol. 5（Paris，1755）. 关于军事学校的课程设置，见 David D. Bien，"Military Education in Eighteenth Century France：Technical and Nontechnical Determinants," in *Science，Technology，and Warfare*，*Proceedings of the Third Military History Symposium*，*United States Air Force Academy*，*1969*，ed. Monte D. Wright and Lawrence J. Paszek（Washington，DC：U. S. Government Printing Office，1971），51 - 84。若需进一步了解另一位军官对应该开设什么样的课程的观点，见 "Projet d'une nouvelle école militaire adressé à Monsieur le Maréchal duc de Belle-Isle," with commentary by Aude Mayelle，in *Les Lumières de la guerre*，ed. Hervé Drévillon and Arnaud Guinier，vol. 1（Paris：Éditions de la Sorbonne，2015），117 - 52。

［8］见 Marie Jacob，"L'École royale militaire：Un modèle selon l'*Encyclopédie*?," *Recherches sur Diderot et sur l'Encyclopédie* 43（2008）：105 - 26。

[9] http：//www. dems. defense. gouv. fr/dems/connaitre-la-dems/histoire-de-l-ecole-militaire/article/la-construction-de-l-ecole-et-ses. Accessed　on　March 23，2017.

[10] Robert Laulan，"La fondation de l'École militaire et Madame de Pompadour," *Revue d'histoire moderne et contemporaine* 21，no. 2（April – June 1974）：284 – 99，引自第 287 页。

[11] 此处仅对这些改革进行了大致总结，欲了解更多详情，见 Alain Berbouche，*L'histoire de la Royale：La marine française et la politique au siècle des Lumières（1715 – 1789）*（Saint-Malo：Pascal Galodé，2012），and Berbouche，*Marine et justice：La justice criminelle de la marine française sous l'ancien régime*（Rennes：Presses Universitaires de Rennes，2010）。也见 Jean Meyer，"La marine française au ⅩⅧe siècle," in *Histoire militaire de la France*，under the direction of André Corvisier，vol. 2（Paris：Presses Universitaires de France，1992）。

[12] 引文见 Jean Meyer，"La marine française au ⅩⅧe siècle," 2：162。

[13] Ibid. ，152.

[14] *Le militaire philosophe ou difficultés sur la religion proposées au Reverend Père Malebranche*（London，1768），8. 也见 Jean Chagniot，*Paris et l'armée au ⅩⅧe siècle*（Paris：Economica，1985），629 – 31。

[15] Armstrong Starkey，*War in the Age of Enlightenment，1700 – 1789*（Westport，CT：Praeger，2003），87.

[16] Ibid.

[17] Ira Gruber，*Books and the British Army in the Age of the American Revolution*（Chapel Hill：University of North Carolina Press，2010）.

[18] Christopher Duffy，*The Army of Frederick the Great*（New York：

Hippocrene Books，1974），47-50；Charles Royster，*A Revolutionary People at War：The Continental Army and the American Character*，*1775 - 1783* (Chapel Hill：University of North Carolina Press，1979），88 - 89；Sarah Knott，*Sensibility and the American Revolution*（Chapel Hill：University of North Carolina Press，2009）；Robert Darnton，*The Great Cat Massacre and Other Episodes in French Cultural History*（New York：Viking，1984），242.

[19] 见 Napoleon Bonaparte，*Manuscrits inédits*，ed. Frédéric Masson and Guido Biagi（Paris：Société d'éditions littéraires et artistiques，1907）。

[20] 若要进一步了解有关 17 世纪和 18 世纪早期的法国是如何发动战争的，尤其是围城战的理论，见 Jamel Ostwald，*Vauban under Siege：Engineering Efficiency and Martial Vigor in the War of the Spanish Succession* (Leiden：Brill，2007）。

[21] 见 Arnaud Guinier，"Le mémoire comme projet de réforme au siècle des Lumières，" in Drévillon and Guinier，*Les Lumières de la guerre*，23-112。

[22] Service Historique de la Défense（SHD）1M 1709，no author，"Projet d'un militaire，" n.d.（after 1763），2-3.

[23] Jürgen Habermas，*The Structural Transformation of the Public Sphere：An Inquiry into a Category of Bourgeois Society*（1962；reprint，Cambridge，MA：MIT University Press，1991).

[24] Azar Gat，*A History of Military Thought from the Enlightenment to the Cold War*（Oxford：Oxford University Press，2001），27. 也见 Johann Pohler，*Bibliotheca historicomilitaris：Systematische Uebersicht der Erscheinungen aller Sprachen auf dem Gebiete der Geschichte der Kriege und Kriegswissenschaft seit Erfindung der Buchdruckerkunst bis zum Schluss des Jahres 1880*，4 vols.（Leipzig，1887-1897），3：583-610。

［25］ Chevalier de Folard，*Nouvelles découvertes sur la guerre dans une dissertation sur Polybe*，*où l' on donne une idée plus étendue du commentaire entrepris sur cet auteur*，*et deux dissertation importantes détachées du corps de l'ouvrage* (1724)；*Histoire de Scipion l'Africain*，*pour servir de suite aux hommes illustres de Plutarque. Avec les observations de M. le chevalier de Folard sur la bataille de Zama* (1738)；*Histoire d'Épaminondas pour servir de suite aux hommes illustres de Plutarque*，*avec des remarques de M. le Chevalier de Folard sur les principals batailles d'Épaminondas*，*par M. l'abbé Séran de la Tour* (1739)；*Histoire de Polybe*，*nouvellement traduite du grec par Dom Vincent Thuillier*，*avec un commentaire ou un corps de science militaire enrichi de notes critiques et historiques par F. de Folard* (1729)；*Abrégé des Commentaires de M. de Folard sur l'histoire de Polybe* (1754).

［26］ 若要进一步了解对于法国突袭战术的讨论，见 Arnaud Guinier，in *Combattre à l'époque moderne*，ed. B. Deruelle and B. Gainot（Paris：Éditions du CTHS，2013），84 - 93. http：// cths. fr/ed/edition. php？ id＝6559，accessed March 8，2017。

［27］ 见 Frederick's *Histoire du chevalier de Folard tiré de ses commentaires tirés de l'Histoire de Polybe pour l'usage d'un officier*，*de main de maître*（Leipzig，1761）。

［28］ Lancelot Turpin，comte de Crissé et de Sanzay，*Essay on the Art of War*，vol. 1（London，1761），1 - 2.

［29］ Paul-Gédéon Joly de Maïzeroy，*Theorie de guerre*（Lausanne，1777），lxxxv-lxxxvi.

［30］ Paul-Gédéon Joly de Maïzeroy，*Essais militaires*，*où l'on traite des armes défensives*（Amsterdam：Gosses，1762）；*Traité des stratagèmes per-*

mis à la guerre，*ou remarques sur Polyen et Frontin*（Metz：Joseph Antoine，1765）；*Institutions militaires de l'empereur Léon le philosophe*（Paris：Merlin，1771）；*Cours de tactique théorique*，*pratique et historique*，2 vols.（Paris，1766）；*La tactique discutée et réduite à ses véritables principes*，4 vols.（Paris：Claude-Antoine Jombert，1773）；*Mémoire sur les opinions qui partagent les militaires*，*suivi du traité des armes défensives*（Paris：Claude-Antoine Jombert，1773）；*Théorie de la guerre*（Lausanne，1777）；*Traité sur l'art des sièges et des machines des anciens*（Paris：Claude-Antoine Jombert，1778）；*Tableau général de la cavalerie grecque*，*composé de deux mémoires et d'une traduction du traité de Xénophon intitulé Le Commandant de la cavalerie*（Paris：L'imprimerie royale，1780）．

［31］Pierre Joseph de Bourcet，*Mémoires historiques sur la guerre que les Français ont soutenue en Allemagne depuis 1757 juqu'en 1762*，3 vols.（Paris：Maradan，1792）；*Mémoires militaires sur les frontières de la France*，*du Piémont et de la Savoie*，*depuis l'embouchure du Var jusqu'au Lac de Genève*（Paris：Levrau et frères，an X）；*Principes de la guerre de montagnes*（1760）（Paris：Imprimerie Nationale，1888）；*Carte géométrique du Haut Dauphiné et de la frontière ultérieure*，*levée par ordre du Roi*，*sous la direction de M. de Bourcet*，*maréchal de camp*，*par MM. les ingénieurs ordinaires et par les ingénieurs géographes de sa Majesté pendant les années 1749 jusqu'en 1754. Dressé par S. Villaret*，*capitaine ingénieur du roi Limites du Piémont*（Paris，1758）；*Projet de ville-forteresse*，*à Versoix*，*inspiré des réalisations de Vauban*（1767）．

［32］欲详细了解这一时期的名人，见 Antoine Lilti，*Figures publiques*：*L'invention de la célébrité*，*1750 - 1850*（Paris：Fayard，2014）．

［33］Gat，*A History of Military Thought*，45 - 46.

［34］Ibid.，54.

［35］若要详细了解这一时期小说作为一种文学体裁的发展，见 Ian Watt，*The Rise of the Novel*（Berkeley：University of California Press，2000）。

［36］Choderlos de Laclos，*Les liaisons dangereuses*，4 vols.（Paris：Durand Neveu，1782），letter CLIII. 关于对小说军事影响的分析，见 Joan DeJean，*Literary Fortifications：Rousseau，Laclos，Sade*（Princeton，NJ：Princeton University Press，1984）；Christy Pichichero，"Battles of the Self：War and Subjectivity in Early Modern France"（PhD diss.，Stanford University，2008）；Julia Osman，"A Tale of Two Tactics：Laclos's Novel Approach to Military Reform,"*Eighteenth Century Fiction* 22，no. 3（Spring 2010）：503 - 24。

［37］Georges Festa，"La bataille，l'armée，la gloire dans l'oeuvre de Sade,"in *La bataille，l'armée，la gloire 1745 - 1871：Actes du colloque international de Clermont-Ferrand*，vol. 1，ed. Paul Viallaneix and Jean Ehrard（Clermont-Ferrand：Association des publications de la Faculté des lettres et sciences huma-ines de Clermont-Ferrand，1985），83.

［38］Ibid.，84.

［39］Lancelot Turpin de Crissé and Jean Castilhon，*Amusemens philos-ophiques et littéraires*（Paris：Prault，1754），6.

［40］见 Turpin de Crissé's biography in *Biographie universelle，ancienne et moderne，ouvrage rédigé par une société de gens de lettres*，vol. 47（Paris：L. G. Michard，1827），98 - 100，引自第 99 页。

［41］Christian Ayne Crouch，*Nobility Lost：French and Canadian Mar-tial Cultures，Indians，and the End of New France*（Ithaca，NY：Cornell U-niversity Press，2014），69 - 70.

[42] Ibid. , 15.

[43] 引自 Leah Hochman, *The Ugliness of Moses Mendelssohn: Aesthetics, Religion and Morality in the Eighteenth Century* (New York: Routledge, 2014), 91。

[44] Zacharie de Pazzi de Bonneville, *De l'Amérique et des Américains: ou Observations curieuses du philosophe La Douceur, qui a parcouru cet hémisphere pendant la dernière guerre, en faisant le noble métier de tuer des hommes sans les manger* (Berlin: S. Pitra, 1771), 4 - 6.

[45] Ibid. , 43.

[46] Crouch, *Nobility Lost*, 70.

[47] Ibid. , 71. 见 Charles Coste, ed. , *Aventures militaires au XVIIIe siècle d'après les mémoires de Jean-Baptiste d'Aleyrac* (Paris, 1935)。

[48] Jean Jacques, chevalier de Cotignon, *Mémoires du chevalier de Cotignon: Gentilhomme nivernais, offcier de marine de Sa Majesté Louis le Seizième* (Grenoble: Éditions des 4 Seigneurs, 1974), 341.

[49] 在法国和美国，关于拉法耶特的史学论著颇多，也很详细，主要著作包括 Louis Gottschalk, *Lafayette Comes to America* (Chicago: University of Chicago Press, 1935), *Lafayette Joins the American Army* (Chicago: University of Chicago Press, 1937), *Lafayette and the Close of the American Revolution* (Chicago: University of Chicago Press, 1942), *Lafayette between the American and the French Revolution* (*1783 - 1789*) (Chicago: University of Chicago Press, 1950), and, with Sarah Maddox, *Lafayette in the French Revolution through the October Days* (Chicago: University of Chicago Press, 1969) and *Lafayette in the French Revolution from the October Days through the Federation* (Chicago: University of Chicago Press, 1973); Lloyd Kramer,

Lafayette in Two Worlds：Public Cultures and Personal Identities in an Age of Revolu-tions（Chapel Hill：University of North Carolina Press，1996）。若要了解最近出版的关于拉法耶特的传记，见 Laura Auricchio，*The Marquis：Lafayette Reconsidered*（New York：Knopf，2015）。

［50］若要进一步了解这些文件，详见 Jean-Jacques Fiechter，"L'aventure américaine des officiers de Rochambeau vue à travers leurs journaux," in *Images of America in Revolutionary France*，ed. Michèle R. Morris（Washington，DC：Georgetown University Press，1990），65 - 82。

［51］Louis-Jean Christophe，baron de Closen，"Baron von Closen Journal," Library of Congress，Manuscript Division，vol. 2，56 - 57。

［52］Jean-Baptiste-Antoine de Verger，"Journal des faits les plus importants arrives aux troupes françaises aux orders de Monsieur le comte de Rochambeau," manuscript，Brown University，Anne S. K. Brown Military Collection，61 - 62.

［53］Jean-François-Louis Crèvecoeur，comte de Clermont，*Journal de la guerre d'Amérique pendant les années 1780 - 1783*，trans. Howard Rice and Anne Brown（Providence，RI：Rhode Island Historical Society，1972），38 - 39. Fiechter，"L'aventure américaine," 78.

［54］此处英文由本书作者自译。（在译成汉语时，译者参考了法文本 *Candide* 和傅雷译《老实人》。——译者注）

［55］Blaise Pascal，*Pensées*（Paris：Gallimard，1997），83.

［56］Ibid. ，fragment 56，p. 87.

［57］见 Jean de la Bruyère，*Les caractères，ou les moeurs de ce siècle*（Paris：Gallimard，2002），chap. 10，fragment 9，p. 207，and chap. 11，fragment 119，pp. 307 - 8。

［58］虽然费纳隆的和平主义在其全部文学作品中通常表现出一定程度的

温和，但他给路易十四写了一封特别的、落款日期为 1694 年的信，发表了侵略性、挑衅性和几乎颠覆性的言论，谴责了国王的战争政策。明智的是，费纳隆伦从未寄出过这封信。欲了解费纳隆的生平和和平主义，见 David A. Bell，*The First Total War：Napoleon's Europe and the Birth of War as We Know It*（Boston：Houghton Mifflin，2007），54 - 62。

[59] Fénelon，*Les aventures de Télémaque*（Paris：Gallimard，2000），200 - 201.

[60] 见 Pichichero，"Battles of the Self。" 尽管彼得·布鲁克斯（Peter Brooks）没有分析战争，也没有深入探讨战争的潜在重要性，但他在关于启蒙时代的世俗小说这部影响深远的论著中注意到了战争在"世俗"（mondanité）体系中的存在。Peter Brooks，*The Novel of Worldliness：Crébillon，Marivaux，Laclos，Stendhal*（Princeton，NJ：Princeton University Press，1979）.

[61] 2016 年 9 月 21 日，笔者在弗里克收藏馆（Frick Collection）举办的题为"华多画笔下的士兵：身体、战争和启蒙"的讲座中发展了这一观点，本次讲座还伴有题为"华多画笔下的士兵"的展览（2016 年 7 月 12 日至 10 月 2 日）。关于华多的军事作品，见 Hal Opperman，"The Theme of Peace in Watteau," in *Antoine Watteau：The Painter，His Age and His Legend*，ed. François Moreau and Margaret Morgan Grasselli（Paris：Champion-Slatkine，1987）；Julie Anne Plax，*Watteau and the Cultural Politics of Eighteenth-Century France*（Cambridge：Cambridge University Press，2000）；Arlette Farge，*Les fatigues de la guerre*（Paris：Gallimard，1996）；Thomas E. Kaiser，"The Monarchy，Public Opinion，and the Subversions of Antoine Watteau," in *Antoine Watteau：Perspectives on the Artist and the Culture of His Time*，ed. Mary D. Sheri（Newark：University of Delaware Press，2006），63 - 75。

[62] 若要进一步了解卢梭对战争的观点，见 Catherine Larrère，"L'état de

guerre et la guerre entre les états: Jean-Jacques Rousseau et la critique du droit naturel," in Viallaneix and Ehrard, *La bataille, l'armée, la gloire 1745 – 1871*, vol. 1, 135 – 47。

［63］Montesquieu, *Considérations sur les causes de la grandeur des romains et de leur décadence* (Oxford: Voltaire Foundation, 2000), 102, 141.

［64］Arnaud Guinier, *L'honneur du soldat: Éthique martiale et discipline guerrière dans la France des Lumières, 1748 – 1789* (Ceyzérieu: Champ Vallon, 2014), 224 – 31.

［65］Charles Rollin, *The Ancient History of the Egyptians, Carthaginians, Assyrians, Babylonians, Medes and Persians, Macedonians, and Grecians*, trans. unknown, 7 vols. (London, 1780), 2: 243. 更多关于这些作家的信息，见 Julia Osman, *Citizen Soldiers and the Key to the Bastille* (New York: Palgrave, 2015), 59 – 60。

［66］若要进一步了解《百科全书》的出版史，见 Robert Darnton, *The Business of Enlightenment: A Publishing History of the Encyclopédie, 1775 –1800* (Cambridge, MA: Belknap Press of Harvard University Press, 1979)。

［67］Louis de Jaucourt, "Guerre," in *Encyclopédie*, 7: 995.

［68］John A. Lynn, "The Treatment of Military Subjects in Diderot's *Encyclopédie*," *Journal of Military History* 65, no. 1 (January 2001): 133; and Jean Ehrard, "L'*Encyclopédie* et la guerre," in Viallaneix and Ehrard, *La bataille, l'armée, la gloire*, 1: 93 – 101.

［69］Lynn, "The Treatment of Military Subjects in Diderot's *Encyclopédie*," 136 – 37.

［70］Ibid. , 142.

［71］Jean-François Marmontel，"Gloire，" in *Encyclopédie*，7：716.

［72］David M. Vess，*Medical Revolution in France*，*1789 - 1796* （Gaines-ville：University Presses of Florida，1974）；Laurence Brockliss and Colin Jones，*The Medical World of Early Modern France* （Oxford：Clarendon Press，1997）；and Erica Charters，"Colonial Disease，Translation，and En-lightenment：Franco-British Medicine and the Seven Years' War，" in *The Cul-ture of the Seven Years' War*：*Empire，Identity，and the Arts in the Eigh-teenth-Century Atlantic World* ，ed. Frans de Bruyn and Shaun Regan （Toron-to：University of Toronto Press，2014），and Charters，*Disease，War，and the Imperial State*：*The Welfare of the British Armed Forces during the Seven Years' W*ar （Chicago：University of Chicago Press，2014）.

［73］Charters，"Colonial Disease，Translation，and Enlightenment，" 75.

［74］Michael Osborne，*The Emergence of Tropical Medicine in Franc*e （Chicago：University of Chicago Press，2014）；and Charters，"Colonial Dis-ease，Translation，and Enlightenment. "

［75］Charters，"Colonial Disease，Translation，and Enlightenment，" 75.

［76］见 Marc Martin，*Les origines de la presse militaire en France à la fin de l'ancien régime et sous la Révolution*：*1770 - 1799* （Vincennes：Éditions du Service historique de l'Armée de Terre，1975）；and Brockliss and Jones，*The Medical World*，699 - 700。

［77］关于 18 世纪的法国出版社，见 Jack Censer，*The French Press in the Age of Enlightenment* （New York：Routledge，1994）；Jack Censer and Jere-my Popkin，eds. ，*Press and Politics in Pre-revolutionary France* （Berkeley：University of California Press，1987）；Norman Fiering，"The Transatlantic Republic of Letters：A Note on the Circulation of Learned Periodicals to Early

Eighteenth-Century America," *William and Mary Quarterly* 33，no. 4（1976）：642 – 60。

［78］Jeremy Popkin，*News and Politics in the Age of Revolution*（Ithaca，NY：Cornell University Press，1989），48，121. 也见 Osman，*Citizen Soldiers*，82。

［79］Popkin，*News and Politics*，129 – 31. Osman，*Citizen Soldiers*，chap. 4.

［80］见 Edmond Dziembowski，*Le nouveau patriotisme français 1750 – 1770：La France face à la puissance anglaise à l'époque de la Guerre de Sept Ans*（Oxford：Voltaire Foundation，1998）。

［81］军事期刊的兴起有以下四个方面的原因：（1）在奥地利王位继承战争和法国大革命期间，有关军事的话题备受欢迎；（2）巴黎和各省的印刷所数量增加；（3）将《百科全书》承载的知识广泛传播的动力；（4）专注于技术和科学主题的专业期刊众多。Martin，*Les origines de la presse militaire*，67 – 75.

［82］Ibid.，31 – 32.

［83］Ibid.，33 – 36.

［84］Ibid.，75.

［85］Ibid.，37. 马丁也统计出在总共 100 个步兵团和 17 个龙骑兵团中，分别有 47 个步兵团和 7 个龙骑兵团订阅了该军事期刊。

［86］Ibid.，38 – 48.

［87］Ibid.，53 – 55.

［88］Ibid.，55 – 59.

［89］见 Antoine Lilti，*Le monde des salons：Sociabilité et mondanité à Paris au XVIIIe siècle*（Paris：Fayard，2005），尤其是第 287 – 295 页。有关这一

时期的军事文学团体的内容，见 Dena Goodman，*The Republic of Letters：A Cultural History of the French Enlightenment*（Ithaca，NY：Cornell University Press，1994）和 Laurence Brockliss，Calvet's Web：Enlightenment and the Republic of Letters in Eighteenth-Century France（Oxford：Oxford University Press，2002）等。

［90］ Lilti，*Le monde des salons*，288.

［91］ 见 1773 年 8 月 16 日朱莉·德·莱斯皮纳斯致吉伯特的信。

［92］ Benedetta Craveri，*The Age of Conversation*，trans. Teresa Waugh（New York：New York Book Review，2005）.

［93］ Lilti，*Le monde des salons*，227.

［94］ 见 Julia Landweber，" 'This Marvelous Bean'：Adopting Coffee into Old Regime French Culture and Diet," *French Historical Studies*，vol. 38，no. 2（2015）：193 - 223。

［95］ 若需进一步了解有关军事咖啡馆和其他军人公共场馆，见 Christoph Grafe and Franziska Bollerey，eds.，*Cafes and Bars：The Architecture of Public Display*（New York：Routledge，2007）。

［96］ 关于共济会成员之间的友谊，见 Kenneth Loiselle，*Brotherly Love：Freemasonry and Male Friendship in Enlightenment France*（Ithaca，NY：Cornell University Press，2014）。也见 Lilti，*Le monde des salons*，70 - 72 页关于军人社交与共济会所的内容。

［97］ Harlow Giles Unger，*Lafayette*（New York：Wiley，2002），Kindle ed.，loc. 565 - 81.

［98］ Marc-Marie，Marquis de Bombelles，*Journal du marquis de Bombelles*，8 vols.（Geneva：Éditions Droz，1978 - 2013），1：315 - 16.

第二章 兄弟会产生之前

［1］ *Oeuvres du comte P. L. Roederer publiées par son fils*，vol. 8（Paris：

Imprimeurs de l'institut，1859），494.

［2］ Elzéar Blaze，*Military Life under Napoleon*，ed. and trans. John R. Elting （Chicago：Emperor's Press，1995），176.

［3］ Brian Joseph Martin，*Napoleonic Friendship：Military Fraternity，Intimacy，and Sexuality in Nineteenth-Century France* （Lebanon：University of New Hampshire Press，2011），5 - 6.

［4］ 见 Michael J. Hughes，*Forging Napoleon's Grande Armée：Motivation，Military Culture，and Masculinity in the French Army，1800 - 1808* （New York：New York University Press，2012）。

［5］ 关于法军在罗斯巴赫的失利，见 "'La malheureuse affaire du 5'：Rossbach ou la France à l'épreuve de la tactique prussienne," in *La Bataille，Du fait d'armes au combat idéologique，XIe- XIXe siècle*，ed. A. Boltanski，Y. Lagadec，F. Mercier （Rennes：Presses Universitaires de Rennes，2015），231 -44。

［6］ 关于士兵的思乡病，见 Thomas Dodman，*What Nostalgia Was：War，Empire，and the Time of a Deadly Emotion* （Chicago：University of Chicago Press，2017）。

［7］ 莎士比亚在《亨利五世》（1600）中创造了 "band of brothers" 这一短语，意为"战友"。纳尔逊（Nelson）曾用这个词指通过集体力量在掌握航海技术以及通往社会精英阶层方面铸就卓越的海军军官。对战友之间关系重要性的认识可以追溯到《吉尔伽美什史诗》（约公元前 2100）。柏拉图在《会饮篇》（约公元前 385—前 370）中有一个著名的建议，军队应该由其中的恋人组成。本章将表明，通过对社会和情感联系机制的持续调查与制度化，现代人对"兄弟会"的理解是如何形成的：长期近距离吃饭和睡觉，一起做杂务，在战役中体验生活的艰辛和战争的恐怖。

〔8〕这是一段富有想象力的改写，见 John A. Lynn，*The Wars of Louis XIV, 1667—1714*（Harlow，UK：Longman，1999），216‐18。关于路易十四将自己塑造成"战争之王"的相关资料，见 Joël Cornette，*Le roi de guerre：Essai sur la souveraineté dans la France du Grand Siècle*（Paris：Payot，1993），and Peter Burke，*The Fabrication of Louis XIV*（New Haven，CT：Yale University Press，1992）。

〔9〕David A. Bell，*The First Total War：Napoleon's Europe and the Birth of War as We Know It*（Boston：Houghton Mifflin，2007），chap. 1.

〔10〕见 Carl von Clausewitz，"Bekenntnisdenkschrift," in *Schriften*，*Aufsätze*，*Studien*，*Briefe*，ed. Werner Hahlweg，vol. 1（Göttingen：Vandenhoek and Ruprecht，1966），750。

〔11〕见 Ellery Schalk，*From Valor to Pedigree*（Princeton，NJ：Princeton University Press，1986），21；Jay M. Smith，*The Culture of Merit：Nobility，Royal Service，and the Making of Absolute Monarchy in France，1600‐1789*（Ann Arbor：University of Michigan Press，1996），46；and Jonathan Dewald，*The European Nobility，1400‐1800*（Cambridge：Cambridge University Press，1996）。

〔12〕Joseph Quincy，*Mémoires du Chevalier de Quincy*，3 vols.，ed. Léon Lecestre（Paris：Librairie Renouard，1898‐1900），2：198.

〔13〕除了名誉、荣耀、美德等价值观外，军事领域的贵族风气也建立在自我控制和专业知识的现实基础之上。见 Kate Van Orden，*Music，Discipline，and Arms in Early Modern France*（Chicago：University of Chicago Press，2005），8，54，57‐62。也见本人博士论文 "Battles of the Self：War and Subjectivity in Early Modern France"（PhD diss.，Stanford University，2008），第一章中关于 technicity（技术性）的观点。

[14] Benedetta Craveri, *The Age of Conversation*, trans. Teresa Waugh (New York: New York Book Review, 2005), 6. 讽刺的是，新封贵族和富有的资产阶级也掌握了原有贵族在各个领域采用的那套精细的规则，这一过程与我们将在第三章研究的关于礼貌和沙龙环境的论著有关。

[15] Schalk, *From Valor to Pedigree*, 6.

[16] Bell, *The First Total War*, 36.

[17] 到路易十四战争结束时，高达 25% 的军官为平民出身，这一不容忽视的比例让佩剑贵族的成员感到震惊，因为他们的家族根基没有过去那么牢固了。Hervé Drévillon, *L'individu et la guerre: Du Chevalier Bayard au Soldat inconnu* (Paris: Éditions Belin, 2013), 96.

[18] L. Dussieux, *Les grands généraux de Louis XIV* (Paris: Lecoffre, 1888), 187.

[19] 引自 Émile-Guillaume Léonard, *L'armée et ses problèmes au XVIIIème siècle* (Paris: Plon, 1958), 41。

[20] Pichichero, "Battles of the Self."

[21] SHD 1M 1701, M. de Saint-Hilaire, "Traitté de la guerre où il est parlé des moyens de rédiger les troupes et y restablir l'ancienne et bonne discipline" [1712].

[22] 关于蒂索的医学理论，详见 Anne C. Vila, *Enlightenment and Pathology: Sensibility in the Literature and Medicine of Eighteenth-Century France* (Baltimore: Johns Hopkins University Press, 1998), 188 – 96。

[23] Ibid., 192.

[24] 关于社会性别和法国风俗习惯的讨论，见 David A. Bell, *The Cult of the Nation in France* (Cambridge, MA: Harvard University Press, 2001), chap. 5。

［25］ Translated in ibid. , 149.

［26］ Louis-Sébastien Mercier, *Tableau de Paris*, vol. 3 （Amsterdam：n. p. , 1782）, 89.

［27］ 见 Christy Pichichero, "Moralizing War： Military Enlightenment in Eighteenth Century France," in *France and Its Spaces of War： Experience, Memory, Image*, ed. Daniel Brewer and Patricia Lorcin （New York： Palgrave Macmillan, 2009）。

［28］ Lauzun, 引自 Alain Berbouche, *L'histoire de la Royale： La marine française et la politique au siècle des Lumières （1715 - 1789）* （Saint-Malo： Pascal Galodé, 2012）, 343。

［29］ SHD 1M 1703, le comte d'Argenson, "Raisonnemens sur ce que le lieutenant Colonel d'un Regimen, commandant de corps, ou capitaine doit observer pour le bien du service, avec un détail de l'état de l'officier, de sa vie et de sa conduite" ［ca. 1743 - 1750］.

［30］ 见 "Lettre de Jolly du 1er avril 1776" and "Lettre de Jolly du 4 avril 1776," in SHD A⁴ 44; 引自 Arnaud Guinier, *L'honneur du soldat： Éthique martiale et discipline guerrière dans la France des Lumières, 1748 - 1789* （Ceyzérieu： Champ Vallon, 2014）, 303 - 4。

［31］ Paul-Henri Thiry, Baron d'Holbach, *La Morale universelle, ou les devoirs de l'homme fondés sur sa nature* （Amsterdam： Marc-Michel Rey, 1776）, part 2, p. 127.

［32］ SHD 1M 1702, anonymous, untitled ［1736］.

［33］ SHD 1M 1703, anonymous, "Mémoire concernant les premières opérations à faire à la paix, tant dans le corps de la vieille infanterie que dans celuy des milices afin de pouvoir tirer de l'un et de l'autre des avantages considérables pour le service du Roy," also entitled "Mémoire contenant les moyens de porter le corps de l'infanterie françoise au plus haut point de perfection" [May 24, 1748].

[34] SHD 1M 1708, Dossier Bombelles, "Mémoire contenant les moyens de remedier aux défauts qui se trouvent dans le corps de l'infanterie françoise et de le porter au plus haut point de perfection" (1756).

[35] François Furet, *Interpreting the French Revolution* (Cambridge: Cambridge University Press, 1981), 192.

[36] Bernardin de Saint-Pierre, *Études de la nature*, vol. 1 (Paris, 1804; first published 1784), 29. 引自 Daniel Gordon, *Citizens without Sovereignty: Equality and Sociability in French Thought, 1670 – 1789* (Princeton, NJ: Princeton University Press, 1994), 28。

[37] Denis Diderot, "Réfutation de l'ouvrage d'Helvetius intitulé L'Homme," in *Oeuvres complètes*, vol. 2 (Paris, 1975; first published 1774), 382; cited in Daniel, *Citizens without Sovereignty*, 29.

[38] Jean-Luc Quoy-Bodin, *L'armée et la Franc-maçonnerie: Au déclin de la monarchie sous la Révolution et l'empire* (Paris: Economica, 1987), 59.

[39] Ibid., 40.

[40] Ibid., 60 – 67.

[41] Ibid., 62.

[42] Ibid., 66.

[43] Ibid., 67.

[44] Ibid., 70.

[45] Ibid., 59.

[46] Pierre-Yves Beaurepaire, "Officiers 'moyens,' sociabilité et Franc-

maçonnerie: Un chantier prometteur," *Histoire*, *Économie et Société* 23, no. 4 (October-December 2004): 541 – 50; 引自第 549 页关于军事共济会所的细节。

[47] 引自 Quoy-Bodin, *L'armée et la Franc-maçonnerie*, 97。

[48] Ibid., 54 – 55.

[49] "Société," in *Encyclopédie ou dictionnaire raisonné des sciences*, *des arts et des métiers*, *par une Société de gens de lettres* (Paris, 1751 – 1772) 15: 252.

[50] Ibid., 253.

[51] 第四条规则之后，作者又回到社会差异这一主题："不仅要给予属于他们的善，也要注意根据他们的身份、军衔给予他们应得的尊重和荣誉，因为上下级隶属关系是社会的纽带；没有隶属关系就没有家庭和政府的秩序……但是，如果公共利益要求下级服从，那么同样的公共利益要求上级保护那些服从他们的人的权利，治理只是为了让他们更幸福。这是人与人之间的正式契约或默契；为了使他们的社会尽可能幸福，大家的条件不同，而有些人在上面，有些人在下面。"Ibid., 253 – 54.

[52] Quoy-Bodin, *L'armée et la Franc-maçonnerie*, 77.

[53] 同上 31。

[54] 见 chapter 4 in Kenneth Loiselle, *Brotherly Love: Freemasonry and Male Friendship in Enlightenment France* (Ithaca, NY: Cornell University Press, 2014)。

[55] Quoy-Bodin, *L'armée et la Franc-maçonnerie*, 79 – 83.

[56] La Rochefoucauld, *Maximes et réflexions diverses* (Paris: Gallimard, 1976), 163.

[57] Ibid., 163 – 66.

[58] Carolyn Lougee, *Le Paradis des Femmes: Women, Salons, and So-*

cial Stratification in Seventeenth-Century France（Princeton，NJ：Princeton University Press，1976），52.

［59］译引同上 54。

［60］在 *The Republic of Letters：A Cultural History of the French Enlightenment*（Ithaca，NY：Cornell University Press，1995）一书中，德纳·古德曼（Dena Goodman）认为功利成了 18 世纪沙龙社交的一个决定因素，在沙龙里，女性主持人推进了启蒙运动和文学团体关于人类进步的议程（53 - 54）。

［61］Gordon，*Citizens without Sovereignty*，38.

［62］SHD 1M 1703，M. de Lamée，"Essay sur l'art militaire dessein de l'ouvrage"［1742］.

［63］SHD 1M 1702，Lagarrigue，"Mémoire"［1733 - 1736］.

［64］César Chéneaux Du Marsais，"Philosophe," in *Encyclopédie*；作者自译。有关 honnête homme（上流社会中有教养的男人）这一术语及其与《百科全书》中 18 世纪中期对启蒙思想家（*philosophe*）定义的联系，见 Daniel Brewer， "Constructing Philosophers," in *Using the Encyclopédie：Ways of Knowing，Ways of Reading*，ed. Daniel Brewer and Julie Candler Hayes（Oxford：Voltaire Foundation，2002）：21 - 35。

［65］SHD 1M 1703，le comte d'Argenson，"Raisonnemens...."

［66］关于 *société*（社会交往），详见 "Enlightenment and the Institution of Society：Notes for a Conceptual History," in *Main Trends in Cultural History*，ed. W. F. B. Melching　and　W. R. E. Velema（Amsterdam：Rodopi，1994），95 - 120。

［67］若要了解该著作以及它与自然法和社交有关的其他理论的关系，见 Samuel，Baron von Pufendorf，*De Jure Naturae et Gentium*（Lund，Sweden，

1672），book 2，chap. 3；and Gordon，*Citizens without Sovereignty*，62 - 63。

[68] Antoine Lilti，*Le monde des salons：Sociabilité et mondanité à Paris au XVⅢe siècle*（Paris：Fayard，2005），86.

[69] SHD 1M 1703，M. de Lamée，"Essay sur l'art militaire dessein de l'ouvrage"[~1742].

[70] Ibid.

[71] SHD 1M 1703，le comte d'Argenson，"Raisonnemens...."

[72] 根据拉梅和此处的定义，基本的人类平等是隶属关系的先决条件，隶属关系本身实际上是一种组织原则，而非人与人之间严重不平等的体现。基恩·贝克将这种自然平等的理论和功能性的不平等与克劳德·布菲（Claude Buffer）的著作《民间社会条约》（*Traité de la société civile*，1726）联系了起来；见"Enlightenment and the Institution of Society"。

[73] 在旧制度结束之前，军官擅离职守一直困扰着军队。他们往往编造各种理由请假，如健康原因、举行婚礼、法律诉讼等，同时他们还滥用"休假"（*semestre*）规定，根据这一规定，一定百分比的军官可以享受从 10 月到次年 5 月的休假。David D. Bien，"The Army in the French Enlightenment," *Past and Present* 85（1979）：72.

[74] 关于法国境内的驻军历史，详见 François Dallemagne，*Les casernes françaises*（Paris：Picard，1990）；John A. Lynn，*Giant of the Grand Siècle：The French Army，1610 -1715*（Cambridge：Cambridge University Press，1997），158 - 60；and André Corvisier，*L'armée française：De la fin du XVⅡème siècle au ministère de Choiseul；le soldat*（Paris：PUF，1964），849 - 50。

[75] 1788 年，颁布了一项法令，允许驻军享有适度的自由（*sage liberté*），明确规定了哪些人可以自由通行，并允许任何部队一次可有一半的士兵离开驻防地。阿尔诺·吉尼尔（Arnaud Guinier）明确指出，这种自由被视为一种

权利，而不是皇室的恩典；以前是一种严厉的监视和武断的临时决定，现在取而代之的是一种基于公正规则和对自我规范越来越信任的制度。Guinier, *L'honneur du soldat*，309.

[76] 见 André Corvisier, *Les contrôles de troupes de l'ancien régime* (Paris：État-major de l'armée de terre，Service historique，1968) *with later volumes published* from 1968 through the early 1970s, and Guinier, *L'honneur du soldat*，299 – 303。

[77] 关于团队精神，详见 Guinier, *L'honneur du soldat*，303 – 13。

[78] SHD 1M 1703，anonymous，"Réflexions politiques"（ca. 1749）.

[79] Saxe, *Mes rêveries*，150 – 51.

[80] SHD 1M 1711，chevalier de Folard，"Sisteme nouveau de tactique"（ca. 1762 – 1776）.

[81] 关于与军纪、荣誉和团队精神有关的仿效理论，详见吉尼尔著《士兵的荣誉》第 9、11、12 章。

[82] 见 "Esprit de corps," in *Encyclopédie méthodique*，vol. 2（Paris：Panckoucke，1785），312 – 14，and Guinier, *L'honneur du soldat*，304，for these classifications。

[83] 历史学家克利福德·罗杰斯（Clifford Rogers）在 2007 年 6 月与我的通信中告诉我，在 15 世纪的欧洲，人们认为某些步兵在战斗中展现了越来越强大的击败敌方骑兵的能力，这应归因于类似于初级的群体凝聚力之类的东西。他们主张把亲戚和邻居组成步兵阵型，使他们相互逼迫，从而既表现出勇敢的一面，也再现对怯懦感到羞耻的一面。他们发现，击败骑兵的步兵通常来自具有浓厚群体文化的地方，如瑞士、佛兰德斯和英国。

[84] SHD 1M 1703，Chevalier de Montaut，"Réflexions sur la manière de former de bons soldats d'infanterie"（ca. 1747/1748）.

[85] 这些法令确定的结构一直维持到大革命时期。见 SHD 1M 1897，"Service des armées en campagne：Comparison des règlements antérieurs à 1809，jusqu'à et y compris 1809"。

[86] John A. Lynn，*The Bayonets of the Republic：Motivation and Tactics in the Army of Revolutionary France，1791 - 1794* (Boulder，CO：Westview，1996)，163，169.

[87] SHD 1M 1709，M. de Melfort，"Observations sur les différents détails relatifs à la nouvelle formation" (ca. 1762 - 1770).

[88] Ibid.

[89] A. P. C. Favart，*Mémoires et correspondence littéraires，dramatiques，et anecdotiques de C. S. Favart*，vol. 1 (Paris：Léopold Collin，1808)，22.

[90] 关于法国人的民族性格和他们习惯的性别问题，见 Bell，*The Cult of the Nation in France*，chap. 5。

[91] 见本书第三章；关于广义的感性的医学哲学，见 Vila，*Enlightenment and Pathology*。

[92] 引自 Albert de Broglie，*Maurice de Saxe et le marquis d'Argenson* (Paris：C. Lévy，1893)，331。

[93] Maurice de Saxe à Folard，May 5，1746；ibid.

[94] Louis Tuetey，Émile Léonard，David Bien，Rafe Blaufarb，John Lynn，David Bell 等，还包括我自己，都在自己的学术领域分析过这一问题。见 Louis Tuetey，*Les officiers sous l'ancien régime：Nobles et roturiers* (Paris：Plon-Norrit，1908)；Corvisier，*L'armée française*；Léonard，*L'armée et ses problèmes*。除了上述年代较早的著作外，最近的著作有 Bien，"The Army in the French Enlightenment，" 68 - 98；J. M. Smith，*The Culture of Merit*；and Rafe Blaufarb，*The French Army，1750 - 1820：Careers，Talent，Merit* (Manchester，

UK：Manchester University Press，2002）。

[95] "Opéra comique," in *Encyclopédie*，11：495 – 96.

[96] Antoine Le Camus，*La médecine de l'esprit*（Paris，1753），324.

[97] Ibid.，246.

[98] Ibid.，321.

[99] Ibid.，322.

[100] Ibid.，321.

[101] Favart，*Mémoires et correspondence*，26.

[102] Ibid.，24.

[103] 以前人们一直认为，除了即兴创作关于发生在前线的事件外，法瓦特只是简单地重复利用巴黎剧院上演过的素材，然后在低地国家重演。然而，在对戏剧本身仔细研究后以及对法瓦特戏剧早年在巴黎上演的版本与在布鲁塞尔上演的和印刷的版本之间的差异进行比较分析后发现，情况并非完全如此。

[104] 本人的研究表明，他也缓和了军事喜剧的语调，充满暴力性的词汇和表达变得不那么具有侵略性了。

[105] Hughes，*Forging Napoleon's Grande Armée*，131.

[106] 关于法兰西剧院里女演员的历史，见 Lenard Berlanstein，*Daughters of Eve：A Cultural History of French Theater Women from the Old Regime to the Fin de Siècle*（Cambridge：Harvard University Press，2001）。

[107] Darrin McMahon，*Happiness：A History*（New York：Grove Press，2006），200.

[108] Arnaud Balvay，*L'épée et la plume：Amérindiens et soldats des troupes de la marine en Louisiane et au Pays d'en Haut*（*1683 –1763*）（Quebec：Presses Universitaires de Laval，2006），142.

[109] 关于欧洲近代早期外交兴趣的文化研究，见 Timothy Hampton, *Fictions of Embassy: Literature and Diplomacy in Early Modern Europe* (Ithaca: Cornell University Press, 2009)。关于外交与表演艺术，见 Ellen R. Welch, *A Theater of Diplomacy: International Relations and the Performing Arts in Early Modern France* (Philadelphia: University of Pennsylvania Press, 2017)。

[110] 见 among many others, works by Richard White, Gilles Havard, and Arnaud Balvay (previously cited) and Christian Ayne Crouch, *Nobility Lost: French and Canadian Martial Cultures, Indians, and the End of New France* (Ithaca, NY: Cornell University Press, 2014)。

[111] 美洲印第安人通常在法国军事行动中充当辅助部队，在结构上是与法军相分离的实体。这种结构，再加上北美非常规的战争，意味着战争中的社会凝聚力不像法国本土军队那样重要。

[112] Christian Ayne Crouch, *Nobility Lost*, 44.

[113] Jean Bernard Bossu, *Nouveaux voyages aux Indes occidentales*, vol. 1 (Paris: Le Jay, 1786), 123.

[114] Zacharie de Pazzi de Bonneville, *De l'Amérique et des Américains: ou Observations curieuses du philosophe La Douceur, qui a parcouru cet hémisphere pendant la dernière guerre, en faisant le noble métier de tuer des hommes sans les manger* (Berlin: S. Pitra, 1771), 36.

[115] 见 Cornelius J. Jaenen, "Amerindian Views of French Culture in the Seventeenth Century," *Canadian Historical Review* 55, no. 3 (September 1974), 261 – 91。

[116] Crouch, *Nobility Lost*, 72 – 73.

[117] 当舒瓦瑟尔后来开始在环太平洋岛屿、印度洋和南大西洋进行新

的殖民扩张之时，这些文化冲突以及与美洲印第安部落建立"中间地带"所
需付出的努力给他打下了深深的烙印。布干维尔和其他曾在七年战争中的北
美战场上服役的军官宣扬印第安人是"残暴的野蛮人"，其力量、自豪感和霸
道作风使法军难以坚守新法兰西。正因为对北美印第安人有这样的形象，布
干维尔在他《环球航行》一书中，把塔希提岛上的人描述为温顺、善于交际
和给人以美感的形象而介绍给国人。由于塔希提人的气质与北美骄傲的美洲
印第安人部落相比，他们更容易交往，因而最终被法国统治。有关布干维尔
对塔希提人和北美土著部落的比较，详见克劳奇著《失落的贵族》第 6 章 "乐
园"。尽管狄德罗会嘲笑布干维尔是以欧洲为中心的帝国主义的视角来看待塔
希提人的，也尽管桑卡尔·穆图（Sankar Muthu）的研究早已表明，其他知识
分子在齐心协力反对帝国，但妄想和殖民统治的愿望后来一直是法国外交政
策的核心。见 Muthu, *Enlightenment against Empire* (Princeton, NJ: Prin-
ceton University Press, 2003)。

　　[118] 关于在印度次大陆服役的法军军官社会生活的描述，见 Jean-Jac-
ques de Cotignon, *Mémoires du Chevalier de Cotignon: Gentilhomme nivernais
officier de la marine de sa majesté Louis le seizième*, ed. Adrien Carré
(Grenoble: Éditions des 4 Seigneurs, 1974), 360。

　　[119] Archives nationales (hereafter, AN) Col C/2/80, f° 72.

　　[120] SHD A1 3541; SHD A1 3765; SHD 1 M 249^1; SHD 1 M 249^2;
SHD 1 M 1106.

　　[121] SHD 1 M 249^2, "Mémoire de Russel sur l'Inde" (1781), 56 - 57.

　　[122] 见 *Memoirs of Hyder and Tippoo: Rulers of Seringapatam,
Written in the Mahratta Language by Ram Chandra Rao "Punganuri," Who
Was Long in Their Employ*, trans. Charles Philip Brown (Madras: Advertiser
Press, 1849)。

[123] 在 1748 年 7 月 19 日的一份记录中，皮莱记录了他和总督之间紧张的对话，表明互通信息和商贸往来存在巨大的困难，而且他们之间的友谊还存在潜在的冲突。*The Diary of Ananda Ranga Pillai*，*Translated from the Tamil by Order of the Government of Madras*，ed. H. Dodwell，vol. 5 （Madras：Government Press，1917），147 – 49.

[124] SHD 1 M 232，"Mémoire sur l'Inde" （1757）.

[125] Cotignon，*Mémoires du Chevalier de Cotignon*，341. 18 世纪，法国人在印度的军事行动中雇佣、训练和指挥了数千名印度兵。由于法军缺乏足够的来自欧洲的兵源，所以所有的军事行动都离不开印度兵。科蒂尼翁 （Cotignon） 表达了他对印度兵的看法：印度兵学会了自律，但身体虚弱，胆小。拉利 （Lally） 等军官表示赞同。科蒂尼翁说，5 万法国兵可以击溃 60 万名适合做苦力的印度兵。然而，其他军官对印度兵的军事技能、勇气和战斗力的评价要高得多。见 SHD 1M 232。

[126] SHD A1 3541；SHD A1 3629.

[127] 见 John Garrigus，*Before Haiti：Race and Citizenship in French Saint-Domingue* （New York：Palgrave Macmillan，2006 ），and Garrigus，"Catalyst or Catastrophe? Saint-Domingue's Free Men of Color and the Savannah Expedition，1779 – 1782，" *Review/Revista Interamericana* 22 （Spring/Summer 1992）：109 – 25；Stewart R. King，*Blue Coat or Powdered Wig：Free People of Color in Pre-Revolutionary Saint Domingue* （Athens：University of Georgia Press，2001），among others。

[128] AN Col. F3 188，Rouvray's "Reflexions. "

[129] Ibid.

[130] Louis-Jean Christophe，baron de Closen，"Baron von Closen Journal，" Library of Congress，Manuscript Division，vol. 2，386.

［131］Jean-François-Louis Crèvecoeur，comte de Clermont，*Journal de la guerre d'Amérique pendant les années 1780 - 1783* (Providence：Rhode Island Historical Society)，64.

［132］Jean-Jacques Fiechter，"L'aventure américaine des officiers de Rochambeau vue à travers leurs journaux," in *Images of America in Revolutionary France*，ed. Michèle R. Morris (Washington，DC：Georgetown University Press，1990)，76.

［133］Ibid.，76 - 77.

［134］关于对法国社会的政治和社会意义，详见 Julia Osman，*Citizen Soldiers and the Key to the Bastille* (New York：Palgrave，2015)，103 - 5。

［135］Bell，*The Cult of the Nation in France*，150 and chap. 5.

第三章　战争中的人性

［1］关于这个问题更广泛的但有些过时的历史，见 Geoffrey Best，*Humanity in Warfare* (New York：Columbia University Press，1983)。

［2］Jean Chagniot，"Une panique：Les Gardes françaises à Dettingen (27 juin 1743)," *Revue d'histoire moderne et contemporaine* 24 (1977)：78 - 95.

［3］舒瓦瑟尔公爵在德廷根战役中指挥了一个团，后来他在回忆录中写下了此役对他于 1763 年向国王提出军事改革一事的影响。见 *Mémoires du duc de Choiseul*，ed. Fernand Calmettes (Paris，1904)，10。

［4］见 Reed Browning，*The War of the Austrian Succession* (New York：St. Martin's，1993)，140。

［5］1864 年《日内瓦公约》第 1 条："救护车和军事医院应被视为中立的，因此，只要它们收容了伤员和病人，就应受到交战方的保护和尊重。"第 6 条为："任何伤病员，无论属于哪一国，都应被收治，并给予关爱。"

［6］引自 Michael Orr，*Dettingen，1743* (London：Charles Knight，

1972），4。

[7] 关于人性的谱系，见 Richard Reitzenstein, *Werden und Wesen der Humanität im Altertum：Rede zur Feier des Geburtstages Sr. Majestät des Kaisers am 26. Januar 1907*（Strasbourg，1907）。关于情感的转向，见 William Reddy, *The Navigation of Feeling：A Framework for the History of Emotions*（Cambridge：Cambridge University Press，2001），and Joan DeJean, *Ancients against Moderns：Culture Wars and the Making of a Fin de Siècle*（Chicago：University of Chicago Press，1997）。

[8] *Encyclopédie ou Dictionnaire raisonné des sciences，des arts et des métiers*，ed. Denis Diderot and Jean-le-Rond d'Alembert（Paris：Briasson，David，Le Breton，1751 – 1766），15：52. 本人在本章中使用 *sensibilité* 和 sensibility 两个词时将它们互换。

[9] *Encyclopédie*，8：348.

[10] 丹·埃德尔斯坦指出了这一人性悖论的古老起源，并指出了从文艺复兴时期到法国大革命恐怖统治时期，这一悖论为暴力行为提供了法律辩护的多种方式，见 Dan Edelstein, *The Terror of Natural Right：Republicanism，the Cult of Nature，and the French Revolution*（Chicago：University of Chicago Press，2009），26 – 42。

[11] Ibid.，15. 这种表达法是马里沃（Marivaux）在其《玛丽安娜的生活》（1731—1735）一书中创造的。

[12] Ira Gruber, *Books and the British Army in the Age of the American Revolution*（Chapel Hill：University of North Carolina Press，2010）；Christopher Duffy, *The Army of Frederick the Great*（New York：Hippocrene Books，1974），47 – 50；Armstrong Starkey, *War in the Age of Enlightenment，1700 –1789*（Westport，CT：Praeger，2003），86 – 89；Charles Roys-

ter，*A Revolutionary People at War： The Continental Army and the American Character*，*1775 - 1783*，2nd ed.（Chapel Hill：University of North Carolina Press，1996）；and Sarah Knott，*Sensibility and the American Revolution*（Chapel Hill：University of North Carolina Press，2009）。

［13］关于这一道德体系的起源以及卢梭计划就此问题撰写的著作，见 Jean-Jacques Rousseau，*Confessions*，and Anne C. Vila，*Enlightenment and Pathology： Sensibility in the Literature and Medicine of Eighteenth-Century France*（Baltimore：Johns Hopkins University Press，1998），182 - 86。

［14］见 Vila，*Enlightenment and Pathology*，and Lynn Hunt，*Inventing Human Rights： A History*（New York：Norton，2007），especially chap. 1。

［15］*Soldat Sensible* 这一概念最初由我本人发展，见拙著 "Le Soldat Sensible：Military Psychology and Social Egalitarianism in the Enlightenment French Army"，*French Historical Studies* 31，no. 4（Fall 2008），553 - 80。

［16］见 Dan Edelstein，"Enlightenment Rights Talk," *Journal of Modern History* 86，no. 3（September 2014）：530 - 65。

［17］Michel Foucault，*Discipline and Punish： The Birth of the Prison*（New York：Vintage Books，1977），169.

［18］Ibid. ，140.

［19］Ibid. ，239.

［20］Ibid. ，151.

［21］见 Naoko Seriu， "The Paradoxical Masculinity of French Soldiers： Representing the Soldier's Body in the Age of the Enlightenment," EUI Working Paper，Max Weber Programme（Florence：European University Institute，2009）。关于这一主题，也请见 Arnaud Guinier，*L'honneur du soldat： Éthique martiale et discipline guerrière dans la France des Lumières*，*1748 - 1789*

(Ceyzérieu： Champ Vallon， 2014)； Guinier， "Discipliner les corps dans l'armée française de la seconde moitié du xviiie siècle： L'héritage de surveiller et punir," in *Le corps dans l'histoire et les histoires du corps*, ed. M. Bouffard, J. -A. Perras， and E. Wicky（Paris： Hermann， 2013)， 161 – 73； Guinier， "Les enjeux de la formation du soldat： Le problème de la métaphore mécanique dans les mémoires d'officiers de la seconde moitié du xviiie siècle," in *La construction du militaire： Savoir et savoir-faires militaires en Occident. 1494 – 1870： La formation du militaire*, ed. B. Deruelle and B. Gainot（Paris： Presses de la Sorbonne， 2013)， 119 – 42； Guinier， "De guerre et de grâce： Le pas cadencé dans l'armée française de la seconde moitié du xviiie siècle（1750 – 1791)," *e-Phaïstos： Revue d'histoire des techniques* 4， no. 1（2015)： 15 – 26。从更广泛的视角探讨身体、训练和音乐，见 William McNeill， *Keeping Together in Time： Dance and Drill in Human History*（Cambridge， MA： Harvard University Press， 1997)。

［22］Sabina Loriga， *Soldats—Un laboratoire disciplinaire： L'armée piémontaise au XVIIIe siècle*（Paris： Mentha， 1991)， and Guinier， *L'honneur du soldat*, especially chap. 9.

［23］Maurice de Saxe， *Mes rêveries suivies d'un choix de correspondance politique， militaire et privée*（Paris： Commission française d'histoire militaire/ Institut de stratégie comparée/Economica， 2002)， 91.

［24］Ibid. ， 90.

［25］Ibid. ， 12.

［26］Ibid. ， 143.

［27］关于这一主题，见 DeJean， *Ancients against Moderns*, chap. 3， "A Short History of the Human Heart," 78 – 123。

［28］Saxe，*Mes rêveries*，3.

［29］Ibid.，90 – 91.

［30］Ibid.，90.

［31］关于细节的类似分析与观点，见 Thomas W. Laqueur，"Bodies，Details，and the Humanitarian Narrative," in *The New Cultural History*，ed. Lynn Hunt（Berkeley：University of California Press，1989），176 – 204。

［32］见 DeJean，*Ancients against Moderns*，82 – 89。

［33］Guillaume Lamy，*Explication mécanique et physique des forces de l'âme sensitive，des sens，des passions，et du mouvement volontaire*（Paris：Lambert Roulland，1678），and Étienne-Simon de Gamaches，*Système du coeur*（Paris：M. Brunet，1708）. 有关这些著作的更多信息，见 DeJean，*Ancients against Moderns*，88 – 89。

［34］John Locke，*An Essay concerning Human Understanding*（1690）；David Hume，*A Treatise of Human Nature*（1739 – 1740），*An Enquiry concerning Human Understanding*（1748），and *An Enquiry concerning the Principles of Morals*（1751）；and Étienne Bonnot de Condillac，*Essai sur l'origine des connoissances humaines*（1746）.

［35］有关感性和哲学医学的最佳谱系，见维拉的《启蒙与病理学》。

［36］Théophile de Bourdeu，*Recherches sur le tissu muqueux*（1767），in *Oeuvres completes*（Paris：Chaille et Ravier Libraires，1818），187；引自 Elizabeth A. Williams，*The Physical and the Moral：Anthropology，Physiology，and Philosophical Medicine in France，1750 – 1850*（Cambridge：Cambridge University Press，1994），37。

［37］Williams，*The Physical and the Moral*，80 – 81. 也请参阅 Peter Gay，"The Enlightenment as Medicine and Cure," in *The Age of the Enlight-*

enment: *Studies Presented to Theodore Besterman*, ed. W. H. Barber et al.
(Edinburgh: St. Andrews University Publications, 1967), 375 – 86。

[38] Laurence Brockliss and Colin Jones, *The Medical World of Early Modern France* (Oxford: Clarendon Press, 1997), 415.

[39] Ibid. , 408.

[40] Ibid. , 409. 更多关于医疗商业化和消费主义的内容，见 ibid. , chap. 10，"Medical Entrepreneurialism in the Enlightenment," 622 – 70。

[41] 见 R. S. Bray, *Armies of Pestilence: The Impact of Disease on History* (Cambridge: James Clarke, 1996), 144。引自 Voltaire, *Histoire de la guerre de 1741* (Paris: Garnier, 1971), 33, 转引自 Browning, *The War of the Austrian Succession*, 120。

[42] 更多关于"黑色传说"的内容，见 Colin Jones and Michael Sonenscher, "Social Functions of the Hospital in Eighteenth-Century France: The Case of the Hôtel-Dieu of Nîmes," *French Historical Studies* 13, no. 2 (Autumn 1983): 172 – 214。也请参阅 Brockliss and Jones, *The Medical World of Early Modern France*, 717 – 25。

[43] Diderot, "Hôtel-Dieu," in *Encyclopédie*, 8: 319 – 20.

[44] 见 Jones and Sonenscher, "Social Functions of the Hospital," 175。

[45] Quoted in L. G. Eichner, "The Military Practice of Medicine during the Revolutionary War," *Tredyffrin Easttown Historical Society History Quarterly* 41, no. 1 (Winter 2004): 25 – 32; quote on 28.

[46] Ibid.

[47] Erica Charters, "Colonial Disease, Translation, and Enlightenment: Franco-British Medicine and the Seven Years' War," in *The Culture of the Seven Years' War: Empire, Identity, and the Arts in the Eighteenth-Century At-*

lantic World，ed. Frans de Bruyn and Shaun Regan（Toronto：University of Toronto Press，2014），71.

[48] 关于 18 世纪的生物战，尤其是发生在北美的生物战，见 Sheldon J. Watts，*Epidemics and History*：*Disease*，*Power*，*and Imperialism*（New Haven，CT：Yale University Press，1997）；Elizabeth A. Fenn，"Biological Warfare in Eighteenth-Century North America：Beyond Jeffrey Amherst,"*Journal of American History* 86，no. 4（March 2000），1552 - 80；Paul Kelton，*Cherokee Medicine*，*Colonial Germs*：*An Indigenous Nation's Fight against Smallpox*，*1518 - 1824*（Norman：University of Oklahoma Press，2015）. Amherst quote from the Bouquet papers，cited in Kelton，*Cherokee Medicine*，103。

[49] 关于在治疗海军部队的疾病方面做出的努力，见 *Histoire des médecins et pharmaciens de marine et des colonies*，ed. P. Pluchon（Toulouse：Éditions Privat，1985）；Étienne Taillemite，*L'histoire ignorée de la marine française*（Paris：Librairie académique de Paris，1988），268 - 69；O. H. K. Spate，*Paradise Found and Lost*：*The Pacific since Magellan*，vol. 3（Minneapolis：University of Minnesota Press，1988），191 - 96。

[50] 关于法国法人医学界的背景，见布罗克利斯和琼斯著《早期现代法国的医学世界》第 3 章和第 8 章。关于战争委员、军医和外科医生之间的冲突与争论，见 David M. Vess，*Medical Revolution in France*，*1789 - 1796*（Gainesville：Florida State University Press，1975），27 - 28。关于法国军事医学和海军医学的概述，见 Monique Lucenet，*Médecine*，*chirurgie et armée en France*：*Au siècle des Lumières*（Sceaux，France：I&D，2006），and Brockliss and Jones，*The Medical World of Early Modern France*，689 - 700。

[51] 艾丽卡·查特斯辩称："尽管武装部队的医学发展史表明英法两国

这一时期基本类似，但并没有被作为趋同性加以研究。英国陆军和皇家海军的医学发展与法国医学相似，在这些相似的医学进展中，两国犹如径赛场上竞相追逐的对手，而非队友。同样，作为一个世界性文学团体的 18 世纪的欧洲，其历史也将战争视为一种中断和障碍，迫使学者们回到国与国之间的竞争状态中，而非交流与合作。因此，18 世纪欧洲的军事史和同一时期的思想史之间仍然存在着鸿沟。这种关于欧洲的跨学科共识与欧洲大陆以外的更为全面的战争观和科学交流观相冲突：尽管做了大量的工作以促进欧洲人和非欧洲人之间的知识交流，甚至在战争时期也是如此，但很少有研究将战争视为欧洲内部知识共享和学习的机会。"艾丽卡·查特斯试图在《殖民地疾病、翻译与启蒙》一文中弥补这一空白；引自第 74 页。

　　［52］见 Vess，*Medical Revolution in France*. Brockliss and Jones are skeptical of Vess's claim，just as many scholars have been of Geoffrey Parker's argument in *The Military Revolution*：*Military Innovation and the Rise of the West*，*1500 - 1800*（New York：Cambridge University Press，1988）。

　　［53］更多关于外科手术在巴黎兴起的内容，详见 Brockliss and Jones，*The Medical World of Early Modern France*，chap. 9，"The Rise of Surgery,"553 - 621。

　　［54］Théophile de Bordeu，*Recherches sur l'histoire de la médecine*（1764），in *Oeuvres complètes*（Paris：Chaille et Ravier Libraires，1818），504.

　　［55］见 Vess，*Medical Revolution in France*，26 - 27。

　　［56］同上引，27。

　　［57］更多关于飞行救护车的创建与实施的内容，见 Dominique Larrey，*Memoirs of Military Surgery，and Campaigns of the French Armies*，vol. 1，trans. R. W. Hall（Baltimore：Joseph Cushing，1814）。

　　［58］Dominique Larrey，*Memoirs of Military Surgery，and Campaigns of the French Armies*, vol. 2, trans. R. W. Hall（Baltimore：Joseph Cushing, 1814），123.

［59］关于荣军医院的历史，英法两种语言的著述颇多，如 *Les Invalides: Trois siècles d'histoire*（Paris：Musée de l'armée, 1974）；Isser Woloch, *The French Veteran from the Revolution to the Restoration*（Chapel Hill：University of North Carolina Press, 1979）；and André Corvisier, *L'armée française de la fin du XVIIIe siècle au ministère de Choiseul: Le soldat*（Paris：Presses Universitaires de France, 1964）。赫韦·德雷维伦等人告诫说，王室宣传的在创建荣军医院时所表达的"关爱"是要打折扣的，这种说法是有道理的，因为其他一些文件表明，荣军医院的目的是控制那些被视为威胁和成为社会负担的退伍军人，见 Hervé Drévillon, *L'individu et la guerre: Du Chevalier Bayard au Soldat inconnu*（Paris：Éditions Belin, 2013），104，118。与其将这些倾向视为相互排斥，不如认为王室想要立刻收容和照顾退伍军人，或者至少认为王室想被认为是关心退伍军人的。

［60］见 Jean Colombier, *Code de médecine militaire pour le service de terre*（Paris, 1772），v-ix。

［61］Ibid., x. 艾丽卡·查特斯在英国语境下考察了"关心财政国家"的概念，见 Erica Charters in *Disease, War, and the Imperial State: The Welfare of the British Armed Forces during the Seven Years' War*（Chicago：University of Chicago Press, 2014）和 Charters, "The Caring Fiscal-Military State during the Seven Years War, 1756 – 1763," *Historical Journal* 52：4（2009）：921 –41。

［62］见 Brockliss and Jones, *The Medical World of Early Modern France*, 692 – 700。

［63］*Journal des Sçavans*, June 1767, 376；review of Richard de Hautesierck's

Recueil d'observations de médecine des hôpitaux militaires. Quoted in Charters，"Colonial Disease，Translation，and Enlightenment，" 73.

[64] Antoine Poissonnier-Desperrières，*Traité sur les maladies des gens de mer* (Paris：Lacombe，1767)，8.

[65] Ibid. ，14 – 15.

[66] "Hygiène，" in *Encyclopédie*，8：385.

[67] Louis，chevalier de Jaucourt，"Health，" trans. Victoria Meyer，in *The Encyclopedia of Diderot and d'Alembert Collaborative Translation Project* (Ann Arbor：Michigan Publishing，University of Michigan Library，2013)，July 15，2014，http：//hdl. handle. net/2027/spo. did2222. 0002. 721 (translation of "Santé，" in *Encyclopédie，ou Dictionnaire raisonné des sciences，des arts et des métiers*，vol. 14 [Paris，1765]).

[68] 意译自 "Hygiène" in *Encyclopédie*，8：385。

[69] Antoine Le Camus，*La médecine de l'esprit* (Paris，1769)，303.

[70] Ibid. ，303 – 4.

[71] Ibid. ，142.

[72] Ibid. ，315.

[73] Ibid. ，325 – 26. 这些做法和其他医药卫生处方似乎可能给福柯式的塑造和控制士兵身体的激励方法以假象。虽然这样的纪律激励可能已经存在，并且保存人力的必要性是明确的，但内科医生和外科医生往往将这些目标直接与护理和人道的个体化道德联系起来。更多关于启蒙运动时期食物和科学的内容，见 Emma Spary，*Eating the Enlightenment：Food and the Sciences in Paris，1670 –1760* (Chicago：University of Chicago Press，2012)。

[74] Jean Colombier，*Préceptes sur la santé des gens de guerre，ou Hygiène militaire* (Paris：Lacombe，1775)，2 – 3.

[75] 正如我们在上一章所看到的，18 世纪的法国对城市贵族阶级在道德和身体方面退化的讨论甚多，批评家们挞伐他们奢华的生活环境、频繁地享乐和悠闲的生活方式。科伦比亚将具有时代潮流的基于同情心的新生儿护理和儿童教育融入了关于贵族健康问题的讨论之中。继卢梭等人之后，他主张母亲应该给孩子喂奶，而不是让奶妈喂奶；护理人员应该避免给婴儿穿紧身的衣服，应该给婴儿提供柔软的被褥（最好是用稻草或马鬃做成的结实表面）和温暖、密闭的房间（应该更冷一些，确保空气流通）。参见卢梭的《爱弥儿》第一册和第二册。更多关于 18 世纪女性的公民身份和母亲身份，包括母乳喂养的信息，见 Annie K. Smart, *Citoyennes: Women and the Ideal of Citizenship in Eighteenth-Century France*（Newark: University of Delaware Press, 2011）。至于对大公和宫廷贵族的军事教育，科伦比亚的观点与长期以来贵族军事教育的做法一致，其中一些做法可以追溯到维吉提乌斯。在这方面，可以预见未来的战士应该参与武器训练、骑术、狩猎和舞蹈。

[76] 关于门罗和他专门面向被认为精神错乱的病人的著作，见 Jonathan Andrews and Andrew Scull, *Undertaker of the Mind: John Monro and Mad-Doctoring in Eighteenth-Century England*（Berkeley: University of California Press, 2001）。

[77] Colombier, *Préceptes*, 31 – 32.

[78] Ibid., 37 – 48.

[79] Ibid., 50 – 51.

[80] Saxe, *Mes rêveries*, 62.

[81] Ibid., 148.

[82] Ibid., 141, 148.

[83] Ibid., 141 – 42.

[84] 这些学科领域的学者对近代早期战争中情感的历史研究越来越感兴

趣。此前学者如肯尼迪和麦克尼尔坚持认为，在大革命期间和大革命之前，无论是战斗中的情感和心理代价，还是军事生活中的情感和心理代价，要么不应该考虑在列，要么"被认为是性格缺陷或懦弱"。*Military Psychology：Clinical and Operational Applications*，ed. Carrie H. Kennedy and Eric A. Zillmer（New York：Guilford，2006），2. 关于学界对懦弱和勇敢的叙史，见 William Ian Miller，*The Mystery of Courage*（Cambridge，MA：Harvard University Press，2002）。关于战争与情感，见 *Kulturgeschichte der Schlacht*（Krieg in der Geschichte）78，ed. Marian Füssel and Michael Sikora（Paderborn：Schöningh，2014）。有关该主题的一般介绍以及 18 世纪法国的更多信息，见 Philip Shaw，*Suffering and Sentiment in Romantic Military Art*（Aldershot：Ashgate，2013）；and Thomas Dodman，*What Nostalgia Was：War，Empire，and the Time of a Deadly Emotion*（Chicago：University of Chicago Press，2017）。也请参阅 Nicole Eustache，*Passion Is the Gale：Emotion，Power，and the Coming of the American Revolution*（Chapel Hill：University of North Carolina Press，2008），and R. D. Johnson，*Seeds of Victory：Psychological Warfare and Propaganda*（Aglen，PA：Schiffer，1997）。

［85］见 Peter N. Stearns and Carol Z. Stearns，"Emotionology：Clarifying the History of Emotions and Emotional Standards，"*American Historical Review* 90，no. 4（1985）：813 – 30。

［86］DeJean，*Ancients against Moderns*，9 – 81. 在《论灵魂的激情》（*The Passions of the Soul*，1649）中，笛卡尔主张用一个更有活力的词来取代现存的 passion 和 affection，见 René Descartes，*Les passions de l'âme*（1649），in *Oeuvres philosophiques*，ed. Ferdinand Aliquié，vol. 3（Paris：Garnier，1973），962。详见 DeJean，*Ancients against Moderns*，79 – 81。

［87］David Denby，*Sentimental Narrative and the Social Order in France*，

1760 – 1820（Cambridge：Cambridge University Press，1994），and Daniel Gross，*The Secret History of Emotion：From Aristotle's Rhetoric to Brain Science*（Chicago：University of Chicago Press，2008）.

［88］I，2，11 § 106 in Condillac，*Essay on the Origin of Human Knowledge*（Cambridge：Cambridge University Press，2001），69.

［89］例如，SHD 1M 1703，1748 年 5 月 24 日匿名著述的回忆录"Mémoire concernant les premières opérations à faire à la paix，tant dans le corps de la vieille infanterie que dans celuy des milices afin de pouvoir tirer de l'un et de l'autre des avantages considérables pour le service du Roy，"also entitled "Mémoire contenant les moyens de porter le corps de l'infanterie françoise au plus haut point de perfection."

［90］除了从医学、基督教和情感等层面来定义外，《法兰西学院词典》第 4 版将"激情"定义为运动："由某种物体激发的灵魂运动，在古代哲学中被称为灵魂的欲念部分和易怒部分。"

［91］Descartes，*Les passions de l'âme*，3：962.

［92］引自 Seriu，"Fabriquer les sentiments：L'incitation au 'regret' par l'autorité. Armée française et désertion au XⅧe siècle. " *Nouveaux mondes，mondes nouveaux—Novo Mundo Mundos Novos—New World*，*New Worlds*. Online publication of IIe Journée d'Histoire des Sensibilités EHESS，March 10，2005，https：//nuevomundo. revues. org/850，accessed March 8，2017。作者自译。

［93］更多关于法兰西民族性格的内容，及关于纵队和横队（厚阵纵队和薄阵横队）哪个更合适的讨论，见 Robert Quimby，*The Background of Napoleonic Warfare：The Theory of Military Tactics in Eighteenth-Century France*（New York：Columbia University Press，1957）。

［94］Gross，*The Secret History of Emotion.*

［95］ My translation. SHD 1M 1709，M. de Montegnard，"Observation sur l'état actual de l'infanterie"（1764）.

［96］ SHD 1M 1709，M. de Melfort， "Observations sur les différents détails relatifs à la nouvelle formation"（ca. 1762－1770）.

［97］ 原稿引自 Farge，*Les fatigues de la guerre*（Paris：Gallimard，1996），37。

［98］ SHD 1M 1709，le chevalier de Rochelambert，"Meditation militaire"（1760）.

［99］ SHD 1M 1709，No author，"Reflexions sur la constitution militaire"（n. d.）. 更多关于厌烦情绪的信息，见 Pascale Goetschel，Christophe Granger，Nathalie Richard，and Sylvain Venayre，eds.，*L'ennui*，*histoire d'un état d'âme. XIXe - XXe siècles*（Paris：Presses Universitaires de la Sorbonne，2012）。

［100］ Montegnard，*Observation sur l'état actual de l'infanterie.*

［101］ Jacques-Antoine-Hippolyte de Guibert，"Essai général de tactique," in *Écrits militaires：1772－1790*（Paris，Copernic，1977），64.

［102］ Saxe，*Mes rêveries*，101.

［103］ SHD 1M，no. 17，anonymous，"Mémoire concernant les premières opérations à faire à la paix，tant dans le corps de la vieille infanterie que dans celuy des milices afin de pouvoir tirer de l'un et de l'autre des avantages considérables pour le service du Roy," also titled "Mémoire contenant les moyens de porter le corps de l'infanterie françoise au plus haut point de perfection"（May 24，1748）.

［104］ 圣路易斯十字勋章是路易十四创造的一种象征性荣誉，只授予军官，这一时期的头衔和其他现金奖励也只授予军官。

［105］ GR 1M 1703，Chevalier de Montaut，"Réflexions sur la manière de former de bons soldats d'infanterie" (ca. 1747/1748).

[106] SHD 1M 1709, M. de Montegnard, "Observation sur l'état actual de l'infanterie. "

[107] Charles de Mattei, marquis de Valfons, *Souvenirs du marquis de Valfons* (Paris: E. Dentu, 1860), 328.

[108] SHD 1M 1709, M. de Melfort, "Observations sur les différents détails. "

[109] SHD series 1M, no. 1703, anonymous, "Mémoire concernant les premières opérations à faire à la paix, tant dans le corps de la vieille infanterie que dans celuy des milices afin de pouvoir tirer de l'un et de l'autre des avantages considérables pour le service du Roy," also entitled "Mémoire contenant les moyens de porter le corps de l'infanterie françoise au plus haut point de perfection" [May 24, 1748].

[110] SHD 1M 1711, M. de Fauville, "Réfléxion militaire" (June 30, 1771), 14 – 15.

[111] Ibid. , 15.

[112] Ibid.

[113] Hunt, *Inventing Human Rights*, 20.

[114] 见 Samuel Moyn, *The Last Utopia: Human Rights in History* (Cambridge, MA: Harvard University Press, 2010)。

[115] Edelstein, "Enlightenment Rights Talk," 533.

[116] Ibid. , 557.

[117] Edelstein, "Enlightenment Rights Talk ," 558, quoting Moyn, *Last Utopia*, 13.

[118] Ibid. , 541. 见 Diderot's article "Droit naturel" in *Encyclopédie* (1755), 5: 115 – 16。

［119］关于这场运动的总结，见 Jean Chagniot，*Paris et l'armée au XVIIIe siècle*（Paris：Economica，1985），618 - 28。

［120］关于修订的更多信息，见 Guinier，*L'honneur du soldat*，chap. 10。

［121］关于不同历史时期对逃兵进行惩罚的概要，见 Le Blond's article on the subject in the *Encyclopédie*（4：880）。

［122］Chagniot，*Paris et l'armée*，621.

［123］Ibid.

［124］Ibid. ，626.

［125］Cesare Beccaria，*An Essay on Crimes and Punishments*，4th ed.（Boston：Branden Books，1992），65 - 66. 贝卡里亚关于惩罚的理论在福柯《规训与惩罚》中的监狱谱系里占有重要的地位，因为对他来说，这代表了"行使惩罚权力的新策略"，通过这种策略"把惩罚和打击违法行为理解为与社会共存的常规功能；不是少罚，而是处罚要更恰当；也许不是为了逐渐减轻惩罚的严重性，是为了惩罚的普遍性和必要性；把惩罚的权力更深入社会主体之中"。见福柯，《规训与惩罚》第 81 - 82 页。福柯在这里强调了狄德罗所传达的人性悖论，在不弱化贝卡里亚等主张的废除死刑和体罚重要性的情况下，这一人性悖论可得到承认。

［126］Guinier，*L'honneur du soldat*，271 - 72.

［127］提高刑罚制度的公正性和有效性的动力并不意味着适当惩罚的建议是人道的。有些想法不仅残忍，而且十分荒唐。见 Gratien-Jean-Baptiste-Louis，vicomte de Flavigny，*Réflexions sur la désertion et sur la peine des déserteurs en forme de lettre à Monsieur le duc de Choiseul*（1768），33 - 34. Also in Chagniot，*Paris et l'armée*，621 and 626。

［128］Flavigny，*Réflexions sur la désertion*，2 - 3. Also in Chagniot，*Paris et l'armée*，623.

［129］Chagniot, *Paris et l'armée*, 625.

［130］Jaucourt and d'Alembert, "Déserteur," in *Encyclopédie*, 4：881.

［131］Ferdinand Desrivières, *Réponse des soldats du régiment des Gardes Françoises aux loisirs d'une soldat du même regiment*（Paris：Chez Saillant, 1767）, 46. Chagniot, *Paris et l'armée*, 624.

［132］Chagniot, *Paris et l'armée*, 624.

［133］Flavigny, *Réflexions sur la désertion*, 29 - 30. Also in Chagniot, *Paris et l'armée*, 624.

［134］关于对这种引起"忏悔"做法的分析，见 Seriu, "Fabriquer les sentiments。"

［135］Voltaire, *Prix de la justice et de l'humanité*（London, 1777）, 112.

［136］Louis-Philippe, comte de Ségur, *Mémoires ou souvenirs et anecdotes*, vol. 1（Paris：Eymery, 1825）, 131 - 2, cited in Naoko Seriu, "Du feminine dans les discours militaires au ⅩⅧ e siècle," *Genre et histoire*, no. 1（Autumn 2007）：8（sec. 16）.

［137］Duc des Cars, *Mémoires du duc des Cars*, vol. 1（Paris：Plon, 1890）, 144, cited in Seriu, "Du feminine," 8（sec. 17）.

［138］更多关于司法体系演变的内容，见 Guinier, *L'honneur du soldat*, 250 - 70。

［139］Ibid., 284.

［140］Ibid., 283 - 84.

［141］见 Étienne-François Girard, *Les cahiers du colonel Gérard*, ed. Pierre Desachy（Paris：Club des Éditeurs, 1961）, 16 - 18。尽管吉尼尔坚持认为，大多数谴责军刀杖刑的军事著作在引证侵犯军人荣誉时也是如此，同样重要的是，要注意捍卫人权所起的作用。

［142］特别是，圣日耳曼的目的是不让士兵住在卫生条件极其糟糕的监狱里。有关断头台的内容，见 Alister Kershaw，*A History of the Guillotine* (New York：Barnes and Noble，1993)。

［143］更多关于圣日耳曼的改革内容，见 Rafe Blaufarb，*The French Army，1750 - 1820：Careers，Talent，Merit* (Manchester，UK：Manchester University Press，2002)，28 - 33。

［144］更多关于人性普遍性与承认人性多样性的观点，见 Henry Vyverberg，*Human Nature，Cultural Diversity，and the French Enlightenment* (Oxford：Oxford University Press，1989)。

［145］D'Estaing papers，Archives Nationales (AN) 562AP/19。

［146］John D. Garrigus，*Before Haiti：Race and Citizenship in French Saint-Domingue* (New York：Palgrave Macmillan，2006)，208.

［147］关于圣多明各岛上一个种植园家庭的微观史，见 Paul Cheney，*Cul de Sac：Patrimony，Capitalism，and Slavery in French Saint-Domingue* (Chicago：University of Chicago Press，2017)。

［148］*Affiches américaines*，Tuesday，March 30，1779，no. 13；Bibliothèque nationale 4，lc 12 20/22. Quoted in Garrigus，*Before Haiti*，209.

［149］Garrigus，*Before Haiti*，209.

［150］AN Col. F3 188，Rouvray's "Reflexions，" 29.

［151］Ibid.，5.

［152］Ibid.，6. 卢夫雷默认了白人殖民者对把自由的有色人种武装起来的恐惧，因而将种族平等主义限制在军事领域。如果一些白人"担心处于军队中的有色人种士兵会忘记他们对白种人的尊重，或者认为他们与白人处于同等地位，那么我的回答是：在公民地位上，猎骑兵团的有色人种士兵并不会因为他是士兵就不会受到殖民地法律和偏见的制约。一旦他不再是一名士

兵，他就会恢复其公民身份"（29 - 30）。

［153］关于启蒙运动时期尤其关注文学的东方主义，见 Srinivas Ara-vamudan，*Enlightenment Orientalism*：*Resisting the Rise of the Novel*（Chica-go：University of Chicago Press，2011）；Madeleine Dobie，*Foreign Bodies*：*Gender*，*Language*，*and Culture in French Orientalism*（Stanford：Stanford University Press，2002）；and Julia Douthwaite，*Exotic Women*：*Literary Heroines and Cultural Strategies in Ancien Régime France*（Philadelphia：U-niversity of Pennsylvania Press，1992）。

［154］SHD 1 M 249², "Mémoire de Russel sur l'Inde"（1781），49.

［155］Ibid. ，50 - 51.

［156］Ibid. ，48.

［157］Ibid. ，55 - 56.

［158］Ibid. ，42.

［159］Bonneville，*De l'Amérique et des Américains*：*ou Observations curi-euses du philosophe La Douceur*，*qui a parcouru cet hémisphere pendant la dernière guerre*，*en faisant le noble métier de tuer des hommes sans les manger*（Berlin：S. Pitra，1771），48.

［160］Ibid. ，42 - 43.

［161］Antoine-Joseph Pernety，*Dissertation sur l'Amérique et les Américains*（Berlin：G. J. Decker，ca. 1770），105.

［162］Jean-François-Louis Crèvecoeur，comte de Clermont，*Journal de la guerre d'Amérique pendant les années 1780 - 1783*，trans. Howard Rice and Anne Brown（Providence，RI：Rhode Island Historical Society，1972），64.

［163］美国和英国军队都承诺让黑人、混血儿、美洲印第安人奴隶摆脱奴役，以此诱骗他们参军。

[164] 见 John Garrigus，"Catalyst or Catastrophe? Saint-Domingue's Free Men of Color and the Savannah Expedition，1779 – 1782，" *Review/Revista Interamericana* 22 （Spring/Summer 1992）：109 – 25。

[165] Starkey，*War in the Age of Enlightenment*，94.

[166] Ibid. ，97.

第四章　勇士之国

[1] 见 Edmond Dziembowski，*Le nouveau patriotisme français 1750 – 1770：La France face à la puissance anglaise à l'époque de la Guerre de Sept Ans*，Studies on Voltaire and the Eighteenth Century （Oxford：Voltaire Foundation，1998），373，and Michèle Fogel，*Les cérémonies de l'information dans la France du XVIe au milieu du XVIIIe siècle* （Paris：Fayard，1989）。

[2] 18 世纪，国王是军队的最高首脑并掌控军队，这样的事例并不新鲜。它有悠久的历史传统，有关战争的叙述通常把国王看成主要的战争发起者，即便国王并未出现在战场上。关于 17 世纪的例子，见 David Parrott，*Richelieu's Army：War，Government and Society in France，1624 – 1642* （Cambridge：Cambridge University Press，2001）。

[3] 从路易十四到 18 世纪初叶，有关反映战争绘画传统的历史，见 Julie Anne Plax，*Watteau and the Cultural Politics of Eighteenth-Century France* （Cambridge：Cambridge University Press，2000），chap. 2。把路易十四塑造成"战争之王"的形象，见 Joël Cornette，*Le roi de guerre：Essai sur la souveraineté dans la France du Grand Siècle* （Paris：Payot，1993），and Peter Burke，*The Fabrication of Louis XIV* （New Haven，CT：Yale University Press，1992）。

[4] 从现代视角对丰特努瓦战役的叙述与分析，见 Armstrong Starkey，*War in the Age of Enlightenment，1700 – 1789* （Westport，CT：Praeger，

2003)，105 - 31。

[5] 1745 年，路易十五写给莫里斯·德·萨克斯的信，引自 Francis Henry Skrine，*Fontenoy and Great Britain's Share in the War of the Austrian Succession*，*1741 -1748*（Edinburgh：Blackwood，1906），215。

[6] Dziembowski，*Un nouveau patriotisme*，373。

[7] Skrine，*Fontenoy and Great Britain's Share*，214.

[8] Ibid.

[9] 见 *Oeuvres complètes de Voltaire*，ed. Jean Michel Moreau，Louis Moland，Georges Bengesco，and Adrien Jean Quentin Beuchot（Paris：Garnier Frères，1877），372。

[10] Michèle Fogel，"Célébrations de la monarchie et de la guerre：Les Te Deum de victoire en France de 1744 à 1743，" in *La bataille*，*l'armée*，*la gloire*，*1745 - 1871*，vol. 1（Clermont-Ferrand：Association des publications de la Faculté des lettres et science humaines de Clermont-Ferrand II，1985），35 - 44；statistics on p. 35.

[11] Ibid.，36.

[12] 君主也转向戏剧这种形式进行宣传。见 Jeffrey Ravel，*The Contested Parterre*：*Public Theater and French Political Culture*，*1680 -1791*（Ithaca，NY：Cornell University Press，1999）。

[13] 见 Julia Osman，*Citizen Soldiers and the Key to the Bastille*（New York：Palgrave，2015）。关于公民士兵，也请参阅 Arnaud Guinier，"De l'autorité paternelle au despotisme légal：pour une réévaluation des origines de l'idéal du soldat-citoyen dans la France des Lumières，" *Revue d'Histoire Moderne et Contemporaine*，vol. 2，n. 61 - 2（2014）：151 - 76。

[14] 关于为国捐躯，见 Elisabeth Guibert-Sledziewski，"Pour la patrie：mort

héroïque et redemption," in *La bataille*，*l'armée*，*la gloire*，vol. 1，199 – 208。

　　[15] 大卫·贝尔曾认为军国主义的产生，是由于把战争越来越美化为至高无上的追求，以及与之伴随的军事与民用领域的分离，本章从另一个完全不同的视角得出了一个相似的结论。见 Bell，*The First Total War：Napoleon's Europe and the Birth of War as We Know It* （Boston：Houghton Mifflin，2007）。

　　[16] Jean-Henri Marchand，"Requête du curé de Fontenoy au roy"（Fontenoy，1745），7.

　　[17] Claude Godard d'Aucour，*L'académie militaire，ou Les héros subalterns* （N. p.，1745），19 – 21. 有关"低级别军官英雄"和"公民贵族"的文献，见 André Corvisier，"Les 'héros subalternes' dans la littérature du milieu du ⅩⅧe siècle et la réhabilitation du militaire," *Revue du Nord*，vol. 66 （1984）：827 – 38，and Jay M. Smith，*Nobility Reimagined：The Patriotic Nation in Eighteenth-Century France* （Ithaca：Cornell University Press，2005），esp. chapter 4。

　　[18] Godard d'Aucour，*L'académie militaire*，19 – 21.

　　[19] Ibid.，23.

　　[20] Ibid.，393. 这些传记性的短评解释了给士兵起的绰号的含义，肯定了他们家族后代的成就（比如拉布里的弟弟，在学校里表现出色，颇具吸引力），并就如何照顾幸存的家庭成员提出了建议，就像刚刚丧偶的随军小商贩范希昂，她可能会嫁给团里另一个正直的士兵（395 – 96）。

　　[21] 有关"英雄"、"杰出人物"和"大人物"的更多观点，见 Pierre-Jean Dufief，ed.，*L'écrivain et le grand homme* （Paris：Droz，2005）。

　　[22] Jaucourt，"Héros," in *Encyclopédie，ou Dictionnaire raisonné des sciences，des arts et des métiers*，8：182.

［23］ Diderot，"Héroïsme，" in *Encyclopédie*，8：181.

［24］ Jaucourt，"Héros，" 8：182.

［25］ Turpin de Crissé，*Amusemens philosophiques et littéraires de deux amis*（Paris：Prault，1754）.

［26］ Diderot，"Hérosime."

［27］ Jaucourt，"Héros."

［28］ Ibid.

［29］ 见 Louis Basset de la Marelle，*La différence du patriotisme national chez les François et chez les Anglais*（Lyon：Chez Aimé Delaroche，1762）。关于英雄分类的讨论，见 9 - 12，and Jay M. Smith，*Nobility Reimagined*，166 - 68。

［30］ La Marelle，*La différence du patriotisme national*，10。

［31］ Ibid.，9.

［32］ Ibid.，10.

［33］ Smith，*Nobility Reimagined*，7 - 9.

［34］ 关于 18 世纪法国爱国主义起源的讨论，见 Dziembowski，*Un nouveau patriotisme*，344 - 47。

［35］ Ibid.，342.

［36］ John Tell Truth，*Le patriote anglois，ou Réflexions sur les hostilités que la France reproche à l'Angleterre et sur la réponse de nos ministres au dernier Mémoire de S. M. T. C.*，translated into English by Abbé Jean-Bernard Le Blanc（Geneva：1756），iv-v.

［37］ Ibid.，2.

［38］ David A. Bell，*The Cult of the Nation in France：Inventing Nationalism，1680 - 1800*（Cambridge，MA：Harvard University Press，2003），107. Quote by Antoine-Léonard Thomas from *Essai sur les éloges*（Paris，

1829），40 - 41.

[39] Bell，*The Cult of the Nation*，111 - 12.

[40] Ibid. ，109 - 11.

[41] Abbé de Saint-Pierre，"Discours sur les différences du grand homme et de l'homme illustre," in *Histoire d'Epaminondas pour server de suite aux hommes illustres de Plutarque* （Paris，1739），xxi-xliv.

[42] Antoine Léonard Thomas，*Éloge de René Duguay-Trouin* （Paris：Imprimeur de l'Académie française，1761），19 - 20.

[43] Ibid. ，38.

[44] Ibid. ，59.

[45] Jean-François de la Harpe，*Éloge de Nicolas de Catinat* （Paris：Chez Demonville，1775），27 - 28.

[46] Louis-Sébastien Mercier，*Le déserteur* （Paris，1770），32 - 33.

[47] Ibid. ，35 - 36.

[48] 例如见 Leslie Tuttle，"Celebrating the Père de Famille：Fatherhood in Eighteenth-Century France," *Journal of Family History* 29，no. 4 （2004）：66 - 381；and Tuttle，*Conceiving the Old Regime：Pronatalism and the Politics of Reproduction in Early Modern France* （Oxford：Oxford University Press，2010）；Meghan K. Roberts， "Philosophes Mariés et Epouses Philosophiques：Men of Letters in Eighteenth-Century France," *French Historical Studies* 35，no. 3 （2012）：509 - 39；Roberts，"Cradle of Enlightenment：Family Life and Knowledge Making in Eighteenth-Century France" （PhD diss. ，Northwestern University，2011）；and Roberts，*Sentimental Savants：Philosophical Families in Enlightenment France* （Chicago：University of Chicago Press，2016）。

[49] 关于军人的婚姻，见 Jennifer Ngaire Heuer，"Celibacy，Courage，and Hungry Wives：Debating Military Marriage and Citizenship in Pre-Revolutionary France," *European History Quarterly* 46，no. 4（October 2016）：648 – 67。关于更广泛意义上的婚姻，见 Sian Reynolds，*Marriage and Revolution：Monsieur and Madame Roland*（Oxford：Oxford University Press，2012）；Dena Goodman，"Making Choice and Marital Success：Reasoning about Marriage，Love and Happiness," in *Family，Gender，and Law in Early Modern France*，ed. Jeffrey Merrick and Suzanne Desan（University Park：Pennylvania State University Press，2009），26 – 61；Denise Davidson，"'Happy' Marriages in Early Nineteenth-Century France," *Journal of Family History* 37，no. 1（2012）：23 – 35；and Suzanne Desan，*The Family on Trial in Revolutionary France*（Berkeley：University of California Press，2004）。

[50] Heuer，"Celibacy，Courage，and Hungry Wives," 3.

[51] 见 Bell，*The Cult of the Nation*，chap. 3。

[52] Louis-Guerin d'Azémar，*Les deux miliciens ou l'orpheline villageoise*（Paris，1771），6.

[53] Louis Anseaume，*Le soldat magicien*（Paris，1775），11 – 12.

[54] 这些数据引自 CÉSAR（Calendrier électronique des spectacles sous l'ancien régime et sous la revolution），http：//www. cesar. org. uk/cesar2/home. php。

[55] Antoine-Hippolyte de Guibert，"*Essai général de tactique*," in *Écrits militaires：1772 –1790*（Paris，Copernic，1977），14.

[56] Ibid. ，xvii.

[57] SHD 1M 1704，"Réflexion sur la constitution militaire. "

[58] Arnaud Guinier，*L'honneur du soldat：Éthique martiale et discipline*

guerrière dans la France des Lumières, *1748 – 1789* (Ceyzérieu: Champ Vallon, 2014), 338.

[59] 引自 Ravel, *The Contested Parterre*, 197。

[60] Ibid., 198.

[61] *The Chronicles of Froissart*, trans. John Bourchier, Lord Berners, edited and reduced into one volume by G. C. Macaulay (London, 1924), chap. 146, "How the Town of Calais Was Given Up to the King of England," 155. 更多关于贝洛瓦的戏剧，参阅 Clarence Brenner, *L'histoire national dans la tragédie française du XVIIIe siècle* (Berkeley: University of California Press, 1929); Margaret M. Moffat, "*Le siège de Calais* et l'opinion publique en 1765," *Revue d'Histoire littéraire de la France* 39, no. 3 (1932): 339 – 54; Anne Boës, *La lanterne magique de l'histoire* (Oxford: Voltaire Foundation, 1982); Jean-Marie Moeglin, *Les bourgeois de Calais* (Paris: Albin Michel, 2002)。

[62] 引自 Bell, *The Cult of the Nation*, 122。

[63] 参阅 Du Verdier's *Roman des dames* (1629, republished in 1632 as *Les Amazones de la cour*), Le Maire's *La Prazimène* (1638), and Gomberville's *Polexandre* (1632) 和 Le Moyne's *La gallerie des femmes fortes* (1647), Joan DeJean 在 *Tender Geographies: Women and the Origins of the Novel in France* (New York: Columbia University Press, 1991) 第 24—29 页提及了他们。有关此类小说、人物和合传的列表与分析，请参阅 Maurice Magendie, *Le roman français au XVIIe siècle: De l'astrée au grand Cyrus* (Paris: Droz, 1932); Ian Maclean, *Woman Triumphant: Feminism in French Literature, 1610 – 1652* (Clarendon Press, 1977); and Natalie Zemon Davis, "'Women's History' in Transition: The European Case," *Feminist Studies* 3, no. 3/4

(Spring 1976)，83 - 103。

[64] Antoine-Léonard Thomas，*Essai sur le caractère*，*les moeurs et l'esprit des femmes dans les différents siècles*（Amsterdam，Aux dépens de la Compagnie，1772）. 该引文和以下引文均引自该书英文版，*An Essay on the Character*，*the Manners*，*and the Understanding of Women in Different A- ges*，trans. Mrs. Kindersley，with two original essays（London，J. Dodsley，1781），144。

[65] Thomas，*Essai sur le caractère*，144 - 46.

[66] Ibid. ，146.

[67] Annie Smart，*Citoyennes，Women and the Ideal of Citizenship in Eighteenth-Century France*（Newark，University of Delaware Press，2011），1.

[68] Ibid. ，1 - 2. 见 William H. Sewell Jr. ，"Le Citoyen/Citoyenne，Activi- ty，Passivity，and the Revolutionary Concept of Citizenship，" in *The French Revolution and the Creation of Modern Political Culture*，vol. 2，*The Political Culture of the French Revolution*，ed. Colin Lucas（New York，Pergamon Press，1987 - 1989），105 - 23；Joan Wallach Scott，*Only Paradoxes to Of- fer，French Feminists and the Rights of Man*（Cambridge，MA，Harvard U- niversity Press，1996）；Carole Pateman，*The Sexual Contract*（Stanford，Stanford University Press，1988），and Pateman，*The Disorder of Women，Democracy，Feminism and Political Theory*（Stanford，Stanford University Press，1989）。

[69] 关于女性与投石党，参阅 Faith Beasley，*Revising Memory，Women's Fiction and Memoirs in Seventeenth-Century France*（New Brunswick，NJ，Rutgers University Press，1990）；DeJean，*Tender Geographies*；Dominique

Godineau，"De la guerrière à la citoyenne：Porter les armes pendant l'Ancien Régime et la Révolution française，" *CLIO* 20（2004）：43 – 69；and Sylvie Steinberg，*La confusion des sexes：Le travestissement en France à l'époque moderne，XVIe - XVIIIe siècles*（Lille：ANRT，1999）；as well as the following works by Sophie Vergnes：*Les Frondeuses：Une révolte au féminin，1643 – 1661*（Seyssel，Champ Vallon，2013）；"Anne d'Autriche pendant la Fronde：Une régente dans la tourmente devant le tribunal de ses contemporains，" in *Le bon historien sait faire parler les silences*（Toulouse：Méridiennes，2012），77 – 90；"Braver Mazarin：La duchesse de Bouillon dans la Fronde，" *Clio* 33（Spring 2011）：259 – 78；"La duchesse de Longueville et ses frères pendant la Fronde：De la solidarité fraternelle à l'émancipation féminine，" *Dix-septième Siècle*，no. 251（April 2011）：309 – 32；"Les dernières Amazones：Réflexions sur la contestation de l'ordre politique masculin pendant la Fronde，" *Les Cahiers de Framespa*，no. 7（2011），http：//framespa. revues. org/674，accessed March 10，2017；"Des discours de la discorde：Les femmes，la Fronde et l'écriture de histoire，" *Études Epistémè*，no. 19（2011）：69 – 84；"De la guerre civile comme vecteur d'émancipation féminine：L'exemple des aristocrates frondeuses（France 1648 – 1653），" *Genre et Histoire*，no. 6（Spring 2010），http：// genrehistoire. revues. org/932，accessed March 10，2017； "The Princesse de Condé at the Head of the Fronde des Princes：Modern Amazon or Femme Prétexte?" *French History* 22，no. 4（December 2008）：406 – 24。也请参阅 Guyonne Leduc，ed. ，*Réalité et représentations des Amazones*（Paris：Harmattan，DL，2008）。弗涅斯区分了两类女投石党人：一是谋划者和调解人，她们从中斡旋，充当权力经纪人；二是巾帼英雄，直接参与军事行动。

[70] 参阅 Dominique Godineau，"De la guerrière à la citoyenne，" 该文在

线版本要点 5 - 7。

[71] 关于查佩莱恩和伏尔泰的史诗，参阅 Nora M. Heimann, *Joan of Arc in French Art and Culture*, *1700 - 1855* (Aldershot: Ashgate, 2005)。也请参阅 Jennifer Tsien, *Voltaire and the Temple of Bad Taste*: *A Study of "La Pucelle d'Orléans"* (Oxford: Voltaire Foundation, 2003)。

[72] 见 Thomas Cardoza, "'Habits Appropriate to Her Sex': The Female Military Experience in France during the Age of Revolution," in *Gender*, *War*, *and Politics*: *Transatlantic Perspectives*, *1775 - 1830*, ed. Karen Hagemann, Gisela Mettele, and Jane Randall (New York: Palgrave Macmillan, 2010), 192。

[73] 虽然女兵比随军女贩和洗衣女工更易受到学界关注，但后者在前线的代表性远远超过前者（每个团有 8 名随军女贩，7—10 名洗衣工）。这些妇女为军队提供了重要的服务，由于从小就在部队里，这些女子往往经验丰富，在必要时成为女兵。见 Thomas Cardoza, *Intrepid Women*: *Cantinières and Vivandières of the French Army* (Bloomington: Indiana University Press, 2010), 12, 15。

[74] 尽管有许多这样的女性未被记载，或者在军中从未被发现，但斯坦伯格仍然发现了 44 个这样的事例，见 John Lynn, *Women*, *Armies*, *and Warfare in Early Modern Europe* (Cambridge: Cambridge University Press, 2008); Cardoza, *Intrepid Women*; Steinberg, *La confusion des sexes*。

[75] Steinberg, *La confusion des sexes*, 83 - 84. 本节讨论的隐喻性用词均为斯坦伯格所用。

[76] Arsenal, Arch. Bastille, MS 10136, pp. 143 - 144. Steinberg, *La confusion des sexes*, 51 - 52.

[77] SHD A1 1768. Steinberg, *La confusion des sexes*, 55 - 56.

[78] SHD Y^a 507, dossier Kellerin. 也请参阅 Steinberg, *La confusion*

des sexes，53，and Cardoza，"'Habits Appropriate to Her Sex'"。

［79］ Steinberg，*La confusion des sexes*，53.

［80］ Smart，*Citoyennes*，3.

［81］ 罗佐伊在序言中认为："如果一个富有同情心的人的不同情感并不能表明爱国主义与本性之间的冲突，那么厄斯塔什也不会让人感到有趣。"埃米莉的观点也是如此。

［82］ *The Diary of Ananda Ranga Pillai*，ed. H. Dodwel，vol. 2（Madras：Government Press，1917），314 - 18.

［83］ 乔治·华盛顿就不是这样，他确实成了法国文化中的英雄和神话人物，参阅 Julia Osman，"Cincinnatus Reborn：The George Washington Myth and French Renewal during the Old Regime," *French Historical Studies* 38，no. 3（2015）：421 - 46。

［84］ 18 世纪，尤其是七年战争之后，驻扎在殖民地的军队与海军经过了多次迭代和重组，参阅 René Chartrand，*Louis XV's Army*，vol. 5，*Colonial and Naval Troops*（Oxford：Osprey，1997）。

［85］ Christopher Tozzi，*Nationalizing France's Army：Foreign，Black，and Jewish Troops in the French Military*，*1715 -1831*（Charlottesville：University of Virginia Press，2016），17. See also "The Nation and the Army：Foreigners and Minorities in French Military Service，1715 - 1831"（PhD. diss.，Johns Hopkins University，2011）.

［86］ 见 Tozzi，*Nationalizing France's Army*，chap. 1。

［87］ 见 André Corvisier，"Les soldats noirs du maréchal de Saxe：Le problème des Antillais et Africains sous les armes en France au ⅩⅧe siècle," *Revue française d'Outre-Mer* 55，no. 201（1968）：367 - 413。

［88］ 同一法律确实允许殖民者将其奴隶带到或派到法国最多三年，以便

为其主人服务或接受职业培训，只要奴隶主经过严格的申报和登记程序。见 Pierre H. Boulle and Sue Peabody，*Le droit des noirs en France au temps de l'esclavage*（Paris：L'Harmattan，2014）。

［89］Corvisier，"Les soldats noirs du maréchal de Saxe，" 395 – 97.

［90］SHD A¹ 3200，quoted in ibid. ，377.

［91］Ibid.

［92］Garrigus，*Before Haiti：Race and Citizenship in French Saint-Domingue*（New York：Palgrave Macmillan，2006），112.

［93］Ibid. ，113.

［94］他提出了一项备受嘲笑的恢复普遍民兵服役的计划，这项计划不仅违反了自由美德，也剥夺了自由的有色人通过自愿兵役而不是政府强制来展示其公民美德的机会。Ibid. ，119 – 24.

［95］Ibid. ，123.

［96］*Affiches américaines*，March 21，1780，no. 12，quoted in Garrigus，*Before Haiti*，206.

［97］*Affiches américaines*，April 6，1779，no. 14.

［98］Balvay，*L'épée et la plume*，252.

［99］Ibid. ，247 – 52.

［100］Stewart R. King，*Blue Coat or Powdered Wig：Free People of Color in Pre-Revolutionary Saint Domingue*（Athens：University of Georgia Press，2001）.

［101］Osman，*Citizen Soldiers*，117.

［102］更多关于改革的内容，见 Alain Berbouche，*L'histoire de la Royale：La marine française et la politique au siècle des Lumières，1715 – 1789*（Saint-Malo：Pascal Galodé，2012），280 – 82。

[103] Ibid. , 284.

[104] Drévillon，*L'individu et la guerre：Du Chevalier Bayard au Sol-dat inconnu* (Paris：Éditions Belin，2013)，117.

[105] Jean-Paul Bertaud，*La révolution armée：Les soldats-citoyens et la Révolution française* (Paris：Robert Laffont，1979)，41－42. 奥斯曼发现了例子，士兵站在粮食暴动者一边，多次拒绝抬高的粮食价格。"在这一动荡时期，法国士兵与平民的关系明显密切了，但在通常情况下，平民暴乱通常会引起士兵们支持国家。"见 Osman，*Citizen Soldiers*，121。

[106] Translated on page 366 in Jay M. Smith，"Social Categories the Lan-guage of Patriotism，and the Origins of the French Revolution：The Debate over noblesse commerçante，" *Journal of Modern History* 72，no. 2 (June 2000)：339－74.

[107] Osman，*Citizen Soldiers*，124.

第五章　军事启蒙的辩证法

[1] George Sand，*Oeuvres complètes de George Sand：Histoire de ma vie* (Paris：Lévy，1892)，49.

[2] Voltaire，*Catalogue des écrivains* vol. 9 (1733)，in *Le siècle de Louis XIV* (Geneva：Cramer et Bardin，1775)，11－13.

[3] Jeremy Black，*War and the Cultural Turn* (Cambridge：Polity Press，2012)，167.

[4] 学者们对"全面战争"的定义以及它是否构成一个有用的分析范畴也存在分歧。笔者同意大卫·贝尔的观点，认为把"全面战争"看成在更广泛的文化和政治背景下的产物才最具意义。关于全面战争及其史学争论，见 David A. Bell，*The First Total War：Napoleon's Europe and the Birth of War as We Know It* (Boston：Houghton Mifflin，2007)；Michael Broers，"The

Concept of 'Total War' in the Revolutionary-Napoleonic Period," *War in Histo-ry* 15, no. 3 (2008): 247 - 68; Roger Chickering, "Total War: The Use and Abuse of a Concept," in *Anticipating Total War: The German and American Experiences, 1871 - 1914*, ed. Manfred F. Boemeke, Roger Chickering, and Stig Förester (Washington, DC: German Historical Institute, 1999), 13 - 28; Eugenia C. Kiesling, " 'Total War, Total Nonsense' or 'The Military Historian's Fetish,'" in *Arms and the Man: Essays in Honor of Dennis Showalter*, ed. Michael S. Neiberg (Leiden: Brill, 2011), 215 - 42; Hervé Drévillon, *L'individu et la guerre: Du Chevalier Bayard au Soldat inconnu* (Paris: Éditions Belin, 2013); Jean-Yves Guiomar, *L'invention de la guerre totale: XVIIIe- XXe siècle* (Paris: Le Félin Kiron, 2004)。另见论坛: David Bell, Annie Crépin, Hervé Drévillon, Olivier Forcade, and Bernard Gainot, "Autour de la guerre totale," *Annales historiques de la révolution française*, no. 366 (2011): 153 - 70; and Erica Charters, Eve Rosenhaft, and Hannah Smith, *Civilians and War in Europe, 1618 - 1815* (Liverpool: Liverpool University Press, 2012)。

　　[5] 参阅 Gunther E. Rothenberg, *The Art of Warfare in the Age of Na-poleon* (Bloomington: Indiana University Press, 1978), 61; 这种计算方法受到了批评。特别是拿破仑战争，参阅 Charles Esdaile, *Napoleon's Wars: An International History* (New York: Penguin, 2009)。

　　[6] 让·伊夫·吉奥马尔指出，"伟大民族"这个称号可以追溯到法国大革命开始时，他明确指出："要将法国指定为具有排他性和绝对性的'伟大民族'，必须等到 1797 年 8 月。"见 Guiomar, "Histoire et signification de 'la Grande Nation' (August 1797 - Autumn 1799): Problèmes d'interpretation," in *Du Directoire au Consulat*, vol. 1, *Le lien politique local dans la Grande*

Nation，ed. Jacques Bernet et al. （Lille：Centre de Recherche sur L'Histoire de l'Europe du Nord-Ouest，1999），317 - 27；引自第 317 页。

［7］见 Alan Forrest，*Conscripts and Deserters：The Army and French Society during the Revolution and Empire*（New York：Oxford University Press，1989），and Isser Woloch，*The New Regime：Transformations of the French Civic Order*，*1789 - 1820s*（New York：Norton，1994）。

［8］更多关于军事话语的兴起，见 Wolfgang Kruse，"La formation du discours militariste sous le directoire," *Annales historiques de la Révolution française* 360，no. 2 （2010）：77 - 102。

［9］Brian Joseph Martin，*Napoleonic Friendship：Military Fraternity*，*Intimacy*，*and Sexuality in Nineteenth-Century France*（Lebanon：University of New Hampshire Press，2011），2.

［10］与前几章相比，本章主要用二手资料进行论证。

［11］Philippe Masson，"La marine sous la Révolution et l'Empire," in *Histoire militaire de la France*，vol. 2，375.

［12］Rafe Blaufarb，*The French Army*，*1750 - 1820：Careers*，*Talent*，*Merit*（Manchester，UK：University of Manchester Press，2002），133.

［13］见 ibid. ，chaps. 2 - 5；Samuel Scott，*The Response of the Royal Army to the French Revolution：The Role and Development of the Line Army*，*1787 - 93*（Oxford：Oxford University Press，1973）；Jean-Paul Bertaud，*La Révolution armée：Les soldats citoyens de la Révolution française*（Paris：Robert Laffont，1979）；Bertaud，*La vie quotidienne des soldats de la Révolution*，*1789 - 1799*（Paris：Hachette，1985）；Forrest，*Conscripts and Deserters*；John A. Lynn，*The Bayonets of the Republic：Motivation and Tactics in the Army of Revolutionary France*，*1791 - 94*（Boulder，CO：Westview Press，1984）；Howard G. Brown，*War*，*Revolution*，*and the Bureaucratic State*：*Politics and Army Administration*，*1791 – 1799*（Oxford：Clarendon Press，1995）；and Brown，*Ending the French Revolution*：*Violence*，*Justice*，*and Repression from the Terror to Napoleon*（Charlottesville：University of Virginia Press，2006），among others。

[14] Blaufarb，*The French Army*，46.

[15] *Archives parlementaires de 1787 – 1860*，Series 1，ed. J. Mavidal and E. Laurent（Paris：1867 – 1913，1985），5：v，533 and 4：120 – 338. 也可参见 Julia Osman，*Citizen Soldiers and the Key to the Bastille*（New York：Palgrave，2015），122 – 23。

[16] SHD 1M 1718. 关于团级提交的陈情书和团级军事委员会，见 Blaufarb，*The French Army*，52 – 60；Osman，*Citizen Soldiers*，chap. 6。

[17] SHD 1M 1718，"Adresse du regiment de Forez à l'Assemblée National，5 7bre 1789," quoted in Osman，*Citizen Soldiers*，134.

[18] 关于法国的征兵，尤见 Annie Crépin，*Défendre la France*：*Les Français*，*la guerre et le service militaire*，*de la guerre de Sept Ans à Verdun*（Rennes：Presses Universitaires de Rennes，2005）；Crépin，*Histoire de la conscription*（Paris：Gallimard，2009）；关于这一时期法军的转型，见"The Army of the Republic：New Warfare and a New Army," in *Republics at War*，*1776 – 1840*：*Revolution*，*Conflicts*，*and Geopolitics in Europe and the Atlantic World*，ed. Pierre Serna，Antonio de Francesco，and Judith A. Miller（Basingstoke：Palgrave Macmillan，2013）。

[19] *Archives parlementaires de 1787 – 1860*，17：298；Osman，*Citizen Soldiers*，138.

[20] Blaufarb，*The French Army*，chap. 2.

[21] Drévillon, *L'individu et la guerre*, 220.

[22] Archives Historiques du Service de Santé de l'Armée au Val-de-Grâce, carton 28, dossier 6. Thirion, "Mémoire justificatif aux citoyens composants le conseil de santé," December 1793, cited in Thomas Dodman "Homesick Epoch: Dying of Nostalgia in Post-Revolutionary France" (PhD diss. , University of Chicago, 2011), 120.

[23] Jean-Baptiste-Charles Chabroud, *Rapport et projet de loi sur les délits et les peines militaires* (Paris: Imprimerie Nationale, 1791), 22.

[24] 见 Drévillon, *L'individu et la guerre*, 155 – 56。

[25] Charles H. Hammond, "The French Revolution and the Enlightening of Military Justice," *Proceedings of the Western Society for French History* 34 (2006): 134 – 46.

[26] 布拉法布指出实际上只有 12.5％的军官职务基于资历任命，其他军官职务则是根据团的军官通过提名来任命的。Blaufarb, *The French Army*, 72.

[27] "Lettre à Madame de Medel" (October 8, 1789), *Marquis de Ferrières, correspondance inédite* (*1789*, *1790*, *1791*), ed. Henri Carré (Paris: Armand, Colin, 1932), 120. Cited in Blaufarb, *The French Army*, 57.

[28] Title for chap. 6 in Blaufarb, *The French Army*, 164.

[29] Drévillon, *L'individu et la guerre*, 157.

[30] Ibid.

[31] Osman, *Citizen Soldiers*, 127.

[32] 关于启蒙运动时期 "博爱" 一词的概述，见 Martin, *Napoleonic Friendship*, 20 - 22。

[33] Simon Schama, *Citizens: A Chronicle of the French Revolution*

(New York: Vintage, 1990), 502; and Martin, *Napoleonic Friendship*, 23.

[34] Mona Ozouf, *La fête révolutionnaire* (Paris: Gallimard, 1976), 55 - 56, cited in Martin, *Napoleonic Friendship*, 23.

[35] Camille Desmoulins, *Révolutions de France et de Brabant*, 8 vols. (Paris: Garnery, 1789 - 1791), 35: 510, cited in Martin, *Napoleonic Friendship*, 26.

[36] Camille Desmoulins, *Révolutions de France et de Brabant*, 35: 509, cited in Martin, *Napoleonic Friendship*, 25.

[37] Lynn, *The Bayonets of the Republic*, 59.

[38] 关于军队日常事务与动机，见上书第 7 章。

[39] Ibid. , 168.

[40] Michael J. Hughes, *Forging Napoleon's Grande Armée: Motivation, Military Culture, and Masculinity in the French Army, 1800 - 1808* (New York: New York University Press, 2012), 81. 也请参阅 Bertaud, *La Révolution armée*, 109 - 229; Lynn, *The Bayonets of the Republic*, 119 - 82; Alan Forrest, *Napoleon's Men: The Soldiers of the Revolution and Empire* (London: Hambledon, 2002), 89 - 124。有关政治和流行文化更广泛的研究，请参阅 Laura Mason, *Singing the French Revolution: Popular Culture and Revolutionary Politics, 1787 - 1799* (Ithaca, NY: Cornell University Press, 1996)。

[41] Martin, *Napoleonic Friendship*, 36. On Napoleon's soldiers and their correspondence, see Forrest, *Napoleon's Men*.

[42] *Archives parlementaires de 1787 - 1860*, 17: 76. Cited in Drévillon, *L'individu et la guerre*, 157.

[43] Hughes, *Forging Napoleon's Grande Armée*, 98. See Jacques Gode-

chot，*La Grande Nation：L'expansion révolutionnaire de la France dans le monde 1789 - 1799*，2nd ed. （Paris：Éditions Aubier Montaigne，1983）；Guiomar，"Histoire et significations de 'la Grande Nation,'" 317 - 28. See also Otto Dann and John Dinwiddy，eds. ，*Nationalism in the Age of the French Revolution*（London：Hambledon Press，1988）.

[44] Hughes，*Forging Napoleon's Grande Armée*，99.

[45] 雇人从军是一个非常复杂的问题，这种做法非常普遍，但它可能是违法行为，冒名顶替他人或者受雇于他人参军都有可能被拒绝入伍。雇人参军一开始是允许的，到大征兵的时候被宣布为非法，一直持续到督政府于 1798 年底实行新的征兵制，因而，1799 年雇人从军再次合法化。参阅 Bernard Schnapper，*Le remplacement militaire en France：Quelques aspects politiques，économiques，et sociaux du recrutement au XIXe siècle*（Paris：S. E. V. P. E. N. ，1968）。

[46] 革命时期有关妇女的史学辩论，见 Suzanne Desan，*The Family on Trial in Revolutionary France*（Berkeley：University of California Press，2004）；Dominique Godineau，*The Women of Paris and Their French Revolution*（Berkeley：University of California Press，1998）；Jennifer Ngaire Heuer，*The Family and the Nation：Gender and Citizenship in Revolutionary France，1789 - 1830*（Ithaca，NY：Cornell University Press，2005 ），and Heuer，"Citizenship，the French Revolution，and the Limits of Martial Masculinity" in *Gender and Citizenship in Historical and Transnational Perspective：Agency，Space，Borders*，ed. Anne Epstein and Rachel G. Fuchs（London：Palgrave，2017）；Olwen Hufton，*Women and the Limits of Citizenship in the French Revolution*（Toronto：University of Toronto Press，1992）；Lynn Hunt，*The Family Romance of the French Revolution*（Berkeley：University of California Press，1992）；Joan Landes，*Women and the Public Sphere in the Age of the*

French Revolution (Ithaca, NY: Cornell University Press, 1988); Sara E. Melzer
and Leslie W. Rabine, eds., *Rebel Daughters: Women and the French Revolution*
(Oxford: Oxford University Press, 1992); Dorinda Outram, *The Body and
the French Revolution: Sex, Class and Political Culture* (New Haven, CT:
Yale University Press, 1989); Candice E. Proctor, *Women, Equality, and
the French Revolution* (Westport, CT: Greenwood Press, 1990); Shirley
Elson Roessler, *Out of the Shadows: Women and Politics in the French Revo-
lution, 1789 -95* (New York: Peter Lang, 1996); Joan Wallach Scott, *Only
Paradoxes to Offer: French Feminists and the Rights of Man* (Cambridge,
MA: Harvard University Press, 1997)。

[47] *Archives parlementaires de 1787 -1860*, 39: 423.

[48] Ibid.

[49] Jennifer Heuer, " 'No More Fears, No More Tears'? Gender, E-
motion and the Aftermath of the Napoleonic Wars in France," *Gender and His-
tory* 28, no. 2 (August 2016): 438 - 60.

[50] 关于法国大革命时期的巾帼勇士，见 Dominique Godineau, "De la
guerrière à la citoyenne: Porter les armes pendant l'Ancien Régime et la
Révolution française," *CLIO* 20 (2004): 43 - 69; Sylvie Steinberg, *Le traves-
tissement en France à l'époque moderne: XVIe- XVIIIe siècles* (Lille: ANRT,
1999); Rudolf Dekker and Lotte C. Van de Pol, "Republican Heroines: Cross-
Dressing Women in the French Revolutionary Armies," trans. Judy Marcure,
History of European Ideas 10, no. 3 (1989): 353 - 63. See also Thomas Car-
doza, " 'Habits Appropriate to Her Sex': The Female Military Experience in
France during the Age of Revolution," in *Gender, War, and Politics: Trans-
atlantic Perspectives, 1775 -1830*, ed. Karen Hagemann, Gisela Mettele, and

Jane Randall (New York: Palgrave Macmillan, 2010); Cardoza, *Intrepid Women*: *Cantinières and Vivandières of the French Army* (Bloomington: Indiana University Press, 2010); David Hopkin, "The World Turned Upside Down: Female Soldiers in the French Armies of the Revolutionary and Napoleonic Wars," in *Soldiers, Citizens and Civilians*: *Experiences and Perceptions of the French Wars, 1790 – 1820*, ed. Alan Forrest, Karen Hagemann, and Jane Rendall (Basingstoke: Palgrave Macmillan, 2009), 77 – 98; Jean-Clément Martin, "Travestissements, impostures, et la communauté historienne: A propos des femmes soldats de la Révolution et de l'Empire," *Politix*: *Revue des sciences sociales du politique* 19, no. 74 (2006): 31 – 48。

[51] Léonard Bourdon, *Recueil des actions héroïques et civiques des républicains français*; *présenté à la Convention nationale* (La Grenette: Destéfanis, 1793), 8.

[52] 关于民族的社会性别形象，参阅 Joan Landes, *Visualizing the Nation*: *Gender, Representation, and Revolution in Eighteenth-Century France* (Ithaca, NY: Cornell University Press, 2001); on Spartan women, see Hughes, *Forging Napoleon's Grande Armée*, 118 – 21。

[53] 参阅 Cardoza, *Intrepid Women* and " 'Habits Appropriate to Her Sex' "; Jennifer Heuer, "Celibacy, Courage, and Hungry Wives: Debating Military Marriage and Citizenship in Pre-Revolutionary France," *European History Quarterly* 46, no. 4 (October 2016): 648 – 67。

[54] 关于外籍士兵和少数民族军队、公民身份和兵役的辩论概述，见克里斯托弗·托齐的相关介绍，*Nationalizing France's Army*: *Foreign, Black, and Jewish Troops in the French Military, 1715 –1831* (Charlottesville: University of Virginia Press, 2016)。

［55］见 Bernard Gainot, *Les officiers de couleur dans les armées de la République et de l'Empire*, *1792 - 1815* (Paris: Éditions Karthala, 2007), and chap. 3 in Tozzi, *Nationalizing France's Army*。关于仲马的一生，见普利策奖获得者汤姆·莱斯的文章 *The Black Count: Glory, Revolution, Betrayal, and the Real Count of Monte Cristo* (New York: Crown, 2012)。

［56］Tozzi, *Nationalizing France's Army*, chap. 3.

［57］Ibid. See also Pierre Boulle, "Les gens de couleur à Paris à la veille de la Révolution," in *L'image de la Révolution française: Congrès mondial pour le Bicentenaire de la Révolution*, Sorbonne, Paris, July 6 - 12, 1989, vol. 1 (Paris: Pergamon Press, 1989), 159 - 68; and J. C. Raguet, "Du pionniers noirs au Royal-Africain 1802 - 1813: Histoire d'une unité noire sous le Consulat et le 1er Empire" (master's thesis, Enseignement militaire supérieur de l'armée de terre, Paris, 1991); rosters of 30 Vendémiaire year Ⅲ, 26 Brumaire year Ⅲ, and 13 Frimaire year Ⅲ, SHD Xi 71.

［58］Tozzi, *Nationalizing France's Army*, 110.

［59］Gainot, *Les officiers de couleur*, 32.

［60］SHD Dossier 13e Chasseurs, Xc 209/211, letter dated February 13, 1793.

［61］Quote by Joseph Serre on May 19, 1793, in Tozzi, *Nationalizing France's Army*, 110.

［62］关于这一话题的更多内容，见 Laure Marcellesi, "Louis-Sébastien Mercier: Prophet, Abolitionist, Colonialist," *Studies in Eighteenth Century Culture* 40 (Spring 2011), 1 - 27。

［63］见 chap. 8 in John Garrigus, *Before Haiti: Race and Citizenship in French Saint-Domingue* (New York: Palgrave Macmillan, 2006)。也可参见

John Garrigus，"Vincent Ogé Jeune（*1755 – 1791*）：Social Class and Free Colored Mobilization on the Eve of the Haitian Revolution，" *Americas* 68，no. 1（2011）：33 – 62。

[64] 更多关于海地革命及其影响的内容，见 David Geggus，*The Haitian Revolution：A Documentary History*（Indianapolis：Hackett，2014）；Geggus，*Haitian Revolutionary Studies*（Bloomington：Indiana University Press，2002）；Geggus，ed.，*The Impact of the Haitian Revolution in the Atlantic World*（Columbia：University of South Carolina Press，2002）；Geggus and Norman Fiering，*The World of the Haitian Revolution*（Bloomington：Indiana University Press，2009）；Carolyn Fick，*The Making of Haiti：The Saint Domingue Revolution from Below*（Knoxville：University of Tennessee Press，1990）；Laurent Dubois，*Avengers of the New World：The Story of the Haitian Revolution*（Cambridge，MA：Belknap Press of Harvard University Press，2005）；and Dubois，*A Colony of Citizens：Revolution and Slave Emancipation in the French Caribbean，1787 – 1804*（Chapel Hill：University of North Carolina Press，2004），among others。

[65] Samuel F. Scott，"Problems of Law and Order during 1790，the 'Peaceful' Year of the French Revolution，" *American Historical Review* 80，no. 4（October 1975）：859 – 88.

[66] Ibid.，865 – 68.

[67] François Claude Amour，marquis de Bouillé，Mémoires sur la Revolution française，vol. 1（London：Cadell and Davies，1797），134.

[68] Dan Edelstein，*The Terror of Natural Right：Republicanism，the Cult of Nature，and the French Revolution*（Chicago：University of Chicago Press，2009），260 – 63.

［69］有关论述拿破仑的战争理论的学术著作，参阅 Bruno Colson，*Napoleon*: *On War*（Oxford：Oxford University Press，2015）。

［70］Hughes，*Forging Napoleon's Grande Armée*，111.

［71］Ibid. , 106.

［72］该演讲词发表在共和十年花月 30 日的 *Moniteur*（《箴言报》）上；引自 Hughes，*Forging Napoleon's Grande Armée*，110。

［73］*Motifs due projet de loi exposés devant le Corps legislative par le Conseiller d'État Roederer*（25 Floréal year X）.

［74］Martin，*Napoleonic Friendship*，2.

［75］Ibid. , 6.

［76］Ibid. , 44.

［77］Ibid. , 49.

［78］拿破仑大军官团共和十四年葡月 29 日于埃尔兴根（Elchingen）之命令；引自 Hughes，*Forging Napoleon's Grande Armée*，156。

［79］1806 年 10 月 26 日拿破仑皇帝在波茨坦的宣言，引自 Hughes，*Forging Napoleon's Grande Armée*，159。

［80］Hughes，*Forging Napoleon's Grande Armée*，157.

［81］Elzéar Blaze，*La vie militaire sous l'Empire ou moeurs de la garnison*，*du bivouac et de la caserne*，vol. 1（Paris：Bureau de l'album des théâtres，1837），303.

［82］参阅 Joseph Martray，*La destruction de la marine française par la Révolution*（Paris：Éditions France Empire，1988）；Martine Acerra and Jean Meyer，*Marines et revolution*（Rennes：Éditions Ouest-France，1988）；Etienne Taillemite，*L'histoire ignore de la marine française*（Paris：Librairie Académique Perrin，1988）；William S. Cormack，*Revolution and Political*

Conflict in the French Navy, *1789 - 1794*（Cambridge：Cambridge University Press，1995）。

［83］Masson，"La marine sous la Révolution et l'Empire，" 2：388.

［84］Ibid.

［85］Quoted in ibid.

［86］Tozzi，*Nationalizing France's Army*，170. 关于拿破仑和 18 世纪军队的语言问题，见 Tozzi，"One Army，Many Languages：Foreign Troops and Linguistic Diversity in the Eighteenth-Century French Military，" in *Languages and the Military：Alliances，Occupation and Peace Building*，ed. Hilary Footitt and Michael Kelly（Basingstoke：Palgrave Macmillan，2012）：12 - 24。

［87］Louis Antoine Fauvelet de Bourrienne，*Memoirs of Napoleon Bonaparte*，ed. R. W. Phipps，vol. 1（New York：Charles Scribner's Sons，1889），168 - 69.

［88］Tozzi，*Nationalizing France's Army*，153.

［89］Christopher Tozzi，"Citizenship，soldiering and revolution：Foreigners and minorities in the French military，1750 - 1831"（PhD diss. ，Johns Hopkins University，2013），400.

［90］*Correspondance de Napoléon Ier：Publiée par ordre de l'empereur Napoléon Ⅲ*，vol. 6（Paris：H. Plon，J. Dumaine，1861），42.

［91］译自 Yves Benot，*La démence coloniale sous Napoléon*（Paris：Éditions la découverte，1992），89。

［92］参阅豪尔，《不再恐惧，不再流泪》以了解对弱小且情绪化的女性的刻画及其积极反抗拿破仑战争机器的现实。

［93］Hughes，*Forging Napoleon's Grande Armée*，128.

［94］弗里兹·雷德里希（Fritz Redlich）从理论上解释了这种漠视的原

因，*De Praeda Militari*：*Pillage and Booty*，*1500 -1815*（Wiesbaden：Franz
Steiner，1956）。图巴・英纳尔在其著作中也讨论了原因，见 *Looting and
Rape in Wartime*：*Law and Change in International Relations*（Philadelphia：
University of Pennsylvania Press，2013），48 - 49。

　　[95] Paddy Griffith，*The Art of War of Revolutionary France*，*1789 -
1802*（London：Greenhill Books，1998），55.

　　[96] Inal，*Looting and Rape in Wartime*，49.

　　[97] Griffith，*The Art of War of Revolutionary France*，42.

　　[98] J. T. Johnson，"Lieber and the Theory of War," in *Francis Lieber
and the Culture of the Mind*，ed. Charles R. Mack and Henry H. Lesesne（Co-
lumbia：University of South Carolina Press，2005），62 - 63.

　　[99] Inal，*Looting and Rape in Wartime*，50.

　　[100] *The Collected Papers of John Westlake on Public International Law*，
ed. L. Oppenheim（Cambridge：Cambridge University Press，1914），279.

后记

　　[1] 尤瓦尔・诺亚・赫拉利（Yuval Noah Harari）赞同这种连续性，但
他竟然认为，若基于感性的认识论上的定位，是很难区分 1740 年至 1865 年的
几代军事思想家的。见 Yuval Noah Harari，*The Ultimate Experience*：*Battle-
field Revelations and the Making of Modern War Culture*（Houndmills：Palgrave
Macmillan，2008），127 - 96。

　　[2] 关于贝伦霍斯特，见 Azar Gat，*A History of Military Thought
from the Enlightenment to the Cold War*（Oxford：Oxford University Press，
2001），152 - 57。

　　[3] 见 *Development of the General Reasons for the French Success in the
Wars of the Revolution*（1797）by Gerhard von Scharnhorst and Friedrich von der

Decker。关于沙恩霍斯特，见 Gat，*A History of Military Thought*，158 – 69。

［4］见 Carl von Clausewitz，*On War*，ed. and trans. M. Howard and P. Paret（Princeton，NJ：Princeton University Press，1976），479。

［5］Charles Ardant du Picq，*Études sur le combat：Combat antique et combat moderne*（Paris：Champ Libre，1978），53. 引自 Brian Joseph Martin，*Napoleonic Friendship：Military Fraternity，Intimacy，and Sexuality in Nineteenth-Century France*（Lebanon：University of New Hampshire Press，2011），8。

［6］Louis-Jules Trochu，*L'armée française en 1867*（Paris：Amyot，1870），101 – 2.

［7］Geoffrey W. Bateman，"Military Culture：European," *Glbtq Encyclopedia*，2015，http：//www. glbtqarchive. com/ssh/military_culture_eur_S. pdf.

［8］见"Lutte contre le harcèlement，les discriminations et les violences sexuels"，法国外交部网页。http：//www. defense. gouv. fr/portail-defense/vous-et-la-defense/egalite-femmes-hommes/lutte-contre-le-harcelement-les-discriminations-et-les-violences-sexuels/bilan-perspectives-et-plan-d-action，accessed May 19，2016。

［9］例如，2017 年 3 月，发现有美国海军陆战队士兵秘密分享服役女兵不同裸露尺度的照片，甚至在此事曝光并启动调查之后，他们仍然继续分享这些照片，见 CNN 记者 Eliott C. McLaughlin 和 AnneClaire Stapleton 2017 年 3 月 9 日文："Secret Marines group is still sharing nude photos amid scandal."http：//www. cnn. com/2017/03/08/politics/marines-united-photos-investigation/，accessed March 17，2017。

［10］见 Gary Wilder，*The French Imperial Nation-State：Negritude and Colonial Humanism between the Two World Wars*（Chicago：University of Chicago Press，2005）。

［11］关于法国殖民地士兵的历史，见 Charles John Balesi，*From Adversar ies to Comrades-in-Arms*：*West Africans and the French Military*，*1885 - 1918* (Waltham，MA：Crossroads Press，1979)；Marc Michel，*L'appel à l'Afrique*：*Contributions et reactions à l'effort de guerre en AOF*，*1914 -1919* (Paris：Publi- cations de la Sorbonne，1982)；Myron Echenberg，*Colonial Conscripts*：*The Tirailleurs Sénégalais in French West Africa*，*1857 - 1960* (Portsmouth， NH：Heinemann，1991)；Joe Lunn，*Memoirs of the Maelstrom*：*A Senegal- ese Oral History of the First World War* (Portsmouth，NH：Heinemann， 1999)；Gregory Mann，*Native Sons*：*West African Veterans and France in the Twentieth Century* (Durham，NC：Duke University Press，2006)；Richard S. Fogarty，*Race and War in France*：*Colonial Subjects in the French Army*， *1914 -1918* (Baltimore：Johns Hopkins University Press，2008)。

［12］Fogarty，*Race and War in France*，77 - 78.

［13］见 Mike Thomson，"Paris Liberation Made 'Whites Only,'" April 6，2009，http：//news. bbc. co. uk/2/hi/europe/7984436. stm。

［14］Fogarty，*Race and War in France*，233.

［15］见 Thomas Dodman，"Un pays pour la colonie：Mourir de nostalgie en Algérie française，1830 - 1880," *Annales*：*Histoire*，*Sciences Sociales* 66， no. 3 (2011)：743 - 84。

［16］Hervé Drévillon，*L'individu et la guerre*：*Du Chevalier Bayard au Soldat inconnu* (Paris：Éditions Belin，2013)，219 - 28，esp. 226.

［17］Ibid. ，228 - 33.

［18］有关该主题的详情，同上见第 8 章。

［19］Dan Edelstein，*The Terror of Natural Right*：*Republicanism*，*the Cult of Nature*，*and the French Revolution* (Chicago：University of Chicago

Press，2009)，269. 有关极权主义的兴起以及二战期间的人权问题，见汉娜·阿伦特（Hannah Arendt）的著作，尤其是 *The Origins of Totalitarianism*（New York：Schocken Books，1951)。

[20] 见 "Will New Forum Boost Compliance with the Rules of War?" *IRIN*，December 4，2015，https：//www. irinnews. org/fr/node/255777。

[21] William J. Astore，"Drone Warfare：Neither Cheap，Nor Surgical，Nor Decisive，" March 25，2013，https：//www. thenation. com/article/drone-warfare-neither-cheap-nor-surgical-nor-decisive/.

[22] 例如见 David Zucchino，"Stress of Combat Reaches Drone Crews，" *Los Angeles Times*，March 18，2012；and Rachel Martin， "Report：High Levels of 'Burnout' in U. S. Drone Pilots，" NPR，December 19，2011。

[23] 这封写于 2015 年 7 月 28 日的公开信，见于 Future of Life Institute 官方网站：http：//futureofife. org/AI/open _ letter _ autonomous _ weapons♯signatories，accessed March 18，2017。

[24] Helen Durham，"The Limits of War，" TEDxSydney，May 21，2015. The talk can be accessed from the website of the International Committee of the Red Cross：https：//www. icrc. org/en/document/tedxsydney-even-wars-must-have-limits，accessed March 16，2017.

致　谢

　　衷心感谢我的良师益友们和多个机构在我撰写本书过程中的鼎力相助。

　　在素有"农场大学"美誉的斯坦福校园和煦的阳光里，我的博士学位论文指导老师团队对我给予大力支持。我十分感激汉斯·乌尔里奇·贡布莱希特（Hans Ulrich Gumbrecht）、丹·埃德尔斯坦（Dan Edelstein）和基思·迈克尔·贝克（Keith Michael Baker）。从我开始撰写博士学位论文，到该项目开展初期发表的学术论文，再到内容的扩展和书稿最终杀青，他们都给予我令人难以置信的深刻的见解、鼓励和指导。

　　罗伯特·哈里森（Robert Harrison）、约书亚·兰迪（Joshua

Landy)、约翰·本德尔（John Bender）和罗兰·格林（Roland Greene）在与我的讨论中提出了非常好的观点，并支持我的工作。斯坦福大学"人文课程基础"的师生、员工和博士后研究人员也同样给予了我帮助。

乔治·鲁尔西基金会（Georges Lurcy Foundation）、斯坦福大学人文中心、剑桥大学国王学院、巴黎高等师范学院（乌尔姆校区本部）和斯坦福大学利伯曼奖学金（Gerald J. Lieberman Award）给我提供了作为研究人员、作者和访问学者身份的基金支持，这对该项目的推进以及使我能在法国查询相关历史极为重要。乔治·梅森大学（George Mason University）提供的梅塞（Mathy）青年教师奖与辛辛那提学会提供的泰里-兰姆（Tyree-Lamb）奖为我完成第二阶段的档案查询提供了充足的资金和时间。正因如此，本书才将视野从最初拘泥于以欧洲为中心的研究拓宽到整个世界范围。我还要特别感谢约翰·加里格斯（John Garrigus），他提出了查阅有关圣多明各的档案资料的建议；也要特别感谢文森城堡法国国防历史处（Service historique de la défense）、法国国家档案馆（Archives nationales）、法国国家图书馆（Bibliothèque national de France），以及香波堡的吕西·佛利维塞（Luc Forlivesi）为我的工作提供了便利。2015 年在印第安纳州立大学举办的以关爱为主题的布鲁明顿研讨会（Bloomington Workshop）上，与会者分享了他们的观点，使我的论点更加明晰。华盛顿哥伦比亚特区"法国旧政权研究小组"（Old Regime Group）对该项目和本书第三章提出了很好的反馈意见。

还有许多人阅读了本书的部分或全部手稿，他们是杰克·森塞尔（Jack Censer）、杰里弗·霍厄尔（Jennifer Heuer）、霍华德·布朗（Howard Brown）、克利福德·罗杰斯（Clifford Rogers）、约翰·林恩（John Lynn）、阿兰·福里斯特（Alan Forrest）和丹·埃德尔斯坦，他们仔细阅读了我的手稿，并进行了批注，提升了书稿的质量。他们的帮助我终生难忘，在此表示感谢。我要真诚地感谢盖伊·罗兰兹（Guy Rowlands）、雷夫·布拉法布（Rafe Blaufarb）和大卫·A. 贝尔（David A. Bell）多年来对该项目的研究给予的指导、支持以及提出的中肯的评论和建议。我还要感谢两位匿名审稿人，他们详细而富有建设性的意见帮助我以批判性的方式对书的内容进行了改进。我还要对康奈尔大学出版社的迈克·麦克甘迪（Michael McGandy）表示感谢，从我们在美国心脏协会（AHA）初识起，他就一直对本书寄予信心，他深刻的见解最终使本书远超其最初的内容而成为一本学术著作。感谢贝瑟尼·瓦西克（Bethany Wasik）、苏珊·巴内特（Susan Barnett）、莎娜·弗格森（Sara Ferguson）和康奈尔大学的其他团队成员，还有韦斯特切斯特出版服务公司的米歇尔·维特考斯基（Michelle Witkowski），以及索引制作员凯·班宁（Kay Banning），感谢他们在本书出版过程中的友善与高效。

本书第二章的部分内容和第三章曾以论文的形式发表。一篇是《富有同情心的士兵：启蒙运动时期法国军队的军事心理学与社会平均主义》（"Le Soldat Sensible：Military Psychology and Social Egalitarianism in the Enlightenment French Army"），发表在《法国历史研究》（*French Historical Studies*）2008 年秋第 31 卷第 4 期（553—580 页）上；另一篇是《道德说教式的战争：18 世纪法国军事启蒙运动》（"Moralizing War：Military Enlightenment in Eighteenth-Century France"），发表在丹尼尔·布鲁尔（Daniel Brewer）和帕特里夏·洛钦（Patricia Lorcin）主编的《法兰西及其战争空间：经验、记忆与印象》（*France and Its Spaces of War：Experience，Memory，Image*）上，该书于 2009 年由帕尔格雷夫·麦克米伦出版社出版。

早在我打算攻读研究生并晋升教授之前，我曾就读的匹茨福德·萨瑟兰（Pittsford Sutherland）公立高中的老师们和普林斯顿大学的教授们就鼓励我要在学术上孜孜不倦和志存高远。我对普林斯顿大学比较文学导师罗伯特·霍兰德（Robert Hollander）、桑德拉·伯曼（Sandra Berman）和阿普里尔·阿利斯顿（April Alliston）深表感激，是他们鼓励我雄心勃勃地从事于跨学科研究。康奈尔·韦斯特（Cornel West）和托尼·莫里森（Toni Morrison）对我友爱的话语以及为我提供的难得的艺术机会，帮助我找到了属于自己的声音、个人成就感以及一种新发现的勇气，让我成了一名研究者、艺术家，直到现在成为一名教授。

乔治·梅森大学的现代与古典语言、历史与艺术史、女性与性别研究、历史与新媒体研究中心的同事们，还有我那些优秀的学生，也一直是我工作和事业的坚定支持者。多年来，在我的家乡纽约州罗切斯特市以及我曾居住过的许多地方，如普林斯顿、伊斯曼音乐学院、斯坦福、剑桥、法国巴黎高等师范学院、巴黎、旧金山湾区、华盛顿哥伦比亚特区等，我结识了许多非凡的、极富创造力的、慷慨的友人，他们就像巨大的知识宝库，与我交谈、给我提出建议、一起唱歌、共享美好时光，这些就成了我写第一本书时缓解压力的妙方。

最应当感谢的还是我的家人：父亲迈克·皮奇切罗（Michael Pichichero）、母亲安吉拉·布莱·皮奇切罗（Angela Bly Pichichero）、弟弟大卫·皮奇切罗（David Pichichero），还有我在美国和法国的大家庭，丈夫托马斯·埃斯库鲁（Thomas Escourrou）和两个女儿。托马斯，你是我的主心骨，是我的伴侣，是我生命的另一半。自始至终，如果没有你，我将无法完成这本书。克莱亚，你年仅四岁，你的精神和毅力是我曾有过的两倍。我每天都向你学习，迫不及待地想知道你的人生走向。马里昂，你和这本书是同一年来到这个世界的。感谢你，你是最可爱的宝宝，睡得香，少哭闹，常微笑，这让你的父母更容易兼顾自己的事业和家庭，抚养你和你的姐姐。我们可爱的小家每天都给我带来支持、希望、欢乐和意义。非常感谢你们，这本书是献给你们的。

译后记

出类拔萃的研究、精力充沛的辩论和极其出色的叙事。我们赞赏皮奇切罗研究的深度和广度。该研究完美地将战争行为完全纳入了启蒙运动的范畴，切切实实地将"军事启蒙"从矛盾修饰法变成了一个不言自明之理。

——牛津大学出版社《法国学研究》
对《战争与文明：从路易十四到拿破仑》的评价

以往的军事史研究，几乎都仅局限于政治与社会这一狭隘的框架，但本书不落窠臼，撒下了一张很大的网，把历史、文学、视觉艺术、表演艺术、音乐、哲学、军事医学、女性主义、战争法、心理学，甚至还有语义学的内容等融入了军事研究之中。作者的视野如此开阔，涉及的内容如此丰富，从宏观的国家叙事到微观的个体叙事，熟练地驾驭着丰富多变的语言，分享了她敏锐、犀利、独特的观点，牢牢地攫住了读者的心。

古典西方文明叙事认为，启蒙运动与战争和军事相对立。但作者认为，在漫长的 18 世纪，在军事启蒙的元话语里，两者实则密不可分地联系在了一起。战争是人类社会不可避免的祸害，是主权国家在殖民时代与重商主义时代获得声誉和成功必须付出的代价，是国家实力和君主治国能力最有力的评判准则。面对战争的高昂代价和对人性辛辣的批判，军事启蒙的代理人试图进行"文明战争"：必要时高效地发动战争，以便节省财政和人力资源；人道地发动战争，以体现人类的同情心、理性和尊严。作者力邀读者穿越时空，与那个时代的军事启蒙思想家一道，思考如何更好地整训军队，增强士气，提升战力，如何以人道、文明的方式进行战争，如何为法兰西民族注入勇士精神。作者掌握了丰富的史料，加之敏锐的洞察力，将本书的叙事和议论结合得相当巧妙，有一气呵成之感，令人不忍释卷。

译者竭力向广大读者献上一本让人爱不释手的中文译本，但大量的一手法语资料、文本中夹杂的大量法语词汇、无数个冷僻的知识点和比较文学研究是译者翻译中遇到的最大挑战。如译者最初将 maréchal des camps et armées Pierre-François, marquis de Rougé 译成"行营和陆军元帅鲁热侯爵皮埃尔-弗朗索瓦"，但遍阅相关文献，都没有查到领元帅衔的鲁热侯爵。译者也曾想加上"原文如此"四字以推卸责任，但责任心告诉我，一定要把历史语境考虑进来，于是又查阅多方资料，证实了在 18 世纪，maréchal des camps et armées 不是"国王陛下行营与军队的元帅"（Maréchal général des camps et armées du roi）之意，在那时，maréchal des camps 只相当于法军的一个旅长，军衔为中将。因此将原译改为"大中将（国王陛下麾下行军与军队中将）鲁热侯爵皮埃尔-弗朗索瓦"。法军丰特努瓦大捷后，让-亨利·马尚以丰特努瓦教区的立场写了一首讽刺诗 *Requête du curé de Fontenoy au Roy*，其中 Roy 一词是 Roi（国王）的变体形式，这也是很有可能出错的地方。为了体现法国妇女在投石党运动中扮演的"男性"角色，文中把 Frondeuses-Amazones 译为"投石党人中的巾帼丈夫"。原书作者还从语义学的角度，探源《百科全书》和《法兰西学院词典》，对军事启蒙中的元话语进行讨论，这些都需要译者仔细揣摩其微妙的含义。除此之外，还有一些拉丁文诗句点缀在原文中，这也是翻译中的一大挑战。

　　文本中还引用了大量的小说、诗歌、戏剧、回忆录、演讲词等选段，不断考验着译者对原文所表达的情感的把握，激情与雄壮、悲愤与不满、怜悯与同情、幽默与讽刺在其中体现得淋漓尽致。伏尔泰《老实人》中那一段冷幽默，原文让读者忍俊不禁，译文能做到吗？贝洛瓦《加来被围》中的女英雄，壮怀激烈，汉语译本能重现这一形象吗？拿破仑厚颜无耻的、赤裸裸的煽动掠夺的演讲，能译出那种感觉吗？……所有这些，译者试图竭力传达原文的精微意蕴。

　　关于法国人名和地名的翻译，遵循以下原则：约定俗成；按法语发音音译；用字从简。尤其在音译方面，尽量按照该词在法语中的发音来翻译，对选用的字也很推敲，如 Antoine 的法语音译是"安托万"而不是"安东尼"，Sergent 的法语音译是"塞尔让"而不是"塞根特"。当然，不太明显的辅音在音译词里可以省略。

翻译过程中，还有不少冷僻的知识，如 Chasseurs volontaires d'Amérique，我们提供了相应的脚注，以便中文读者了解相关背景知识。有些神话故事，如第五章第一段雨果那句话中的"恶魔女妖卡律布狄斯"和"狗头海怪斯库拉"，经过无数读者的检验，认为从上下文基本上能准确理解雨果的原意。因此，译者也就打消了增加注释的想法，给译文读者想象的空间，也让读者自己查阅相关资料。

战争与和平，是人类面临的永恒的主题。美军在叙利亚明目张胆地抢劫小麦和石油，惨遭战火蹂躏的叙利亚人民祸不单行；美国窃取了阿富汗央行 35 亿美元的资产，使饱受战争摧残的阿富汗人民的生活雪上加霜；澳军在阿富汗虐杀战俘和平民，犯下了滔天罪行；北约在 20 多年以前在前南联盟投下贫铀弹，至今贻害无穷……这些正在发生的和已经发生的事件令人触目惊心，使我们没有理由不关注战争及其带来的创伤。"达摩克利斯之剑"悬在我们头上，战争贩子无情地弃人性、仁爱、同情心和人道主义于不顾，执意要将世界拖入危险的境地。此书带给我们的意义，不应止于了解三个世纪前军事启蒙的那段历史，而更多的是去理解西方学者和政客眼中的战争：战争虽是祸害，却不可避免，因而只能去理解。

翻译过程中，译者有时为自己的译文而窃喜，有时为自己的译文而蹙额，但能为读者分享这样一部十分有价值的书，备感欣慰。由于译者水平有限，译文错误在所难免，望广大读者批评匡正。

李海峰

2022 年 8 月

于重庆南坪长江畔

图书在版编目（CIP）数据

战争与文明：从路易十四到拿破仑 /（美）克里斯
蒂·皮奇切罗（Christy Pichichero）著；李海峰译
. -- 北京：中国人民大学出版社，2023.9
书名原文：The Military Enlightenment：War and
Culture in the French Empire from Louis XIV to
Napoleon
ISBN 978-7-300-31650-5

Ⅰ. ①战… Ⅱ. ①克… ②李… Ⅲ. ①法国－近代史
－研究 Ⅳ. ①K565.41

中国国家版本馆 CIP 数据核字（2023）第 119663 号

战争与文明：从路易十四到拿破仑

［美］克里斯蒂·皮奇切罗（Christy Pichichero）著
李海峰　译
ZHANZHENG YU WENMING：CONG LUYI SHISI DAO NAPOLUN

出版发行	中国人民大学出版社	
社　　址	北京中关村大街 31 号	**邮政编码** 100080
电　　话	010 - 62511242（总编室）	010 - 62511770（质管部）
	010 - 82501766（邮购部）	010 - 62514148（门市部）
	010 - 62515195（发行公司）	010 - 62515275（盗版举报）
网　　址	http://www.crup.com.cn	
经　　销	新华书店	
印　　刷	北京联兴盛业印刷股份有限公司	
开　　本	890 mm×1240 mm　1/32	**版　　次** 2023 年 9 月第 1 版
印　　张	14.25 插页 4	**印　　次** 2023 年 9 月第 1 次印刷
字　　数	314 000	**定　　价** 98.00 元